21 世纪高等学校应用型特色规划教材 · 酒店管理专业

酒店基础知识

孙丽钦　主　编

杜彦超　程　彬　焦念涛　副主编

清华大学出版社

北　京

内 容 简 介

本书从理论和实践相结合的角度，系统地介绍了有关酒店管理的基础知识，并通过一定数量的案例分析，使读者在学习酒店管理理论知识的同时，获得对酒店实际情况的一般了解。本书共分十章：第一章介绍酒店概论；第二章介绍酒店集团；第三章至第五章分别介绍酒店组织管理、酒店产品和酒店服务质量；第六章介绍酒店前厅部；第七章介绍酒店客房部；第八章介绍酒店餐饮部；第九章和第十章分别介绍酒店人力资源管理和酒店销售部。

本书结构层次清晰，内容丰富、案例多样，具有适用面广、操作性强的特点。本书可以作为高、中等职业学校，普通高等院校，成人高校以及民办高校相关专业的通用教材；也可作为酒店管理岗位培训教材和酒店服务人员等级考试参考用书等。

图书在版编目(CIP)数据

酒店基础知识/孙丽钦主编. —北京：清华大学出版社，2012（2020.10重印）
(21 世纪高等学校应用型特色规划教材 • 酒店管理专业)
ISBN 978-7-302-30072-4

Ⅰ. ①酒… Ⅱ. ①孙… Ⅲ. ①饭店—企业管理—高等学校—教材 Ⅳ. ①F719.2

中国版本图书馆 CIP 数据核字(2012)第 214275 号

责任编辑：曹 坤
装帧设计：杨玉兰
责任校对：周剑云
责任印制：宋 林
出版发行：清华大学出版社
网 址：http://www.tup.com.cn, http://www.wqbook.com
地 址：北京清华大学学研大厦 A 座 邮 编：100084
社 总 机：010-62770175 邮 购：010-62786544
投稿与读者服务：010-62776969, c-service@tup.tsinghua.edu.cn
质量反馈：010-62772015, zhiliang@tup.tsinghua.edu.cn
课件下载：http://www.tup.com.cn, 010-62791865
印 装 者：北京鑫丰华彩印有限公司
经 销：全国新华书店
开 本：185mm×260mm **印 张：**22.75 **字 数：**549 千字
版 次：2013 年 1 月第 1 版 **印 次：**2020 年 10 月第 11 次印刷
定 价：38.00 元

产品编号：047917-01

前　言

随着我国经济的迅速发展，中国酒店业已成为最具活力和潜力的新兴产业之一。30 年来，中国旅游酒店年均增长率一直在 10%以上，现已形成了庞大的产业规模。截至 2012 年初，我国共有星级酒店 12220 家，其中五星级酒店 608 家，四星级酒店 2172 家。已有 41 个国际酒店管理集团的 67 个酒店品牌进入中国，掌管着近 600 家高星级酒店。世界排名前十的国际酒店管理集团均已进入中国。我国酒店业在面临发展机遇的同时，也在接受严峻的挑战。要提高我国酒店业的国际竞争水平，就需要大量通晓酒店管理和业务的专门人才。

随着旅游教育和研究的逐步深入，有关酒店管理的著作和教材不断问世。为了能更好地反映酒店业发展的现状与趋势，以及先进的管理理论、技术和方法在酒店管理中的应用，适应高职院校旅游与酒店管理专业的教学和企业培训的需要，本书重点阐述酒店管理在理论研究和实践应用方面的最新成果，突出基本理论的完整性和内容的实用性，注重吸收中外酒店管理的最新研究成果，并结合大量的案例，力求理论联系实际，具有较强的可操作性。

本教材共分十章，由孙丽钦担任主编，负责设计编写大纲和全书的修改与统稿工作。杜彦超、程彬、焦念涛担任副主编。各章执笔人员如下：孙丽钦编写第一、七章，杜彦超编写第八章，程彬编写第六章，焦念涛编写第四章，李艳编写第三章，郭学道编写第二章，田超编写第五章，于晅编写第九章，崔永聪编写第十章。

本书编写过程中参考和引用了国内外一些相关文献和资料，得到了国内数家酒店的大力支持，在此谨向这些文献资料的作者和酒店的朋友致以诚挚的谢意！

由于时间紧迫，能力所限，书中的缺点和错误在所难免，欢迎各位读者批评指正，以便我们不断完善。

编　者

目　录

第一章
酒 店 概 述

引导案例

酒店标准化之父——斯塔特勒

美国旅馆家埃尔斯沃思·密尔顿·斯塔特勒(Ellsworth Milton-Statler)于 1863 年出生于美国的宾夕法尼亚州。斯塔特勒先生是把豪华贵族型酒店时代真正推进到现代产业阶段的商业型酒店时代的鼻祖。他的经营方法与里兹先生迥然不同，他的成功经验之一是：在一般人能够负担得起的价格内，提供必要的舒适、服务与清洁的新型商业酒店；或者说，在合理的成本价格限制下，尽可能为顾客提供更高的满意度。斯塔特勒先生建造并经营的第一家正规酒店是举世闻名的布法罗斯塔特勒酒店(Buffaol Statler Hotel)。该酒店于 1908 年开业，共拥有 300 间客房，它在美国首次推出了每间客房配备浴室的新方式。斯塔特勒先生的推销口号是“带浴室的房间只要 1.5 美元” (a room and a bath for a dollar and half)。这家酒店在开业第一年就赢利 3 万美元。而且，斯塔特勒先生也迫使他的竞争对手们不得不效仿他的方式来改革自己的酒店，以保住自己已有的市场占有率。

尽管酒店价格低廉，但却能获利。在当时，他的经营方法从许多意义上来说都是创新的。现在世界上的许多酒店的经营方式之所以能如此合理、简洁，许多地方应归功于斯塔特勒先生的贡献。他想到的“最好服务”是“方便的、舒适的、价格合理的服务”，并且以一般人力所能及的价格提供这一切。为了实现低价格，他在建筑结构、客房与厨房设计、使用的器具设备、工作人员的组织结构和工作内容、成本管理以及其他经营管理体制方面，在提倡效率的前提下，都推行彻底的简单化(单纯化)、标准化(规格化)和科学化的计数管理。但是，这并不意味着他想放弃服务，事实上，他在想方设法提高服务水平的同时，也在努力实现各方面的合理化。

事实上，直至现代，斯塔特勒先生的酒店在美国酒店业中仍是设施、设备和服务方面的典范。例如，门锁与门把手合成一体，钥匙就设在门把手中间，使客人在暗处也容易打开门锁；还有客房电话、开门同时能自动照明的大型壁橱、每间房配备浴室、浴室内装大镜子、冰水专用龙头、免费给各房间送报纸等。诸如此类的现代酒店所必备的设施与设备都是由斯塔特勒先生一手创立的。

为实现在客房内安装浴室的计划，斯塔特勒先生首创了用一组排水管同时供给相邻两间客房的用水形式，这在后来被称为斯塔特勒式配管，并且得到了普遍运用。

另外，斯塔特勒先生大批订购标准化的器具，利用大规模订货的优势，削减费用。为了进一步做好成本控制，他破例聘用大学的经营学教授。

斯塔特勒先生成功的经验之二是强调酒店位置(Location)。他认为对任何酒店来说，取得成功的一个最重要的因素是地点。寻找适宜的地点来建造酒店是他一生的信条。但是，他说的地点选择，不仅要看当时的情况，而且要看到未来的发展，要把酒店设置在未来繁华的街道上。如 1916 年，他看准了宾夕法尼亚铁路公司在纽约建造新客运车站的机会，决心在那里建起一栋大酒店。

斯塔特勒先生的格言是：客人永远是对的(The guest is always right)。在斯塔特勒酒店员工人手一册的《斯塔特勒服务守则》上，他写道：“一个好的酒店，它的职责就是要比世界上任何其他酒店更能使顾客满意。酒店服务，指的是一位雇员对客人所表示的谦恭的、有效的开心程度。任何员工不得在任何问题上与客人发生争执，一旦发生，他必须立即设法使客人满意，无法做到的可立即请他的上司来做到这一点。”

斯塔特勒先生在1928年他65岁时去世。当时他已建成了拥有7250间客房的斯塔特勒酒店集团。在1929年经济大萧条时，美国85%的酒店面临倒闭的困境，以斯塔特勒先生的遗孀为总裁的斯塔特勒酒店集团的生意却极其兴隆。在以后的26年间，斯塔特勒先生的遗孀稳坐总裁宝座，并使斯塔特勒酒店集团的规模有所扩展，发展到拥有客房10400间。1954年，所有酒店以1.11亿美元出售给了希尔顿集团，富有光荣历史的斯塔特勒酒店打上了休止符号。

(资料来源：《饭店现代化》2004年第03期)

辩证性思考

1. 斯塔特勒认为酒店成功的重要因素是什么？
2. 从现代酒店发展史来看，当时商业型酒店具有什么样的特点？

想要管理好酒店，必须先要认识酒店，了解酒店，从而掌握酒店的运行规律，并善于在实践中运用酒店管理理论，最终通过有效的执行管理职能来实现酒店的各个经营管理目标。管理酒店是一项极富挑战性的工作，酒店管理要集科学性、技术性与艺术性于一体。本章是全书内容的基础，从这里可以走进酒店的殿堂，并最终成为为绅士和淑女服务的绅士和淑女。

第一节　酒店的含义

教学目标

1．掌握现代酒店的概念。
2．了解酒店各个组织部门的特点。

一、酒店的概念

酒店的发展历史悠久，源远流长，有关酒店的理论知识已形成一定的体系，但在酒店的具体概念上却众说纷纭，始终未形成一个统一的概念。但随着社会经济的发展，现代化的酒店已经成为“城中之城”、“世界中的世界”、宾客的“家外之家”，如图1-1所示。

图1-1　七星级酒店——阿联酋迪拜伯瓷酒店

酒店(Hotel)一词源于法语，原意是指贵族在乡间招待贵宾的别墅。但是随着社会的发展，酒店的内涵与外延都发生了巨大的变化。

国外一些权威词典对“酒店”一词有如下定义：

- 酒店是在商业性的基础上，向公众提供住宿也往往提供膳食的建筑物。——《大不列颠百科全书》
- 酒店是装备完好的公共住宿设施，它一般都提供膳食、酒类以及其他服务。——《美利坚百科全书》
- 酒店是提供住宿、膳食等而收费的住所。——《牛津插图英语辞典》

国内有关学者对酒店的概念界定也有很多，如：

- 酒店是指功能要素和企业要素达到规定标准的，能够接待旅居宾客及其他宾客，并为他们提供住宿、饮食、购物、娱乐以及其他服务的综合性服务性企业。(蒋丁新．饭店管理．2004)
- 酒店是以大厦或其他建筑物为凭借，通过出售服务，即客房、饮食和综合性服务项目，使旅行者的旅居成为可能的一种投宿设施和综合性的经济组织。(蔡万坤，刘胜玉．饭店旅馆管理常识读本．1987)
- 酒店实际上是以一定的建筑物及其相应设施为凭借，通过为顾客提供住宿、饮食和其他各种综合性服务而获取经济效益的企业组织。(杜建华．饭店管理概论．2003)
- 酒店是以接待型住宿设施为依托，为公众提供食宿及其他服务的商业性服务企业。(黄震方．饭店管理概论．2001)

结合国际性权威解释和中国具体国情，我们把现代酒店概念界定为：

酒店是经政府批准的、利用服务设施完善的建筑，除向宾客提供住宿和餐饮服务外，还提供购物、健身、娱乐、邮电、通信、交通等多方面服务的经营性企业。

二、酒店及有关住宿设施类型及称谓

酒店(Hotel)是目前最主要的住宿设施类型之一。除了酒店之外，还有大量的旅游住宿设施，例如汽车旅馆、青年旅社等也是住宿设施的主要构成部分。随着旅游业的发展，住宿设施类型多样化，这也体现了旅游需求的多元化。

(一)国外有关“Hotel”的称谓

Hotel，一般指为旅游者提供饮食和住宿设施的建筑物。Hotel 一词的来源有两种说法，一种说法源自法语，意思为“贵族的别墅”，指贵族门第和官宦之家的主人用来招待亲朋好友并为之炫耀的地方；另一种说法源自拉丁文，指主人接待客人的地方。目前 Hotel 一词一般指那些开设在现代城市中，设施豪华、设备齐全、服务优质，并能向客人提供一系列综合服务的住宿设施。通常认为 Hotel 一词最早源自法语，欧美的酒店业一直沿用这一名词，而中文则一般翻译为“酒店”或“饭店”。目前中文对酒店及住宿设施的称谓众多。

(二)国内有关“Hotel”的称谓

目前对 Hotel 的中文翻译和称谓不一，包括饭店、酒店、宾馆、旅馆等。特别是在不同地区，其称谓和使用习惯不同。在中国南方及港澳和东南亚地区，一般习惯称作“酒店”。

而随着国外知名品牌的涌入，国内也开始把那些新建的餐饮住宿设施叫做“酒店”；而中国北方地区则大多称为“饭店”；在新中国成立以来到改革开放以前，也有部分是政府作招待用，是一种非营利性的机构，称为“宾馆”。1988年，我国制定并开始执行《中华人民共和国评定旅游涉外饭店星级的规定和标准》，由于该《标准》使用的是“饭店”这一名词，所以目前饭店这一名称也极为常用。

在中文里，其他表示“住宿设施”的名词很多，如旅社、旅馆、旅店、招待所、客栈、别墅、宾馆、酒店、饭店等。由此可以看出，目前对酒店业及住宿设施的称谓可谓五花八门，有时会带来一些困扰和不便。在英文中，表示酒店意思的词也很多，其中最主要的有两个，一是Hotel，二是Inn。前者泛者服务功能比较齐全，能向顾客提供食、住、行、游、购、娱一系列综合服务的设施，使用最为广泛，在中文里一般将Hotel译为酒店或宾馆。后者原来多指传统的小客店、小旅店，特别是那些家庭住宿设施，但现代已经有了新的含义，它已从较简单的服务功能发展成为多样化的、综合性的现代化服务系统，譬如：Days Inn、Holiday Inn，特别是Holiday Inn已发展成为世界上非常有名的酒店集团，所以将Inn译为中文时，也常译为酒店或宾馆。然而，人们似乎已形成了一种概念：一讲到Hotel，想到的是一种标准的住、食、娱等设施，一切都是规范化的、公式化的服务；而一提到Inn，便联想到有家庭式的那种特有的温馨、热情、舒适与方便。这也是美国大酒店业主威尔逊先生最初为其创建的住宿设施起名叫Holiday Inn时的一种考虑。

三、酒店组织部门构成

酒店企业的组织部门通常分为两大类：业务部门和职能部门。不同的酒店根据自身经营的需要对组织部门的设计会略有不同，但一般来说，酒店的业务部门主要包括前厅部、客房部、餐饮部、康乐部、商品部等；职能部门则主要包括人力资源部、财务部、营销部、采购部、工程部、安全部等。具体结构如图1-2所示。

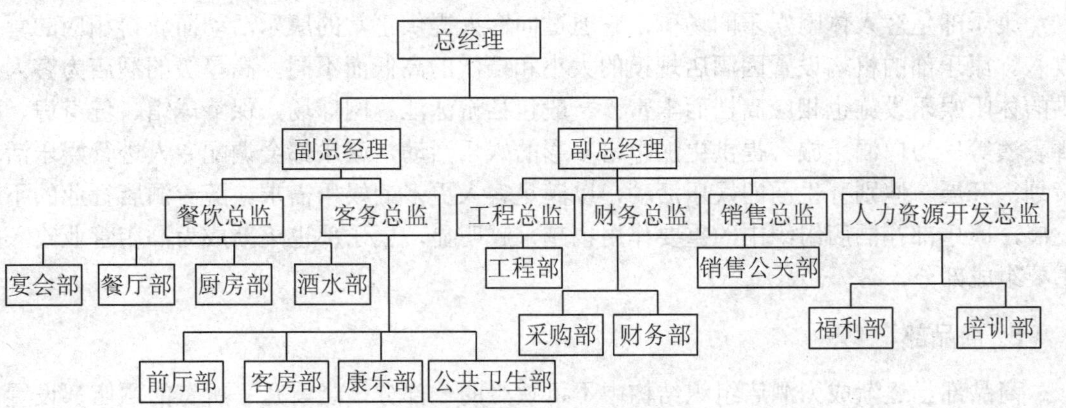

图1-2　某酒店的组织结构

(一)业务部门

1. 前厅部

前厅部是整个酒店业务活动的中心，是酒店的首席业务部门，在酒店中具有举足轻重的位置。前厅部一般位于酒店最前部的大厅，是顾客跨入酒店第一眼所看到的地方。前厅部是酒店业务运转的中心，主要任务是客房预订、前厅接待、信息咨询、委托代办、客人行李运送、转接电话和商务中心服务，使客人顺利抵、离酒店，并在住店过程中享受高效优质服务。在酒店业务活动过程中，前厅部是酒店和宾客之间的桥梁，是酒店运作的中枢，是为酒店的经营决策提供依据的参谋部门。前厅部及其员工的服务对树立酒店形象和声誉会产生重要影响。前厅部要加强与有关部门的联系与合作，并为酒店经营和各部门传递信息、提供服务。其工作贯穿酒店业务的全过程，从旅客预订和入住酒店到最后离开酒店的整个过程都离不开前厅部的工作。因此，酒店前厅部的工作具有全局性，被称为酒店的神经中枢。

2. 客房部

客房部是酒店的主要业务部门，主要为客人提供安静、舒适、干净、整洁和安全的住房服务，除此以外，客房部还负责酒店客房、楼层以及公共区域内的基础设施的保养和报修。根据酒店客房的产品和服务，酒店客房部机构设置包括客房服务中心、公共区域卫生和洗衣房以及布草房等主要部门。大多数酒店将其前厅部和客房部合二为一，称为房务部或客务部。

3. 餐饮部

酒店餐饮部是为顾客提供饮食服务的部门，它不仅为住店旅客提供饮食服务，同时也为酒店外的消费者提供餐饮服务。餐饮部是酒店营业收入的另一大主要来源。餐饮服务也是酒店的主要产品之一，是酒店市场竞争力体现的另一大主体。不同规模的酒店对酒店餐饮部机构的设置也略有不同，一般来说，酒店的餐饮部门包括厨房和餐厅、酒吧等消费场所以及原材料采购部三大主体机构。

4. 康乐部

康乐部是客人休闲娱乐的场所，它通过向客人提供正常的康乐活动而获得相应的营业收入。康乐部的机构设置因酒店规模的大小和档次的高低而不同，高星级的酒店为客人提供的休闲娱乐设施也相应高档而丰富。一般包括游泳池、网球场、保龄球馆、健身房、歌舞表演等，为向酒店旅客提供更加丰富多彩的娱乐活动，康乐部会调配专人进行娱乐活动策划，开展一些别开生面的娱乐活动，以满足客人更多的娱乐需求。随着酒店行业的不断发展，康乐部在酒店组织中的重要作用也越来越明显，康乐部也逐渐成为酒店营业收入的重要组成部分。

5. 商品部

商品部已逐渐成为酒店组织结构中不可缺少的一部分，当前几乎所有的酒店都设置有商品部。商品部主要向客人提供各种日常生活所需的商品，但一般会以旅游商品为主。由于商品部的设施和装修都很豪华，并且环境幽雅、服务周到，因此，所出售商品的附加价值也较大，导致商品的价格往往高于市场上零售商场同样商品的价格。随着酒店的不断发展，商品部的产品以及经营的业务将会不断发展扩大，其营业收入也将会在酒店总收入中占据越来越大的比重。

(二)职能部门

1. 人力资源部

人力资源部又称人事部，是酒店的一个非常重要的部门。人力资源管理是酒店经营管理的重要组成部分，它涵盖了酒店人力资源调配管理、人力资源开发利用、员工培训管理、行政人事管理、劳动工资奖金管理和医疗福利管理等方面。在酒店经营管理中，人力资源管理的主要任务包括五个方面：①坚持以人为本原则，对人力资源进行科学有效的调配、开发和利用；②协调酒店内部的人事关系；③计划并实施酒店的培训工作；④加强预算管理和成本核算，降低人工成本；⑤为酒店员工创造良好的工作环境。其基本任务是为酒店经营管理和业务发展提供人力资源保证，确保酒店经营管理的正常运行和持续发展。人力资源部一般直接接受总经理的领导和指挥，酒店组织工作效率的高低与人力资源部的工作有着直接的关系，因为组织的运作离不开人才的操作和管理，只有将合适的人才安排在合适的岗位上，方能保证酒店组织工作的高绩效，不断实现组织的目标。

2. 财务部

财务部的主要职责是协助酒店经营者搞好酒店的财务管理和会计核算工作，同时控制酒店的经营管理费用，在保证酒店服务质量的情况下，使酒店获得最佳的经济效益。财务部一般由酒店总经理直接指挥和监管，财务部人员的数量通常也由酒店规模的大小来决定，酒店规模越大，对财务人员的需求会越大，专业性的要求也会更强，财务部门内部通常设置经理、经理助理、主管会计、会计员和出纳员等职位。

3. 营销部

营销部的主要职责是推广酒店的主要产品和服务，保证酒店在任何季节都能有充足的客源，维护酒店的声誉，策划酒店的形象，扩大酒店的市场知名度，打造酒店的品牌。营销部的规模大小也与酒店的规模大小相关，大型酒店的营销部由经理、主管、市场营销的专兼职人员组成，为保证酒店客源，酒店营销部还会不定期地组织专门人员进行市场调研，了解市场行情和游客的需求，从而指导酒店组织提供尽可能满足顾客需求的产品。营销部通过确定营销战略，制定长、中、短期公关与销售计划，开展各种行之有效的促销活动，力争获得较高的市场占有率，完成总经理下达的年、季、月度经济指标。营销部在酒店管理中起着龙头作用，其工作业绩好坏直接关系着酒店的经济效益和社会效益。

4. 采购部

采购部也是酒店经营运作不可缺少的重要部门，它的工作主要是努力满足酒店各业务部门的物资需求，保障酒店正常运行中的物资供应不间断。除此以外，酒店采购部门的另一重要职能就是尽可能地降低酒店物资采购的成本，节约酒店资本消耗，在保证酒店服务和产品质量的同时，尽可能多地增加酒店的经济效益。

5. 工程部

工程部是保证酒店设备设施正常运行的职能部门。工程部的主要任务包括：①负责组织酒店的各项基建工作；②酒店所属各建筑物、构筑物、道路及各类管线的维修和养护；

③负责酒店机电设备的日常管理工作；④对酒店的设施设备进行综合管理，做到设备设施装配合理、择优选购、正确使用，或指导其他部门正确使用，精心维护、科学检修并适时更新，保持设备完好，不断挖掘酒店的技术装备潜力，充分发挥设备效能。工程部对保证酒店服务质量，为顾客提供舒适环境，提高酒店的经济效益，保持酒店硬件档次和维护企业形象起着重要的作用。节能降耗也是工程部的重要工作之一，工程部必须在保证酒店舒适度的前提下，努力做好节能降耗工作，为提高酒店经济效益打下基础。

6. 安全部

安全部也称保安部，是负责酒店日常安全保卫和消防工作的职能部门，其主要任务包括：①对全体员工进行安全法制教育，提高安全意识；②健全安全防范管理体制，强化酒店内部治安管理，维护治安秩序；③做好预防犯罪和其他一切可能发生的事故；④协助公安机关查处治安案件、破坏事故，侦破一般刑事案件；⑤配合消防机关进行防火检查，做到“预防为主，防消结合”。安全部起着维护酒店、宾客、员工的生命和财产安全，为酒店经营活动创造良好治安秩序和安全环境的重要作用。酒店安全工作具有多样性、时间性、服务性和政策性的特点，必须执行“谁主管，谁负责”的原则，实行层级管理，分片管理，“事事有人管，处处有人管”，做到“群防群治”。它也是酒店正常经营管理活动中不可或缺的部门之一。

以上部门是依据一般酒店正常运作的需要来设立的，在实际组织结构设计中各酒店应充分考虑自身的情况进行调整，名称可有所不同，部门多少也可灵活处理。

评估练习

1. 现代酒店的概念？
2. 一般来说，酒店的主要业务部门包括哪些？
3. 一般来说，酒店的主要职能部门包括哪些？
4. 大多数酒店将其前厅部和客房部合二为一，称为什么？

第二节　酒店演进史

教学目标

1. 掌握世界酒店的演进史。
2. 了解中国酒店业的发展史。

一、世界酒店的演进史

从世界酒店演进历史来看，共分为四个时期，即古代客栈时期、大酒店时期、商业酒店时期和现代新型酒店时期，如图 1-3 所示。

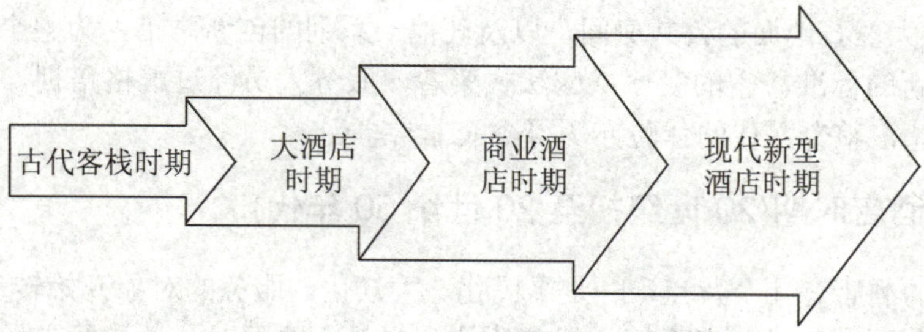

图 1-3 世界酒店演进图

(一)古代客栈时期(19 世纪中叶前)

客栈，英文名为 Inn，指乡间或路边的小客店，供过往的客人寄宿，如图 1-4 所示。它是现代意义上旅馆的雏形。早期的客栈设施简陋，仅提供基本食宿，几乎都是一幢大房子，内有几间房间，每个房间里摆一些床，旅客们往往挤在一起睡，也不会有更多的要求。由于客栈的服务项目少，服务质量差，客栈常常被视为低级行业。它真正流行于 12 世纪以后，盛行于 15—18 世纪。那时候，有些客栈已拥有 20～30 间客房，有些较好的客栈设有一个酒窖、一个食品室、一个厨房，为客人提供酒水和食品。还有一些客栈已开始注意周围环境状况，房屋前后辟有花园草坪，客栈内有宴会厅和舞厅等。客栈大多设在古道边、车马道路边或是驿站附近。外出的传教士、信徒、外交官吏、信使、商人等是其主要的客源。

图 1-4 客栈

(二)大酒店时期(19 世纪中叶至 19 世纪末)

这一时期又称为豪华酒店时期。随着工业化的发展、交通便捷化程度的提高，旅游者的数量开始增多。在许多欧美大城市，人们开始兴建专为王公贵族、上层阶级、公务旅行者提供服务的豪华酒店。这些酒店的特点是规模大，设施豪华，服务正规且项目多，具有一定接待仪式和礼貌礼节。

如巴黎大酒店和罗浮宫大酒店、柏林的凯撒大酒店、伦敦的萨伏依大酒店、纽约的广场酒店等都是当时著名的豪华酒店。而最具有里程碑纪念意义的酒店当推 1829 年在美国波士顿落成的特里蒙特酒店(Tremont House)，它是世界上第一座现代化酒店。该酒店设有 170

套客房，10 个大理石地面的公共房间，以及其他一系列的创新举措，为整个新兴的酒店业确立了一个全新的标准。它的餐厅供应法式菜肴，服务人员经过严格培训，使客人们不仅多了一份安全感，整个入住的体验亦变得令人非常享受。

(三)商业酒店时期(20 世纪初至 20 世纪 50 年代)

这个时期的酒店有几个特点：一是平民化、大众化。服务的对象开始转变为一般平民，低价政策使这些顾客感到收费合理，钱花所值。二是主要面对公务旅行市场，为日益增多的商务旅行者提供完善的设备及优质的服务，服务虽仍较为简单，但已日渐健全。三是设施方便、舒适、清洁、安全。汽车、火车、飞机等现代交通给出外旅行带来极大便利，许多酒店因此就设在城市中心，汽车酒店就设在公路边。

(四)现代新型酒店时期(20 世纪 50 年代至今)

第二次世界大战之后，世界经济开始高速发展，人们的收入逐渐增加，航空、铁路等交通工具十分便利，这为人们外出旅游、享受酒店服务创造了条件，长期压抑的旅游需求再度膨胀起来，一度处于困境的酒店业又开始复苏，酒店数量骤增。这个时期的酒店规模不断扩大，发展了各种类型的住宿设施，服务向综合性发展，酒店不但提供食、住，而且提供旅游、通信、商务、康乐、购物等多种服务，力求尽善尽美。如图 1-5 所示，为了迎合大众旅游市场的需要，许多酒店设在了城市中心和旅游胜地，大型汽车酒店设在公路边和机场附近。

新型酒店时期也称酒店联号(连锁酒店)阶段。所谓联号是指几十、几百家酒店同用一个名称，在酒店的设备设施、服务水平、经营管理等主要方面都有统一的规格标准。这些公司首先在国内开始，继而扩展到国外。美国是世界上实行酒店联号管理最早、最大和最多的国家。最著名的假日酒店(Holiday Inns)、希尔顿(Hilton corp)、喜来登(Sheraton corp)等酒店集团在世界各国都拥有几万间以上的客房。

图 1-5　阿联酋阿布扎比的“酋长宫殿”

二、中国酒店业的发展史

中国酒店业从商代中期的驿站开始，至今已有三千多年历史，其发展过程是伴随着中国经济的发展而发展的。

(一)中国古代酒店的形成与发展

1. 古老的旅馆——驿站

1) 驿站的起源

据历史记载，中国最古老的一种官方住宿设施是驿站。在古代，只有简陋的通信工具，统治者政令的下达，各级政府间公文的传递，以及各地区之间的书信往来等，都要靠专人递送。历代政府为了有效地实施统治，必须保持信息畅通，因此一直沿袭了这种驿站传递制度，与这种制度相适应的为信使提供的住宿设施应运而生，这便是闻名于世的中国古代驿站。从商代中期到清光绪二十二年止，驿站竟长存三千余年，这是中国最古老的旅馆，如图 1-6 所示。

图 1-6 中国古代驿站

中国古代驿站在其存在的漫长岁月里，由于朝代的更迭、政令的变化、疆域的展缩以及交通的疏塞等原因，其存在的形式和名称都出现了复杂的变化。驿站虽然源于驿传交通制度，初创时的本意是专门接待信使的住宿设施，但后来却与其他公务人员和民间旅行者发生了千丝万缕的联系。驿站这一名称，有时专指其初创时的官方住宿设施，有时则又包括了民间旅舍。

远在殷代，我国已有驿站，周代已有平整的驿道。据说，西周时在国郊及田野的道路两旁通常栽种树木以指示道路的所在，沿路十里有庐，备有饮食；三十里有宿，筑有路室；五十里有市，设有候馆，这些都是为了供给过客享用的。以后，驿站还不断变化发展。中国古代驿站的设置与使用，完全处于历代政府的直接管理之下。

2) 驿站的符验簿记制度

为防止发生意外，历代政府均明文规定：过往人员到驿站投宿，必须持有官方旅行凭证。战国时，“节”是投宿驿站的官方旅行凭证；汉代，“木牍”和“符券”是旅行往来的信物；唐代，“节”和“符券”被“过所”和“驿券”取而代之。在旅行出示凭证的同时，驿站管理人员还要执行簿记制度，约相当于后世的“宾客登记”制度。

3) 驿站的饮食供给制度

中国古代社会是一个实行严格的等级制度的社会，公差人员来到驿站，驿站管理人员便根据来者的身份，按照朝廷的有关规定供给饮食。为了保证对公差人员的饮食供应，驿站除了配备相当数量的厨师及服务人员以外，还备有炊具、餐具和酒器。驿站的这种饮食供应制度，被历代统治者传承袭用。

4) 驿站的交通供应制度

为了保证公差人员按时到达目的地和不误军机，历代政府还根据官的等级制定了驿站的交通工具供给制度，为各级公差人员提供数量不等的车、马等。我国古代的驿站制度曾先后被临近国家所效仿，并受到外国旅行家的赞扬。中世纪世界著名旅行家，摩洛哥人伊本•拔图塔在他的游记中写道：中国的驿站制度好极了，只要携带证明，沿路都有住宿之处，且有士卒保护，既方便又安全。

2. 中国早期的迎宾馆

我国很早就有设在都城，用于招待宾客的迎宾馆。春秋时期的“诸侯馆”和战国时期的“传舍”，可说是迎宾馆在先秦时期的表现形式。以后几乎历代都分别建有不同规模的迎宾馆，并冠以各种不同的称谓。清末时，此类馆舍正式得名“迎宾馆”。古代中华各族的代表和外国使者都曾在“迎宾馆”住过，它成为中外往来的窗口，人们从“迎宾馆”这个小小的窗口，可以看到政治、经济和文化交流的盛况。我国早期的迎宾馆在宾客的接待规格上，是以来宾的地位和官阶的高低及贡物数量的多少来区分的。为了便于主宾对话，宾馆里有道事(翻译)，为了料理好宾客的食宿生活，宾馆里有厨师和服务人员。此外，宾馆还有华丽的卧榻以及其他用具和设备。宾客到达建于都城的迎宾馆之前，为便于热情接待，在宾客到达的地方和通向都城的途中均设有地方馆舍，以供歇息。宾客到达迎宾馆后，更是受到隆重接待。如使团抵达时，还会受到有关官员和士兵的列队欢迎。为了尊重宾客的风俗习惯，使他们的食宿生活愉快，迎宾馆在馆舍的建制上还实行一国一馆的制度。

我国早期迎宾馆原为政府招待使者的馆舍，但是，随同各路使者而来的还有一些商客，他们是各路使团成员的一部分。他们从遥远的地方带来各种各样的货物，到繁华的都城做交易，然后将土特产运回出售，繁荣了经济。我国早期迎宾馆在当时的国内外政治、经济、文化交流中，是不可缺少的官方接待设施，它为国内外使者和商人提供了精美的饮食和优良的住宿设备。迎宾馆的接待人员遵从当时政府的指令，对各路使者待之以礼，服务殷勤，使他们感到在中国迎宾馆生活得舒适而愉快。翻译是迎宾馆的重要工作人员，我国早期这种宾馆的设置，培养了一代又一代精通各种语言文字的翻译，留下了一本又一本的翻译书籍，丰富了中国古代文化史。

3. 民间旅店和早期城市客店的出现与发展

1) 民间旅店的出现

古人对旅途中休憩食宿处所的泛称是“客栈”，以后客栈成为古人对旅馆的书面称谓。这为旅店产生奠定了基础。西周时期，投宿客栈的人皆是当时的政界要人，补充了官方馆舍供给的不足。到了战国时期，中国古代的商品经济进入了一个突飞猛进的发展时期，工商业愈来愈多，进行远程贸易的商人已经随处可见。一些位于交通运输要道和商贸聚散的枢纽地点的城邑，逐渐发展为繁盛的商业中心，于是，民间旅店在发达的商业交通的推动下，进一步发展为遍布全国的大规模的旅店业了。

2) 早期城市客店的出现与发展

我国早期的城市还未与商业活动发生紧密联系，也就不可能有城市民间旅店的出现。

后来，城邑内开始有了商业交换活动，这标志着兼有政治统治、军事防御与经济活动三者功能的城市开始出现。随着商业交换活动的活跃和扩大，城市功能不断衍变。自汉代以后，不少城市逐渐发展为商业大都会，这导致了城市结构及管理的变革，而中国古代的民间旅店，正是在这种历史背景下逐渐进入城市的。中国古代民间旅店在隋唐时虽然较多地在城市里面出现了，但是，却由于受封建政府坊市管理制度的约束而不能自由发展。在这种制度下开办的城市客店，不但使投宿者感到极大的不便，而且也束缚了客店业务的开展。到了北宋时期，随着商品经济的高涨，自古相沿的坊市制度终于被取消了，于是，包括客店在内的各种店铺，争先朝着街面开放，并散布于城郭各繁华地区。

我国早期的民间旅店的大发展，使它在早期城市建设中逐渐有了一定的地位，并与城市人口发生了密切的关系。城市人口的结构，一般由固定人口与流动人口两部分构成，流动人口中的很大一部分，是在城市旅馆居住的各地客人，自中国城市出现旅馆以来，这些客人主要是往来于各地的商人，以及游历天下的文人、官吏等。居于旅馆的客商，不少客商还在当地娶妻生子，从而变为城市固定人口的一部分。

4. 早期旅馆的管理

在我国长期的封建社会中，一切都在王朝的统治和干涉下，旅店和旅店业当然也不例外。特别是进入封建社会以后，旅店作为流动人口的一个居停处所，实是“五方杂处”，过往客人都要有记载。同时，旅店的税收在历代政府的财政收入中是必不可少的一笔款项，因此中国历代政府都很重视对旅店的管理。

1) 住宿制度

远在战国时期，旅客住店就要按照政府颁布的住宿制度办理住宿手续。商鞅变法中有关旅店接待客人要查验旅行凭证，否则店主连坐的律令，是中国最早的旅店住宿制度。在坚持查验旅客旅行凭证的同时，还有住宿登记制度。到元代时，客来登记、客走销簿的住宿制度在全国各地已普遍实施。

2) 纳税制度

封建政府从很早的时候起，就颁布了向旅店征税的制度，到南北朝时，向旅店征税已是政府财政收入的一个来源，并且是以商业税的形式向旅店征收的。当时已实行店舍分等课税的办法，如有的将店舍分为五等，收税有差。但历代真正纳税的，主要还是没有门路的中小旅店商，而拥有大量财物和旅店的王公贵族，则享有免税权。

5. 早期旅馆的特点

我国早期旅馆在漫长的发展过程中，受政治、经济、文化诸因素的制约，以及来自域外的各种文化的影响，逐渐形成了自己的特点。

1) 建筑特点

“便于旅客投宿”是我国早期旅馆重要的建馆思想。我国早期旅馆除了坐落在城市的一定地区以外，还坐落在交通要道和商旅往来的码头附近，此外，亦常坐落在名山胜境附近。我国早期旅馆在重视选择坐落方位的同时，还注意选择和美化旅馆的周围环境，许多旅馆的前前后后，多栽绿柳花草用于美化。我国早期旅馆也同当时的其他建筑一样，受封建等级制度和宫室制度的制约。在这些制度的制约下，依据开办者的身份、财力和接待对象的不同，我国早期旅馆在建筑规模和布局上出现了差别。由官府或勋戚出资建造的旅馆，豪华富丽，颇具清幽的园林风格。由中小商人经营的旅店，其建筑用料及规模均较官府或勋戚建造的旅馆逊色。旅馆的建筑式样和布局还因地而异，具有浓厚的地方色彩。

2) 经营特点

我国早期旅店的经营者，十分注重商招在开展业务中的宣传作用，旅店门前多挂有灯笼幌子作为商招，使行路人从很远的地方便可知道前面有下榻的旅店。在字号上，北宋以前，民间旅店多以姓氏或地名冠其店名。宋代，旅店开始出现富于文学色彩的店名。在客房的经营上，宋元时代的旅店已分等经营。至明代，民营客店的客房已分为三等。在房金的收取上，当时有的旅店还允许赊欠。在经营范围上，食宿合一是中国古代旅店的一个经营传统。旅店除了向客人提供住宿设施外，还向旅客出售饮食。在经营上，以貌取人、唯利是图是封建时代旅店经营的明显特点。

3) 接待服务特点

在接待服务上，我国早期旅馆与世界旅馆史上的大酒店时期的西方旅馆相比，有着极其浓厚的民族特色。

西方大酒店时期的旅馆，其服务方式可以从中世纪法国上层阶级社会极为奢侈的生活方式中找到渊源。现代西方高级酒店中的接待客人的方法，可追溯到17—18世纪法国上层社会的风俗习惯，即尽可能地满足客人的需要。“客人总是对的”是这类酒店的服务格言。在中国，“宾至如归”则是传统的服务宗旨，这也是客人衡量旅馆接待服务水平的标准。中国自古以来就流传“在家千日好，出门一时难”，“金窝银窝，不如吾家的草窝”等。这些都说明中国人对旅馆要求的标准，往往是以“家”的概念来对比衡量的，不求多么豪华舒适，但愿方便自然。由此，也派生出了中国古代旅馆在接待服务上的传统。在礼貌待客上，当客人前来投宿时，店小二(服务员)遵循“来的都是客，全凭嘴一张，相逢开口笑，尽量顾周全”的服务原则，总是主动地向客人打招呼。按照当时的社会风俗，分别对不同地位和身份的人给予礼貌的称谓。譬如对富家子弟称“相公”，年长者称“公公”，小官吏称“客官”，军士称“官长”，秀才称“官人”，平民称“大哥”等。在对来店客人身份的观察上，应该说店小二是具有独到之处的。在礼貌待客上，要求店主和店小二不但要眼勤、手勤、嘴勤、腿勤、头脑灵活、动作麻利，而且要“眼观六路、耳听八方、平时心细、遇事不慌”，既要对客人照顾周全，还要具备一定的风土知识和地理知识，能圆满地回答客人可能提出的问题，不使客人失望。

(二)中国近代酒店的兴起与发展

1. 外资经营的西式酒店

西式酒店是19世纪初外国资本侵入中国后兴建和经营的酒店的统称。这类酒店在建筑式样、风格、设备设施、酒店内部装修、经营方式、服务对象等方面都与中国的传统客店不同，是中国近代酒店业中的外来成分。

1) 西式酒店在中国的出现

1840年第一次鸦片战争以后，随着《南京条约》、《望厦条约》等一系列不平等条约的签订，西方列强纷纷侵入中国，设立租界地、划分势力范围，并在租界地和势力范围内兴办银行、邮政、铁路和各种工矿企业，从而导致了西式酒店的出现。至1939年，在北京、上海、广州等23个城市中，已有外国资本建造和经营的西式酒店近80家。处于发展时期的欧美大酒店和商业旅馆的经营方式，也于同一时期，即19世纪中叶至20世纪被引进中国。

2) 西式酒店的建造与经营方式

与中国当时传统酒店相比，这些西式酒店规模宏大，装饰华丽，设备趋向豪华和舒适。内部有客房、餐厅、酒吧、舞厅、球房、理发室、会客室、小卖部、电梯等设施。客房内有电灯、电话、暖气，卫生间有冷热水等。西式酒店的经理人员皆来自英、美、法、德等国，有不少则在本国受过旅馆专业的高等教育。

客房分等级经营，按质论价，是这些西式酒店客房出租上的一大特色，其中又有美国式和欧洲式之别，并有外国旅行社参与负责介绍客人入店和办理其他事项。西式酒店向客人提供的饮食均是西餐，大致有法国菜、德国菜、英美菜、俄国菜等。酒店的餐厅除了向本店宾客供应饮食外，还对外供应各式西餐、承办西式筵席。西式酒店的服务日趋讲究文明礼貌、规范化、标准化。西式酒店是西方列强侵入中国的产物，为其政治、经济、文化侵略服务。但在另一方面，西式酒店的出现客观上对中国近代酒店业起到了首开风气的效应，对于中国近代酒店业的发展起了一定的促进作用。

2. 中西结合式酒店

西式酒店的大量出现，刺激了中国民族资本转向酒店业投资。因而从民国开始，各地相继出现了一大批具有“半中半西”风格的新式酒店。这些酒店在建筑式样、设备、服务项目和经营方式上都接受了西式酒店的影响，一改传统的中国酒店大多是庭院式或园林式并且以平房建筑为主的风格特点，而多为营造楼房建筑，有的纯粹是西式建筑。中西式酒店不仅在建筑上趋于西化，而且在设备设施、服务项目、经营体制和经营方式上亦受到西式酒店的影响。酒店内高级套间、卫生间、电灯、电话等现代设备，餐厅、舞厅、高档菜肴等应有尽有。饮食上对内除了中餐以外，还以供应西餐为时尚。这类酒店的经营者和股东，多是银行、铁路、旅馆等企业的联营者。中西式酒店的出现和仿效经营，是西式酒店对近代中国酒店业具有很大影响的一个重要方面，并与中国传统的经营方式形成鲜明对照。从此，输入近代中国的欧美式酒店业的经营观念和方法逐渐中国化，成为中国近代酒店业中引人注目的成分。

(三)中国现代酒店业的发展

新中国成立后至1978年实行改革开放前，中国酒店设施以事业单位接待型为主，大多数酒店实行招待所式服务，部分较好的酒店，作为政府外事接待部门的附属单位，没有独立的经济地位。这一阶段中国酒店业的总体状况可以概括为数量稀少、设施陈旧、功能单一、条件简陋。

党的十一届三中全会以后，经济建设的蓬勃发展和旅游业的兴起，为酒店业的发展带来了前所未有的机遇。在短短20多年时间里，酒店业发展速度之快、档次之高，实属世界罕见，至今已形成了以1万多家星级酒店为主体、一大批各种类型的酒店设施为补充的酒店产业。在20多年的发展过程中，中国酒店业经历了以下几个阶段。

1. 1978—1988年为起步阶段

在这个阶段，酒店业在部分城市始终处于高速增长的状态，但由于发展的基数比较小，所以全国每年增长的绝对量并不大，总体上处于起步阶段。

从酒店业的市场看，这一时期是酒店业的短线制约时期，旅游酒店成为当时中国旅游业发展的瓶颈。中国向世界敞开国门初期，海外游客怀着对中国的神秘感而大量涌入，致使主要城市及旅游城市的酒店严重供不应求。在这种情况下，1979 年，国务院在北戴河召开会议，决定在各省尽快建设一家主体酒店。1982 年，北京建国酒店的建成开业，标志着从此拉开了大规模引进外资建造酒店的帷幕，大量的社会资金和各部门的资金也开始投入酒店业，酒店业出现了强劲的发展势头。到了这一阶段的后期，由于在一些大中城市众多酒店的出现，供不应求的状况在局部地区得以暂时缓解。随着旅游业的高速增长，酒店业的体制也发生了重大的变革。一些接待型的酒店纷纷摘掉了招待所的帽子，从事业单位转为企业，成为经营实体。这些酒店与新建酒店一起成为我国酒店业的主体。酒店业企业化的过程为酒店经营管理、提升档次提供了条件。

从酒店经营管理的角度看，伴随着外资酒店的开业和境外管理的引进，中国酒店业开始了从招待所式的管理向现代酒店管理的转变。许多酒店纷纷学习国外先进管理理论和方法，建立自身的管理模式。从市场营销角度看，这一时期还处于产品观念阶段，一些酒店仍然有“皇帝女儿不愁嫁”的心态，等客上门是不少酒店的经营之道。

2. 1989—1992 年为提高时期

在这一阶段，中国国际旅游市场大起大落，新兴的酒店业第一次体会到市场的残酷性。由于 1989 年“政治风波”的影响，世界上一批发达国家对中国实行经济制裁，使处于蓬勃发展中的酒店业突然跌入低谷，酒店客房出租率大幅下降。1989 年全国酒店平均客房出租率仅为 40%，较上年降幅巨大。与此同时，酒店的增长速度显著下滑，从 1989 年的 21.5%客房增长率连续下降到 1990 年的 9.83%、1991 年的 9.28%、1992 年的 9.3%。该阶段的主要特点还不完全在于增长率的下降，而在于整个酒店业市场从高峰骤然降至低谷，酒店经营者面临前所未有的市场压力，激烈的市场竞争迫使酒店将管理的重心转向强化内部管理、提高酒店档次和服务水平、增强市场竞争力上来。与此同时，国家旅游局根据形势发展的需要，在全行业推行了星级评定工作，这一工作的实施使我国的酒店在软硬件的建设上都有了对照标准。从此，各酒店围绕着星级标准，把不断完善酒店产品内涵，提供优质服务作为管理的目标。星级评定工作的开展，使中国酒店业从根本上上了一个台阶。酒店业市场竞争的内在动力和行业管理部门的外在压力，使中国酒店业走过了一个以质优提高为核心内容的发展时期。

3. 1993 年至今为全面快速发展时期

1992 年，邓小平同志南巡讲话以后，全国掀起了新一轮改革浪潮，经济发展异常快速，酒店业也进入了全面快速发展时期。在这一时期，酒店业市场增幅在 15%以上，1996 年以前经济效益稳步上升。1997 年以后，随着酒店数量增长，酒店业在快速发展中逐渐步入成熟阶段。

(四)中国酒店业发展现状

中国酒店业经过改革开放以后 20 多年的发展，取得了举世瞩目的成就。截至 2012 年初，我国共有星级酒店 12220 家，其中五星级酒店 608 家，四星级酒店 2172 家。在此期间的建设速度超过了世界上任何一个国家同期的建设速度。与此同时，酒店业的档次结构也发生了根本性的变化。可以说，20 多年间，中国酒店业的硬件设施已达到了世界先进水平，其中不乏一批软硬件均属于世界上乘的高档次酒店。但从总体来看，中国酒店业的管理水平还不够平衡。中国酒店业发展的历程呈现以下特点。

1. 酒店规模急剧扩大，呈现全方位发展态势

在 30 多年的时间里，中国酒店业的发展出现了 20 世纪 80 年代中期和 1993 年至今两个大建酒店的高潮时期。20 世纪 80 年代中期，酒店建设主要集中在大城市，1993 年后则各省、市(地)、县都建酒店，即使在经济较为落后的地区也不惜巨资建造几个高档次的酒店，因此导致酒店分布日趋分散。由于经济体制条块分割的现状，酒店建设报批渠道众多，酒店建设盲目性很大。1993 年以来，全国酒店每年以 20%左右的递增幅度扩大。这种酒店业外延规模的急剧扩大与客源的增长并不平衡，酒店的建设并非出于市场需求的拉动，而是因为各地构筑外向型经济窗口所需。这种情况下，全国形成以下三个热点：原有政府招待所经改建、扩建成为高档次宾馆；一些经济部门(如供销、邮电、银行、烟草、电力、煤炭等)因转成第三产业而以建造酒店作为突破口；房地产项目转入酒店业，使酒店业呈现出一种全方位发展的态势。

2. 酒店类型齐全，以中小型酒店为主体，星级酒店占有重要的地位

截至 2012 年初，全国星级酒店总数达到 12220 家。其中，五星级酒店 608 家，四星级酒店 2172 家，三星级酒店 5635 家，二星级酒店 3591 家，一星级酒店 214 家。全国酒店形成了以中小型酒店为市场主体的特色。从档次上看，星级酒店中高星级酒店占 22.7%，三星级酒店占 46.1%，低星级占 31.2%，星级结构基本适应我国旅游业发展的需求。从经济性质上来看，国有饭店是酒店的主体，占整个酒店业的 57.6%，集体和个体比重在逐步加大，目前占酒店总数的 15.8%，其他形式的酒店占 26.6%。

3. 酒店业管理水准不低，但发展不平衡

全国酒店业中星级酒店管理水平普遍较好，总体管理水平稳步提高。但仍有不少酒店虽有现代化设施，却仍然停留在招待所的管理模式上，与星级酒店的差距有拉大之势。随着国外酒店公司大举进入中国市场，各地大中城市都有了国外著名酒店公司管理的酒店，这些酒店均采取了集团化、网络化管理模式。近年来国内也成立了一些酒店管理公司，开始管理一些酒店，但这些酒店管理公司规模小，管理能力有限，多数酒店由于未能以高档次酒店为依托，因此近期内还很难形成网络化的经营。而大多数酒店仍隶属于某个主管部门，实行单兵作战、自我管理。

4. 酒店业总体运行良好，高档酒店和经济型酒店成主流

中国酒店业在近几年总体规模持续扩大的情况下，经营效益从 1999 年开始回升，客房出租率、营业收入、上交税金等主要经济指标全面回升。2000 年以后，酒店业扭转前几年大面积亏损的局面，取得了全行业的盈亏平衡，经济效益开始提升，酒店业竞争也日益理性，追求质量竞争和文化竞争已成为一种时尚，中国酒店业日趋成熟。2011 年全国 12220 家星级饭店在四季度的营业收入总计为 657.59 亿元，其中餐饮收入为 302.72 亿元，占营业收入的 46.04%；客房收入为 268.49 亿元，占营业收入的 40.83%，如表 1-1 所示。

表 1-1　2011 年第四季度全国星级饭店经营情况统计表

项目 星级	饭店数量	营业收入 (亿元)	餐饮收入比重 (%)	客房收入比重 (%)
合计	12220	657.59	46.04	40.83
一星级	214	0.99	38.65	55.51
二星级	3591	41.78	46.33	43.67
三星级	5635	189.21	47.97	39.68
四星级	2172	229.10	45.41	38.14
五星级	608	196.52	44.87	44.39

由于部分高星级酒店效益较差，且大部分所处地理位置较好，这些中高级酒店很有可能被兼并或者托管，从而成为高档连锁酒店的一部分；而效益更差的三星以下的酒店很难抵挡经济型连锁酒店的攻势，并逐渐成为经济型酒店的一部分(事实上，国家发改委《中国经济型酒店调查报告》显示，我国经济型酒店中有 51%来源于原有酒店的改造，属于新建物业的只有 13%)。截至 2011 年 12 月 31 日，如家在中国 212 个城市有 1426 家酒店投入运营，包括 698 家直营酒店(其中包括 3 家和颐酒店和 144 家莫泰 168 酒店)和 728 家特许经营酒店(其中包括 1 家和颐酒店和 163 家莫泰 168 酒店)。每家酒店平均客房数量为 124 间。2012 年，如家集团三个品牌计划新开设 330～360 家酒店。CEO 孙坚表示，未来 5～10 年时间内，如家酒店数量将由目前的 1400 多家扩展到 5000 家。如家将抓住这个机会拓展世界版图，未来还将考虑把业务逐渐拓展至东亚、欧洲以及美洲地区。

5. 酒店业者经营管理理念与国际酒店发展趋势有差距

由于体制、产权等原因，我国星级酒店的高层管理人员主要由以下几方面构成。

(1) 国际酒店管理集团派出的业内资深管理人员。

(2) 在海外经过专业培训的酒店从业者。

(3) 在合资酒店和著名内资酒店工作，后离开加入其他酒店从事高层管理工作。

(4) 更多的是因行政关系由上级主管部门下派，没经过专业培训，甚至从未经营过酒店的行政人员。

由于许多星级酒店，特别是中、低星级酒店的高层管理人员没有经过系统的专业培训，一些从业人员对酒店经营管理理念、我国星级酒店标准的理解和把握存在一定的差距，对国际酒店发展趋势更知之甚少，多满足于经营现状，这造成了目前我国部分中、低星级酒店经营业绩不理想、服务质量良莠不齐的状况。

6. 酒店集团化、品牌化建设相对薄弱

中国民族酒店集团化、品牌化的话题已热炒几年了，但老生常谈、颇受业界关注的问题进展缓慢，学术界和业界时有争论，但研究的成果很少推向市场。许多业界人士都关注集团化、品牌化的建设，也做了不少尝试，但除了国内少数几家略具集团化的管理公司以外，鲜有可与国际酒店集团相提并论的集团存在。关于品牌化的建设问题，不少有识之士提了许多建议，但真正意义上的我国自主的酒店品牌还没有得到认同，更多的则是一个名称或称谓而已，而不是品牌。集团化、品牌化建设任重道远，需要行业主管部门的引导、业主方的认知和投入、社会其他方面的支持和宣传。

课外资料 1-1

浅谈 2011 年中国酒店业的七大发展特点

2011 年中国酒店业总体呈现出平稳增长的发展态势，这在一定程度上改变了过去 20 年中国酒店业快速增长的局面，这表明中国酒店业的供求关系发生了一定的改变，从某种程度上说，随着中国经济的发展，原有酒店业刚性需求持续超过市场供给的局面已经悄然发生了变化，随着大量资本向酒店业的转移，中国酒店业的供给已基本能满足现有的市场需求，再加上中国酒店业面临着众多的问题和矛盾，中国酒店业的发展在一定程度上放慢脚步无疑是正常合理和可以预见的，甚至可以说是必须经历的过程，只有消化了中国酒店业目前发展中面临的各种问题和挣脱中国酒店业发展的瓶颈桎梏，才能实现中国酒店业的转型升级和再次腾飞。总的来说，2011 年中国酒店业呈现出以下几个发展特点。

一、行业持续平稳较快发展

我国酒店业从 1991 年开始连续 20 年保持高速增长，平均增速达到 22.1%。截至目前，全国住宿餐饮企业近 330 万家，年营业收入超过 2 万亿元，占当年 GDP 的 5%左右。据国家统计局数据显示，2011 年全国餐饮收入 20543 亿元，同比增长 16.9%，从业人员 2200 多万人。在住宿业，根据国家公安总局的登记数据来看，全国住宿企业超过 28 万家，其中，统计局每年统计的全国住宿业限额以上企业达 1.6 万家，同比增长 8.4%；营业收入 2184 亿元，同比增长 23.3%；营业利润 1603 亿元，同比增长 22%。行业的增长幅度有所放缓，说明过去若干年的高利润时代已经过去，已经进入微利时代。

二、餐饮业转变发展方式步伐加快

餐饮业转变发展方式步伐加快，主要体现在以下三个方面。①品牌连锁化发展成为餐饮业的主流发展方向。从中国餐饮名店到中国驰名商标，从中国名菜到文化主题盛宴，企业在各个环节都在注重品牌的打造与经营。城市美食品牌也得到政府的高度重视，不少城市都在创建“美食之都”、“美食名城”、“美食之乡”、“美食街区”，这些举措对餐饮业品牌提升、转型升级起着重要的推动作用。②餐饮业信息化已经成为餐饮转型升级的重要支撑。营销信息化、服务信息化、管理信息化、采购信息化等都在餐饮企业不同环节得到了很好的运用，为餐饮企业降低采购成本和人工成本，以及强化客户关系管理提供了帮助。目前，我国大中型餐饮企业的信息化建设已经全面开展，引领了餐饮业信息化时代的到来。③管理创新成为餐饮业转型升级的重要手段。传统的经验管理正在向科学的规范管理转变。从日本的 5S 管理、香港的五常管理，到内地餐饮业的 6T 管理、三效管理都取得了明显的成效。先进的管理手段有效地促进了餐饮企业在效率、效能、效益方面上的全面提高，并对餐饮企业连锁化管理提供了有效手段。

三、绿色文化建设务实推进

随着国务院建设节约型社会要求的进一步贯彻落实，特别是《绿色饭店》国家标准的进一步推广，我国饭店行业的绿色饭店工作也取得了积极的成果。目前全国已有绿色饭店上千家，越来越多的饭店依照“安全、健康、节能、环保”四大理念，努力营造饭店的绿色发展环境，从绿色理念到低碳理念，给行业带来了新的发展模式。餐饮企业也纷纷响应，

每万元能耗数目前正在被企业不断刷新新低。绿色基地也正在全国各大型餐饮集团中全面推进。同时很多企业不断丰富“绿色”内涵，把人文绿色也引入企业发展中，创建绿色和谐的用工关系、创建绿色企业文化成为行业里一道亮丽的风景线。

四、新型业态快速涌现

在酒店业保持高速增长的同时，行业的市场细分越发明显，定位于不同细分市场的业态类型越发丰富，在高端市场，小体量、定制化、精品服务的精品酒店运作越发成熟，高档会所、健康营养餐厅快速发展。在中端市场，设计型酒店和特色主题酒店也逐渐为传统三四星级酒店提供了可行的发展方向。在大众化市场，百元以下的廉价型经济型酒店、家庭旅馆、农家乐、汽车旅馆、青年旅馆等成为市场亮点。电子商务、网络营销、集聚开发、美食街区、火锅连锁、餐饮食品等产业模式创新加快。携程网、芒果网、去哪儿网、窝窝团等新兴网络企业不断丰富完善企业电子商务盈利模式。这些新兴业态的不断推广为饭店行业的进一步发展带来了更为广阔的空间。

五、兼并联合发展向纵深推进

2011 年，如家收购莫泰、7 天收购华天之星为经济型酒店品牌兼并增加了案例，加快了中国酒店业自主扩张、品牌并购和产品创新的新阶段。锦江之星、海航旅业等企业开始“走出去”，参与国际市场竞争。在高档酒店降价经营和经济型酒店迅速扩张的双重挤压下，中档单体酒店也开始纵横联合，不同形式的单体酒店联盟为我国为数最为众多的传统三四星级酒店开辟发展路径。而在高端市场，酒店群落成为一个新的概念，在地方政府和有实力的房地产商的共同运营下，一些集合若干不同品牌高端酒店的酒店集团或综合体项目快速发展。

六、政府对行业的重视程度不断加大

2011 年，商务部姜部长专门召开多次座谈会，研究行业持续健康发展问题。商务部根据不少企业的反映，对银行刷卡手续费和餐饮企业上市难作了专题调研，多次向商务部、发改委、人民银行、证监会反映，目前取得积极进展。人民银行基本同意刷卡费降至 0.9%。同时，停滞两年的餐饮企业上市问题也重新开启了通道，证监会主席郭树清明确公开表态支持餐饮企业和酒店企业上市，为国内餐饮业的融资扩张提供了新的机会。还有，近 20 个省区市落实了“宾馆酒店与一般工业企业同等的用水、用电、用气价格”政策，13 个省区市落实了“排污达标企业在缴纳污水处理费后免征排污费”政策。商务部“早餐工程”联合财政部给予资金支持，培育“早餐工程”龙头企业，重点建设中央厨房和冷链配送，打造了一批标准化门店，正在逐步实现“布局更合理、经营更节约、配送更快捷、食品更安全、品种更丰富、价格更亲民”的目标，也给企业的大众化经营提供了引导和支持。

七、“四升一降”矛盾凸显，影响行业健康发展

近年来，“人力”已经成为困扰住宿和餐饮企业发展的一大难题。从之前的高管人员匮乏，到如今的客房、保安、服务生、厨房等一线员工也严重短缺，“用工荒”已经波及全行业。同时，一线员工平均工资和社会保险不断增加，依然难以解决劳动力供给不足和流动率高的难题，给饭店经营带来了巨大的成本压力。实践中，不少企业通过推广职业经理人培训制度、加强内训体系建设、开设企业培训学院、加强校企合作等方式不断推动管理队

伍的专业化发展和企业人才培养体系，取得明显效果。与此同时，物业成本、水电气能源费用、原辅料持续涨价挤压了企业利润空间。企业使用的水、电、气同价问题在过去一年依然没有得到很好的落实。这些问题，需要我们创新工作手段，下大力气加以解决。

评估练习

1. 世界酒店发展经历了哪四个历史时期?
2. 1829 年在美国波士顿落成的什么酒店，被称作世界上第一座现代化酒店?
3. 中国的酒店最早是由什么演绎而来?

第三节　酒店的主要类型

教学目标

1. 了解酒店的主要分类。
2. 了解酒店星评的相关知识。

一、根据酒店市场及客人特点分类

(一)商务型酒店

商务型酒店也叫暂住型酒店，一般位于城市的中心或商业区，以接待从事商业贸易活动的客人为主，也接待旅游客人及由于各种原因作短暂逗留的其他客人。如表 1-2 所示为 2011 年度中国十大最受欢迎商务酒店。商务型酒店适应性广，在酒店业中占有较大的比例，并根据细分市场的需求，分为各种等级。由于商务客人一般文化层次、消费水平较高，商务酒店的设施设备也就相应比较豪华。商务型酒店的特征之一是具备商务功能，即提供多功能的服务(如办公、上网等)，如图 1-7 所示。

图 1-7　广州富力丽思卡尔顿酒店

表 1-2 2011 年度中国十大最受欢迎商务酒店

序 号	酒店名称
1	浦东香格里拉大酒店 Pudong Shangri-La, Shanghai
2	北京柏悦酒店 Park Hyatt Beijing
3	香港洲际酒店 InterContinental Hong Kong
4	广州富力丽思卡尔顿酒店 The Ritz-Carlton, Guangzhou
5	上海柏悦酒店 Park Hyatt Shanghai
6	北京万达索菲特大饭店 Sofitel Wanda Beijing
7	上海波特曼丽嘉酒店 The Portman Ritz-Carlton, Shanghai
8	南京金陵饭店 Jinling Hotel Nanjing
9	九龙香格里拉大酒店 Kowloon Shangri-La
10	杭州开元名都大酒店 New Century Grand Hotel Hangzhou

(二)长住型酒店

长住型酒店也称为公寓型酒店。此类酒店一般采用公寓式建筑的造型，适合住宿期较长、在当地短期工作或休假的客人或家庭居住。长住型酒店在设施及管理方面较其他类型的酒店简单，酒店一般只提供住宿服务，并根据客人的需要提供餐饮及其他辅助性服务。从发展趋势看，长住型酒店一是向豪华型发展，服务设施和服务项目日趋完备，如我国不少大城市中出现的高档酒店式公寓。二是分单元向客人出售产权，成为提供酒店服务的共管式公寓，不少酒店还实行定时分享制，与其他地方的相同类型设施的所有者交换使用。

(三)度假型酒店

度假型酒店(Resort Hotels)一般以接待游乐、度假的宾客为主，地理位置多设在海滨、山区、温泉、海岛、森林等旅游风景区。度假型酒店对区域内环境设计要求高，娱乐设施配套较为齐全，并设有各种娱乐、体育项目，如滑雪、骑马、狩猎、垂钓、划船、潜水、冲浪、高尔夫球、网球等，以吸引游客。此外，要求突出个性化特点，包括在自然环境、装潢设计、建筑风格、酒店服务功能及人员服务技能等方面。度假型酒店一般具有较强的季节性特征。

度假型酒店因易受淡旺季节的影响而采取较为灵活的经营方式，如实行淡季、旺季价，拉大价格差距。不少度假型酒店还增设了会议设施，来吸引各种会议型客人。近年来，不少旅游胜地也出现了分时度假型酒店。表 1-3 所示为 2011 年度中国十大最受欢迎度假酒店。

表 1-3 2011 年度中国十大最受欢迎度假酒店

序 号	酒店名称
1	丽江悦榕庄 Banyan Tree Lijiang
2	金茂三亚丽思卡尔顿酒店 The Ritz-Carlton, Sanya
3	深圳茵特拉根华侨城酒店 The Interlaken OCT Hotel
4	阳澄湖费尔蒙酒店 Fairmont Yangcheng Lake

续表

序　号	酒店名称
5	亚龙湾红树林度假酒店 Yalong Bay Mangrove Tree Resort
6	澳门十六浦索菲特大酒店 Sofitel Macau At Ponte 16
7	苏州太湖高尔夫酒店 Taihu Golf Hotel
8	上海东方佘山索菲特大酒店 Sofitel Shanghai Sheshan Oriental
9	武夷山悦华酒店 Wuyi Mountain Yeohwa Resort
10	南京紫金山庄 The Purple Palace Nanjing

(四)会议型酒店

会议型酒店主要接待各种会议团体，通常设在大都市和政治、文化中心，或交通方便的游览胜地。酒店设置多种规格的会议厅或多功能厅，具备各种规格的会议设备并提供高效率的接待服务，如图 1-8 所示。

图 1-8　某会议型酒店

(五)汽车酒店

汽车酒店的英文是 motel，是 motor 和 hotel 的缩写，一般建于公路干线上，设施、设备较为简单，规模较小，以接待驾车旅行者为主，是欧美国家常见的一种酒店类型。它最早起源于美国。1952 年凯蒙·威尔逊在孟菲斯建起了第一家有 120 个单元房间的现代汽车酒店——假日酒店，规范了汽车酒店业，如图 1-9 所示。

图 1-9　汽车酒店

经过几十年的发展，汽车酒店已经迅速成长为世界上最大的酒店系统，大致可以分成过路型汽车酒店、终点站型汽车酒店、度假型汽车酒店和野营地型汽车酒店四种。随着私人汽车拥有量的增加，公路交通网的不断完善，我国的汽车酒店时代即将到来。

二、根据酒店计价方式分类

根据酒店计价方式的不同，大致可分为如下五类酒店。

(1) 欧式计价酒店。欧式计价酒店的客房价格仅包含居住费用，不含食品、饮料等其他费用。目前世界各地绝大多数的酒店均属此类。我国也采用此类计价方式。

(2) 美式计价酒店。美式计价酒店的客房价格包括房间及一日三餐的费用。大多在度假型酒店中采用这种计价方式。

(3) 修正美式计价酒店。修正美式计价酒店的客房价格包括房租、早餐及一顿正餐的费用，以方便宾客有较大的自由安排白天的活动。

(4) 欧陆式计价酒店。欧陆式计价酒店的房价包括房租及一份简单的欧陆式早餐及咖啡、面包、果汁。此类酒店一般不设餐厅。

(5) 百慕大计价酒店。百慕大计价酒店的房价包括房价及美式早餐的费用。

三、根据酒店规模分类

根据酒店规模可划分为以下三种酒店。

(1) 大型酒店：客房 600 间以上的酒店。

(2) 中型酒店：客房 300～600 间的酒店。

(3) 小型酒店：客房 300 间以下的酒店。

四、酒店的等级

酒店等级是指一家酒店的豪华程度、设施设备等级、服务范围和服务水平等方面所反映出的级别与水准。不少国家和地区，通常根据酒店的位置、环境、设施和服务等情况，按照一定的标准和要求对酒店进行分级，并用某种标志表示出来，在酒店的显著地方公之于众。

(一)酒店分级的目的

1. 保护顾客的利益

酒店的等级标志本身是对酒店设施与服务质量的一种鉴定与保证。对酒店进行分级，可使顾客在预订或使用之前，对酒店有一定的了解，并根据自己的要求和消费能力进行选择。对酒店进行定级可以有效地指导顾客选择酒店，为其提供物有所值的服务，保障他们的利益。

2. 便于行业的管理和监督

酒店企业的服务水平和管理水平，对消费者及所在国家和地区的形象与利益，均有重要的影响。许多国家的政府机构或其他行业组织，都将颁布和实施酒店等级制度作为行业管理与行业规范的一种手段。利用酒店的定级，对酒店的经营和管理进行监督，使酒店将公众利益和自身利益结合在一起。

3. 有利于促进酒店业的发展

从经营的角度看，酒店的等级也是一种促销手段，有利于明确酒店的市场定位，并针对目标市场更好地展示酒店的产品和形象。同时，有利于同行之间平等、公平地竞争，可促进不同等级的酒店不断完善设施和服务质量，提高管理水平，维护酒店的信誉。对接待国际旅游者的酒店来说，也便于进行国际间的比较，促进酒店业的不断发展。

(二)酒店的分级方法

目前分级制度在世界上的应用已较为广泛，尤其在欧洲更是普遍采用。但是不同的国家和地区采用的分级制度各不相同，用以表示级别的标志与名称也不一样。据不完全统计，目前世界上有 80 多种酒店分级制度。目前国际上采用的酒店等级制度与表示方法大致有以下几种。

1. 星级制

星级制是把酒店根据一定的标准分成的等级分别用星号“★”来表示，以区别其等级的制度。比较流行的是五星级别，星越多，等级越高。这种星级制在世界上，尤其是欧洲，采用得最为广泛。我国酒店的等级划分也采用这种分级方法。

2. 字母表示方法

许多国家将酒店的等级用英文字母表示，即 A、B、C、D、E 五级，A 为最高级，E 为最低级，有的虽是五级却用 A、B、C、D 四个字母表示，最高级用 Al 或特别豪华级来表示。

3. 数字表示法

用数字表示酒店的等级一般采用最高级用豪华表示，继豪华之后由高到低依次为 1、2、3、4，数字越大，档次越低。

还有一些等级分类方法，如价格表示法或以类代等，即用酒店的类别代替等级，并用文字表示出来，但这种等级划分比较模糊，比较起来既不科学也不方便。

(三)酒店等级的评定

酒店等级的评定是一件十分严肃和重要的事情，一般由国家政府或权威的机构做出评定，但不同的国家评定酒店的机构不完全一样。国外比较多的是国家政府部门和酒店企业或旅游业的协会共同评定。也有一些地方由几个国家的酒店协会联合制定统一的标准，共同评定。我国酒店等级的评定主要由国家主管旅游业的职能部门——国家旅游局和国内贸易部的中国酒店协会根据各自所管理和监督的范围进行评定。

无论用哪种方法评定等级，无论由谁来评定，必须按照等级划分的有关要求和标准来进行，还要有一套完备的申请、调查、复查与抽查的鉴定程序。定级单位也有权根据规定对已定级的酒店进行降级或除名处理。酒店有权自动要求进行升级的评定或取消已定的级别。

五、我国旅游酒店的星级评定

1989 年，中国国家旅游局在世界旅游组织专家、西班牙旅游企业司司长费雷罗先生的协助下制定了《中华人民共和国评定旅游涉外饭店星级的规定和标准》，于 1989 年 9 月 1 日开始执行。当时，同时使用的还有原商业部颁布的酒店定级标准，后经国家技术监督局批准，1993 年 9 月 1 日，正式公布《旅游涉外饭店星级的划分与评定》为国家标准，自 1993 年 10 月 1 日起执行。1997 年 10 月，国家技术监督局批准国家旅游局重新修订的《旅游涉外饭店星级的划分与评定》为推荐性国家标准，代替 1993 年起执行的标准，新标准于 1998 年 5 月 1 日起实施。

2003 年 6 月，经国家质量监督检验检疫总局批准，国家旅游局将重新修订的《旅游饭店星级划分与评定》(以下简称《第三标》)作为推荐性国家标准，代替 1998 年起执行的标准。新标准于 2003 年 10 月 1 日起实施。

(一)划分和依据

《第三标》规定，用星的数量和颜色表示酒店的等级。星级分为五个等级，即一星级、二星级、三星级、四星级、五星级(含白金五星级)。最低为一星级，最高为白金五星级。星级越多，表示旅游酒店的档次和等级越高。作为星级的补充，开业不足一年的酒店可以申请预备星级，其等级与星级相同。2007 年 8 月，北京中国大酒店、上海波特曼丽嘉酒店和广州花园酒店被正式授予“白金五星级酒店”称号，如图 1-10 至图 1-12 所示。

图 1-10　北京中国大酒店

2010 年 10 月国家质量监督检验检疫总局、国家标准化管理委员会发布公告，批准《旅游饭店星级的划分与评定》(GB/T 14308—2010)国家标准自 2011 年 1 月 1 日起实施。新版标准重点强调了星级饭店的必备项目、核心产品、绿色环保、应急管理、软件可衡量和特色经营六个方面的要求，对于引导和规范我国酒店业的发展将产生重要作用。

星级评定的目的是使我国的酒店既有中国特色，又符合国际标准，从而保护旅游经营者和消费者的利益。其依据是酒店的建筑装饰、设施设备及管理、服务水平，具体评定方法按《第三标》颁布的设施设备评分标准，设施设备的维修保养评定标准，清洁卫生质量、服务质量等标准执行。星级划分条件和检查评分细则相结合，全面考核、综合平衡，其中检查评分细则由国家旅游局制定并组织实施。酒店星级的取得表明该酒店所有建筑物、设施设备及服务项目均处于同一水准。

图 1-11　上海波特曼丽嘉酒店

图 1-12　广州花园酒店

(二)适用范围

我国各种经济性质的旅游酒店在正式开业一年后都可以参加星级评定，正式开业不足一年的可以申请预备星级。政府鼓励酒店参加星级评定，但尊重酒店意愿，采用自愿报名的形式。

评估练习

1. 根据酒店市场及客人的特点可将酒店划分为哪几类？
2. 根据酒店计价方式将酒店划分为哪几类？
3. 酒店分级的目的是什么？
4. 我国首批白金五星级酒店有哪些？

第四节　经济型酒店概述

教学目标

1. 掌握经济型酒店的概念。
2. 了解经济型酒店的发展历程。
3. 了解经济型酒店的分类。

一、经济型酒店的发展历史

经济型酒店(Budget Hotel)是相对于传统的全服务酒店(Full Service Hotel)而存在的一种

酒店业态。经济型酒店在全球的发展经历了四个历史阶段：萌芽与发展初期、蓬勃发展时期、品牌调整时期和重新发展时期。

(一)萌芽与发展初期

20 世纪 30 年代末期至 50 年代末期是经济型酒店的萌芽与发展初期，这一阶段的主要特点是汽车旅馆的出现与发展。20 世纪 30 年代，随着美国大众消费的兴起以及公路网络的发展，汽车旅馆开始出现，为平民的出游提供廉价的住宿服务。例如，早在 1939 年美国佛罗里达几家汽车旅馆就自发形成了行业联合组织“品质庭院”(Quality Courts)，并于第二年改名为“品质庭院联合酒店”(Quality Courts United)，为单体汽车旅馆业主提供行业服务。

第二次世界大战后，美国经济的繁荣带动了大众旅游发展，引发了对中低档住宿设施的大量需求。城际高速公路网络的建成则促进了汽车旅馆的风行。1952 年成立的假日汽车旅馆在吸收了过去汽车旅馆发展经验的基础上改善了服务质量，并且第一次尝试采取标准化方式复制产品和服务，在短短的十年间沿着美国的公路网络迅速发展起来。

(二)蓬勃发展时期

从 20 世纪 60 年代初至 80 年代末期，经济型酒店进入蓬勃发展时期。酒店数量迅速增长，而且产品形态呈现丰富的层次性，开始朝着多元化方向发展。连锁经营开始取代传统的分散经营模式，单体酒店开拓出快速发展的扩张途径，一些发展得比较成熟的经济型酒店开始并购整合单体酒店。同时，经济型酒店开始了国际化的发展，从美国传播到加拿大、中美洲、南美洲以及欧洲。这种扩张同时刺激了本土经济型酒店的兴起，尤其是欧洲的经济型酒店开始快速发展。到 80 年代末期经济型酒店已经成为欧美发达国家的成熟酒店业态。

(三)品牌调整时期

从 20 世纪 80 年代末至 90 年代末，经济型酒店行业开始进行品牌调整。经过长期的快速发展，经济型酒店进入了市场的成熟时期，高速增长和大规模扩张的动力逐渐减弱。大型酒店集团的多元化战略和投资政策促使酒店集团更加倾向于通过资本运作来购买和整合原有行业内的品牌，而不是自创新的品牌。市场竞争淘汰了一些管理力量薄弱，资金运营不通畅的品牌，一些大而强的品牌则得益于资本实力和管理实力变得越发强大。竞争的加剧迫使企业转向服务质量管理和品牌建设。品牌建设、质量管理、市场细分、产品多元化等企业内部管理得到前所未有的重视。

(四)重新发展时期

进入 21 世纪，经济型酒店步入了又一轮快速发展时期。这主要表现在经济型酒店在发展中国家的市场开拓和本土品牌的发展。在中国、东南亚等地区，经济型酒店的扩张非常迅速。世界著名的经济型酒店品牌陆续进入，如雅高集团的宜必思(Ibis)、一级方程式(Formula 1)、温德姆集团的速 8(Super 8)(见图 1-13)、天天客栈(Days Inn)，洲际集团的假日快捷(Holiday Inn Express)等，都纷纷瞄准了亚洲市场。同时，一些亚洲本土的经济型酒店品牌也开始发展，例如中国的锦江之星和如家快捷(见图 1-14)。

美国速 8 酒店在全球范围内运营 2100 多家酒店，客房总数超过 12.6 万个。第一家速 8 酒店于 1974 年 10 月在美国南达科塔州的阿伯丁开业，美国速 8 品牌在中国已成为最大的外国经济型连锁酒店品牌之一。

图 1-13　速 8(Super8)

图 1-14　“如家快捷”被形容为“一星的墙，二星的堂，三星的房，四星的床”

二、经济型酒店的定义、分类及特点

学术界对经济型酒店没有形成一个公认的定义，国外对经济型酒店的划分主要以价格为标准，例如 Powers(1995)认为，经济型酒店是指不提供全面服务(Full Service)的、房价在1991—1993 年间维持在 33 美元以下的酒店。根据经济型酒店的特点，以中国的实际情况来看，经济型酒店应该是以大众旅行者和中小商务者为主要服务对象，以客房为唯一或核心产品，价格低廉，服务标准，环境舒适，硬件上乘，性价比高的现代酒店业态。

经济型酒店的分类，有两个角度，一是从供给角度讲，主要涉及酒店设施、功能、物品、服务项目的配置规模、数量和档次等感官形态因素，以及投资总额和单项指标平均额的资金财务指标。二是从需求和市场角度讲，主要涉及进入酒店的消费者的经济支付水平和消费满意度的主观评价，酒店的客房价是最重要的衡量指标。对于特定地点、时期、供求环境、经营模式的经济型酒店，供给角度的分类衡量标准与需求和市场角度的分类衡量标准，是完全一致的。如果特定地点、时期、供求环境、经营模式中的条件不是同时成立，则供给角度的分类衡量标准和需求与市场角度的分类衡量标准会出现局部的不完全一致。

例如，在北京支付 250 元人民币客房价入住的酒店可以基本划为经济型酒店，而在石家庄的同样酒店的客房价可以是 150 元，或者，在石家庄支付同样的 250 元客房价可以入住三星级酒店中较好的酒店。所以，经济型酒店是个特定、动态、均衡的相对概念，绝不是简单、绝对、不变的概念。按更严格定义的解释，经济型酒店只提供小型餐厅等一些基本配套设施，但客房并不比星级酒店的标准配置差。为了便于把经济型酒店概念具体化，便于直观把握和比较，与人们平常熟悉的星级酒店档次对应，假设酒店按档次分为高档酒店(四五星级，一半多三星级)、经济型酒店(一二星级，约一半三星级)、普通旅馆(社会旅馆、个体旅馆)。中国经济型酒店标准间价格一般在 100～300 元/天。

经济型酒店作为一种新兴业态，是经济发展和社会生活的产物，它完全区别于面对社会上流阶层的全服务酒店，是服务大众阶层，满足一般平民的旅行住宿的产品设施。其基本特征有以下五点。

(1) 产品的有限性。经济型酒店紧扣酒店的核心价值——住宿，以客房产品为灵魂，剪除了其他非必需的服务，从而大幅度削减了成本。一般来说，经济型酒店只提供客房和早餐(Bed & Breakfast)，一些有限服务酒店还提供简单的餐饮、健身和会议设施。

(2) 产品和服务的优质性。与一般的社会旅馆不同的是，经济型酒店非常强调客房设施的舒适性和服务的标准化。其清洁卫生、舒适方便的特点是社会旅馆所不具备的。

(3) 经济型酒店的价格适中。相对于高档酒店动辄上千元的房价，经济型酒店的价格一般在人民币 300 元以下，一些青年旅舍和汽车旅馆只收取几十至一百元左右。

(4) 经济型酒店的目标市场是一般商务人士、工薪阶层、普通自费旅游者和学生群体等。而高档酒店往往以高级商务客人、高收入阶层、公费旅客为主要目标市场。

(5) 从经济型酒店的外在表现来说，经济型酒店一般采取连锁经营的方式，通过连锁经营达到规模经济，提高品牌价值。这种经营方式也是经济型酒店区别于其他星级酒店和社会旅馆的一个明显特征。

三、中国经济型酒店的发展现状

我国经济型酒店最初的发展始于 1996 年，上海锦江集团下属的锦江之星是中国第一个经济型酒店品牌。进入 21 世纪，各种经济型品牌如雨后春笋般破土而出(见图 1-15)，主要呈现以下几个特点。

(1) 中国经济型酒店行业成长迅速，出现了一些影响颇广的民族自创品牌。具有全国影响力的有锦江集团于 1996 年创建的锦江之星，首都旅游国际酒店集团与携程旅行服务公司于 2002 年共同投资组建的如家酒店连锁。此外，还有一些地区品牌的经济型酒店，如上海地区的莫泰 168，华南地区的 7 天，北京地区的欣燕都等。这些品牌呈现蓬勃的发展趋势，在短短的几年时间里得到迅速的扩张，一些地区品牌正在积极地向全国品牌的方向努力。

(2) 中国经济型酒店市场需求旺盛，几个大型城市和几块区域成为热点。北京、上海、广州、成都等大型城市的经济型酒店需求非常突出，市场条件比较成熟。而长江三角洲、珠江三角洲、京津地区这三个地区较高的经济发展总体水平也决定了经济型酒店需求水平。所以经济型酒店在中国的发展是呈现点面结合的局面迅速在经济发达地区发展起来的。

(3) 经济型酒店吸引了各种来源的资本大量涌入。由于经济型酒店的投资门槛较低，而投资回报率明显高于一般的酒店；同时，中国目前的投资环境比较好，资金供给充足，很多闲散资金一直在努力寻找适合的投资项目，这种结合了物业与酒店的优质项目格外吸引资本的涌入；另外，中国房地产的升值空间也导致了投资者对经济型酒店地产的升值预期，所以，来自社会各个行业的资金纷纷看好这类项目进行投资。

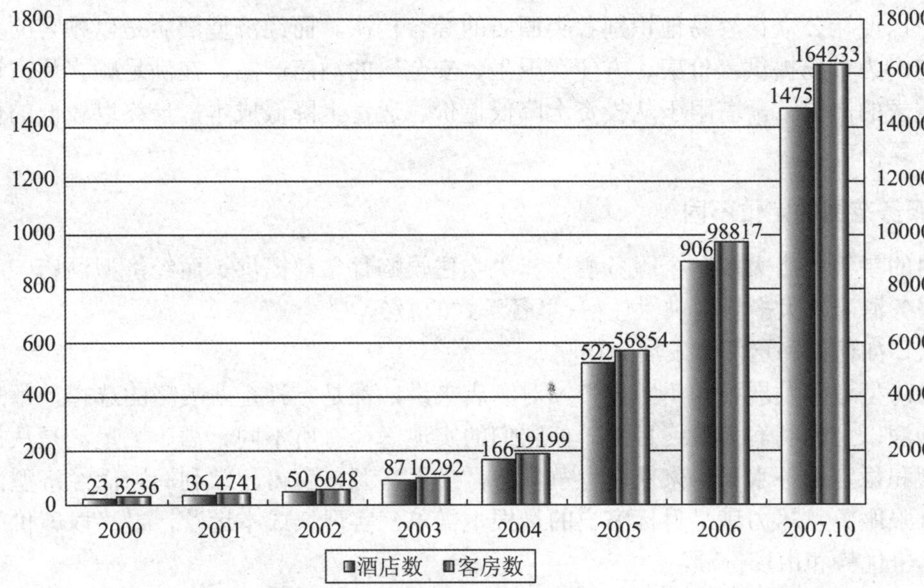

图 1-15　2000—2007 年全国经济型酒店增长情况

(4) 经济型酒店市场外来品牌与民族品牌的竞争日益加剧。许多国外成熟的经济型酒店品牌看好中国的市场潜力高调进入，他们成熟的管理经验，雄厚的资金实力和人才储备，享誉世界的品牌，发达的营销网络，严格的质量控制等都是无法比拟的优势，对在本土发展起来的，且只有短短几年经验的中国民族品牌产生了巨大的压力。拿江苏省来说，英国的国际青年旅馆在南京、无锡、苏州、扬州都有连锁店。美国速 8 连锁在无锡、苏州也有连锁店。

四、经济型酒店与星级酒店

三星级以下酒店，大多由于“小而全”、费用居高不下，目标客户重叠、恶性竞争严重，导致企业效益低下。随着业内经济型酒店概念的强化，很多这个档次区间的酒店都有重新定位向经济型酒店方向发展的想法，但在操作上却遇到了许多难点。

“中江之旅”，是以利用国内巨大酒店存量来发展经济型酒店连锁的酒店管理公司，就遇到很多这样的问题：酒店既想调整企业战略向“经济型”发展，获取低成本优势，同时又想兼顾“星级酒店”的商誉。

这个问题是酒店行业在发展经济型酒店道路上不可逾越的障碍。如何解决这个矛盾，首先，我们要弄清这两个概念的渊源。

经济型酒店、星级酒店，这是由不同的分类依据造成的两类不同的概念。它们有交集的时候，但大多数是无法统一的。虽然，我们可以将一、二星级酒店，甚至三星级酒店划入经济型酒店的范畴，但两者的差异并不简单地是全部与部分(低端)的关系，它们最大的不同在于以下两点。

1. 两者的目标取向不同

星评标准作为一个酒店的等级评定制度，面向所有的酒店类型，目标是划定统一的最低标准，以便让公众很容易地识别各类酒店的综合档次。而经济型酒店是以顾客的基本需求为导向，为市场提供“价廉、方便、卫生、安全”的酒店产品，在满足顾客住宿过夜这一基本需求的前提下，着眼于从投资上降低造价、运营上降低成本，最终以较低的价格推出产品、赢得市场。

2. 服务范围的定位不同

国内的星级酒店大多是全服务酒店，“吃住娱购行”都提供。而经济型酒店一般理解为有限服务酒店，大多只提供“住宿+早餐”式的服务。

那么，如何调和这两个发展方向呢？

“经济型道路发展”和“上星”，对酒店来讲，都是一种企业战略的选择，都是以获取平均利润以上的利润为最终目的。但它们的实现途径有所不同。酒店上星，是从提升酒店知名度和稳定服务水平，来获取竞争优势，扩大客源，赢得超常利润。而经济型酒店，是通过有限服务，尽力满足目标客户的最根本需求，实现低成本运营，最终以廉价的特征来获取竞争优势和市场份额。

但在酒店业仍存在许多“非市场化”因素的今天，“上星级”，在评价经营者政绩、酒店档次提升等方面，仍极具诱惑，也可能导致低星级酒店像“千军万马过独木桥”一样，继续挤上“上星”、“添星”的小道。

星评标准的修订原则，应促进酒店这种社会资源的利益最大化，顺应市场需求，兼顾“经济型酒店”的发展，在低星级标准中去除过多“非经济”的规定，使按经济型配置和服务的酒店，能达到相应星级的及格线，同时让追求完全服务的酒店得到高分。2010 年星评标准的修订已经在硬件条件上有所降低，与这个方向正好吻合。

从星评标准的征求意见稿看，新的一、二星级酒店的必备条件规定已基本上符合“经济型酒店”的特征。如果在设施保养、卫生、服务软件等分值标准上作些合适的设计，不把这类酒店引导到不得不添置无太大实际意义的物品和服务上，修订后的星评标准，一、二星级酒店标准就与“经济型酒店”无多大冲突。所以，从这个意义上讲，笔者认为，三星级酒店不宜划入经济型酒店范畴，因为修订后的星评标准中的三星级酒店标准与经济型相差太远。

现在已挂一二颗星的酒店，要向“经济型”方向转变，应按照修订后下降的星评标准的硬件标准，充分利用自己酒店的更新改造期，逐步地“瘦身”、从齐全服务转向有限服务，向经济型酒店转化。既保持星级给酒店带来的品牌效应，也逐渐实现“经济型”的成本领先战略。

三星级酒店如要向经济型酒店转变，是一定要有所取舍的。这就要判别“经济型”、“星级”何者对酒店的长远利益有更好的影响。

经济型酒店也并不是所有的设施都是低于相应的星评标准，有些地方甚至较大地超过标准规定的要求，关键是由于该设施的采用，目的是可使投资和运营成本达到最低。如在公共区域安装相对较贵的感应式水嘴，目的是减少运营时的维修和水的浪费，降低使用的总成本。

五、中国经济型酒店行业的发展趋势

(一)大部分一、二、三星级酒店和部分的社会旅馆被经济型酒店所替代

来自权威部门的统计，近年来，国内星级酒店客房出租率在60%左右，其毛利率在20%左右，三星级以下酒店严重亏损。经济型酒店最近五年以来，以每年100%以上的开店速度迅速在一、二级城市占据市场并将在未来几年迅速向三、四级城市扩张。其中，不仅有全国性品牌的快速扩张，也有区域性品牌涌入和大量星级酒店向经济型酒店转型。平均出租率在80%以上，节假日更是高达95%以上，其毛利率可达到40%甚至超过50%丰厚的利润，仍然在吸引资本炽热的投资欲望。

据《2011年中国经济型饭店调查报告》统计，中国经济型酒店已经超过6000家，但仍仅占全国所有星级酒店(约1.2万家，不包括大量的社会旅馆)的50%左右。专家预计，中国经济型酒店在2020年前将达到10000家以上，达到市场上酒店的70%左右。中国经济型酒店正处在高速发展的初期阶段，还有巨大的发展潜力，并将成为中国酒店业市场主力。

这个趋势背后的根本原因在于，人们的消费意识正在朝着冷静、成熟、消费差异、个性差异方向发展。他们已不再追求奢华的、高价格的、设施齐全的高星级酒店，而越来越青睐于价格实惠、卫生洁净、服务友好、舒适快捷的经济型酒店。

(二)大部分的单体或小型连锁的经济型酒店被全国性连锁品牌所整合

全国性连锁酒店拥有更强大的品牌，统一的质量和服务标准，更专业的管理和更多的网点，无疑具有明显的竞争优势。

从2007年开始，随着竞争的逐步加剧，尤其是成本的上升和出租率的下降，单体或小型连锁的经济型酒店面临越来越大的压力，竞争弱势越来越明显，与全国型连锁品牌的出租率和平均房价逐步拉开差距。在未来的5～10年时间里，绝大部分的单体或小型经济型酒店会被全国性连锁酒店所替代或兼并。2011年中国经济型酒店品牌市场占有率最高的是如家酒店，占经济型酒店市场23.63%，第二名是占12.67%的7天酒店，市场占有率为9.59%的汉庭酒店则位列第三。

(三)国际性连锁品牌相对本土品牌的优势将越来越明显

随着中国的迅速崛起，随着2008北京奥运会和2010上海世博会的召开，随着中国市场的日益开放，中国的旅游业在未来的10～20年内将高速发展，并且吸引大量的国外游客。同时，国内旅游消费将迅速成长并升级，消费者对经济型酒店的质量和服务标准的要求将会提高。

在适应了中国市场之后，拥有国际质量标准和服务标准、国际忠实消费者、更先进的经营理念、更专业的管理能力和更强大的资金实力的国际连锁品牌相对于国内品牌的优势将越来越明显。

灵活、快速反应的本土品牌，虽然起步更快，但往往后劲不足，竞争劣势将逐渐显现——目前以本土品牌主导经济型酒店市场的格局将被改变。不少本土品牌将面临持续生存的巨大考验，甚至面临被重新洗牌的命运。

(四)特许加盟模式将超过直营模式成为经济型连锁的主流

纵观国外经济型酒店大发展的历史，特许连锁经营的轨迹是世界酒店发展成功的最佳途径。欧美等发达国家的酒店总数中超过半数的都是特许连锁经营的模式。经济型酒店采取连锁经营形式是两组矛盾发展的必然结果：一是酒店销售的空间局限性与消费者的分散性；二是酒店对规模效益的追求与个体酒店力量的薄弱之间的矛盾。

事实上，这些趋势在成熟市场已经得到印证。美国酒店市场在过去的近 30 年经历了类似的过程。美国市场经济型酒店和所有星级酒店的比例现在已经达到 7∶3，而经济型酒店中 80%以上又被前 10 大连锁品牌所占据。在这一行业变迁的过程中，专注于特许加盟连锁的美国速 8 酒店，经历了从开业第一家经济型酒店，到成为经济型酒店行业领袖的辉煌历程。

评估练习

1. 经济型酒店的概念。
2. 经济型酒店的发展经历了哪几个阶段？

课外资料 1-2

2011 年中国经济型酒店市场研究报告(简版)

一、研究背景

随着中国经济的发展，居民出游及中小企业商务活动呈现出蓬勃发展的态势。由于该类人群对酒店价格的敏感性较强，促进了经济型酒店市场的发展。根据国家旅游局的不完全统计，国内游客 70%～80%属于大众化消费，自由行散客的比重也逐步增加；部分大中型企业的中层管理者由于差旅费用的限制，也开始选择经济型酒店。

从 1996 年开始中国市场第一家真正意义上的经济型酒店品牌——锦江之星诞生至今，已经形成三大阵营。第一大阵营是全国性的本土经济型酒店品牌，例如如家、锦江之星、莫泰、7 天等。第二大阵营是区域性的特色经济型酒店品牌，如山水时尚酒店、桔子酒店、万好万家酒店等。桔子酒店定位于设计师酒店，以北京市场为主，注重房间的设计。第三大阵营是国际酒店管理集团，例如法国雅高的宜必思及美国的速 8 等。

经过近十多年的发展，中国经济型酒店市场已经初具规模。未来十年该市场至少还有 10 倍左右的增长空间且二三线城市发展潜力巨大；以并购事件为代表的资本运作和企业重组提速；直销程度及电子商务水平将进一步提升；规模扩张的同时特色酒店细分市场将全面发展，品牌差异悄然显现。

二、核心观点

(一)受益休闲旅游和商旅市场的蓬勃发展，经济型酒店行业发展潜力巨大

2010 年我国国内旅游人次达到 21 亿人，同比上升 11%; 国内旅游收入 1.25 万亿元，同比增长 22.5%。持续增长的旅游消费需求将推动酒店行业尤其是经济型酒店的市场空间继续扩大。2005—2011 年中国入境游和国内旅游人次及增长率如图 1-16 所示。

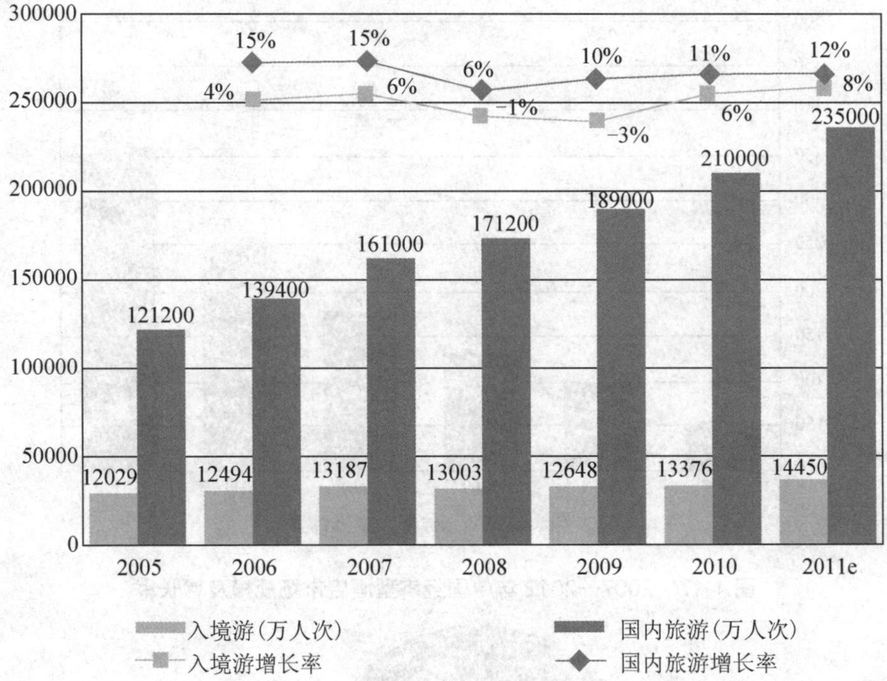

图 1-16 2005—2011 年中国入境游和国内旅游人次及增长率

(资料来源：艺旅决策智库 enhotel)

另一方面，2010 年在工商部门注册的中小企业已达 1023 万户，未来中国中小企业的数量增长速度将保持在 7%。艺旅咨询预计近 5 年我国国内商务出行市场规模增速约为 20%，服务于中小企业的商务旅游市场呈现快速增长态势。由于中小企业商务人士对出行成本十分关注，因此经济型酒店的性价比无疑是出行的必然选择。

(二)2010 年中国经济型酒店市场规模达 180 亿元，未来三年增速将超 35%

2010 年中国经济型酒店市场规模达到 180 亿元，同比 2009 年增长 36%。2010 年中国经济型酒店市场规模仅占中国酒店整体规模的 8.3%。随着全球经济的复苏、地区企业经济交流活动的频繁，国内游及入境游市场成熟，预计 2011 年经济型酒店市场规模将达 260 亿元。2007—2012 年中国经济型酒店市场规模及增长率如图 1-17 所示。

受益中国旅游市场繁荣和为期半年的上海世博会提振，2010 年经济型酒店行业营收规模达到 180 亿元，同比 2009 年增长 30%。行业前四大品牌营收总额达 81.2 亿元，占 45% 的市场份额。2010 年的经济型酒店市场以如家独大，7 天与锦江之星正在缩小差距。如图 1-18 所示。

2010 年经济型酒店行业拥有 5120 家酒店，客房数达 56.4 万间。而经济型酒店门店数在整个酒店行业中的比重少于 7%，低于欧美市场 70%的平均水平。自 2003 年经济型酒店进入快速发展期以来，8 年间增长 66 倍，复合增长率高达 78%，远高于星级酒店的同期增长率，如图 1-19 所示。随着中小企业数量的迅速增加和国内休闲旅游的发展，未来几年我国经济型酒店要加速扩张才能满足迅猛增长的市场需求。未来十年经济型酒店至少还有 10 倍左右的增长空间。

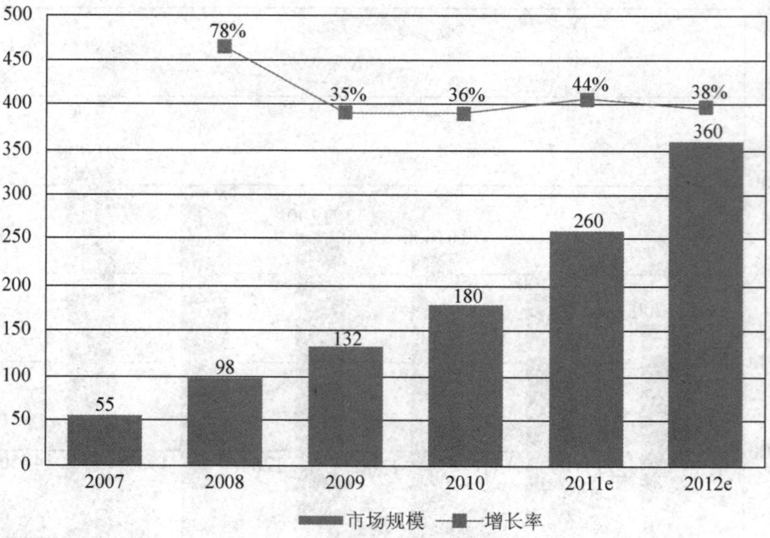

图 1-17　2007—2012 年中国经济型酒店市场规模及增长率

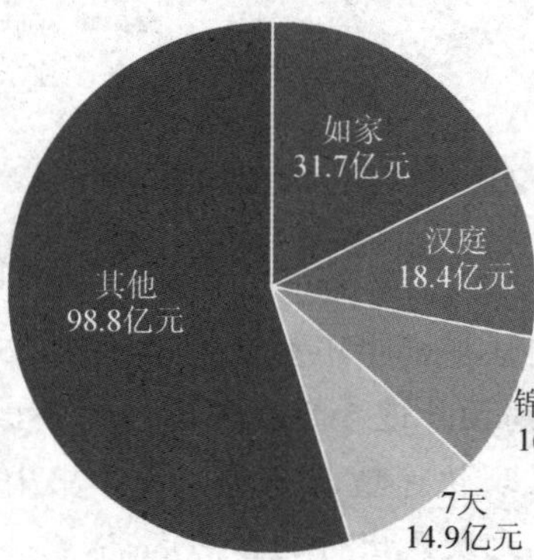

图 1-18　2010 年经济型酒店营收市场规模

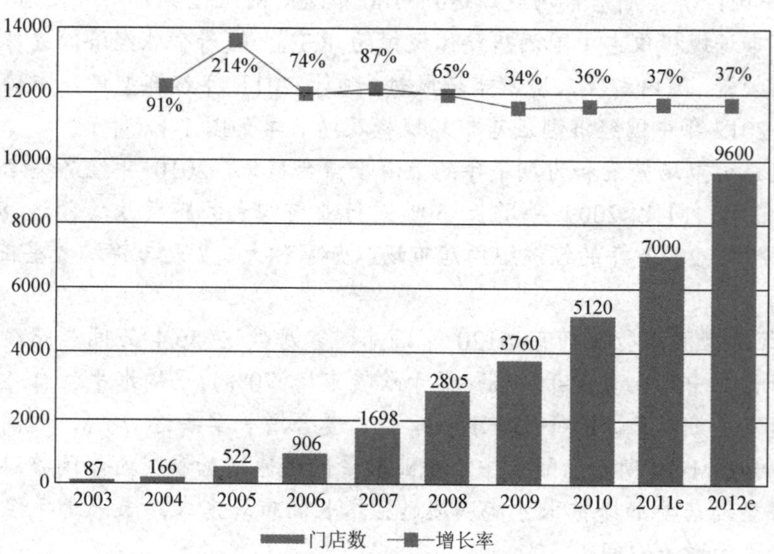

图 1-19　2003—2012 年经济型酒店门店数量及增长率

(三)经济型酒店客房营销模式日益拓展，电子商务水平显著提升

2010 年中国经济型酒店直销市场规模为 130 亿元，占整体规模的比重上升至 72%。预计 2011 年经济型酒店直销市场规模将达到 195 亿元，占整体规模的比重将升至 75%，如图 1-20 所示。

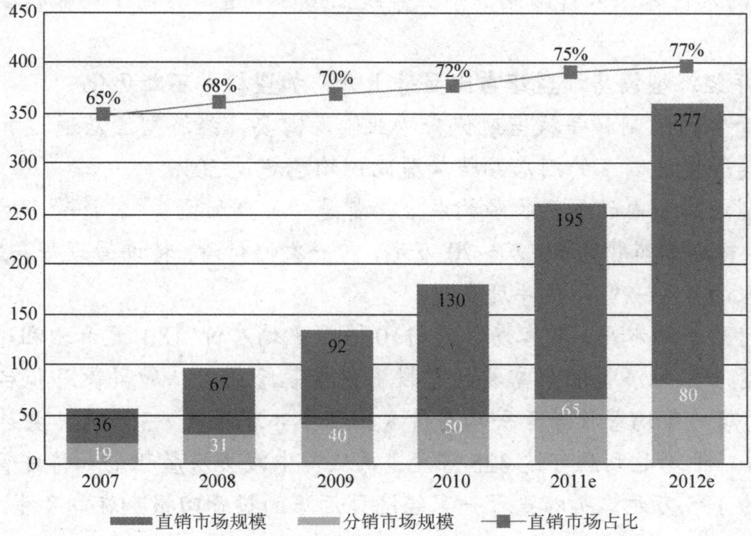

图 1-20 2007—2012 年经济型酒店行业直销市场和分销市场

酒店直销渠道包括散客、公司客户和旅行社客户，通过酒店官网和酒店电话实现预订；分销渠道包括全球 GDS 预定系统、第三方预订网站和各类中小型订房中心。目前第三方预订网站收取客房费用 20%～30%的佣金。酒店方要对直销和分销的比例有明确的控制，分销比例从 20%以上下调至 10%以内，价格也就自然不会受第三方分销渠道的控制。7 天酒店的直销比例高达 99%，在行业中遥遥领先；如家的直销比例在 85%～90%，如图 1-21 所示。

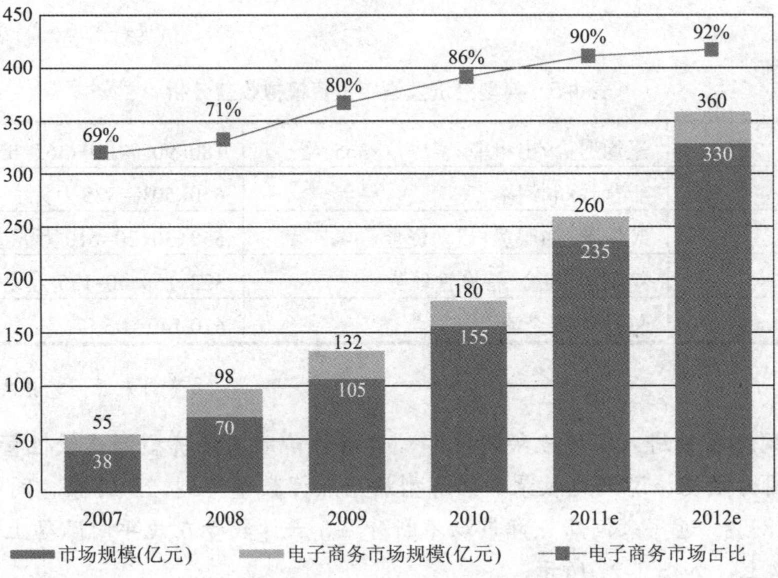

图 1-21 2007—2012 年中国经济型酒店市场规模

2010 年经济型酒店电子商务市场规模达 155 亿元，占行业总收入的 86%。预计 2011 年经济型酒店电子商务规模将达 235 亿元，占行业总收入升至 90%。由于电子商务平台能最大限度优化订房模式，减轻前台及呼叫中心的压力，压缩销售成本，所以越来越受到经济型酒店业青睐。目前酒店电子商务包括：互联网、呼叫中心、短信和手机 WAP。2010 年 7 天连锁 85%的入住客人来自网站、手机等线上预订渠道，其电子商务程度居中国经济型酒店之首。

(四)2010 年经济型酒店加盟店占比显著上升，加盟模式不断优化

由于自身资金的限制和寻找当地优秀物业资源需要，经济型酒店通过加盟的方式快速占领市场，欧美等发达国家的酒店品牌加盟比例均已超过 50%。

目前经济型酒店业内的加盟收费构成上，都是“首期加盟费+特许管理费”的模式。对于加盟者来说，首期加盟费为 50 万～70 万元，需一次性付清。特许管理费与客房收入挂钩，一般为客房收入的 4%～7%，按年度支付。

按经济型行业平均水平，即客房数为 110 间，平均房价 180 元和出租率 90%来计算，具体来说，投资一家经济型酒店需要的总投资包括装修费用、加盟费用和启动资金，总计 610 万元。而酒店的年均营收等于平均房价×出租率×客房数×365 天，共计 650 万元，按 50%利润率计算，年均毛利润可达 325 万元。再从其中减去房屋租金和特许管理费用，得到年均现金流约为 135 万元。所以投资一家经济型酒店的投资回报期在四年半左右，如表 1-4 和表 1-5 所示。

表 1-4 主要加盟费用及期限

品　牌	首次加盟费用(一次性)	特许管理费用(每年)	加盟期限(年)
锦江之星	20 万+(2500×客房数)	客房收入×4.5%	8
汉庭	30 万+(3000×客房数)	客房收入×6%	8
如家	36 万+(3000×客房数)	客房收入×6%	8
7 天	30 万+(3000×客房数)	客房收入×7%	5

(资料来源：酒店官网公开数据)

表 1-5 典型经济型酒店投资模拟收益分析

年营收	平均房价×出租率×客房数×365 天	180×90%×110×365=650 万元
年利润	年营收×利润率	650×50%=325 万元
总投资	装修费+加盟费+启动资金	550+30+30=610 万元
现金流	年利润-租金-特许管理费	325-150-40=135 万元
投资回报期	总投资/现金流	610/140=4.5 年

(资料来源：艺旅决策智库 enhotel)

(五)酒店网络营销进入“微点评时代”，口碑评价助力经济型酒店软性营销

2010 年国内主要旅游网站收录的经济型酒店点评数量达到 22 万条，同比 2009 年的 12 万条攀升 83%。近年来酒店点评市场不断升温，点评数量在几年内迅猛上升，年增长率保持在 80%以上，如图 1-22 所示。

数据显示有近八成客人在订酒店前会参考酒店点评，酒店点评已经影响到整个酒店行业。对于酒店而言，点评以其低成本、高覆盖面成为酒店宣传的更好选择，质量高的点评不仅可以增加酒店的知名度和美誉度，更重要的是可以作为一种软性广告为酒店带来直接销售收入。

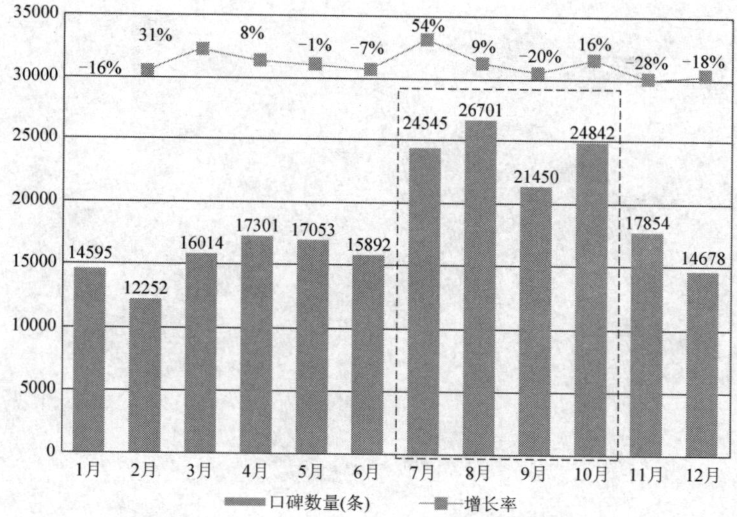

图 1-22 2010 年经济型连锁酒店口碑评论数量月度趋势

按五维度口碑评级模型分析，基于酒店用户意见评级模型，可以将酒店口碑分为五大维度，即性价比、酒店服务、房间卫生、设备设施和位置交通，进行多维度、综合性分析。图 1-23 所示是用面积表示口碑分数，组成面积越大的一组数据表示该品牌口碑得分越高。锦江之星综合得分最高，尤以设备设施、房间卫生和酒店服务为佳。从均衡发展分析，经济型酒店的劣势在性价比、位置交通和设备设施方面，而房间卫生和酒店服务相对较高。

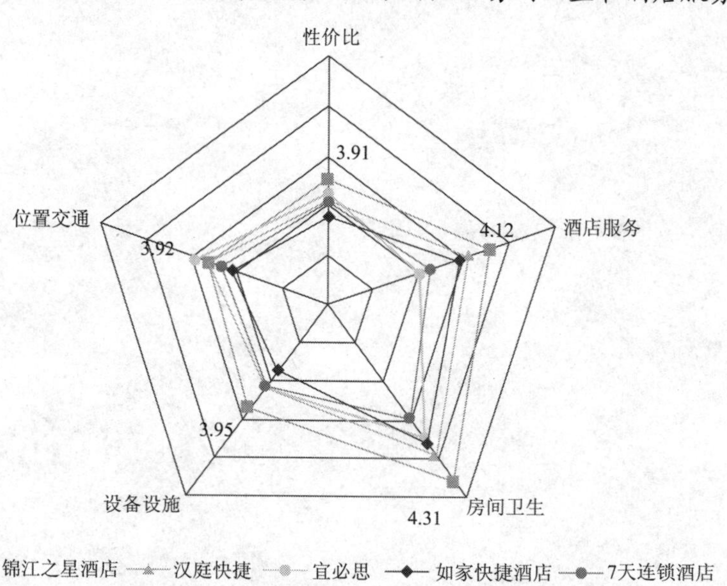

图 1-23 2010 年主要经济型酒店五维度口碑指数对比及平均值

(资料来源：艺旅咨询)

第二章 酒店集团

引导案例

香格里拉酒店集团 Shangri-la

一、集团介绍

总部设在香港的香格里拉酒店集团是亚洲最大的豪华酒店集团，且被视为世界最佳酒店管理公司之一。香格里拉酒店集团是香格里拉亚洲有限公司的品牌，该公司在香港股票市场上市。

起源于马来西亚的郭氏集团是由郭鹤年先生创建的一家大型综合企业集团，拥有香格里拉亚洲有限公司的大部分股权。郭氏集团的经营涉及多个领域并延及亚洲许多国家。除酒店外，集团还经营盛贸、地产、饮料、物流、报业及种植业。

香格里拉这个名字源自英国作家詹姆斯·希尔顿于1933年发表的传奇小说《消失的地平线》，它所寓意的恬静、祥和、殷勤的服务，完美地诠释了闻名遐迩的香格里拉酒店集团的精髓。

二、旗下品牌

香格里拉的传奇始于1971年，第一家豪华酒店在新加坡成立。时至今日，集团已拥有71家酒店及度假酒店，经营范围遍及亚太地区、北美和中东，共有客房30 000间。此外，在加拿大、中国大陆、印度、菲律宾、卡塔尔、土耳其及英国还有多家酒店正在兴建之中。香格里拉酒店集团产品品牌构成如图2-1所示。

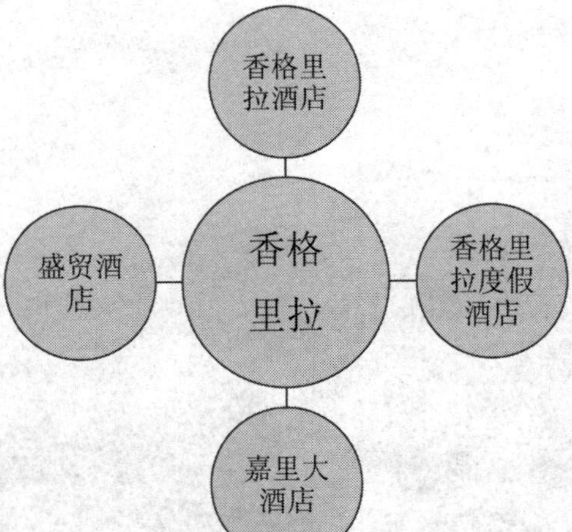

图2-1　香格里拉酒店集团产品品牌构成

(一)香格里拉酒店

“为繁忙的旅人提供一个闹中取静的华美居所。”

在亚洲和中东各大城市最好的地段都开设有香格里拉五星级豪华酒店，北美和欧洲也有数家香格里拉豪华酒店即将开业。

“宾至如归”这四个字恰如其分地反映了香格里拉酒店住客的感受。选择入住香格里拉也体现了住客的眼光和鉴赏能力，因为在这里不但可以享受世界水平的五星级服务、宁静的环境、富于灵感的建筑格调和设计品位以及优质的食物和饮品，更重要的是能感受到香格里拉非同寻常的热情好客，那是一种发自内心的殷勤。

集团在标志性建筑内开辟了特色公寓，为希望长期停留的客人和买家提供热情周到的香格里拉式服务。停留时间在 2 周以上或数个月的旅客，酒店会推荐其租用香格里拉服务式公寓。客人既可享受家庭般的舒适环境和服务，又能使用豪华酒店的服务和设施。

(二)香格里拉度假酒店

“让人焕活身心，获得轻松自在、耳目一新的感受。”

在世界上最奇异诱人的旅游胜地，香格里拉度假酒店为游客和家人营造了轻松而充实的假期体验。客人可以体验多种多样个性鲜明、充满生机与活力的异域文化，可以参加各种娱乐活动，可以享用不同风味的美食，还可以在热带自然环境下闹中取静，将自己融入自然的壮美与绚丽之中。

(三)盛贸酒店

“这里专属注重价值、讲求高效率和完备功能的游客。”

功能完备是香格里拉与生俱来的特质。盛贸酒店正是为了满足现今见识最广泛且最富于激情的游客而设立的。盛贸酒店完美地融合了亚洲待客之道中的体贴、朴素、热情和真诚，营造出充满激情又不失专业水准的入住环境，每个细微之处都是为迎合客人工作、休息或玩乐的需要而精心设计的。

1989 年第一家盛贸品牌酒店——国贸酒店在北京开业，与五星级的中国大酒店形成资源优势互补。在北京国贸酒店成功运营的基础上，目前共有 13 家盛贸酒店已经相继开业。此外，集团还将在澳门和班加罗尔等地继续发展这一品牌的酒店。

在一些主要的大城市，例如北京、马尼拉和新加坡，盛贸酒店使香格里拉集团在发展迅速的中档市场获得了更多客源，并与当地的五星级豪华香格里拉酒店构成优势互补。对于需求四星级酒店的目的地城市而言，盛贸酒店不但是宾客的首选，也是领导市场的主流酒店。

盛贸酒店大都位于其所在城市的黄金地理位置，客房舒适、面积适中。餐饮设施包括全日候餐厅、大堂酒廊和一间或更多的特色餐厅。盛贸酒店的服务理念是以适中价格为宾客提供高效、便捷和亲切周到的服务。

(四)嘉里大酒店

“充满活力、轻松自在的生活方式。”

嘉里大酒店汇聚精彩与魅力，充满生机与活力，将以优雅精致的格调以及个性化的殷勤与周到让客人获得宾至如归的尊贵感受。嘉里大酒店独特而简约的设计、热情而自然的服务使其超越了一般酒店的概念，必将成为轻松自在的现代生活方式的富集之地。

2011 年 2 月 18 日，香格里拉酒店集团宣布上海浦东嘉里大酒店正式开业。该酒店坐落于浦东核心腹地，是浦东嘉里城的重要组成部分。它的开业标志着香格里拉酒店集团旗下又一全新五星级品牌——“嘉里大酒店”的正式亮相。

香格里拉酒店集团品牌简要概述如表 2-1 所示。

表 2-1　香格里拉酒店集团品牌概述

品　牌	创建时间	品牌定位	目标市场	产品特色	核心诉求
香格里拉酒店	1971 年	豪华五星级商务酒店	高端商务市场	世界水平的五星级服务、富于灵感的建筑格调和设计品位以及优质的食物和饮品	闹中取静的华美居所
香格里拉度假酒店	1979 年	豪华五星级商务酒店	高端度假市场	尊重目的地自然环境，融入当地风情，度假氛围浓厚	焕活身心，轻松自在，耳目一新
盛贸酒店	1989 年	四星级商务酒店	中档商务市场，少量休闲客人	客房舒适，面积适中；价格适中地为宾客提供高效、便捷和亲切周到的服务	专属注重价值、讲求高效率和完备功能的游客
嘉里大酒店	2011 年	概念性五星酒店	追求服务品质而又崇尚活力和宽松环境的商旅人士	设计独特简约，服务热情自然	充满活力、轻松自在的生活方式

(资料来源：香格里拉酒店集团官网(中国)及作者整理)

三、品牌管理

(一)品牌诉求清晰表达

香格里拉秉承独特的亚洲式热情好客之道。努力为客人提供独具特色的热情好客服务乃是其有别于其他酒店业同行的关键，同时也是香格里拉赢得世界级酒店集团荣誉的基础。“殷勤好客亚洲情”让香格里拉酒店广受赞誉。

“香格里拉亚洲式热情待客的独特之处，就是我们同事彼此之间和对待客人的那份真诚和相互尊重。对我们来说，这比宫殿式的豪华建筑或风景优美的地理位置显得更加重要。这也是为什么我们会选择独特的、颇具震撼力的表现手法来展示这个广告。这种触动我们内心深处的真诚与善良，很容易在当今社会唤起人们的共鸣”。香格里拉酒店集团总裁兼首席执行官凯杜根如是说。

(二)产品品牌全力塑造

香格里拉酒店集团在推广酒店品牌的同时，注重酒店餐饮和娱乐产品品牌的塑造和培育，形成完整而深入人心的产品品牌体系。

1. 餐饮品牌——夏宫/香宫

香格里拉酒店及香格里拉度假酒店全部使用“香宫”或“夏宫”打造中餐厅。

香宫是品尝粤菜和本地菜的最佳场所。才华横溢的本地大厨队伍采用最优质的原料和香料烹制出色香味俱全、地道的各式菜品。

夏宫以经典粤菜为主。

2. SPA 品牌——“气”Spa

香格里拉“气”Spa，源自香格里拉的美丽传说，让您找到属于自己的平和、陶醉和舒适享受，使身心达到最完美和谐的境界。“气”Spa 的按摩与护理，以亚洲养生古方及手法为本，结合中国传统五行(金、木、水、火、土)理论，调和身体能量，也就是所谓的“气”。根据酒店所在地的文化习俗，采用当地盛行的传统护理方法，为宾客带来健康和享受。

(三)品牌拓展基础先行

2007 年，香格里拉酒店集团中国区销售副总裁朱福明先生在接受《商业周刊》采访时表示：经过在国内 20 多年的发展，我们所积累的经营管理经验，能够确保香格里拉品牌酒店数量增加的同时，其最优的高品质服务能在新酒店百分百地复制。更具体而言，我们集团有专属的部门可以做到“大兵未到，粮草先行”，精确、专业的市场分析和财务分析，可以最大限度地确保一个项目在没有“bug”之后才投入实施。同时，每一家成型的酒店都是一个独立的经营体，本着“在自己的城市里领先一步”的原则，单个酒店的良性运转并不受快速增长的影响。

(资料来源：http://guide.ppsj.com.cn/art/7924/xglllxyb/)

(四)品牌推广层出不穷

1. “我的香格里拉”摄影大赛

2009 年，香格里拉酒店集团首次组织了“我的香格里拉”摄影大赛，目的就是要鼓励摄影爱好者把他们对香格里拉这块心中乐土的感悟，通过影响作品表现出来。

“我的香格里拉”摄影大赛由香格里拉酒店集团联袂《世界》、《摄影之友》及新浪旅游频道三家媒体共同主办，大赛于 2009 年 8 月 18 日在北京启动，特邀著名视觉艺术家、奥斯卡大奖获得者叶锦添、中央美术学院摄影系主任王川、著名媒体人洪晃及华人摄影家周剑生担任专家评委，经过两个月的征集，共收到 3772 幅参赛作品，大赛官网上的网友投票总数超过 470 万人次。

香格里拉酒店集团官方网站上有专栏介绍大赛及获奖作品。

(资料来源：“我的香格里拉”官网 http://travel.sina.com.cn/myshangri-la/)

2. “悠游香格里拉”精选系列套餐

2011 年 3 月 15 日，香格里拉在其全球范围内的数家城市酒店和度假酒店隆重推出 17 款“悠游香格里拉”精选系列套餐。该系列套餐传承香格里拉殷勤待客的品牌精髓，务求满足宾客的多样需求。宾客无论是购物一族、美食家、spa 达人、文化迷、探险家还是大自然爱好者，在这里都能找到属于自己的理想之旅。活动期间，享用该系列套餐的宾客可在酒店餐厅和 spa 尊享 VIP 服务，并有机会游览酒店的自然保护区，或者探访当地鲜为人知的好去处。

特别推荐以下几款“悠游香格里拉”特选套餐。

在香港港岛香格里拉大酒店，与厨师 Chabbert 探寻珀翠法餐厅的厨室机密，品鉴精选佳肴，佐以餐厅窖藏美酒。

由浦东香格里拉大酒店礼宾人员陪同，在上海各处搜罗心仪物品，满足购物欲望。

在四川雅安的中国保护大熊猫研究中心探访成都香格里拉大酒店认养的熊猫香香。

3. “香格里拉 • 我的梦想婚礼”

2010 年 11 月 29 日，香格里拉酒店集团联手中国顶级婚尚杂志《时尚新娘》在北京国贸大酒店揭晓首届“香格里拉 • 我的梦想婚礼”创意大赛评选结果。

“香格里拉 • 我的梦想婚礼”创意大赛于 2010 年 6 月 26 日启动，它同时也标志着香格里拉酒店集团在中国大陆推出的一站式婚宴服务——“圆·美喜宴”正式拉开帷幕。此次大赛鼓励准新人们充分发挥自己的想象力，通过文字、图片、绘画、flash 等形式将自己梦想中的婚礼尽情展现出来。

此次大赛共收到来自全国各地的85部创意作品。设在《时尚新娘》杂志官网的“香格里拉·我的梦想婚礼”创意大赛网站收到网友投票超过10万人次。另外，桂由美婚纱、爱度一生婚庆服务公司及周大福珠宝也参与了此次活动，为大赛颁奖典礼提供了婚纱秀、现场策划布置及部分奖品。

“每年香格里拉集团都会推出各种不同的市场推广活动，但我认为‘香格里拉·我的梦想婚礼’创意大赛是最具有灵感和创意的原创活动之一。它旨在令婚礼完美无瑕、终生难忘的香格里拉‘圆·美喜宴’相得益彰，可以为新人们实现梦想，开启美好的人生提供一个很好的舞台。”香格里拉酒店集团市场销售总监朱福明说道。

香格里拉的品牌推广，十分注重公众和市场的互动，通过提高推广活动的参与度实现提升品牌知名度的目标，值得参考借鉴。

(资料来源：香格里拉酒店集团官方网站——媒体中心)

辩证性思考

1. 香格里拉酒店集团主要有哪些品牌？
2. 香格里拉酒店集团如何进行品牌推广？

在任何一个行业中，如果存在的企业数量过多而企业产品缺乏差异化，就必然会导致在价格、广告宣传、销售让利等方面的竞争过度，并且会降低行业的总体利润水平。而集团化经营则可以避免市场的过度竞争，增加行业的利润。从 20 世纪 80 年代中期以来，酒店集团在我国酒店市场运行中扮演了越来越重要的角色，而 21 世纪的我国酒店业无疑将进入酒店集团化经营的时代。

酒店集团是以酒店企业为主体，以经营酒店资产为主要内容，通过产权交易(包括有形资产和无形资产)、资产融资、管理合同、人员派遣以及技术和市场网络等形式而相互关联的企业集团。酒店集团一般至少拥有、经营两个以上的酒店，使用统一的名称、标志，并实施统一的经营管理规范与服务标准联合经营。在国外酒店集团又称作酒店联号或连锁酒店。实际上它是以经营酒店为主的联合经济实体或系统。

酒店集团化在 20 世纪 90 年代已经成为酒店经营的主导现象，进入 21 世纪后，由于集团化经营所具有的酒店形象策划点有市场份额以及规模经营的优势，并且迎合产业竞争的国际化、经济全球化、商业活动的信息化以及随之而来的大规模的兼并、重组等发展趋势，使得集团化经营的趋势进一步加强。

第一节　酒店集团的产生和发展

教学目标

1. 掌握酒店集团的概念。
2. 掌握酒店集团化经营的主要形式。

20 世纪 80 年代和 90 年代，欧洲政局稳定，经济持续发展，东欧政治和经济体制发生新变革，欧洲在 20 世纪 90 年代实现了经济一体化，近来又统一使用欧元，使得欧洲经济强劲，导致旅游业发展，从而刺激了酒店市场的繁荣。在经历了 20 世纪末的“金融风暴”和近年来美国的经济萧条，还有震惊世界的“9·11”事件以及中国加入世贸之后，世界经济形势发生了巨大的变化，旅游市场的重心开始由欧洲和美洲逐步向亚太地区转移。

一、酒店集团的含义

酒店集团又称酒店联号或连锁酒店，是指酒店公司拥有或控制两家以上的酒店，这些酒店采用统一的名称或标记，使用统一的管理规范与服务标准，以品牌、资产为纽带，联合经营形成的组织系统。酒店集团与酒店管理公司不同，酒店集团拥有属于自己产权的酒店，而酒店管理公司是以自己的专业管理人才向酒店输出管理，不一定拥有属于自己产权的酒店。酒店集团是酒店的联合经营体，各酒店之间可实行联合促销、联合培训、管理输出、互荐客源、互为预订。酒店集团采用统一的经营管理，包括使用统一的店名、店标，统一的管理方式、统一的操作程序、服务标准等，便于酒店集团统一营销，形成品牌进入市场推广。

二、国际酒店集团的产生与发展

(一)国际酒店集团产生背景

1. 科技的进步

19 世纪末 20 世纪初，经过工业革命后，尤其是火车和大型蒸汽轮船的出现，火车站及沿海城市码头附近建立了大批崭新而且规模很大的酒店，欧美资本主义国家酒店业获得了快速发展，从此开始了酒店业的新纪元。最早的跨国酒店集团是 1902 年成立的“里兹发展公司”，它是以欧洲著名的酒店管理大师里兹的名字命名的。它的出现使得国际酒店业逐渐用“托拉斯”来代替 19 世纪下半叶兴起的“卡特尔”垄断形式。“托拉斯”是指由经营关系日益密切的同类酒店组成大垄断集团，以扩大市场占有率、争夺投资市场、获取高额利润等，它是一种高级垄断组织形式；而“卡特尔”是一种松散的垄断形式，是酒店企业以协议的方式来协调市场分配、维持市场价格。里兹发展公司通过签订管理合同迅速在欧洲扩张，并于 1907 年以特许经营的方式获得了美国纽约“里兹·卡尔顿”酒店的经营权，随后又在里斯本、波士顿、开罗、约翰内斯堡等世界其他地方不断扩充其酒店集团规模，成为当时世界最大的酒店集团之一。时至今日，“里兹”的名字仍是豪华和第一流服务的同义词。

美国人斯塔特勒对酒店业的最大贡献有以下几点。①他的酒店带头提供了私人浴室、更大的客房、客房服务、室内无线电和酒店之间的预订服务。②他发展了最早的现代酒店联号。从 1901 年的第一家酒店开始，斯塔特勒企业最终发展壮大成为一个拥有十个主要酒店的联号企业。③斯塔特勒第一个提出一个企业管理多个酒店可以带来经济和财务优势，通过集中性的购买、成本控制和市场营销以增加企业的营业利润。④他的酒店绝大部分都拥有相似的名字、风格和规模。

康拉德·希尔顿、欧内斯特·亨德森和罗伯特·莫尔在发展联号概念中起到了重要的作用，并且也都是世界上最早经营国际联号酒店的一批人。特别是康拉德·希尔顿作为酒店管理合同的创始人而广受赞誉，并导致了酒店管理公司的形成。假日酒店的创始人凯蒙·威尔逊和华莱士·约翰逊于20世纪50年代和60年代，通过特许假日酒店的名称使用权并建立全国性的预订网络系统的方式，充分利用了联号这一概念。比起仅靠管理或拥有酒店来，特许经营使联号酒店得以更快速地扩张。从此，这一方式便成为许多酒店和汽车旅馆尤其是廉价酒店的标准运作模式。

2．现代经济环境、经济制度的建立

从本质上讲，产权交易的结果、所有权与管理权的分离、现代企业制度的建立是酒店集团产生的根本基础。任何集团的扩张都必须建立在整个社会范围内得到保障的产权交易体系基础之上，早期酒店投资者的典型特征就是他们以不动产为导向。企业家拥有他们自己运营的个人财产和建筑，他们的出发点建立在房地产增值的基础上，而不是该酒店的运营管理。他们经营管理一家酒店的目的，往往是为了使财产的市场价值超过他的注册资本，然后卖掉个人所有酒店，并利用出售带来的利润运作其他的酒店项目。

凯悦是第一家意识到把酒店的基本不动产从经营中分离的好处的联号酒店。他将业务分为酒店运营和资产两个方面，成立一家公司来经营酒店，另一家公司来拥有这些不动产。这一模式现在已经被国际联号酒店普遍采用。最后，多数美国联号酒店通过卖掉大部分的不动产来进行资本扩张，但是保留管理酒店的权利，他们通过将重点放在对绩优资产进行资源的重新配置上来加速集团的发展。

在20世纪70年代和80年代，联号酒店与业主和投资商共同合作，开发出最新型、最大规模且最豪华的酒店。与此同时，独立酒店的地位明显减弱，规模经济和超大规模在市场竞争中体现了绝对优势。酒店的扩张往往依赖于资本的注入，当一家酒店由声誉卓著的联号酒店经营时，借贷者一般更愿意提供融资。

3．市场细分和海外扩张的需要

面对激烈竞争的市场环境及维持集团增长的需要，联号酒店开始采取两种不同轨迹的战略模式：发展细分酒店产品和快速扩张国外市场。由于海外市场联号酒店经营这一趋势还是一个比较新的概念，因此联号酒店在获取新的市场份额时往往处于较为有利的竞争地位。对于美国著名酒店公司，在国外市场进行扩张是其发展战略的重要组成部分。

在早些时候的旅游发展中，当地政府经常通过提供担保或股权参与的方式，来承担酒店风险。酒店公司除了提供有关经营和市场方面的专门知识外，品牌认知也是重要因素，这些技术与品牌正是这些国家渴望引进的。事实上，坐落在某一国家的首家品牌酒店，往往会成为培养当地和其他地区人员的培训学校。

希尔顿、洲际等美国国际酒店集团，都成功地制定了具有竞争力的合同。它们不仅提供计划、人员或者是软贷款和延期费用等服务，而且还开展一定的股权参与，从而使整个市场变得更具竞争性。股权参与形式通常来说是必需的，管理合同不再仅仅有利于酒店公司了。无论业绩如何，酒店经营者总可以要求得到相当比例的净利润，从而能够保证其较低的收益风险的时代已经一去不复返了。到20世纪80年代，美国酒店联号集团面临着来自欧洲和亚洲联号酒店的竞争压力，这些公司在服务质量上能与美国相匹配，并且对于投资者来说，它们能够提供比美国公司更高的权益投资。

(二)国际酒店集团在各地的发展

1. 国际酒店集团在欧洲的发展

第二次世界大战后，美国由于在战争中积累了大量的财富，酒店管理公司开始到美国本土以外的国家去发展。开始也仅有英国和瑞士，而且，在外国的酒店很少。虽然地处不同国家的里兹酒店都仰仗里兹管理公司管理，但实际上它们并未在该公司的控制之下。

泛美航空公司作为当时全美最卓越的国际性交通企业，对发展国际酒店业的反应极为迅速。但泛美在国外修建酒店的努力直到1946年才获得成功，当时它建成了自己拥有全部产权的子公司，即洲际酒店公司(IHC)。IHC起到了双重的作用：其一是为国际游客服务，特别是泛美的乘客；其二是为航空公司的机组成员提供住宿。第一座境外洲际酒店，坐落于巴西的巴鲁，于1949年收购获得。到了1982年，当泛美航空公司将这一酒店子公司出售给大都会酒店时，洲际酒店已经达到在世界范围内拥有109家酒店的规模。希尔顿酒店集团于1948年在波多黎修建了第一个子酒店。

第二次世界大战后，美国酒店业对欧洲经济发展的影响与其对拉丁美洲和加勒比地区的影响极为相似。美国外交政策的重点在于第二次世界大战后转变为帮助欧洲大陆重构其饱受战争磨难的经济，并且鼓励美国酒店公司也加入其中。另外，为了更好地满足美国旅游者的需求，欧洲组织考察团访问美国，以便学习和采用美国酒店管理方面的先进经验。所有这些都促进了酒店业国际化的发展进程。

20世纪50年代末期，包机业务的发展使欧洲旅游者可以到达一些新的地中海地区的旅游目的地。在西欧，人们开始了对包机旅游的大规模需求和在新的度假胜地修建酒店。随着欧洲本土航空交通的发展，欧洲的酒店联号开始扩张到整个欧洲大陆。与它们的美国同行一样，欧洲酒店联号的庞大市场是寻求熟悉的酒店住宿环境的国内游客。在20世纪60年代和70年代的第一轮酒店集团化发展时期，欧洲的大多数重要地段都已各有其主，在发展成熟的大城市寻找合适地点已非常困难。因此，国际酒店经营商为了扩张或再发展，开始并购现有的酒店或寻找新兴城市，这些城市要么是靠吸引新技术含量高的产业，要么就是由于成为金融中心而发展起来的。像维也纳和布鲁塞尔这样的在国际事务中扮演着重要角色的城市，引起了国际酒店集团相当大的兴趣。像西班牙和葡萄牙的一些城市，因地处新兴工业化国家，酒店业也得到蓬勃发展。另外，斯堪的纳维亚半岛国家得到的注意力就相对较少。因其城市小，国内酒店公司已经发展得十分成熟，因而可供新的国际酒店发展的场所微乎其微。

20世纪70年代欧洲发生的能源危机和经济萧条，使国际酒店集团在欧洲的发展减慢。直到80年代后期，国际酒店联号的第二次发展浪潮才开始对欧洲产生兴趣，这是由于其时欧共体作出决定，通过消除12个成员国之间的贸易壁垒而逐步形成欧洲统一市场。诸如华美达、马里奥特、日航酒店集团、欧比瑞集团、泰姬这样的国际酒店集团都着眼于在欧洲的城市占领一席之地。目前欧洲已拥有世界近50%的酒店客房，许多位于大城市以外的酒店是由私人拥有和经营的，因此小型的家族经营式酒店还是比较常见。鉴于到访欧洲的客流量，以及东欧对西方旅游业发展的开放，就总体而言，欧洲仍不失为大型国际酒店联号的重要市场。

2. 国际酒店集团在北美的发展

北美被认为是一个成熟的市场，开发成本在许多地区还是合理的。北美也是一个有吸引力的地方，其市场的规模占据了世界酒店客房总量的 1/3。除了几家加拿大酒店联号以外，北美的酒店业事实上是美国联号和独立经营商一统天下。直到 20 世纪 80 年代，情况才开始有所变化，国外的酒店联号开始向北美扩张，而同时北美的酒店联号也向海外扩张。美国与许多新兴工业化国家相比，具有稳定的经济、低廉的造价和经营成本的优势，其中重要的一点是美国地产相对便宜，这主要是因为美元贬值和缺乏资金实力的弱小酒店存在的脆弱性所引起的。国外的投资同样进入加拿大的酒店业，美国、英国、法国和亚洲的各公司都力求加强自己在这一市场的影响力。

3. 国际酒店集团在中东的发展

酒店开发商和经营者早在 20 世纪 70 年代就被中东地区所吸引，这是因为中东地区新的经济繁荣。石油输出国组织(OPEC)在 20 世纪 70 年代初的油价上扬，导致了中东石油输出国财富的大幅度增长，从而引发了一股酒店建设之风。但中东地区经济和政治的不稳定性以及酒店发展的一些复杂问题，增加了中东地区酒店发展的高风险。例如 20 世纪 80 年代，随着石油价格的暴跌，客房出租率下降，导致酒店利润遭到重创。在伊朗、伊拉克、科威特、以色列以及其他地区发生的持续的政治危机更加剧了这种局面。例如，在伊朗的一次动乱中，凯悦的专家饭店全部被政府接管。单单只海湾战争一项，就使酒店业几乎陷于停顿之中。因此，国际酒店集团对中东许多地方的投资兴趣急剧下降。

4. 国际酒店集团在亚太地区的发展

二十多年以来，许多国际酒店联号将其发展活动集中在亚洲，特别是环太平洋的一些国家和地区。那些新的酒店联号都是典型的大型豪华酒店，而且都隶属国际著名的品牌。经济学家们预测太平洋沿岸在进入 21 世纪后会成为经济发展最快的地区。这些地域的异域情调、购物机会、美丽的海滩以及蒸蒸日上的商业中心和迅速扩展的市场，使之自然而然成为世界各地游客前往的目的地，几乎所有类型的酒店均在这些地方寻求发展机会。大众旅游在这些地区姗姗来迟，快速增长的观光旅游人数使对酒店的需求变得迫切，增长幅度居世界第一。小型酒店已经不能满足亚太地区的大量团体旅游的要求。最初的国际级品牌酒店往往是由希尔顿国际酒店、洲际酒店、凯悦国际酒店、喜来登、假日酒店及其他一些这样的美国酒店联号创建并经营。

到 20 世纪 80 年代，欧洲、亚洲的品牌酒店也开始出现在亚太地区的城市。在一些城市，甚至出现酒店的过剩。在其他一些地区，包括新加坡、马来西亚、印度尼西亚、泰国、新西兰和澳大利亚等也存在类似现象。酒店发展商或者过高估计市场需求，或者过低估计规划中新酒店供给的增长。

总的来说，国际酒店集团在亚太地区的发展成败参半，尽管早期的先锋获取了赢利，但后来者发现他们自己只能在面对生产能力过剩的情况下，在过度饱和的市场中竞争，而且这些地区的酒店数目还在继续增加。人口的急剧攀升、经济活动的大幅增长、新兴工业国家人们生活质量的提高、邻近国家旅游目的地的崛起，昭示着该地区在旅游者流入和流出方面蕴含的巨大潜力。国际酒店集团经营者认为，酒店业将随着休闲旅游和商务旅游的增长而得到发展，能够带来权益增值的不动产才是真正的投资目的所在。此外，更高的经营毛利可以使四星级和五星级酒店的经营变得更加有利可图，这一点在亚太地区要胜于在欧洲或美国。

尽管在一些城市出现了客房过剩，但诸如澳大利亚、印度尼西亚、马来西亚、韩国和越南等国家，却受到众多发展商的青睐。尤其在以阳光沙滩著称的目的地(如巴厘岛、马尔代夫等)，一个新的趋势是建立大型综合性度假区，其中包括酒店、便利的会议中心、购物场所、餐饮、娱乐、健身休闲场所和其他针对国际游客的吸引物。

三、酒店集团化经营的主要形式

(一)直接经营

直接经营的形式是酒店集团所采用的最基本和最通常的做法，是酒店集团直接投资建造酒店或购买、兼并酒店，然后由酒店集团直接经营管理，自己承担经营风险的形式。在这种形式下，酒店集团既是各酒店的经营者，又是拥有者，要求酒店集团有较强的经济实力、丰富的管理经验和管理技能。

采取直接经营形式的酒店集团，酒店集团总部既可投资建造酒店，从筹集建设酒店所需的资金，到选择地点、购置土地、进行实体设计与施工，直至酒店建成后配备人力、进行具体的经营管理，也可以通过购买现成的酒店，或购买酒店一定数量的股份而拥有酒店的产权，达到直接经营酒店的目的。

一般来说，酒店集团通常都会拥有一定量的直接经营管理的酒店，是酒店集团进一步扩张的后盾，并在此基础上采取其他各种经营形式，逐步扩大集团的规模。因此，直接经营是现代酒店集团最基本的经营形式之一。由于受到资金、土地、人才和经营风险等因素的制约，酒店集团要想通过直接经营形式快速扩张通常是比较困难的。

(二)管理合同

管理合同也称委托经营或合同经营，是酒店集团或酒店管理公司与酒店所有者签订合同，接受业主委托，根据酒店合同的经营管理规范和标准经营管理酒店，并获取管理酬金。在合同经营形式下，酒店集团无须对酒店建设进行投资，只负责酒店的经营管理即可，并根据经营合同向酒店业主收取管理酬金。在合同期内，合同经营的酒店使用该酒店集团的名称、标志，加入该集团的市场营销和客房预订系统。酒店集团将指派包括总经理在内的各部门的主要管理人员，根据酒店集团的经营模式和操作程序，组织酒店的日常经营管理活动，保证酒店达到酒店集团所确立的服务水准和风格特色。

合同经营的形式是典型的企业所有权和经营权分离的结果。采取合同经营的方式，酒店集团可以以最小的成本和风险扩大集团的规模，可以依靠人力、信息、网络等资源优势增加收入。而业主则可以利用酒店集团的品牌、声誉等无形资产取得投资回报，获得理想的经济效益。

根据国际惯例，合同经营有三个主要的原则：第一，业主将所有经营责任授权给经营者并不得干涉其日常业务运营；第二，业主支付所有的经营费用并承担可能的财务风险；第三，经营者的行为受到绝对保护，除非具有欺诈或严重的失职行为。随着酒店业竞争的日趋激烈，更多的业主已要求在合同中加入经营业绩的条款，作为支付管理酬金的基础，并提出合同经营中所必须达到的最低财务业绩标准，否则，业主有权终止合同。与此同时，合同期限趋短(现在一般为5～10年，原来为20～25年)，而定期的业绩检查也已经成为一种趋势，有的业主还要求酒店集团投入部分风险金。这些都对酒店集团或管理公司提出了更高的要求。

酒店集团收取经营管理酬金主要包括技术援助酬金、开业前管理酬金、开业后管理酬金。技术援助酬金是酒店在设计和建设时所提供的咨询服务费用。这些服务包括建筑内装修、能源、安全、功能设计布局以及融资等方面提供的咨询服务。开业前管理酬金是业主为使酒店开业后正常运转，花费一定的酬金购买酒店集团的开业前服务。这些服务包括培训员工、市场调研、装备测试运营系统等。开业后管理酬金通常包括使用酒店集团名称和预订系统的费用。

支付开业后管理酬金的具体方法很多。可以只支付基本酬金给酒店集团，也可以是基本酬金加上奖励酬金，一般以后者较多，即管理酬金由基本报酬和奖金两部分组成。基本报酬可按全年经营收入或净利润的一定比例收取，一般为全年营业收入的2%～5%或净利润的10%～25%。奖励酬金，可根据经营合同中作出的规定支付。有些是将超过某一预订净利润指标的部分分成若干等级，酒店集团按不同比例从超额部分中提取奖励酬金。

目前，合同经营形式已成为国际酒店集团在世界各地发展规模、扩大势力的重要手段之一。在我国已经有许多国外酒店集团通过合同经营形式介入我国酒店业的经营管理，这些酒店集团将先进的管理方法、管理技术介绍进来，对改善我国酒店经营管理、提高服务质量起到了积极的作用。但与此同时，也使国内的酒店业面临着巨大的挑战和竞争压力。

(三)租赁经营

租赁经营是指酒店集团通过与酒店业主签订租约、交纳约定租金的形式，然后由酒店集团作为法人对其进行独立经营管理。采用租赁经营形式，可以使酒店集团节省巨额的固定资产投资，有利于酒店集团规模的迅速扩大，酒店业主则可以利用酒店集团的品牌和声誉筹集资金，通过对酒店的投资获得理想的收益。

租赁经营的形式与合同经营的形式既有相似之处，又有严格的区别。首先，在酒店的所有权与经营权分开、收取管理费和收取租金的方法上比较类似。但是，这两种形式的性质完全不同。在租赁经营形式中，承租的酒店集团是作为法人进行经营管理的，酒店的员工属于酒店集团，酒店集团独自承担经营亏损的风险，长期租赁经营在国际酒店业中常被同行视为全资拥有形式的变形，如马里奥特(Marriott)和希尔顿(Hilton)国际的一些酒店就是长期以租赁形式拥有的。在合同经营的形式中，酒店集团是酒店业主的代理人，与业主的关系是合同关系，酒店的员工由酒店的业主负责，同时酒店集团一般不承担或只承担部分酒店经营亏损的风险。

(四)特许经营

自1900年里兹酒店开始出售第一份特许经营权以来，到20世纪五六十年代已有越来越多的独立业主加入特许经营的网络，同时一些以其他管理形式为主的酒店集团也开始采用特许经营的形式。特许经营已经成为酒店业最为常见的一种酒店集团扩张的形式。

根据国际特许协会的定义，特许经营是指拥有特许经营权人向受特许权人提供特许经营权，以及在组织、经营和管理方面提供支持，并从受特许权人处获得相应回报的一种经营形式。特许经营的核心是特许经营权的转让。在特许经营中，双方的关系是合同关系。

酒店集团向拥有酒店的业主让渡特许经营权，允许受让者的酒店使用酒店集团的名称、标志，加入集团的营销和预订网络，成为集团的成员。与此同时，特许经营权的让渡者在该酒店的可行性研究、地点选择、建筑设计、营销、人员培训、管理方法、服务质量等方面给予指导和帮助。一般受让者向让渡的酒店集团支付特许权让渡费作为报酬，但在酒店所有权和财务上保持相对独立，不受酒店集团控制。

酒店集团的特许经营主要有两种方式。第一种为“产品和品牌特许经营”，这一类在特许经营中占主体地位。第二种为“酒店经营模式”特许经营，实行这种方式，受特许权人通常获许使用特许权人的品牌名称、形象、产品、经营模式和服务规范等，加入集团营销也是必不可少的部分。

采用特许经营的形式，酒店集团以极少投资迅速占领市场，快速扩大规模，并能够稳定地获取收益。特许经营的成员酒店通常自负盈亏，酒店集团不承担直接投资，也没有人员费用的负担，而且不必投入大量的监督费用。随着信息时代的来临，许多酒店集团通过信息管理系统实现了动态管理。而受特许权人则可以使用酒店集团的销售网络，参与集团经营，获得成功的管理经验和系统的员工培训等，从而最大限度地降低酒店经营失败的风险。

拥有特许经营权的酒店集团必须拥有知名的品牌、良好的市场声誉以及完善的服务和管理。目前，特许经营已经成为酒店业最常见的一种酒店集团扩张的形式。而特许经营与合同经营的共同之处在于它们都不涉及酒店所有权的变化。但区别是，前者主要是提供经营管理的咨询或指导，而后者须对合同经营的酒店的标准、质量等进行完全的控制，并从事日常的酒店经营管理。

集团特许经营模式是酒店集团经营中最普遍的一种形式，美国假日集团在 20 世纪 50 年代末期以特许经营方式成为全球最著名的寄宿品牌。还有希尔顿、喜来登、精品国际、洲际等也通过特许经营模式获得了快速的发展。一般情况下，酒店集团必须有强大实力及良好的知名度和声誉，才有可能向其他酒店出售特许经营权。

(五)酒店组织

酒店组织是独立的酒店业主之间通过契约的形式组织起来的酒店联合体，它们之间的联系一般只是使用共同的预订系统和为组织成员提供有限的营销服务。酒店组织各成员对酒店的所有权与经营权独立，通常只需要支付给酒店组织使用预订系统和相关服务的费用。各成员酒店通常也采用统一的预订系统、推行统一的质量标准和一定程度的统一广告宣传等，是一种较为松散的酒店集团形式。但是通过这种形式，酒店组织的酒店可以与紧密型的大酒店集团相抗衡。

随着酒店全球预订系统(GDS)的开通和网络技术的迅猛发展，越来越多独立的单体酒店加入到酒店组织之中，以求在竞争中得到生存与发展。酒店组织使得独立的酒店可以通过全球预订系统(GDS)进入全球市场，使得酒店细分市场更加趋于专业化。

在许多著名的酒店集团的发展过程中，都经历了从自己拥有并管理酒店，到参股、控股酒店，向合同经营、特许经营权转让方向发展的阶段。这体现了酒店集团减少经营风险、取得较快的现金流动、以最少的投资扩张酒店集团规模、取得良好经济收益的经营目标，是国际酒店集团的一种发展趋势和经营方向。

知识拓展

世界知名酒店管理集团

一、洲际酒店集团(Inter Continental Hotels Group)

(一)简介

洲际集团成立于1946年，总部位于英国，是目前全球最大及网络分布最广的专业酒店管理集团，在世界上客房量拥有量最大(5.4万间)，分布将近100个国家。同时也是在中国接管酒店最多的超级酒店集团，包括中国大陆25个省市，经营特点均是委托管理，投资极少。

(二)旗下主要品牌

(1) 洲际酒店及度假村(Inter Continental Hotels & Resorts)。

(2) 皇冠广场酒店及度假村(Crown Plaza Hotels & Resorts)。

(3) 假日酒店及度假村(Holiday Inn Hotels & Resorts)。

(4) 假日快捷酒店(Express by Holiday Inn)。

(三)酒店广告语

(1) 洲际酒店: By yourself.　自在自我。

(2) 假日酒店: We know what it takes. 明白所需，满足所想。

(四)洲际在中国主要酒店的分布情况

洲际在中国主要酒店的分布情况如表2-2所示。

表2-2　洲际在中国主要酒店的分布情况

地　区	酒店名称	星　级	房数/间	房价/元
北京	北京金融街洲际酒店	五星	332	1783
上海	上海锦江汤臣洲际大酒店	五星	398	2673
广东	惠州大亚湾假日酒店	四星	240	1228
	广州文化假日酒店	四星	414	1099
	广州十甫假日酒店	四星	280	1357
香港	香港洲际酒店	五星	495	4407

二、希尔顿酒店集团(Hilton Hotels Corp)

(一)简介

希尔顿酒店集团在全球的78个国家拥有7万多名雇员，总部位于英国，有酒店2259座，房间358408间，位列第11位(2004年美国*HOTELS*杂志公布数据)，在全球的发展以谨慎著称。

(二)旗下主要品牌

(1) 希尔顿 (Hilton)。

(2) 康拉德酒店 (Conrad Hotels)。

(3) 双树酒店 (Doubletree Hotels)。

(4) 汉普顿旅馆 (Hampton Inn)。

(三)希尔顿在中国主要酒店的分布情况

希尔顿在中国主要酒店的分布情况如表 2-3 所示。

表 2-3　希尔顿在中国主要酒店的分布情况

地　区	酒店名称	星　级	房数/间	房价/元
北京	北京希尔顿酒店	五星	340	1358
上海	上海希尔顿酒店	五星	720	1768
海南	三亚金茂希尔顿酒店	五星	500	1350

三、喜达屋酒店集团

(一)简介

喜达屋酒店集团(Starwood Hotels & Resorts Worldwide)是全球最大的饭店及娱乐休闲集团之一，1998 年收购了威斯汀饭店度假村国际集团，特许经营 41.8%，委托管理 28.5%，带资管理 29.7%。1985 年进入中国市场，至 2006 年在中国有 19 家酒店，17 家在建，在中国的管理特点是委托管理、特许经营和有选择性的带资管理。

(二)旗下主要品牌

(1) 圣 · 瑞吉斯(St. Regis)(最高端品牌)。

(2) 喜来登(Sheraton)。

(3) 威斯汀(Westin)。

(4) 福朋(Four Points)。

(5) W 酒店(W Hotels)。

(三)酒店广告语

(1) 威斯汀: Explore & Experience! 探索，体验!

(2) W 酒店: Well, Hello there. W 酒店，欢迎您!

(四)喜来登在中国主要酒店的分布情况

喜来登在中国主要酒店的分布情况如表 2-4 所示。

表 2-4　喜来登在中国主要酒店的分布情况

地　区	酒店名称	星　级	房数/间	房价/元
北京	北京喜来登长城饭店	五星	850	1438
	北京国际俱乐部饭店(圣瑞吉斯饭店)	五星	273	4140
上海	上海福朋喜来登由由酒店	五星	326	2000
	上海外滩中心威斯汀大饭店	五星	301	2800
广东	东莞喜来登大酒店	五星	400	1608
	深圳大梅沙京基喜来登酒店	五星	368	2967
	广州天誉威斯汀酒店	五星	400	2000
海南	三亚喜来登度假酒店	五星	511	2000
澳门	澳门威斯汀酒店	五星	208	1570

四、万豪国际集团

(一)简介

万豪国际集团(Marriott International)是从一家街边卖啤酒的小店发展起来的，现 2700 多家酒店挂名，连续六年被《财富杂志》评为 100 家员工最喜欢的公司之一，2006 年排名第三。

(二)旗下主要品牌

(1) 丽思-卡尔顿(Ritz-Carlton)。

(2) JW 万豪(JW. Marriott)。

(3) 万豪(Marriott)。

(4) 万丽(Renainsance)。

(三)万豪在中国主要酒店的分布情况

万豪在中国主要酒店的分布情况如表 2-5 所示。

表 2-5 万豪在中国主要酒店的分布情况

地　区	酒店名称	星　级	房数/间	房价/元
北京	北京 JW 万豪酒店	五星	627	—
上海	上海明天广场 JW 万豪酒店	五星	342	—
	上海扬子江万丽酒店	五星	544	—
广东	广州中国大酒店	五星	1088	—
	顺德万怡酒店	四星	376	—
香港	香港万丽海景酒店	五星	860	—

五、雅高国际酒店集团

(一)简介

总部设在巴黎的雅高集团(Accor)成立于 1967 年，现有员工 15 万，分布在 92 个国家和地区，有酒店 3973 座，房间 463427 间，位列第 4 位(2004 年美国 *HOTELS* 杂志数据)。1985 年进入中国市场，在中国管理的酒店已超过 35 家。

(二)旗下主要品牌

(1) 索菲特(Fofitel)豪华品牌。

(2) 诺富特(Novotel)中端品牌。

(三)酒店广告语

(1) 雅高：We build smile! 我们创造微笑！

(2) 诺富特：Contemporary hotel concept convenient for business and leisure. 方便、休闲的现代商务酒店。

(四)雅高在中国主要酒店的分布情况

雅高在中国主要酒店的分布情况如表 2-6 所示。

表 2-6　雅高在中国主要酒店的分布情况

地　区	酒店名称	星　级	房数/间	房价/元
北京	北京万达索菲特大饭店	五星	417	1200
上海	上海东锦江索菲特大酒店	五星	446	1800
广东	东莞索菲特御景湾酒店	五星	268	1200
	深圳东方银座美爵酒店	四星	481	700
	广州诺富特白云机场酒店	五星	460	750

六、卡尔森国际酒店集团(Carlson Hospitality Worldwide)

(一)简介

卡尔森酒店在全球 82 个国家拥有 1700 多家酒店、度假村及餐厅业务。拥有员工 18 万，收入达 340 亿美元，2006 年排名位列第 9 位。卡尔森进入中国五年来，三大品牌已经进入中国。

(二)旗下主要品牌

(1) 丽晶酒店(Regent)。

(2) 丽笙酒店(Radisson Hotels & Resorts)。

(3) 丽亭酒店(Park Plaza Hotels & Resorts)。

(三)卡尔森在中国主要酒店的分布情况

卡尔森在中国主要酒店的分布情况如表 2-7 所示。

表 2-7　卡尔森在中国主要酒店的分布情况

地　区	酒店名称	星　级	房数/间	房价/元
北京	北京丽晶大酒店	五星	500	2000
上海	上海新世界丽笙大酒店	五星	603	1265

七、凯悦国际酒店集团(Global Hyatt Corp)

(一)简介

1957 年第一家凯悦在美国洛杉矶开业，集团总部设在芝加哥，2006 年排名位列第 10 位，在全球 43 个国家共有 213 家酒店，超过 9 万间客房。目前集团在中国地区有 9 家酒店。

(二)旗下主要品牌

(1) 凯悦酒店(Hyatt Regency)。

(2) 君悦酒店(Grand Hyatts)。

(3) 柏悦酒店(Park Hyatts)。

(三)凯悦在中国主要酒店的分布情况

凯悦在中国主要酒店的分布情况如表 2-8 所示。

表 2-8　凯悦在中国主要酒店的分布情况

地　区	酒店名称	星　级	房数/间	房价/元
北京	北京东方君悦大酒店	五星	782	3000
上海	上海北外滩凯悦酒店	五星	631	1600
广东	深圳君悦酒店	五星	549	1800
香港	香港凯悦酒店	五星	723	1200

八、温德姆管理集团(Wyndham Hotel Group)

(一)简介

温德姆管理集团在全球 66 个国家经营着约 7000 家酒店，共拥有 588500 间客房。

(二)旗下主要品牌

(1) 戴斯(Days Inn)。

(2) 温德姆(Wyndham Hotels)。

(3) 华美达(Ramada)。

(4) 豪生(Howard Johnson)。

(5) 速 8(Super 8)(经济型酒店)。

(三)温德姆在中国主要酒店的分布情况

温德姆在中国主要酒店的分布情况如表 2-9 所示。

表 2-9　温德姆在中国主要酒店的分布情况

地　区	酒店名称	星　级	房数/间	房价/元
北京	长安戴斯大饭店	五星	373	600
上海	绿地豪生全套房酒店	五星	455	759
广东	广州东方夏湾拿豪生大酒店	五星	188	380
	惠州金泽戴斯酒店	四星	100	400
	深圳罗湖戴斯酒店	四星	232	—
	深圳朋悦梅林速 8 酒店	经济型	130	168

九、精选国际酒店管理集团(Choice Hotels International)

(一)简介

精选国际酒店管理集团又译选择国际饭店公司，成立于 1939 年，在世界 48 个国家连锁经营 5132 家酒店，房间 40 万间，排名位列第 5 位，总部设在美国马里兰州。

(二)旗下主要品牌

(1) 凯瑞华晟国际酒店(Clarion Hotels)。

(2) 凯富(Comfort)。

(3) 凯丽(Quality)。

(三)精选国际在中国主要酒店的分布情况

精选国际在中国主要酒店的分布情况如表 2-10 所示。

表 2-10 精选国际在中国主要酒店的分布情况

地 区	酒店名称	星 级	房数/间	房价/元
北京	北京凯富酒店	四星	102	698
广东	广州景星酒店	四星	352	550

十、四季酒店(Four Seasons Hotels & Resorts)

(一)简介

四季集团于1960年创办，总部位于加拿大多伦多，实行的是单一品牌模式，公司在31个国家拥有70家酒店和度假村，是世界上最大的豪华酒店管理公司。

(二)四季酒店在中国主要酒店的分布情况

四季酒店在中国主要酒店的分布情况如表2-11所示。

表 2-11 四季酒店在中国主要酒店的分布情况

地 区	酒店名称	星 级	房数/间	房价/元
北京	北京四季酒店	五星	334	—
上海	上海四季酒店	五星	—	3600
香港	香港四季酒店	五星	399	3200
澳门	澳门四季酒店	五星	—	—

十一、最佳西方国际饭店集团(Best Western International)

(一)简介

最佳西方国际饭店集团于1946年在美国创立，是全球单一品牌下最大的酒店连锁集团，总部设在美国亚利桑那州的凤凰城。在全球近100个国家和地区拥有成员酒店4200多家，总客房数超过30万间。2002年起进入中国，已有28家酒店加盟。

(二)最佳西方饭店在中国主要酒店的分布情况

最佳西方饭店在中国主要酒店的分布情况如表2-12所示。

表 2-12 最佳西方饭店在中国主要酒店的分布情况

地 区	酒店名称	星 级	房数/间	房价/元
北京	北京世纪远洋宾馆	四星	280	1145
上海	上海浦东丽晟大酒店	五星	—	—
广东	深圳富临大酒店	五星	541	1365
	广州白云宾馆	四星	795	1118
澳门	澳门格兰酒店	四星	262	1280

十二、香格里拉酒店集团(Shangri-La Hotels Corp)

(一)简介

1971年，郭鹤年先生在新加坡开了第一家饭店，起名为“郭氏饭店集团”，后来又受英国作家James Hilton于1933年撰写的*Lost Horizon*一书的启发，集团将酒店正式更名为“香格里拉”。总部设在香港，美国 *HOTELS* 公布的 2005 年全球酒店管理集团排名，香格里拉集团位列 38 位、客房 22 468 间、酒店 47 家。集团公司如今的员工已超过 3 万人。

(二)旗下主要品牌

(1) 香格里拉酒店 (Shangri-La Hotels & Resorts) (五星级)。

(2) 商贸酒店 (Traders Hotels) (四星级)。

(三)企业文化

(1) 经营理念：殷勤好客香格里拉情。

(2) 五个核心价值：尊重备至，温良谦恭，真诚质朴，乐于助人，彬彬有礼。

(四)香格里拉在中国主要酒店的分布情况

香格里拉在中国主要酒店的分布情况如表 2-13 所示。

表 2-13　香格里拉在中国主要酒店的分布情况

地　区	酒店名称	星　级	房数/间	房价/元
北京	北京中国大饭店(1990)	五星	761	—
上海	上海浦东香格里拉大酒店(1998)	五星	612	—
广东	深圳香格里拉大酒店(1992)	五星	553	—
	广州香格里拉大酒店(2007)	五星	714	—
香港	九龙香格里拉大酒店(1981)	五星	700	—
	港岛香格里拉大酒店(1991)	五星	565	—

十三、半岛酒店集团

半岛酒店集团(The Peninsula)旗下主要品牌：The Peninsula。

The Peninsula 广告语：半岛呈献“璀璨夜色之旅”，为您的香港之行更添缤纷！

We offer the best experience to the peninsula - hongkong.

素以拥有并管理高档饭店、商用或民用住宅著称的半岛集团是以 1928 年创建的香港半岛酒店为核心发展起来的一个饭店集团，而它的上级公司 HSH 则是从 1922 年开始在上海管理第一家饭店的。

在经过香港数十年的发展变迁后，“半岛”依然屹立不倒，并树立起自己的品牌形象，现今已拥有 8 个酒店和 1 个度假村。

评估练习

1. 什么是酒店集团？
2. 酒店集团化的经营方式主要有哪些？

第二节　酒店集团化经营的特色与优势

教学目标

1．了解酒店集团化经营的特色。

2．掌握酒店集团化经营的主要优势。

一、酒店集团的经营管理特色

(一)集中管理与分散管理相结合

在一个以稳定性和可预见性为特征的环境中(本地、本国)，公司常常采用某种集权式或集中化管理系统，来对尽可能多的变量实施控制。然而，在确定性较小的外国环境里，各种变量数不胜数且极为复杂，以至于酒店所在地点以外的国家中的任何人，难以理解或管理这些变量，坐在公司总部里的高级行政管理人员，也不可能对本土的事情及周围的环境有详尽的认识。即使在最理想的状态下，总部和酒店之间的距离，也可能会导致偶然性的通信迟滞并延误决策过程，这会降低酒店集团管理者的灵活性和正确的判断能力，尤其是对本土环境变化能否作出积极响应。因此，许多国际性酒店联号选择了分散化管理模式。这种管理模式，有内部的检查和平衡机制，来确保公司的运营标准得到满足。对一些外地公司则给予酒店管理者完全的自由度，来运营各个酒店，只要不违反总公司的政策就可以。

企业运营的许多方面，确实可以从分散化管理中获益。但是，像财务和资本流动决策、人力资源的总体协调、培训计划的制订、供应品中非易耗品的供应采办等方面的问题，通过公司总部可以得到最好的解决。此外，外汇管理——在今天浮动汇率为主的市场中的一个关键职能，应该由集团公司层面而非单个酒店的层面实施，对这些应采用集中管理。

管理者们经常会碰到一些非常敏感的情况，如雇用和解雇员工的程序，薪酬和工资政策，假期政策，酒店集团的货币流入、流出及积累，财务报告，税收支付，如何对待东道国国民等。借助于公司总部的国际化、专业化员工队伍提供的帮助或指导，酒店集团管理者才能制定处理这些问题的合理的方针政策。为东道国(或酒店分部)管理者作出运营决策。

(二)统一会计制度

各个国家之间在财务管理制度和税率上存在差异，由此导致酒店投资和管理的方式也存在差异。对大多数国际酒店集团来说，都面临着如何在其工作的环境中，将不同的财务制度和外汇汇率进行调整和统一。

酒店集团在会计方面早已确立了标准的分类方法，财务报告必须执行该行业统一的会计制度。酒店和汽车旅馆统一会计和费用制度非常相似，即两记账和报告方法。统一的会计制度，使得世界各地分店的运营数据、部门开支、税前收入以及其他数据统一、清晰和明确。

对于刚刚进入酒店业的新企业而言，统一的会计制度可以作为其尽快适应经营需要和要求的基本框架。它包括资产负债表、损益表、财务状况变动表以及现金流量表的格式，同时它还能提供用于绘制会计图表、简化簿记、比例分析、经营预算以及盈亏平衡分析等方面的信息。一个标准的制度可以为酒店经理人员在经营过程中确立逻辑严密和高效的会计职能体系，并为比较酒店的各种统计数据打下坚实的基础。因此，无论对于酒店内部还是外部使用者来讲，包括所有者和债权人，这个会计制度都具有重要的价值。

由于统一会计制度使得会计报表更容易合并，因此它加速了酒店集团在国际上的扩张，并促进了跨国投资的发展。大多数酒店都有两套会计报表，一套呈报酒店管理公司；另一套呈报酒店所有者。统一会计制度强调前者。

(三)多元化经营

为了促进增长，在过去的二十多年里，酒店集团一直寻求区域扩张及酒店产品的多元化经营。多元化使酒店集团在有机组合投资收益的同时，分散经营风险，使其在竞争激烈的市场环境下保持国际竞争力。酒店集团进行多元化经营的好处是：规避集团的经营风险，通过多项目运作实现收益的稳定增长，挖掘集团内部资源潜力，实现企业规模经济与范围经济，以及把握市场中出现的新机会等。在集团化的进程中，由于企业品牌声誉的扩大，产生了未被充分利用的市场，而现有产品与满足这些需求之间存在关联性，从而有可能顺利地实现产品线延伸，实现跨市场与跨区域的多元化经营。

譬如，法国地中海俱乐部原先是非营利性的运动协会组织，通过多元化经营发展成为集度假村、游船公司、旅游于一体的度假王国的综合性组织；喜来登集团认识到博彩在美国娱乐领域的发展趋势时，就开始申请经营博彩酒店；法国的雅高集团与美国的卡尔森国际酒店集团通过不断兼并、收购，不仅在酒店业中占有重要位置，还涉足旅行社业务、餐饮经营、娱乐业等。这些酒店集团通过同时在酒店业及其相关产业开展经营活动，可以统一使用客源、营销、预订、人力资源等方面的经营要素，获得单一经营的公司所无法拥有的优势。

对于原先定位于酒店业的酒店集团来说，面临新的发展环境，将被迫重新进行战略定位。它们不仅需要面对来自酒店业的直接竞争，还要应付来自于交通、休闲、娱乐与健康护理等相关产业领域的竞争。对于酒店集团来说，必须拓展对其所在产业的视角，寻求多元化发展的机会。酒店集团在酒店业领域的经营与其他业务领域存在的联系日益增多，且这种联系并非固定不变。酒店集团可以通过加强这种联系或者创立新的联系，来扩大业务范围，以获得发展的新机遇。

(四)专业化市场营销

酒店集团一般规模大，经营较成功，因而在国际上享有较高的声誉，在公众中产生深刻的印象。单体酒店加入酒店集团后，将集团的店名和店标印在该酒店的大门、广告、布件及经营用品上，可以提高单体酒店产品的知名度。通过酒店集团的规范化管理、标准化服务的指导，可以提升单体酒店的产品质量，从而使顾客的满意度不断提高。特别是在拓展国际市场时，一个熟悉的国际酒店集团的名称往往要比不知名的酒店更易使顾客对酒店产品拥有信心，更能吸引顾客。

单体酒店通常没有庞大的资金开展广告宣传，而酒店集团能集合各酒店的资金进行世界范围内的广告宣传，它有能力每年派代表到各地参加旅游交易会、展览会，推销各所属酒店的产品并与旅游经营商直接进行交易。

此外，各酒店集团一般都有一个庞大的订房系统(GDS)，有高效率的电脑中心和直接订房电话，为集团中的成员酒店预订客房提供服务，并处理集团中各酒店间互荐客源的业务。酒店集团在各地区的销售部门有一支专业化销售队伍，可在各大市场为各单体酒店提供销售团队和会议业务，并为各单体酒店及时提供市场信息，这大大有利于单体酒店增加客源和开发国际市场。

(五)多品牌策略

酒店集团在推出新产品与服务时直接使用酒店集团已有的著名品牌作为品牌名称，即品牌延伸策略。但是，当今发达国家的大型酒店集团运用这种品牌延伸策略时，已不太适合。主要原因是大型酒店集团在多个细分市场中开展业务，对所有等级与种类的酒店产品都使用原有品牌容易造成公司品牌形象的模糊。因此，只有市场定位相同时，才使用品牌延伸策略。品牌延伸虽然可以依托酒店集团悠久的历史、深刻的历史文化背景等特点，为酒店产品提供足够的信誉保证，然而仅靠酒店集团最初的品牌是难以与各种档次的酒店品牌相兼容的。尤其是原本在高档与豪华市场竞争的酒店集团进入中低档酒店市场时，使用集团原有的品牌容易影响集团良好的形象与声誉，迈入品牌延伸的陷阱。

酒店集团在不同的细分市场使用完全不同的品牌名称，即多品牌策略。多品牌策略是国际酒店集团的发展趋势之一，因为每一类酒店都有自己的品牌与标志，可以避免消费者对集团原有驰名品牌概念的混淆与模糊。使用多品牌策略时，酒店集团会对不同的酒店产品使用不同的品牌名称，甚至对同一类别的产品使用两个以上的独立品牌。譬如，酒店数量排名全球第一的圣达特集团所拥有的天天品牌、豪生品牌、骑士品牌等都与圣达特集团的公司品牌没有关联。其中 Clarion Hotels 是精品国际中提供全面服务的一流酒店品牌，该品牌的宣传口号是“精益求精”。Econo Lodge 以大众可以接受的中等价位提供整洁、经济的服务，其名声在全球同档次的酒店中是最大的。Rode way Inn 主要面向城市或太小城镇的高级旅游市场，提供中等价格的客房，该品牌的宣传口号是“温馨的家园”。

酒店集团使用多品牌策略有时是出于战略性考虑。如马里奥特酒店集团有高档的 Marriott Hotels、Resorts and Suits 品牌，但是它不属于酒店业的顶级产品，因此马里奥特公司通过收购 Ritz-Carlton 品牌进入顶级的豪华市场。

二、酒店集团经营的主要优势

随着全球经济一体化的影响，各国对经济资源，如人员、资金、技术等流动管制的放宽以及地区性共同市场的形成，酒店集团要在这种日益开放的环境下保持竞争的相对优势，就必须具有全球化的视野。因此，各酒店集团日益加快其扩张的速度，众多的单体酒店也纷纷加入集团的行列，寻求更有利的生存与发展机会。在酒店业竞争日趋激烈的形势下，酒店集团的优势显得格外引人注目，主要表现在以下几个方面。

(一)品牌优势

品牌是酒店集团对自己的产品和服务规定的有利于识别的名称和标志。进行多元化经营和市场细分化经营的国际酒店集团，通常还在集团名称后面加上产品和服务的品牌名称和标志，向顾客表明其属于不同类型和档次的酒店产品。

为了使集团的品牌和标志更加容易识别，各酒店集团已经形成了具有自身特色的企业形象识别系统(CIS)，并以视觉识别系统(VIS)为其传达形式。这个视觉识别系统通常包括酒店集团的名称、标志，产品品牌名称、标志等，一般都采用简单而易于识别和记忆的名称和图形标志。这对酒店集团及其成员扩大知名度和市场规模起着举足轻重的作用。进行多元化经营和市场细分化经营的国际酒店集团，通常还在集团名称后面加上产品和服务的品牌名称和标志，向顾客表明其属于不同类型和档次的酒店产品，有利于各个品牌的市场宣传。

酒店集团品牌的可识别性通常比较高，特别是作为一个群体，它有着统一的名称、标志，统一的服务标准、质量要求等，通过宣传便于在公众中留下深刻的印象。另外，酒店品牌实际上是对顾客的一个关于服务质量标准的承诺，这对于集团的市场宣传，引导顾客对酒店产品的品牌联想，形成对产品的质量预期和感知，进而对培养顾客的品牌忠诚非常有利。特别是在开拓国际市场方面，一个为公众所熟悉的国际酒店集团名称及其服务质量，可以非常地容易吸引更多的顾客，并使顾客对酒店产生信赖感。所以，在酒店竞争中，酒店集团的品牌以及其明确的市场定位已经成为酒店集团占领市场、扩大市场份额、降低营销成本的有效手段。

(二)规模优势

酒店集团通过规模经营可以实现规模经济，在酒店业竞争中取得由规模与范围而来的效率优势及由交易成本和信息成本而来的成本优势。酒店集团化的这种规模经营的优势主要表现在采购优势、财务优势、竞争优势三个方面。

国际酒店集团为了保证产品和服务的质量水平，通常都由集团总部的物资采购部门集中购买所属酒店的设备和原材料，使之规格化、标准化。这种定期的统一批量购买使得各所属酒店的物资采购成本大大降低，从而提高了经营利润。国际酒店集团经营业务的大范围扩展，使其能迅速捕捉到所辖区域的市场机会，同时，能利用当地资源，当地特色化，更好地满足消费者的需要，实现“全球化思想，本地化经营”。

国际酒店集团在资本筹集和投资开发方面的优势也是不言而喻的。建造现代饭店需要巨额投资，包括建筑、装潢、设备、技术、人员的招募和培训、营运和广告费用等。筹集这些资金对一个独立的酒店而言是非常困难的，而国际酒店集团则可以利用本身雄厚的资本和良好的声誉在短时间内筹集到资金，并投入到市场前景看好的项目上去。如假日酒店集团就曾创下 1 天内在全球开业 5 家酒店的世界纪录。另外，在国际酒店市场上，一个集团被另一个集团收购已司空见惯，如果没有雄厚的实力作基础是不可能做到这一点的。

(三)人力资源优势

一方面，酒店是以服务取胜的行业，服务质量的好坏直接影响到酒店的经营状况和发展潜力，而服务质量的高低取决于酒店员工的素质。另一方面，酒店业是一个非常容易被模仿但缺少差异和个性的行业，一种新的做法、一样新产品的设计以及新技术的运用，都非常容易被竞争对手模仿而失去“新意”，进而失去获得“垄断利润”的机会。因此，产品创新必须与过程创新结合。拥有训练有素的员工、配合默契的团队以及酒店集团所特有的管理风格是难以模仿的，也就成为行业利润的重要来源。因此，酒店集团通常都非常看重人力资源的开发和利用，并充分利用这一资源在竞争中取得相对优势。

(四)质量管理优势

酒店集团一般都具有经过实践检验可以达到理想效果的质量管理系统，与单体酒店的质量控制相比，其管理模式通常更为先进和完善。集团的成员酒店可以运用集团统一的管理程序和服务标准，使酒店在质量管理上更加制度化、规范化、程序化、标准化，从而显著提高酒店的管理水平和服务质量。因此，相比较而言，酒店集团具有一定的质量管理优势。

另外，由于酒店集团专业化经营，使酒店集团内部的分工更加精细，这使得引进和使用高性能和专业化的机器设备成为可能，进而为酒店生产和技术上的专业化、流水线化奠定了基础。最终达到提高酒店的质量管理水平的目标。

(五)市场信息优势

随着科学技术和网络技术的发展，信息已经成为酒店的一种非常重要的资源。对酒店集团而言，利用先进的信息技术，尤其是计算机技术，可以使得收集和处理信息的能力得到大大提高，快速准确地获得全球范围内的信息并迅速作出反应是其获得竞争优势的又一重要手段。

计算机技术在酒店业中的运用大致经过了 HMS、CRS 和 GDS 三个阶段。HMS 是指酒店管理系统，主要用于预订、客房、客账的管理等，一般仅限于酒店的内部管理。CRS 即中央预订系统(Center Reservation System)，是酒店集团为控制客源采用的集团内部的电脑预订系统。CRS 使得酒店集团在客源控制方面一直处于领先地位。20 世纪 90 年代后，GDS 即全球预订系统(Global Distribution System)成为国际酒店业开始广泛使用的新技术。GDS 是一种共享的网络信息系统，使得中小型的单体酒店有可能利用网络技术扩大自己的市场范围。但是，酒店集团由于更有实力支付使自己的中央预订系统与 GDS 兼容的必要投资，开发能够掌握顾客信息的系统，而享有网络技术带来的更大的收益，取得更多的市场份额。但随着网络技术的迅速发展和信息费用的进一步降低，越来越多的单体酒店开始选择 GDS，并加入相应的酒店组织，以求得生存和发展的机会。因此，建立在网络基础上的酒店组织可能会超越传统酒店集团的模式成为更为巨大的集团。

由于酒店集团具有上述优势，随着酒店业的进一步发展，酒店集团经营将成为一种大趋势，呈现出更为迅猛的发展态势。而分散的单体酒店也将通过各种方式，或形成自己的酒店特色，以特色取胜，或加入酒店集团的行列，通过集团的优势取得生存和发展的空间。

评估练习

1. 计算机技术在酒店业中的运用大致经过哪几个阶段？
2. 酒店集团化经营的主要优势有哪些？

课外资料

国际与国内酒店集团比较研究

近年来，我国作为世界酒店业中增长最快的新兴市场，在国内外市场参与者的共同努力下正在创造着令全球业界羡慕的规模增长和品牌扩张奇迹。

培育专业化的本国酒店集团，提升本土酒店品牌的国际竞争力是贯彻落实《国务院关于加快发展旅游业的意见》，将我国旅游业培育成为国民经济的战略性支柱产业和人民群众更加满意的现代服务业进程中的一项重要任务，是提升我国旅游产业素质的重要一环，也是实现从“中国制造”到“中国服务”战略转型的重要载体。本文通过宏观环境、规模业绩、商业模式、地域分布、品牌战略、品牌标准、集团管控、公司治理、运营管理、行业管理 10 个角度的观察，对国际、国内酒店集团(公司)进行了比较研究，并提出了一些进一步扶持和推动国内酒店集团发展的政策建议，值得业内思考。

一、比较研究

(一)宏观环境：成熟市场 VS 新兴市场

酒店业作为终端消费产业及资产投资组合工具，受到诸多宏观环境因素影响。如：经济、社会文化及生活方式的转变、人工、竞争、能源安全、产业重组或并购、土地使用、技术及气候变化等。整体上看，国际一流酒店集团处于成熟市场的发展过程中，而国内的酒店集团处于高速增长的新兴市场中。

对于成熟市场，产业结构调整和升级是其主要特征，主要体现为对服务品质的重新解读和服务品质标杆的不断提升。例如，美国喜达屋集团在 20 世纪 90 年代推出天梦(床)系列产品获得竞争优势后，又不断推陈出新，形成了感官式迎宾、呼吸威斯汀、天梦之床、天梦之浴、天梦摇篮、健康美食、天梦水疗中心、快捷服务中心、威斯汀健身、会议、婚礼、闲适时光等特色服务。

对于新兴市场，规模增长和重组并购是发展的主线。从总体经济来看，中国经济可能还将维持 15 年左右的高速增长，预计到 2050 年，中国将成为全球最大经济体。城市化进程的不断扩大使大众化的酒店产品出现数量和质量上的飞跃。如经济型连锁酒店品牌“如家”创立于 2002 年(首旅集团为创始股东)，并于 2006 年 10 月在美国纳斯达克上市，近 10 年来，“如家”旗下酒店数从 2002 年 6 月的 20 家发展到 2011 年 9 月的 1004 家，增长了 50 多倍，酒店客房数在 2011 年第二季度达到了 100355 家。在品牌酒店急速扩张的同时，“如家”借助资本市场开展了大规模的并购，在 2007 年和 2011 年相继收购经济型连锁酒店品牌“七斗星”和“莫泰 168”。

(二)规模业绩：稳步发展 VS 高速增长

与国际酒店集团的规模对比来看，根据 2011 年 9 月份 *HOTELS* 杂志的排名，位于前十位的国际酒店集团拥有酒店总数达到了 35827 家，平均每家酒店集团拥有客房 43.9 万间。我国排名前十位的国内酒店集团，拥有酒店 3132 家，平均每家酒店集团拥有客房 4.3 万间。在酒店数和客房数这两个指标上，国内前十强与国际前十强均有一个数量级的差距(10 倍)。

国际排名首位的洲际酒店集团拥有的酒店数量和客房数量分别是 4437 家和 64.7 万间，客房数量是目前国内排名首位的锦江国际(10.7 万间)的 6 倍多。增速方面，2006—2010 年期间，锦江国际酒店数和客房数年均增幅分别达到了 38.8%和 24.9%，而同期洲际集团酒店数和客房数的年均增幅仅为 4.6%与 4.1%，如表 2-14 所示。

表 2-14　锦江国际与洲际集团饭店客房数据比较

酒店名称	2006 年饭店数	2010 年饭店数	饭店年均增长	2006 年客房数	2010 年客房数	客房年均增长
锦江国际	277	707	38.8%	53 552	107 019	24.9%
洲际集团	3741	4437	4.6%	556 246	647 161	4.1%

从以上分析可见，虽然三十年来国内酒店集团规模扩张迅速，增速飞快，但在规模存量上与国际酒店集团相比还有巨大差距，因此还需要保持较高的增速，才会在规模存量上有质的飞跃。因此，中国本土酒店集团规模特征可总结为以下几点。①总体规模处于成长期，但与国际酒店集团仍有巨大差距。②平均规模较小。③各集团之间的规模差距较大。

经营业绩方面，近 10 年来，在中国市场上，国内酒店集团始终处于追赶状态。2008 年、2009 年由于国际经济危机的影响，国际和国内酒店集团在中国的经营业绩曾经一度非常接近。但总体上，国际集团旗下的酒店凭借其多年积累的品牌效益、销售网络和管理经验，在 RevPAR、GOP 等指标上处于明显优势地位，如图 2-2 所示。

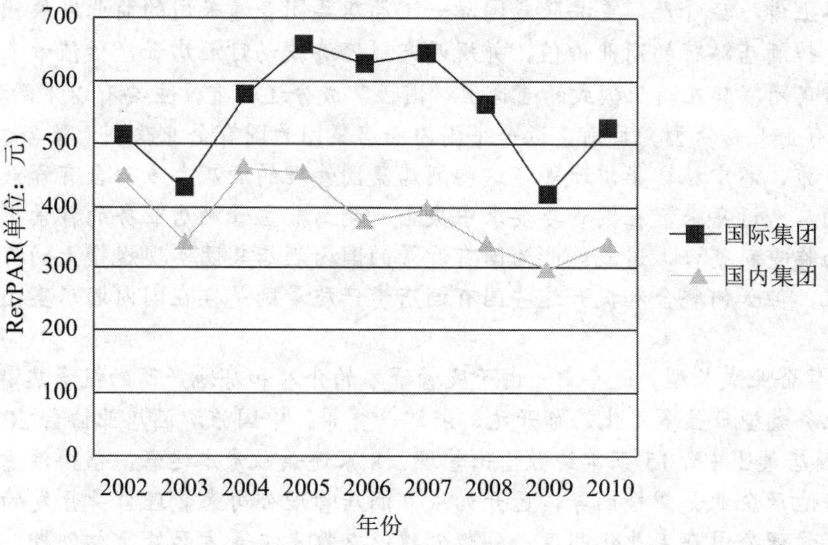

图 2-2　国际、国内集团 RevPAR 比较

(三)商业模式：清晰 VS 迷茫

一般来说，成熟酒店集团的商业模式集中在资产、品牌、管理三类。有些公司拥有大量酒店的产权，依靠产权交易，并购重组获得盈利；有些公司的核心竞争力是拥有耳熟能详的知名酒店品牌，依靠品牌特许经营拓展业务；有些公司则长于酒店项目的运营管理，通过与业主签订委托管理合同，收取管理费用。

国际一流的酒店集团经过近百年的发展，已经形成了非常清晰的以轻资产为主的商业模式，包括以下几种。

1. 委托管理模式

委托管理是指专业酒店管理公司通过与酒店业主签订委托管理合同，取得酒店的经营管理权，运用法律约束的手段，明确委托人和受托人之间的义务、权利及责任，使合同约定的双方当事人的权益得到保护和落实。委托管理的特点是通过输出管理，对下属酒店进行紧密控制和直接经营管理。美国喜达屋酒店旗下的瑞吉、喜来登等品牌大多采取委托管理模式。

2. 特许经营模式

特许经营是指特许者将自己所拥有的商标(包括服务商标)、商号、产品、专利和专有技术、经营模式等以合同的形式授予受许者使用，受许者按合同规定，在特许者统一的业务模式下从事经营活动，并向特许者支付相应的费用。洲际酒店集团是目前全球最大及网络分布最广的专业酒店管理集团，拥有洲际、皇冠假日、假日、智选假日等多个知名酒店品牌，据统计，全球范围内洲际酒店集团旗下约 85%的酒店都采取特许经营模式。

3. 带资管理模式

带资管理模式是指通过独资、控股或参股等直接或间接的投资方式来获取酒店经营管理权，并对其下属系列酒店实行相同品牌标识、相同服务程序、相同预订网络、相同采购系统、相同组织结构、相同财务制度、相同政策标准、相同企业文化及相同经营理念的管理方式。香格里拉从1984年在杭州投资开设第一家香格里拉酒店开始，就实行带资管理，香格里拉所到之处，都成为当地标志性酒店，在内地成功地打造了香格里拉品牌。

从总体上讲，轻资产、重品牌是国际一流酒店集团普遍采用的商业发展模式，这种模式有利于发挥酒店品牌的商业价值，并规避宏观经济波动对酒店资产估值带来的影响。反观国内酒店集团，其在商业模式的选择上“惯性”成分还较重，主要有以下两种类型。

(1) 国有企业转轨型。目前，近一半国内酒店集团为国有企业改制、整合、重组而来，如锦江、首旅、港中旅、华侨城等。这些酒店集团管理的酒店大多为自有资产或者国有控股性质的酒店。近年来，在国资委要求中央企业剥离非主营酒店业务的背景下，巨量国有酒店资产面临重新整合，这或许能为国有背景的国内酒店集团实现规模上的跨越式发展提供难得契机，但如何整合和提升这些国有酒店资产质量则是摆在国内酒店集团面前的重大难题。

(2) 民营企业成长型。近年来，由于民营资本的介入和房地产商的投资热潮，本土酒店管理集团业务类型日益多元化，如开元、浙江世贸等。中国旅游酒店业协会2011年调查的23家国内酒店集团中，15家单纯做输出管理，8家还兼做资本运营。值得注意的是，国内有些知名房地产企业如碧桂园等，已开始成立酒店管理公司来管理自身开发的酒店项目，但这些酒店管理公司在专业化程度、品牌创建、支撑系统等方面处于初创期，与国际酒店集团比较还有较大差距。

综上所述，国内酒店集团尚在市场竞争中不断探索适合自身发展的商业模式。

(四)地域分布：全球布局完成VS开始“走出去”

国际酒店集团大规模的扩张基本从20世纪80年代开始，经过近30年的发展，领先的国际酒店集团基本完成了全球布局，呈现明显的全球化特征。①洲际集团旗下酒店涵盖100多个国家。②雅高集团旗下酒店涵盖90多个国家。③喜达屋集团旗下酒店涵盖约100个国家。④相对年轻的香格里拉集团酒店在11个国家开展业务。

分析国内酒店集团各成员酒店的地区分布，可以发现：在集团发展初期，旗下酒店大都分布在以集团总部为核心的周边辐射地区，且主要集中在华北、华东、长三角和珠三角区域。特别是以国有资产为纽带进行重组的国有酒店集团(如锦江国际和首旅建国)，最初旗下大部分酒店均集中在同一地区。

整体上，国内酒店集团的酒店布局呈现“东密西疏”的特征，这个特征与我国经济发展水平基本适应。通过近年来的高速发展，锦江集团、首旅建国、阳光酒店集团、粤海国际、凯莱集团等集团基本完成全国性的布局，而浙江香溢旅业、世贸君澜、岭南集团、开元集团、南京金陵等集团也在立足本地区的基础上，开始向周边乃至其他一线地区辐射与渗透。各集团在华东地区的竞争最为激烈，近70%的集团都已在华东地区布局，随着西部大开发的深入以及一线地区酒店供给市场的饱和，华中、西南和西北地区将成为酒店集团下一阶段地域扩张的热点。

国内酒店集团的国际扩展步伐始于2009年底锦江集团收购美国州际集团。交易完成后，锦江集团间接持有州际集团50%的股权。美国州际集团(并非洲际集团)在美国的37个州、哥伦比亚特区、俄罗斯等管理232家酒店物业，客房总数超过4.6万间。这次收购显著加速了锦江集团国际扩张的能力，迈出了海外战略的第一步。接下来，2011年5月海航集团斥资 4.3 亿欧元(合 6.2 亿美元)收购西班牙 NHHotels 酒店集团 20%的股份。NHHotels 集团是欧洲第三大酒店管理集团，分别在马德里、阿姆斯特丹、纽约三地上市，在 25 个国家经营管理 400 多家酒店。但总体上，国内酒店集团的国际扩张能力还十分有限。主要制约因素有：执照审批、文化差异、外汇使用、品牌认知、人力资源、各国对外来移民用工政策等。

(五)品牌战略：多品牌并进 VS 单品牌延伸

经过多年市场的磨砺，国际酒店集团均形成了一套完整的品牌谱系，目的是用某一特定品牌来占领与之对应的细分市场。多品牌战略最为典型的国际酒店集团有雅高集团、洲际集团、喜达屋集团等。各品牌的口号和对应细分市场，如表 2-15 至表 2-17 所示。

表 2-15　雅高集团部分品牌列表

品牌名称	品牌口号	对应细分市场
索菲特 (Fofitel)	璀璨生活 (Life is Magnifique)	定位为奢华型饭店，集商务与休闲为一体，为游客们提供一流水准、环境舒适、服务优良、气氛高雅的私人休闲场所
诺富特 (Novotel)	诺富特，为自然生活而设计 (Novotel,Designed for Natural Living)	具备国际水准及现代化设施的商务饭店，其简单、设计合理、既现代又高效、真正适应旅行者的需求
宜必思 (Ibis)	总有让你喜欢的理由 (hotels the way you like them)	经济型饭店连锁
六号汽车旅馆 (Motel 6)	我们会永远为你留一盏灯 (We'll leave the light on for you)	它的目标市场是那些住宿开支有限的客人，然而 60%的顾客都是商务客人(仅在加拿大和美国运作)
第六工作室 (Studio 6)	在你的预算之内超出你的想象 (Extend your stay,not your budget)	它的顾客群为 60%的商务客人和 40%的休闲客人(仅在加拿大和美国运作)

(资料来源：根据雅高集团网站资料整理)

表 2-16　洲际集团部分品牌列表

品牌名称	品牌口号	对应细分市场
洲际饭店及度假村(Inter Continental Hotels and Resorts)	We love to share our knowledge with our guests and they love our understated service and style 我们喜爱和客人分享我们贴心细致的待客之道	该品牌市场定位为国际商务及休闲旅游者(高端奢华饭店)
皇冠假日饭店及度假村(Crown Plaza)	We combine the very best facilities with great service，helping our guests get more from their trip beyond work 我们用最优的设施和服务为客人的商旅生活增色	该品牌市场定位于以合理的价格为商务及休闲游客提供高档、优质且别具风格的服务(高端奢华饭店)
英迪格饭店(Hotel Indigo)	We're all about the neighbourhoods,We're in and take every opportunity to share them with our guests 我们抓住每一次机会与客人分享饭店所在地社区文化和特色	以合适的价位为时尚旅行者提供一种艺术和科技相融合，彰显地域特色的住宿体验(中高端概念型饭店)

续表

品牌名称	品牌口号	对应细分市场
假日饭店(Holiday Inn)	Our friendly people love to make our guests feel totally comfortable, whether they arrive in their suit or shorts and a T-shirt 无论你身着西装还是T恤，我们热情友好的员工都会使你感到全面舒适	以超值的价格为商务及休闲旅客提供可靠友善的服务以及现代化的设施(中高端豪华级饭店)
智选假日饭店(Holiday Inn Express)	Our friendly people love to make our guests feel totally comfortable, whether they arrive in their suit or shorts and a T-shirt，无论你身着西装还是T恤，我们热情友好的员工都会使你感到全面舒适，是您的明智选择	快捷假日饭店(中端舒适级饭店)

(资料来源：根据洲际集团网站资料整理)

表 2-17　喜达屋集团部分列表

品牌名称	品牌内涵	对应细分市场
圣·瑞吉斯饭店(St.Regis)	一丝不苟、量身定制、魅力、首善之地	高端奢华消费人群，提供量身定制的个性化服务
至尊精选(The Luxury Collection)	精致、融入、体验	乐于探索和融入饭店所在地历史、文化特色的高端人群
W 饭店(W Hotels)	刺激、运筹、洒脱	时尚人士、引领潮流
艾美(Le Meridien)	别致、高雅、探索	从事艺术、创作行业的人群，突出文化和艺术特征
威斯汀(Westin)	个性化、直觉灵动、焕发活力	成功人士，更好享受人生
喜来登(Sheraton)	温暖亲切、舒适宜人、联系感人	定位于商务和家庭客户，提供的产品温暖亲切，舒适宜人
福朋(Four Points)	诚信、简约、舒适	针对中档及有一定消费能力的经济档客源，提供简约、舒适的住宿产品
源宿(Element)	聪慧、活力、恬憩	热衷环保、健康人士
雅乐轩(Aloft)	张扬、睿智、新空间	面向年轻人群，提供张扬、睿智的居住空间，注重住店期间的社交体验

(资料来源：根据喜达屋集团网站资料整理)

近几年，为在更多的细分市场获得竞争力，有些国内酒店集团确立了从单一品牌向多品牌转化的战略，然而，多数国内酒店集团的多品牌战略是从原先的单一品牌衍生而来，新生的品牌不可避免地带有原先品牌的一些特征，反而容易使消费者混淆。

另外，由于品牌定位、资本流动、集团母公司组织架构、决策偏好等因素影响，国内酒店集团多品牌战略还不够成熟和稳定，普通消费者对国内酒店集团的认知，大多还停留在单一品牌阶段。在单一品牌市场认知度不够充分的情况下，盲目实施多品牌战略，容易造成品牌定位模糊，对市场认知造成不利影响。国际酒店集团的经验表明，多品牌战略的成功需要花费大量时间和财力，并最终由市场作出选择。

(六)品牌标准：成熟而清晰 VS 初创而模糊

品牌标准的实质是酒店集团对旗下某一特定品牌酒店的设施和服务所作的详细规定，涵盖酒店建筑、功能布局、设施设备、管理运营、服务流程、维护保养等方方面面。一套完整的品牌标准文本属于商业机密，是酒店集团核心竞争力的重要组成部分。

国际酒店集团在与业主洽谈管理合同或特许经营合同时，酒店项目是否符合某一品牌的标准，是刚性的合同条款。这样就在法律上保障了旗下酒店设施和服务的一致性。可以说，品牌标准是品牌酒店得以正常运作的依据，也是国际酒店集团立足市场的制胜法宝。

经过多年的摸索和市场检验，国际酒店集团旗下的每一个品牌都有一套成熟而清晰的品牌标准与之对应，如洲际集团，详见表 2-18 所示。

表 2-18　洲际集团部分细分品牌及品牌标准

品牌名称	品牌标准
洲际饭店及度假村 (Inter Continental Hotels and Resorts)	保健和健身中心(自设)：根据各个饭店不同特点可以开设水疗、提供健身课程，一对一训练，先进的健身设备、攀岩墙等。 SPA(自设) 饭店商店：书报亭、礼品店、美容厅、鲜花店等。 娱乐和消遣：游泳池。 商务服务：专用轿车服务、提供电脑、传真服务、复印服务、商务中心、打印服务、电子邮件与上网服务、行政房、行政楼层、邮件快递服务、提供模拟拨号服务、无线数据连接、宽带高速上网、秘书服务等。 旅行服务：航空公司柜台、租车柜台、旅行预定柜台、外币兑换等。 客房清理和洗衣服务：每日客房清理、干洗/洗衣、擦鞋服务等。 无障碍：允许服务性动物入内、客房配备无障碍设施、停车等。 公共区域数据服务：无线数据连接、宽带高速上网等。 其他：保管箱、制冰机、提款机、礼宾服务、空调公共区、设有酒廊、门房/行李员等
皇冠假日饭店及度假村 (Crown Plaza)	商务中心、零售商场和精品屋、24 小时送餐服务、礼宾服务、大型停车场、当日衣物湿洗和干洗服务、机场往返接送服务、饭店车队出租服务、美容美发中心、房间高速宽带英特网接口、室外游泳池、桑拿浴、客房洗衣设施(洗衣机/烘干机)、设有酒廊、咖啡壶、小厨房、提供室内健身设施、吹风机。 主要服务有：提款机、托儿服务、美容厅、礼宾服务、干洗/洗衣、外币兑换、礼品店、制冰机、书报亭、客房洗衣设施(洗衣机/烘干机)、门房/行李员、客房服务、秘书服务、擦鞋服务、WorldNews——全球报纸服务等个性化服务，多功能商务中心、复印服务、邮件快递服务、电子邮件与上网服务、行政楼层、行政房、传真服务、个人电脑服务、打印服务、专用轿车服务等商务服务。

续表

品牌名称	品牌标准
英迪格饭店(Hotel Indigo)	主要设施：室内游泳池、酒廊、熨斗/熨板、咖啡壶、提供室内健身设施、吹风机、空调公共区等。 主要服务：空调公共区、提款机、托儿服务、礼宾服务、干洗/洗衣、外币兑换、免费拨打本地电话、制冰机、书报亭、门房/行李员、客房服务、保管箱、秘书服务、擦鞋服务等
假日饭店(Holiday Inn)	宽带服务、洗衣/熨衣服务、商务服务、叫醒服务、游泳池、健身房、咖啡厅、票务中心等
智选假日饭店(Holiday Inn Express)	停车场、行李存放服务、前台贵重物品保险柜、商务中心、出租车、ATM取款机、无线上网公共区、票务服务、会议室、接机服务、洗衣服务、叫醒服务、残疾人客房、滚梯/电梯、客房设施、国内长途电话、国际长途电话、中央空调、24 小时热水、免费洗漱用品、拖鞋、浴室化妆放大镜、吹风机、电热水壶、咖啡壶/茶壶、免费瓶装水、独立写字台、多种规格电源插座、110V 电压插座、保险箱等

目前，绝大多数国内酒店集团都对旗下酒店品牌进行了商标注册，而品牌标准建设仍处于初级阶段。有些国内酒店集团只有品牌标识，而品牌标准的具体内容模糊，导致品牌缺乏内涵；有些国内酒店集团直接以《旅游酒店星级评定标准》的内容作为自身的品牌标准，对于设施设备配置、产品特色、服务流程等方面的设计不够深入、不够具体，缺乏符合自身目标市场特点的软硬件配置要求，从而导致了品牌形象雷同、经营同质化。

品牌标准是品牌酒店的“灵魂”。总体上看，品牌标准仍是国内酒店集团最薄弱的环节。国内各集团在品牌定位、品牌个性、品牌形象、品牌诉求、品牌内涵等方面的设计还处于较为初级的阶段，且差异化尚不明显，品牌价值有待于进一步提升，可以说，缺乏成熟的品牌标准是国内酒店集团进行品牌连锁运作时的“短板”。

(七)集团管控：成熟规范 VS 转型模仿

如果说品牌标准是品牌酒店的支撑，集团管控的制度和措施就是联系品牌酒店与酒店集团的纽带。国际知名酒店集团通过建立科学、有效、成熟、规范的制度管理体系，统一了成员酒店的会计记账、审计控制、预算管理、营销宣传、人事培训、常客计划、技术服务、服务流程等各个经营管理环节，提高了整体的运行效率和运行效果。以酒店标准作业程序(SOP)为例，每一项酒店业务由谁完成，分几步完成，每一步有哪些动作，都有明确的规定。如表 2-19 所示就展示了某国际品牌酒店的一个标准操作程序。

反观国内酒店集团，在管理制度方面，经过多年的摸索，大多数国内酒店集团模仿国际集团(或其他现成文本)建立了一整套集团管控制度体系(至少是文字上)。但这一制度体系是否适合本企业？是否适合所在市场？是否在实践中能坚持下来？这些均有待时间和市场的检验。现实中，由于集团管控相关制度的不健全或执行力不足，国内酒店集团对旗下酒店的运营管理时常表现出“人治”色彩，酒店经营管理状况直接取决于外派管理团队的能力与素质，因此，旗下酒店产品的一致性和绩效的稳定性就很难得到保障。国内酒店集团还要继续“苦练内功”，以在集团管控方面实现“人管理”到“制度管理”的跨越。

表 2-19　某国际品牌饭店客房部标准操作程序

部门：	客房部	实行者职称：	客房服务员
任务号：	SOP-HSKP-FLOOR-29	任务的题目：	贵宾(VIP)接待服务程序
做什么	怎么做		为什么
贵宾住店期间服务	1. 客房服务人员都能用姓名或职务尊称客人，并主动问候 2. 根据所了解的贵宾情况和服务中观察到的客人生活习惯、爱好和工作规律，把握时机，为客人提供各种针对性的服务 3. 在提供各项客房服务时应优先考虑贵宾房，必须在客人最方便时进行服务，以不打扰客人的休息和正常生活起居为原则 4. 在客人外出期间安排小整理服务并及时更换客人用过的卫生间棉织品 5. 配合安全部做好安全工作，如服务中注意为客人保密，不将房号告知无关人员，对特殊身份客人的访客更要谨慎，以确保贵宾的安全 6. 注意客人身体健康变化，发现客人身体不适或生病要立即报告上级并请医生探访，在生活上应给予特别关照 7. 根据贵宾要求随时提供服务		优质的对客服务可让贵宾在住店期间感受到尊重和不同于普通客人的礼遇

(八)公司治理结构：事业部制 VS 职能制

国际酒店集团多采取事业部制的公司治理结构，如图 2-3 所示。一个品牌(或地区)通常成立一个事业部，拥有一套包括拓展、市场、运营、人事、财务在内的相对独立的经营管理队伍。与常见的职能制公司治理结构相比，这种结构决策目标相对单一，但市场应变能力强，执行力更强。

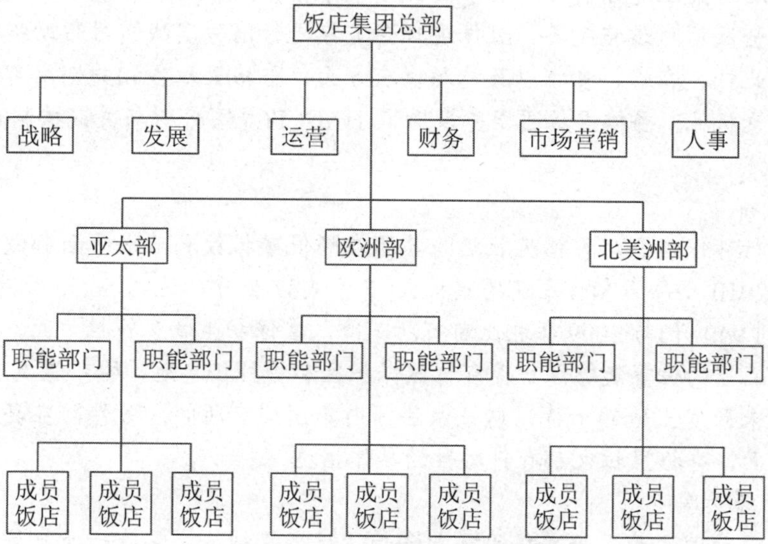

图 2-3　某国际饭店集团事业部制组织结构

反观国内酒店集团，受规模和品牌的局限性，大多还是传统的职能制公司治理结构，如图 2-4 所示。少数集团成立了事业部性质的分公司。

集团公司董事会设：

投资决策委员会

战略研究委员会

下设：规划研究室

预算管理委员会

薪酬与考核委员会

审计与监察委员会

下设：审计室

集团公司总部设：

办公室

监察室

计划财务部

人力资源部

投资发展部

资源集成部

图 2-4　某国内饭店集团的组织结构

根据管理学理论，酒店集团在公司治理结构设计中，应注意合理压缩管理层级，建立扁平化组织结构，并发展增值伙伴关系，为成员企业分担风险，以保持组织的灵活性，降低管理成本，共享效率提高所带来的竞争优势。公司治理结构的扁平化应成为多数国内酒店集团努力的目标。

(九)运营管理：推陈出新 VS 跟随模仿

酒店运营管理属于微观企业经营层面，涵盖方面众多。国际酒店集团顺应市场趋势、把握消费者需求，经常推陈出新，致力于为消费者提供更安全、更环保的酒店产品。国内集团大多仍处于跟随、模仿阶段，乏善可陈。本文选择危机管理、节能减排、人力资源管理等几个方面，下面摘要介绍知名国际酒店集团的做法。

1. 危机管理

香格里拉酒店集团是首家在旗下每家酒店都聘用专职消防与生命安全(FLS)经理的酒店集团。酒店安全及消防设施完善，且保安部会定期进行消防实战演习帮助提升员工和客人的应急技能。此外，在水、食物以及能源供应方面，香格里拉各相关部门都做了足够的储备应对突发紧急状况。香格里拉还率先采用了 HACCP(危害分析与关键控制点体系)认证确保其食品安全。

2. 节能减排

为切实践行环保理念，香格里拉酒店集团在降低碳排放和节水方面都做出了实际努力且初见成效，2010 年每间客房每晚的碳排放(下降 4.82 公斤，达到 56.95 公斤)和用水量(下降 60 升，达到 940 升)与 2009 年相比都有所下降。在保护生物多样性方面，香格里拉酒店集团确保度假酒店的位置能够保护现有自然保护区和物种栖息地，尽可能恢复受损的区域，并尽量减少对未开发土地的干扰，这一做法国内集团鲜有所闻。另外，在臭氧层保护、废弃物处理等方面，香格里拉也都有针对性的具体措施。

3. 人力资源管理

在人力资源管理方面，雅高集团重点培养“雅高精神”，它基于所有员工每天都能感受到的五个价值是：创新是我们的标志；进取精神是我们发展的动力；业绩是我们持续成功的关键；尊重是处理所有关系的基础；信任是管理的基石。

为了更好地培养集团人才，1985年，雅高集团成立了雅高学院，学院约50%的培训生来自管理高层，管理者是在集团内接受培训，而不是外面的机构，这使得酒店政策和理念能够在广泛理解的基础上得到更好的贯彻和执行。2009年，雅高集团在成都建立了雅高学院，学院的意义不仅仅是提供培训的场所，还有助于共同认知的传播，学院的存在是雅高成功的重要因素。

(十)行业管理：行业自律VS政府主导

发达国家的酒店行业管理，大多采取行业自律的模式，行业协会发挥了举足轻重的作用。有些国家的行业协会制定行业标准推广实施，有些国家的行业协会积极游说立法部门为行业争取利益。

其中，最有代表性的是美国酒店和住宿业协会(American Hotel & Lodging Association)。

该协会始创于1910年，是公司化运营的非营利性机构。百年来，该协会以服务会员、代表行业利益为宗旨，在教育培训、社会公益、对外交流、政策制定等方面发挥了积极的作用。该协会代表酒店行业积极在美国国会进行游说，争取在国家相关政策的制定过程中，为酒店业谋取利益，近年来促成国会通过有利于行业发展的《旅行促进法案》、《小型企业工作和贷款法案》等法律和政策。

与发达国家的行业协会相比，我国旅游酒店业协会的作用还很有限。我国的协会还没有完全与政府脱钩，市场地位不独立，内部运行机制不尽合理，在行业争端协调、人才培训和信息服务等方面的工作仍处弱势，无法满足企业的现实要求。从长远看，只有明确协会的独立地位和民间性质，协会才能更好地发挥政府与企业间沟通的桥梁和纽带作用，才能更好地为行业代言，更好地为会员企业服务。

二、结论

以上从宏观环境、规模业绩、商业模式、地域分布、品牌战略、品牌标准、集团管控、公司治理、运营管理、行业管理等10个角度分析说明，国内酒店集团与世界一流酒店集团相比还存在明显的差距。但我们应该认识到，这一差距，是国内酒店业高速发展时期所必经的阶段。随着国内酒店市场“蛋糕”不断做大，国内集团在市场竞争中可以通过自身的努力分得属于自己的份额。近年来，从经营业绩看，国内品牌与国际品牌旗下酒店的差距正在逐年缩小。当前，我国本土酒店集团与世界一流酒店集团之间还存在较大差距，从学习到创新，从竞争到共享，从国际品牌崇拜到民族品牌建立，我国本土酒店集团的发展任重而道远。

另外，我们也应注意到国内酒店集团的后发优势比较突出。如①大量国际酒店集团的成功经验可供借鉴。②大众旅游时代的到来，给国内集团提供了充足的国内客源。③中国公民出境游的飞速增长，为国内集团“走出去”提供了可能。我们有理由预计，再过10年左右的时间，我国领先的酒店集团将有可能达到国际一流水平。中国消费者需求、中国的标准、中国的实践及中国式管理模式将对全球酒店产业的发展产生原创性的贡献。

三、政策建议

(一)保证星级标准一致性

星级制度作为一项行业管理基本制度，适合我国国情，也有利于国际国内酒店集团在中国酒店项目的品牌定位，同时也有利于中国企业未来走出去时品牌形象的建立，应长期坚持下去。但在操作层面，尤其要注意保持标准的一致性；加强新版标准宣传培训，提高各级星评操作人员的业务水平；严格“十不准”等各项星评制度，对违反纪律的机构考虑收回星评权限，对违反纪律的星评人员通报批评，永不聘用，情节严重者移交有关部门处理。

(二)协调品牌和星级的匹配

近年来，国际酒店品牌大举进入我国酒店市场。面对中国这一拥有丰富增长潜力的新兴市场，不少国际酒店品牌采取了“市场存在”优先于“品牌定位”的拓展战略，以至于同一城市出现两家同一品牌的顶级酒店，二线城市出现了奢侈品牌酒店。

我国业主在选择酒店管理公司时存在盲目“崇洋”心态，如有些酒店硬件一流，却挂上国外经济档酒店的品牌。有些地方政府要求新建酒店项目一定要挂上国外品牌。美国典型的经济档酒店品牌“Holiday Inn(假日)”、“Days Inn(戴斯)”，在国内却成为四星级甚至五星级酒店。从长远看，这一现象对国内酒店集团发展不利，对国际酒店集团的品牌定位不利，对我国星级酒店体系的健康发展不利。

为了协调和引导国际品牌在国内的发展，我们建议在国内酒店投资者(业主)中进一步普及国际酒店品牌定位方面的信息，呼吁理性选择酒店管理公司，在新评定的酒店中注意品牌与星级的匹配，不接受诸如“假日”、“戴斯”等品牌酒店申报五星级。我们也呼吁地方政府改变盲目崇洋心态，给予国内酒店品牌“平等”的市场待遇。

(三)从关注“增量”转向关注“存量”

近年来，发达国家已少见新建酒店项目，中国各地的新建酒店却像雨后春笋般出现。随着“十一五”期间新建高星级酒店陆续投入经营，市场需要较长的一段时间来“消化”这些增量。行业管理部门也要从以往的“增量”引导，逐渐转移到关注“存量”。在高星级酒店项目经营回报“稳中走低”的背景下，如何维持设施标准、保持服务质量是摆在行业管理部门面前的新课题。可以预见，随着产权交易市场的开放与完善，酒店存量资产交易的数量将会越来越多。如何引导和规范酒店产权交易又是一个新课题。

(四)扶持、规范酒店发展

扶持国内酒店集团发展研究制定《酒店集团(管理公司)分级标准》，规范和引导国内酒店集团发展。

多方面拓展国内酒店集团的融资渠道。鼓励和支持国内酒店集团上市，利用资本市场加速发展、协调相关部门，为国内酒店集团争取创新型企业上市的有关优惠政策。

扶持国内酒店集团“走出去”发展，建设世界旅游强国，必须要有一批国际性的旅游企业或企业集团做支撑。我们要大力加强与相关部门的协调与合作，为旅游企业“走出去”争取更多的政策支持，创造更加便利的条件。

(五)加强人力资源开发

随着人口红利的逐渐消失，酒店行业的用工成本将会呈现逐年增长的趋势。同时，与其他行业相比，酒店行业的年均薪酬较低，因此对优秀人才缺乏吸引力。全行业要高度重视酒店人力资源保障问题，提高基层酒店员工待遇，完善酒店行业教育培训体系。

造成酒店业用工荒的原因可以概括为以下几个方面。第一，社会大环境影响。受传统观念影响，在大学受过普通高等教育的旅游及酒店管理专业的学生在选择本专业就业时，会受到家庭或社会各方面影响而犹豫。第二，行业特性。酒店行业是劳动密集型行业，且待遇普遍较低，而且还要经常加班，多数人会因为付出与回报不成比例而离开，这也是造成酒店员工流失率一直居高不下的原因。第三，国内酒店的管理制度不完善。受多种因素综合影响，目前国内酒店集团在员工福利、培训、晋升等方面多数没有明确的章程和体制，员工在企业内部的发展前景不明确使其最终转向其他行业。

面对以上问题，酒店必须高度重视人力资源管理和保障问题，以职业经理人队伍建设为重点，加快酒店经营管理人才、专业技术人才和服务技能人才的培养。建立完善酒店专业技术资格认证制度与考核制度，举办各种形式的培训班和研修班，促进酒店设计、酒店工程、酒店营销策划、酒店电子商务以及烹饪等专业技术人才的培养，不断提升酒店专业技术人才的素质和水平。要根据旅游发展趋势和酒店企业岗位需求，研究制定酒店各类服务技能人才标准，加强酒店员工的岗位培训、技能交流和职业道德教育，努力打造一支技能过硬、爱岗敬业的酒店服务技能人才队伍，促进优秀技能人才脱颖而出。应转变管理思想，把员工的发展放在首位，同时提高基层员工的待遇，不断完善培训体系，努力将酒店的企业文化贯彻到整个企业中。培养员工的归属感，要明确酒店的实际用人需求，与培养酒店管理专门人才的院校进行沟通，保证人才输出的合理性和时代性。

第三章

酒店组织管理

引导案例

北京某知名酒店组织管理诊断案例

一、项目背景

A公司是北京某知名酒店——B酒店的上级企业。于2000年收购B酒店的44%的股份，并投入0.8亿元进行改造。A公司以发展旅游业作为公司发展战略，B酒店是该战略中的第一步棋，其经营管理的好坏直接影响公司发展战略的执行。从2001年起，B酒店的业绩增长缓慢，到2003年，企业进入了亏损阶段。问题出在哪里呢？A公司请来公司的专家，进行企业诊断。

二、项目过程

(一)确定项目方案

在了解到B酒店的背景情况后，公司专家认为，酒店组织管理方面的问题是其症结所在。于是，公司制定了如下项目方案。①以现场调研的形式考察企业状况。②对B酒店的高层管理人员和部分中层管理人员进行访谈，了解企业的组织机构状况和经营状况。③对B酒店的高层管理人员和部分中层管理人员进行人才测评，了解人员素质状况。

(二)所使用技术

1. 问卷调查

《领导行为调查问卷》、《PM量表》、《激励反馈调查问卷》。

2. 人才测评

《企业管理人才测评系统》、《管理者测验》。

(三)项目实施

于2003年12月10日～2004年2月10日进行。

(四)诊断结果

(1) 员工组织管理观念与经营思想有较大欠缺。

(2) 组织内部责、权、利关系不明确，高层管理人员的角色意识不清晰，行为规范尚未建立。

(3) 考核制度不合理，激励机制不完善。

(4) 与上级组织的关系不明确，监控机制不健全。

(五)公司提出的组织发展建议

(1) 规范组织运作关系，健全和完善管理办法。通过约束机制、监控机制和激励机制引导和保证组织成员开展工作。

(2) 重新构建绩效考核制度，从考核评价入手，促进管理人员组织行为规范的建立。

(3) 调整组建新的领导班子。提高高层管理人员的经营管理水平。

(4) 加强对中高层管理人员的培训，将培训重点从学习知识转换到促进接受现代组织管理观念和经营思想。

三、结果

A 公司领导在接到公司提出的诊断报告后，认真进行了分析和讨论。他们认为，公司的报告切中问题的要点，所提的建议是建设性的。最终，A 公司决定重新组建 B 酒店的领导班子，并提出在公司的帮助下构建新的绩效考核系统。

辩证性思考

1. B 公司在组织管理上主要存在哪些问题？
2. B 公司如何解决组织管理方面的问题？

有了计划，必须要通过组织来完成。在酒店管理中，计划是第一位的，它为酒店的营运定好了目标。但要达到这些目标，还需要有效地利用各种资源，对各种活动进行分类，对人员进行分工，这就是组织。因此，组织是第二位的。

当两个以上的人为了完成一个明确的目标，而结合在一起同心协力奋斗，便形成了组织。随着组织的形成，出现了三个问题：劳动分工的问题(谁干什么工作)；资源使用的问题；企业所得的分配问题。

每一个企业都有其存在的原因。酒店存在的原因，是为了接待顾客，提供服务，获得利润。只要个人为了相同的目标而聚集在一起工作，组织便会存在。在协调个人的努力、完成企业的目标时，组织起着极大的作用。如果酒店的员工组织不当，即使盈利再多，也会造成人力、财力的浪费，得不偿失。反之，如果酒店的员工组织得当，分工合理，任务明确，他们的工作既不会过度劳累，也不会过分清闲，互相协调，便能完成酒店的营运目标。

内行的经理应该学会使用组织功能，对酒店的员工合理分工，并对他们的工作进行协调。否则，便会出现另外一种形式的组织——非正式组织，它会扰乱酒店的营运，起到破坏作用。一个好的经理，应该有优秀的组织才干，能够控制局势，对酒店的人员和工作进行合理的分派，以求实现酒店的营运目标。

第一节 酒店组织管理概述

教学目标

1. 掌握酒店组织的内涵。
2. 掌握酒店组织结构的类型。
3. 了解酒店组织结构的设计原则。

一、酒店组织概念及酒店组织结构

(一)酒店组织管理的概念及内容

1. 酒店组织管理的概念

(1) 酒店组织的概念。所谓组织，是指为了达到共同的目标，在时间上、空间上协调人们劳动分工、协作和有效决策的有机体。酒店组织是由酒店管理人员、服务人员和其他各种技术人员组成的组合体。酒店是劳动密集型企业，人员众多，工种各异，管理过程精细而复杂，加上产品中的服务含量又大，如果没有一个相应紧密的、科学合理的组织结构，管理目标不可能实现。只有将管理人员、服务人员、专业技术人员科学地组织起来，才能使酒店经营活动有序地进行。

(2) 酒店组织管理的概念。酒店组织管理就是通过运用各种管理方法和技术，发挥酒店组织中各种人员的作用，把现代酒店中的有限资金、物资和信息资源转化为可供出售、有形的或无形的酒店产品，以达到酒店管理的目的。

2. 酒店组织管理的重要性

组织管理对于现代酒店的重要性主要表现在以下三个方面。

(1) 组织管理是实现酒店所有者、顾客和员工价值的保证。酒店作为一个经济组织，其主要目的是获取利润，实现所有者的价值。为了实现获取利润的目标，就必须对酒店的各种资源进行合理科学的组织，并分析酒店自身的业务流程中哪些能创造价值，在此基础上，向顾客提供高质量的产品和服务，只有在这一不断循环的过程中，酒店才能实现其酒店所有者、顾客及员工的价值。因此，组织管理是实现酒店所有者、顾客和员工价值的重要保证。

(2) 组织管理是调动酒店员工积极性，进而激发其潜能的重要途径。任何工作归根结底都是由人来完成的，酒店作为人力资本密集的服务型行业，员工的重要性更是不言而喻。有效的组织管理，清晰的层级制度，明确的权责安排，通畅的组织关系等，可以使员工投入、专注进而发挥工作的潜能。否则，冗余低效的组织只能限制员工积极性的发挥，对顾客服务的质量也就无从谈起。

(3) 组织管理是提高酒店核心竞争力的重要手段。酒店需要通过核心竞争力在市场竞争中开创并保持自己的地位。科学合理的组织管理，可以优化配置酒店各种资源，又能以内在的组织弹性适应不断变化的外部经营环境，进而提高酒店的经济效益和应变能力，并以此来保证和提高酒店的核心竞争力。

3. 酒店组织管理的内容

酒店组织管理实际上就是对酒店所承担的任务在全体成员之间的分工合作进行管理。组织机构决定酒店的整体功能，并牵制着酒店管理的效率和效能。我国目前较为普遍的酒店企业经营管理落后的问题，很大程度上是由于组织结构不合理造成的。

具体来说，酒店组织管理的内容包括以下四个方面。

(1) 根据酒店的实际情况和计划制定的目标要求，建立合理的组织机构并进行人员配备。

(2) 按酒店业务性质进行分工，确定各部门和各岗位的责、权、利之间的关系并予以监督。

(3) 明确酒店各项工作上下级之间、同级之间及个人之间的隶属和协作关系，形成酒店的指挥和工作体系。

(4) 建立并健全各种规章制度，使酒店组织效能得到最大发挥，以保证酒店计划的完成。

(二)酒店组织结构

任何企业，只要雇用了两个以上的员工，就可以称为组织。当然，这个组织须有明确的权力与职责。如果权责不明，非正式的组织就会占统治地位，组织的权力和控制就会落到那些非管理人员手上，他们会取而代之来行使企业的管理权。

因此，一个企业的组织结构必须要向全体成员表明大家应有的权力，应负的责任，以及谁是自己的上级等问题。每一个成员都应明白自己的职责，应该向谁负责，或谁应该向自己负责等。如果成员不明白这些，就会造成一个员工会有几个主管或上级领导，使他左右为难，不知所措，难以开展工作；直接导致员工之间互相埋怨，缺乏效率。企业的管理人员因此常遇到混乱的局面。

酒店的领导不可能事无巨细，全部揽在自己手上，而应该简政放权，发挥大家的作用。然而，企业领导经常容易犯的错误是，不授予下级应有的权力，却要求下级负应负的责任，权责不相平衡。换句话说，就是出了问题追查下级的责任，工作中却不给下级相应的权力。

所谓酒店组织结构，是指酒店企业为了适应环境及其变化，有效地开展经营活动，达到组织目标而建立的内部权责配置和分工协作体系，它是由一系列职位(或职务)所明确的正式的人际关系结构。

组织结构是组织功能发挥的载体，合理的组织结构可以保障组织运行的效率和秩序。影响酒店组织结构的因素如下。

1. 组织目标和经营战略

不同的组织目标和经营战略，决定了组织的功能设计，并由此形成不同的组织结构形式。战略重点的改变，必然要求调整功能设计，从而调整和创新组织结构。

2. 环境

任何组织作为社会的一个单位，都存在于一定的环境中。构成组织外部环境的因素，包括社会经济、政治、文化、自然环境，以及社会需求结构、目标市场、业内竞争等，都会对组织的目标和战略选择产生影响，从而对组织的内部结构形式产生影响。

3. 组织的技术

组织的活动需要利用一定的技术和反映一定技术水平的物质手段来进行。技术以及技术设备的水平不仅影响组织活动的效果和效率，而且会影响组织活动的内容、方式、职能配置和职位设置。例如，现如今信息时代的计算机化对组织的结构形式和人们的工作方式就产生了深刻影响。

4. 组织的规模

规模也是影响组织结构的因素。一个小型酒店的结构形态不可能与大型酒店的结构形态完全一样。

5. 组织所处的发展阶段

组织的结构形态还受组织所处的发展阶段的影响。美国学者 J. Thomas Cannon 提出了组织发展的五阶段理论，即“创业”、“职能发展”、“分权”、“参谋激增”和“再集权”。根据组织在其不同的发展阶段，要求建立与之相适应的组织结构形态。

(三)酒店组织结构设置原则

为了保证组织的有效性，应按现代管理的原理强调酒店组织的原则，不管是什么样的组织形式都应该遵循如下几个酒店组织原则。

1. 统一指挥原则

一个权威组织，从最高到最低的职位必须正式组成一个连续的等级链，各职位的权责明确、沟通渠道明晰，命令层层下达，工作层层汇报，从而形成一个连续的程式化的指挥系统。酒店的命令要层层下达，从最高管理层到最低管理层的命令应保持一致，所以，指令应该是指挥者向直接下属下达而不能越级指挥。现代组织要求酒店的每个员工只有一个直接上级，以避免指挥混乱。

2. 权责对等原则

等级链是一条权力线，每一环的层次上都有相应的权力。权力和职责是组织的两个基本要素。在组织管理中，行使权力者必须承担相应的责任，职权与职责相符是必然的。管理者的权力应由组织给予明确规定，酒店组织的要求是把责任明确地落实到人，什么责任由谁负，谁该负什么责任都应该很清楚。

3. 管理幅度原则

管理幅度是指一个管理者能够直接有效地管理下属的人数。管理者的管理幅度是有限度的，取决于管理人员的能力、员工的素质、酒店的规模、各部门的业务情况等多种因素。

4. 部门化原则

将各种不同性质的工作分配给专业部门去完成，同时将员工安排到与其职务有关的工作岗位上，使组织内人员的任期有合理的稳定时间，以利于发挥每一位员工工作熟练的优势，减少员工变换工作花费的额外时间和员工心理调整以及工作适应等，以提高工作效率。此外，无论是服务人员还是管理人员都应进行较细分工，同时注意分工以后的合作。

5. 协调原则

组织的生命力就在于它具有整体优势，其力量大于个体力量之和。只有协调一致的组织才是有效组织，才能形成一盘棋。

6. 弹性原则

酒店组织的客观环境是不断变化的，管理的目标、措施也常发生变化。这就要求组织机构不能僵化，不能一成不变，而应有较大的弹性，以适应经营环境的变化。

上述各项原则不是孤立的，而是互相联系、互相制约的，统一于一个有机整体内，不能只强调某一项而否定另一项，要全面考虑、综合运用。

(四)酒店组织结构的类型

组织结构是在遵循组织原则的基础上根据酒店的实际情况形成的。酒店的组织结构是指酒店各部分的划分，各部分在组织系统中的位置、集聚状态及互相联系的形式。组织结构从形式上看由两大部分构成：一是酒店内各部分的划分，二是在系统内各部分的组合形式。酒店的组织结构反映了管理者的经营思想、管理体制，并直接影响经营的效率和效益。

1. 直线制

直线制就是按直线垂直领导的组织形式。其特点是组织中各个层次按垂直系统排列，酒店的命令和信息从酒店的最高层到最低层垂直传递，各级管理人员对所属下级拥有直接的一切职权，统一指挥兼顾各种业务。直线制组织结构或无职能部门，或设一两个职能部门，一个职能部门兼有多种管理职能。如办公室是一个职能部门，但它兼有行政、人事、保安、财务等几项职能。直线制组织结构比较适合规模小、业务较单纯的酒店。酒店的直线制组织结构如图 3-1 所示。

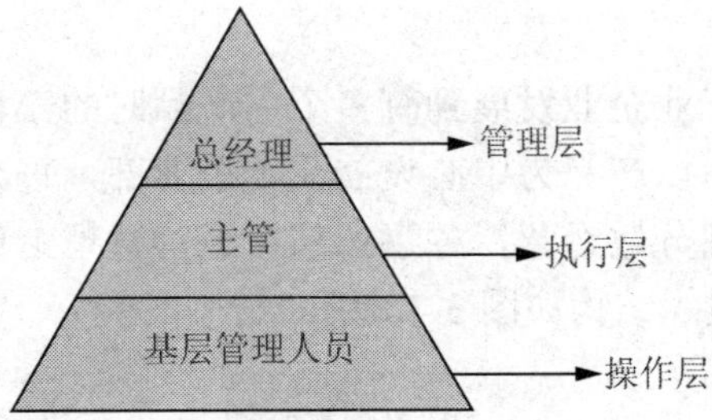

图 3-1 酒店直线制组织结构

直线制组织结构的优点是：机构简单，决策迅速；职责清楚，权限明确，责任心强；权力集中，上下联系简捷，有利于统一指挥，提高组织效率。其缺点是：第一，要求酒店经营管理人员具有全面的经营管理知识和业务能力，并具有较强的综合协调能力和指挥能力；第二，由于集权过多，缺乏横向的协调和配合，一旦酒店经营规模扩大或产生复杂问题，就会出现不适应状况。

2. 直线职能制

直线制和职能制的结合形成了直线职能制的组织结构。其特点是把酒店所有的部门分为两大类：一类是业务部门(也称直线部门)，业务部门按直线的原则进行组织，实行垂直指挥。如酒店的前厅部、客房部、餐饮部、娱乐部等均属于业务部门。另一类是职能部门，职能部门按分工和专业化的原则执行某一类管理职能。酒店的办公室、人事部、财务部、保安部均属职能部门。直线部门管理者在自己的职责范围内有对业务的决定权，能对其所属下级实行指挥和命令而负全部责任。职能部门的管理者，只有对业务部门提供建议和相关管理职能的业务指导，不能指挥和命令业务部门。直线职能制较适合有较齐全的旅居功能而无其他多种经营的酒店。目前，我国酒店大多采用直线职能制的组织结构，如图 3-2 所示。

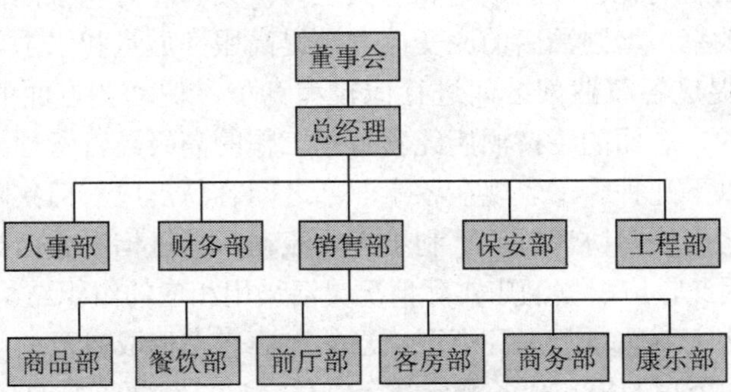

图 3-2 酒店直线职能制组织结构

直线职能制组织结构的优点是：第一，既有利于整个酒店的统一指挥，又能充分发挥职能部门专业化管理的作用，从而提高经营管理水平；第二，有利于加强直线行政领导的权威，提高酒店经营活动的有效性和高效性；第三，有利于突出酒店经营管理的主次，发挥专业管理人员的作用，提高酒店专业管理水平；第四，有利于培养有较强行政指挥能力的综合管理人员，特别是酒店总经理、部门经理层的管理人员。其缺点是：第一，行政领导容易包揽一切事务，而职能管理部门的作用发挥不够，各职能部门之间横向沟通和协调性差；第二，在业务指导上直线领导与职能部门会出现一定的矛盾冲突。

3．事业部制

事业部制组织结构是工业企业发展到有多个主产品时的一种组织形式。为了生产不同的主产品，在总公司领导下以产品为中心设立几个事业部，每个事业部生产特定的产品。根据总公司的决策，事业部分散经营，各事业部在经营管理上拥有自主权和独立性，实行独立核算。酒店事业部制组织结构如图 3-3 所示。

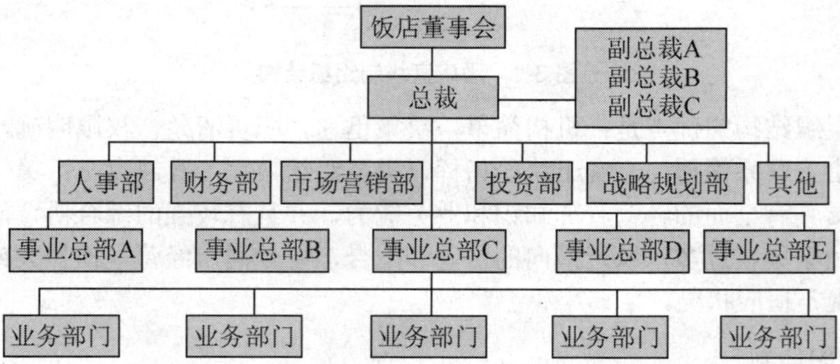

图 3-3　酒店事业部制组织结构

我国酒店实行事业部制的情况有以下几种。①有的酒店以主体酒店为核心，同时设立与主体酒店有资本联系的若干个企业，从而组成集团公司。集团公司往往采用事业部制。②有的酒店通过资本运作管理了若干家酒店，从而形成连锁，这种形式的酒店往往采用事业部制。③有的酒店除了主体酒店外还附属有旅行社、大型餐馆、快餐公司等企业，这类酒店也多采用事业部制。④有的酒店有独立的公寓楼、写字楼等。这类酒店也多属于事业部制。

事业部制组织结构的优点有以下几种。①有利于酒店高层管理人员摆脱日常行政事务，集中精力抓好酒店的经营发展战略和重大经营决策。②有利于面向市场、分散经营，提高酒店经营管理效率，增强酒店的应变能力，提高服务质量和水平。③有利于考核各事业部的经营业绩，促进各事业部之间进行比较和竞争，调动各方面的积极性和主动性。④有利于培养独立的、全面的主持酒店经营管理工作的高级经营管理人才。同时也存在若干缺点，其缺点有以下几种。①表现在各事业部之间容易形成部门狭隘观念，而忽略酒店整体利益。②部门之间横向协调差，不利于人才流动。③机构重叠而导致管理费用增加、利益协调困难等。因此，应根据酒店实际情况灵活采用相应的组织结构。

酒店的组织结构主要有以上三种类型。当然各酒店在形成自己的组织结构时，也不可能完全按照以上三种类型的模式，各酒店都会有适合自身经营需要的形式。

二、酒店组织制度

酒店的现代化管理强调以制度管理、规范化管理为基础。由于酒店行业的特殊性，酒店在实行现代化管理中制定的制度比较多，且执行制度较为严格，因此制度在酒店管理中起着重要的作用。酒店管理者要对酒店制度有一个全面而正确的认识，在正确思想的指导下制定组织制度，在工作中严格执行组织制度。

(一)酒店制度的内涵

酒店的组织制度是用文字条例的形式规定员工在酒店中的行为规范和行为准则。酒店是一个正式组织，正式组织的特点之一就是有明文规定的组织制度。组织有组织的目标，为了达到组织目标就要有组织的统一意志，有组织的统一行动，而组织的统一由规章制度予以制约。组织是多个人劳动的协作体，多个人共同劳动强调一致和协作，反对随心所欲及各行其是，组织管理把每个成员的行为纳入到组织的步调中来，其方式就是规章制度。酒店没有大机器生产，不存在机器对人的制约，酒店要靠全体员工的自我制约。所谓自我制约实际上是员工以制度为准则自我规范在酒店的行为。从客观上讲，自我制约也就是制度制约的转化形式。由此可见，制度对酒店来讲有着重要的意义，酒店管理者的责任就是制定合理的规章制度，组织实施规章制度。酒店组织管理的职责是要使员工深刻理解制度的含义，认识到制度对酒店管理的意义，利用制度管理和组织行为促进酒店管理的现代化。

(二)酒店制度体系

酒店的制度有六大类。每类制度都对酒店管理和运行起着多方面的规范作用。第一类是有关所有制和产权关系的制度。它规定了酒店的性质、投资形式、产权关系、企业组织、权益关系等。如酒店的资产管理制度、酒店公司章程、酒店公司制度等均属此类。第二类是有关体制和组织结构的制度，它规定了酒店的体制和组织结构形式。如公司组织制度、总经理负责制、党委工作制、职工代表大会制、工会组织制度等均属此类。第三类是酒店内部的基本制度，该类制度对酒店运行的政策、方针的基本规范作了规定，是酒店其他制度的基础。主要有管理方案、员工手册、服务规程、岗位责任制、经济责任制等。第四类是部门制度，这是由酒店各部门根据自身的业务特点和实际需要制定的一些制度。这类制度往往专业性较强，如设备设施管理制度、物品管理制度等。第五类是专业制度，这是由酒店职能部门按专业管理的需要制定的制度。如酒店的人事制度、财务制度等均属此类。第六类是酒店工作制度，主要针对行政管理，如会议制度、有关决策程序等制度。这六类制度有着内在的联系，它们之间相互补充、相互配合形成了酒店的制度体系。下面重点介绍与员工息息相关的三项制度。

1. 岗位责任制

岗位责任制是以岗位为单位，具体规定每个岗位及该岗位人员的职责、工作内容、工作范围、作业标准、权限、工作量等的责任制度。岗位责任制可以使每个员工都明白自己所在岗位要完成哪些工作、什么叫做好本职工作。岗位责任制在每个酒店都是必要的。岗位责任制的内容主要有：明确岗位和岗位名称；该岗位的直接上级(即对谁负责)；该岗位的直接下级(即领导谁)；岗位的职责和工作内容、工作量、工作质量标准；岗位权限；对有些岗位还要确定人员上岗的标准；等等。岗位责任制有一套对岗位人员的考核办法，岗位考核由部门按日、周、月进行。

2. 经济责任制

酒店的经济责任制简单地说就是在确定了组织目标后，把组织目标以指标的形式进行分解，层层落实到部门、班组、个人，并按照责、权、利相一致的原则实行效益挂钩的一种管理制度。经济责任制的核心是责、权、利的一致，这种一致是以制度或内部合同的形式予以确定的。经济责任制的内容主要有：通过决策制订计划，提出组织目标；分解计划指标并把它落实到各部门及班组，从而提出各部门及班组的经济责任。经济责任制要提出分配与效益挂钩的具体办法，对完成经济责任的考核，要提出时间、考核项目、考核方法，根据考核的实绩兑现分配，并从酒店到个人层层落实经济责任制的分配方案。为保证完成经济责任，酒店要给部门及班组授权并创造必要的条件，提出完不成、完成和超额完成计划指标的不同情况的经济利益分配，即收益与效益挂钩。

经济责任制是一项很细微的工作，从制订计划、分解指标到考核业绩、落实分配都有很细的工作要做。经济责任制亦是一项政策性很强的工作，该制度旨在调动全体员工的积极性。但若处理不当，亦会挫伤员工的工作积极性。在制定经济责任制时，一定要十分谨慎，在经过反复讨论后再出台其方案。经济责任制每年要制定，在实施的过程中根据情况变化还要进行修订。

3. 员工手册

员工手册是规定全酒店员工共同拥有的权利和义务、共同应遵守的行为规范的条文文件。员工手册对每个酒店来说都是必备文件。员工手册应是人手一册，是酒店发放面最广的文件。员工手册与每个员工都休戚相关，因而它是酒店里最带有普遍意义、运用最广泛的制度条文。

员工手册的内容主要有：序言、总则、组织管理、劳动管理(包括用工类别、聘用条件、劳动制度、劳动合同、体格检查、试用期、工作时间、超时工资、人员培训、工作调动、调职与晋升、合同解除等)、员工福利(各种假期、医疗福利、劳动保险、工作餐等)、酒店规则(包括礼节礼貌、考勤、行为规范、员工投诉、使用电话、宾客投诉、离职手续等)、奖励和纪律处分、安全守则、修订和解释等。

员工手册的内容非常丰富，包罗万象。员工手册要杜绝空话和废话，条文规定要简单明确，便于操作。酒店要经常给员工讲解员工手册，使员工熟知其中的内容，从而便于执行。

(三)对酒店中非正式组织的管理

酒店不但有正式组织，而且有非正式组织。前面讲述的都是酒店正式组织管理的内容和方法。下面要讲述非正式组织管理的内容和方法。

1. 非正式组织的定义

酒店非正式组织是指为满足员工的需要而不是为了满足酒店的需要产生的团体。非正式组织形成的原因，或由于员工之间工作互相联系多；或由于干同一种工作负有同样的职责，感到相互关系亲密或由于有共同的兴趣和爱好；或由于有共同的家庭背景；或来自同一个地区等。加入非正式组织的员工对酒店、管理者和工作的态度容易产生相互影响。

非正式组织产生的基础是一些成员之间的共同点，虽然它们有时会采取有目的的行动，但通常没有明确的目标。一般情况下，在一起工作是一种联系非正式组织成员的纽带，特别对于新员工。但不管非正式组织是直接通过工作产生，还是间接通过工作产生，都会对全体员工的工作、精神状态产生重要影响。因此，任何酒店管理者都应该重视对他们的管理。

2. 酒店非正式组织的识别

酒店非正式组织的存在有其必然性。因为员工的需求是多方面的，酒店正式组织一般只能满足员工生存、事业发展的需求，而不能满足他们的其他需求，如业余生活的休闲情趣、爱情、家庭生活等需求。这些需求的满足，一般要依赖于团体形式，这样，就产生了非正式组织。对非正式组织识别的主要方式是，寻找员工群体联系的共同点。例如，共同的工作场所，共同的上班和用餐时间，共同的学历或经历，共同的兴趣爱好，共同的宗教信仰和共同的民族语言等。非正式组织多形成于员工较多的基层单位或部门，其领导人不用任命，也不用选举，是群体中间自然产生的。

3. 酒店中非正式组织的管理

在酒店里，非正式组织的存在是不可避免的，也是酒店不可缺少的组成部分。当这些非正式组织活动的目的和特点与正式组织相一致时，管理者便能有效地发挥其管理作用，如果发生冲突时，管理者便很难发挥作用。酒店的管理者应注意到非正式组织可能起到的建设性或破坏性作用，要了解它们，尽量引导它们为实现酒店的目标而工作，因势利导，变消极因素为积极因素。在管理中要利用非正式组织的正面效应，消除非正式组织的负面效应。

(四)制度的执行

制定制度的目的是为了规范，要达到规范的目的必须是组织成员人人遵守制度。在酒店制定制度并不难，重要的是执行制度。执行制度还要求各岗位每位员工时时处处都能执行制度。制度制定后只要在某一方面有所放松，一则可能自然成习惯演变成一种顽疾，二则可能会向四周蔓延。所以酒店对制度很重视，并且始终把制度抓得很紧，执行制度很严格。酒店特别要避免使制度“定在纸上，贴在墙上，不落实在行动上”的形式主义。酒店在制定每一项制度时都要慎重，一旦成为制度就要坚决贯彻执行，以求实效。酒店为了有效地执行制度，要做的主要工作如下。

1. 经常地坚持不懈地进行制度意识和纪律观念教育

酒店的制度多于其他企业，酒店执行制度严于其他企业，酒店落实制度难于其他企业，因为酒店员工的劳动是分散性的手工劳动。酒店执行制度全靠员工的自觉性，而自觉性来源于员工的意识观念。因此酒店要通过各种形式(并非限于开会或批评形式)，坚持不懈地向员工灌输和培植规范意识和制度观念，使员工对制度有一个深刻的全面的认识，牢固树立纪律和制度意识。只有思想意识上的高度认识，才有行动上的自觉性。

2. 不断提高员工的综合素质

真正执行酒店制度，还有赖于全体员工高水准的综合素质。员工具备了执行制度的意识，也就是员工具有了执行制度的主观愿望后，能否真正执行制度还需要其他素质的配合。如有了良好的业务素质，才能按制度进行业务操作和业务处理；有了较好的外语水平，才能向宾客提供优质服务；有了良好的身体素质，才能坚持站立服务和礼貌待客。酒店要实行制度管理，不仅要抓好表面上的制度执行监督检查工作，而且要从根本上抓好培训工作，不断提高员工的综合素质。

3. 制度要有合理性

从制度本身来说，要有合理性。酒店制定制度要本着实事求是的态度，即制定制度是必需的，这些制度也是可行的。例如有的酒店规定女性员工一律剪短发，这是可行的但没这个必要。又如有的酒店规定前台各岗位员工都有价格优惠打折权。给宾客适当的优惠折扣是必要的，但每位员工都有打折权，这是不可行的。制度制定时条文要简洁，文字要既严密又简单，使人们容易理解并且执行。

4. 实行严格的检查考核奖惩制度

酒店在执行制度过程中要有检查监督，以保证制度的落实；酒店对执行制度的结果，要有检查、考核、奖惩，这是正式组织在组织管理中的一种重要方法，也是正式组织在管理中的一个重要环节。但仅此是不够的，酒店还应重视非正式组织的力量和影响力，努力营造良好的企业文化，使组织成员不断得到优化和激励，使酒店形成一种浓厚的自觉遵守制度、执行制度的氛围，使执行制度蔚然成风。制度是时代和社会的产物，随着社会和时代的发展，酒店也在发展，制度也在发展和变化。因此制度要有它的稳定性、严肃性及延续性，同一类制度不要经常改动，所谓的朝令夕改是企业混乱的一大因素。同时，如果发现制度有不合理的地方，一经发现就要尽快修改，保证制度的有效性和先进性。酒店要通过对制度的管理，使制度在酒店创建经济效益和社会效益中发挥积极的作用。

评估练习

1. 酒店组织的概念和重要性是什么？
2. 酒店组织结构设置应该遵循哪些原则？
3. 酒店组织结构有哪几种类型？

第二节　酒 店 沟 通

教学目标

1. 掌握酒店沟通的内容。
2. 了解酒店沟通原则。
3. 掌握如何进行有效沟通。

知识拓展

酒店沟通使世界转动

一、员工与客人的沟通

首先应该是眼神的交流。眼睛是心灵的窗户，注重与对方的眼神交流是尊重对方的表现。在一般情况下，作为员工不可能对客人有很多了解，通过眼神交流沟通，揣测他们心中所想的，是最好、最有效的一种方式。其次是语言的沟通。在服务中要注重沟通的技巧与礼貌用语的运用，让客人从言语中就可以感觉到员工每时每刻都在为他着想，全心全意在为他服务。另外，微笑也是一种沟通方式，很多时候，一个微笑便可缩小彼此间的距离，增强亲切感。

二、员工与员工之间的沟通

同事之间沟通好，才会有愉悦的心情，才能有默契的合作，才能提高工作效率。老员工与老员工之间互相都比较了解，彼此应该有很好的合作。老员工与新员工之间在沟通上会有一个磨合期。首先，作为老员工要尽心地帮助新员工在业务上进步，新员工有什么不懂的，要热心地给予解答，不要觉得自己经验丰富，就倚老卖老。新员工有什么做得不对的地方，老员工应帮助他们改正。每个人都会有第一次。新员工对刚刚面对的一切都不熟悉，比如工作流程、物品的摆放等，会有一种束手无策的感觉，很希望得到别人的帮助，作为新员工应该虚心地向老员工请教，主动地学习，克服困难，多和老员工沟通交流，尽快地投入工作之中。

三、员工与领导的沟通

员工与领导的沟通，其实也可以说是下级与上级之间的沟通。员工应该把自己心中的想法或建议及时与领导交流，让领导及时了解自己的想法。领导应关心体谅员工，不要摆架子，不能对员工颐指气使。领导经验丰富，在业务上也比其他员工熟练，应该向员工热心传授工作经验，一方面可以缩小与员工之间的距离，另一方面可以使服务更加完善。

所以，无论在服务中与客人的沟通，还是在工作中与同事、领导间的沟通都要做到真诚，这就是沟通的魅力，外国有句谚语是：爱使世界转动。在这里可以套用这句话来体现沟通的重要性，那就是：沟通使世界转动。

辩证性思考

酒店沟通包括哪几个方面？

一、酒店沟通的目的和原则

酒店犹如一部大机器，良好的沟通就像添加润滑剂，主管与部属之间如缺乏良好的沟通，轻者打击士气，造成部门效率低下，重者相互之间产成敌意。沟通是组织体系中的润滑剂，是一种凝聚和调动的艺术。

沟通是相互传递信息、情感的协调过程。有效的沟通是领导过程中不可缺少的艺术方法。早在霍桑试验中，梅奥已经注意到亲善的沟通方式，不仅可以了解到员工的需求，更可以改善上下级之间的关系，从而使员工更加自愿地努力工作。

在酒店管理中，越来越多的人认识到：在现代信息社会，企业管理的本质和核心是沟通，管理的难度和问题也就是沟通的难度和问题，酒店也不例外。亨利·明兹伯格曾对高级管理人员的时间安排作过调查，结果表明，管理人员 78%的时间用于从事与沟通有关的活动，而剩余的 22%的时间才用于桌面工作及各种活动的安排。

(一)酒店沟通的目的

沟通是协调的前提，即获得思想上的统一；协调是沟通的结果，即谋得行动上的一致。

沟通是一种集思广益的表现，是一种谈判的艺术及科学的方法，更是领导魅力中不可或缺的一环。沟通协调可以为人类的企业组织提供更深层的意义，让广大的员工有所追求。多元化的社会更需借助沟通过程来达成共识，使得整个决策能顺利推动。所以在现代化的企业管理中，有效的沟通协调是品质保证的先决条件之一。

酒店内不仅主管要与每位员工保持畅通的沟通管道，员工也必须能随时向主管反映，同时员工之间的联络也同样重要。管理阶层不仅要与员工共享信息，更应大胆地将营运成败交付在第一线工作人员的手上，故信息的快速流通将是当前企业的首要任务。企业的运作应像海绵般从四面八方搜集各种信息，然后再将所有信息快速传达到内部各个角落，如此运作起来才能发挥最大的功效。企业内部的沟通并非由老板下达指令，也不是由基层呈报，而是由上下、前后、左右三度空间共同操作的沟通形态，这种快速的沟通模式称之为海绵式的沟通协调。

在酒店组织中，有效沟通的作用为控制、激励、情感表达和信息流通。通过有效沟通把组织的规定、指令传达给员工，员工的绩效主要通过沟通反映到高级管理层。有效沟通可以发挥激励的作用，要求管理者进行多种形式的宣传鼓励以激励员工，有时甚至只是说明工作的具体内容和绩效进展，也会有助于沟通和激励。沟通是情感表达的前提，有效沟通有助于正确表达情感和情感交流。凡是达到交换有效信息、彼此充分理解的沟通，都是借助有效沟通完成了信息流通的基本职能，从而有助于控制行为、激励士气和交流感情。

有效的沟通可以达到以下目的：一是理顺关系，交流信息，提高组织生命力；二是化解矛盾，增进团结，增强组织凝聚力；三是疏通心理，加深理解，有效开展工作；四是互通情报，统一认识，取得共同语言。最终的目的是使得酒店组织能够有效地运作。

(二)酒店沟通的原则

酒店要达到有效的沟通，需要遵循以下两个基本的原则。

(1) 与各种管理部门沟通协调应采取主动和合作的姿态。在酒店沟通中，沟通者首先必须要有一个平和的心态。平等公正、诚实信用，以合作为出发点和终结点。在沟通的过程中要主动、及时，以使得信息得到有效的传递。

(2) 与各种管理部门保持固定的经常性联系。管理部门和被管理部门之间、管理部门之间以及管理部门内部的沟通都应保持一种固定的经常性的联系。运用合理的沟通方法，控制好沟通管理的渠道。

二、沟通协调的种类和方法

(一)酒店沟通的种类和渠道

费斯廷格曾将沟通按其功能分为两大类。一类是工具式沟通，其主要目的在于传达情报。同时，传达者将自己的知识、经验、意见等告知接收者，以求影响接收者的听觉、思想及态度体系，进而改变其行为。另一类是满足的沟通，其目的在于表达情绪状态，解除心理紧张，求得对方同情共鸣，确定与对方的人际关系等，满足个人精神上的需求。

常见的沟通主要分为正式沟通和非正式沟通；上行沟通、下行沟通和平行沟通；单向沟通和双向沟通；直接沟通和间接沟通；口头沟通和书面沟通；语言沟通和非语言沟通。个体进行沟通时，都会选择适合自己的沟通渠道。一般来讲，渠道越丰富，其传递的信息越是常规的清楚明确的消息；渠道越贫乏，其传递的越是非常规的模棱两可的消息。因此就造成了一些沟通是有效的，而另外一些几乎是无效的。

沟通渠道可分为两种。第一种是正式渠道，例如：布告栏、意见箱、内部通信、年度报告、部门告示、员工手册、员工调查、庆生会、忘年会、小组会议、动员月会、公文签呈、公司内部刊、发给个人的信件、简况介绍小组、信息栏目、电子邮件、录像、群众大会、公司年度报告、公司手册、电子布告栏、员工意见箱、雇员信息摘要等。第二种是非正式渠道，例如：葡萄藤(小道消息)、球友、牌友、酒友、标会、结拜、死党、小圈圈等。正式等级制度是组织协调的最基本手段，也是任何官僚组织机构中的一个重要组成部分。因为所有的组织机构都不同程度地包含着官僚成分，所以正式的结构被认为是一种由各部门、辅助单位、行政阶层、规章和程序组成的系统，目的是最大限度地减少重复活动和增加效率与协调。

规章、政策和程序是组织系统的一部分，并且其目的在于增进沟通、统一行动、增加效率和协调。但要避免形成太多的规章和程序，因为它们可能会加剧官僚作风和烦琐的惯例，并且引起混乱和含糊的现象。

(二)酒店沟通的方法

1. 程序式

这是针对一些反复出现的问题采用的协调方式。对于这类问题，在第一次出现时，因为没有先例可循，所以应认真研究，严格按有关政策和规定，拿出正确的处理意见，制定标准的处理程序。当今后再出现类似问题时，一般就按标准程序办理。

2. 磋商式

这是当某个问题或事情涉及酒店内外许多部门时采用的协调方式。酒店有些问题或事情的解决，有时往往需要经过许多部门的同意，比如在户外设立广告牌、楼房扩建改造、增加服务项目和设施等，办这些事情要得到工商、环保、规划、交通等部门的同意。在办理过程中，当某个部门有阻力或是不同意时，总经理办公室就应该主动向该部门的领导说明情况，采取新的应付措施。

3. 随机式

在遇到一些特殊情况，难以用一种固定的方式进行协调时，只能见机行事、随机应变、临场处理。通常采用的方法是：在紧急情况下，一方面见机处理，另一方面向总经理汇报并请示；在非紧急情况下，可及时向总经理汇报，并建议有关领导到现场协调处理。

4. 咨询式

咨询即请教商量的意思，运用到协调工作中，就是对所需协调问题，用探讨研究的口气发表自己的意见，征询对方的看法，以达到相互协调、共同寻求解决方法的最佳目的。

5. 建议式

这是上下之间、平行之间或是横向之间的协调，总经理办公室的人员都要强化“服务意识”，以谦逊的态度、建议的口吻，将自己的意见转告给对方，供其参考选用，建议性的意见不带有强制性，也不具有约束力，只有影响力，而影响力的大小，取决于意见本身的价值。一般情况下，多采用建议式的协调方式，这样对方比较容易采纳和接受，从而达到协调目的。

协调的方式是多种多样的，应针对不同对象和不同问题采用不同方法，因此，酒店成员应该在实践中摸索、积累，不断增强协调力。

三、酒店中沟通的障碍与控制

(一)酒店中沟通的障碍

许多大酒店、酒店集团和跨国公司，由于沟通的不足和失误，普遍存在管理沟通的问题，因而使企业有限的人力资源和其他资源无法实现最佳配置，不仅产生不了合力，反而互相牵制，严重影响企业日常正常运行和发展前景。

这是因为有效的沟通必须包含诸多的要素和步骤。在每一个要素和每一个步骤中都可能存在着各种障碍，它们直接影响沟通效能的发挥，比如企业组织庞大，地理位置分散。相距较远或地形复杂都会引起沟通困难，虽然有电话和文件联系，但缺乏面对面沟通。具体来说，企业的沟通存在以下障碍。

1. 酒店组织机构过于复杂

酒店组织的结构十分重要，在管理中，合理的组织机构有利于信息沟通。但是，如果组织机构过于庞大，中间层次太多，那么，信息从最高决策传递到下属单位不仅容易产生信息的损耗与失真，而且还会浪费大量时间，影响信息的及时性。同时，自上而下的信息沟通，如果中间层次过多，同样也浪费时间，影响效率。因此，如果组织机构臃肿，机构设置不合理，各部门之间职责不清，分工不明，形成多头领导，或因人生事，人浮于事，就会给沟通双方造成一定的心理压力，影响沟通的进行。此外，组织结构不健全，沟通渠道堵塞，也会导致信息无法传递。

2. 酒店内各部门的工作缺乏明确的职责分工

酒店内各部门的工作缺乏明确的职责分工，沟通要求不明，渠道不畅。有些领导者并不了解，为了完成组织的任务和做出正确的决策自己所需要的信息。在进行组织设计的同时应当向各个岗位明确：“你们应当向谁提供什么信息。”从而构成整个组织的沟通渠道。如果没有明确的设计，企业的沟通渠道就必然呈现自发的无组织状态，以致提供的信息并不需要，而需要的信息又没有，效能很低。

3. 沟通者的信誉和职位的差异

如果沟通者在接收者心目中的形象不好，存有偏见，则接收者对沟通者所讲述的内容往往不愿意听或专挑毛病，有时虽无成见，但认为所传达的内容与己无关，从而不予理会，拒绝接受。另外，社会上和企业里都可以见到报喜不报忧的情况，为什么喜的信息传得快，而忧的信息传不出去呢？主要取决于利害关系。如怕领导印象不好，怕影响本单位声誉。由于利害关系或习惯势力的影响，许多人都抗拒与自己利益或经验不一致的变革，变革越大，抗拒性越强。抗拒改革的办法有很多，一是不予理会，二是直接拒绝，三是加以曲解。沟通者的职位不同，对信息交流的影响也会不同。一般人在接收信息时不仅会判断信息本身，而且会判断发讯人，信息发源的层次越高，便越倾向于接受。

4．酒店中语言沟通的障碍

语言沟通的障碍在大酒店和酒店集团中十分常见。由于地域、文化、生活方式等的不同，语言可分为多个不同的语系(如印欧语系、汉藏语系等)；语系内部又分为若干语族(如印欧语系又分为印度语和日耳曼语等)；即使是同一语族，也会由于地方不同而演变成不同的方言(如我国汉语又分为北方话、闽南话、粤语等)。如此多的语言种类，沟通时必然存在障碍。但即使在同一语族同一方言内，仍会因所受教育程度、表达能力、年龄等因素的制约，造成沟通障碍。甚至，专业的术语应用也会导致沟通障碍。

(二)酒店有效沟通的控制

有效沟通有以下四个特点：①沟通双方要有共同的动机，它是人们进行有效沟通行为的直接原因；②沟通双方都是积极的参与者，即有效沟通过程中的每个参加者，都要求自己的伙伴具有积极性；③有效沟通过程会使沟通双方产生双赢的收获，即有效沟通应当达到一定程度上可影响对方的思想、行为目的，结果使沟通者之间原来的关系优化；④沟通双方应当有一定的沟通能力，即具有相互进行沟通所需要的知识和经验。

有学者将有效沟通的控制总结为“1H5W”的方法，即How(选择什么媒介进行沟通)，When(什么时候沟通比较好)，What(我要沟通什么)，Who(我要跟谁沟通)，Where(在哪里沟通)，Why(我为什么要沟通)。

对酒店沟通进行有效控制，需要做到以下几点。

(1) 上级人员言行一致。对管理者来说，上级人员的言行一致是尤为重要的。如果上级人员口头说的是一回事，实际做的又是一回事，这便是自己将自己的指令推翻。通常，下级人员对管理人员的行为极为注意，上级一有不是，他们便将他的指令打上相应的折扣。也就是说，一个有效的管理者，不仅要取得下属对他们的信任，而且必须保持这种信任，提高这种信任程度。做到了这一点，沟通自然会顺畅。

(2) 保持双向沟通。自上而下占主导地位的沟通并不是最理想的沟通，自上而下与自下而上的沟通的平衡才是成功的沟通模式。双向沟通是根据跟踪和反馈的原理，使发送者可以检查信息实际上如何被理解，以及接收者所遇到的障碍。反馈是双向沟通的关键。面对面的沟通往往是最好的方法。对于组织中的领导者来说，更应善于听取下层人员的报告，安排时间充分地与下层人员联系，尽量消除上下级之间的地位隔阂及其所造成的心理障碍，引导、鼓励组织基层人员及时、准确地向上级领导反馈情况。

(3) 沟通要有认真的准备和明确的目的性。沟通者自己首先要对沟通的内容有正确、清晰的理解。重要的沟通最好事先征求他人意见，每次沟通要解决什么问题，使达到什么目的，不仅沟通者要清楚，也要尽量使被沟通者清楚，此外，沟通不仅是下达命令、宣布政策和规定，而且是为了统一思想协调行动。所以沟通之前应对问题的背景，解决问题的方案及其依据和资料，决策的理由和对组织成员的要求等内容做到心中有数。

(4) 设计固定沟通渠道。形成沟通常规这种方法的形式很多，如采取定期会议、报表、情况报告、互相交换信息的内容等。

(5) 沟通的内容要确切。沟通内容要言之有物，有针对性，语意确切，尽量通俗化、具体化和数量化；要避免含糊的语言，更不要讲空话、套话和废话。

(6) 注意非语言沟通的重要性。在沟通过程中，下级可能极其重视上级的非语言表达。有时上级的一个眼神，都可表达出他对下级的态度，并且被下级察觉。即使没有运用语言，间或发出赞成或默许的眼神，便可激励员工，达到增进效率的目的。

(7) 诚心诚意的倾听。有人对经理人员的沟通做过分析，一天用于沟通的时间约占 70%左右，其中撰写占 9%，阅读占 16%，言谈占 30%，用于倾听占 45%。但一般经理都不是一个好听众，效率只有 25%。究其原因，主要是缺乏诚意。缺乏诚意大多发生在自下而上的沟通中。所以，要提高沟通效率，必须诚心诚意地去倾听对方的意见，这样对方也才能把真实想法说出来。

克服沟通障碍不只是工作方法问题，更根本的是管理理念问题。发达国家的现代企业流行的“开门政策”、“走动管理”，就是基于尊重个人、了解实情、组成团队等的现代管理理念。沟通只是这种理念的实现途径。因此，如何克服沟通障碍，以及如何建立高效、通畅的沟通渠道，都不应就事论事地解决，而应站在管理理念和价值观的高度，妥善地加以处理。

案例

关于沟通的两项调查

在美国曾有人找经理们调查，请他们选择良好的沟通方式，55%的经理认为直接听口头汇报最好，37%喜欢下去检查，18%喜欢定期召开会议，25%喜欢下面给写汇报。另外一项调查是部门经理们在传达重要决策时认为哪种沟通最有效，共 51 人(可多项选择)，选择召开会议做口头说明的有 44 人，亲自接见重要工作人员的有 27 人，在管理公报上宣布决策的有 16 人，在内部备忘录上说明决策的有 14 人，通过电话系统说明决策的只有 1 人。这些都说明倾向于面对面的直接沟通、口头沟通和双向沟通者居多。

评估练习

1. 酒店沟通的原则和方法是什么？
2. 有效沟通的特点是什么？

第四章
酒店产品

引导案例

以市场定位取胜的香港港丽酒店

1995 年，美国权威的旅游杂志 *Conde Nast Traveler* 将香港港丽酒店(Conrad Hotel)评为全世界服务最好的酒店之一。在 1994 年，该酒店的入住率已经超过 90%。要知道，对于星级酒店来说，年平均入住率能达到 75%就相当不错了。而实际上，港丽酒店在 1989 年才刚刚成立，开业仅六年便登上业界的巅峰，港丽成功的秘密何在？该酒店的副总裁利加逊里一语道破天机：定位的威力。

对于酒店而言，恐怕没有任何一件事情比决定它在市场中的定位更重要了。为了赢得商机，酒店通常会试图找出最为有利的目标市场。例如，有些酒店着重接待商务旅客，有些酒店倾向接待旅行团的观光客，另外一些酒店则尝试同时吸引这两群不同的消费者。

一般情况下，酒店在确认它的目标市场之前，必须决定哪些具有竞争性的优点是她所能提供给目标市场的。例如：出众的产品、良好的客户服务、价格、名气和声誉、创新的特色、方便程度、气氛等都是酒店可以赢得优势的各种渠道。然而，最为重要的是：这些优势必须是因客户的需求而定，得到客户的认可，酒店的定位不能是自己的一厢情愿，只有客户心目中的认可才是影响最终业绩与营业收入的决定性因素。

亚洲最好的几家酒店都已在客户心目中建立了不可动摇的地位。以香港半岛酒店和曼谷东方酒店为例，它们都早已被认定为亚洲乃至全世界最杰出的酒店；它们所提供的产品特色、服务品质、定价、气氛、声誉、创新能力等都是客户评断其定位的依据。

在港丽酒店成立以前，曾有市场分析报告指出，香港其实是由两个完全不同的地区组合而成的：一个是众多大企业——包括许多跨国公司在亚太地区的总部——所集中林立的港岛；另一个是聚集了贸易公司，结合购物商场和五光十色夜生活的九龙半岛。维多利亚港则将它们一分为二。尽管人们可以自由地选择各种交通工具过海，但海港的存在终究还是造成某种天然屏障。因此，如果一位旅客的活动集中在港岛，他会选择入住港岛的酒店；反之，他会选择九龙。

港丽酒店坐落于港岛，它的首选目标是吸引那些主要在港岛从事各种公私事宜的人。当时，港岛主要的酒店有：五星级酒店三家、四星级酒店七家、三星级酒店一家。其中五星级酒店主要吸引企业高级主管和富有的观光客，而四星级则招揽中级主管或对较便宜的旅游行程感兴趣的个人。并且这些酒店经过长期经营，都在港岛建立了比较完善的运作系统。因此当时的市场竞争已十分之激烈。

港丽酒店所具有的优势是设施先进、环境舒适、服务具有特色、地点方便，这些都能够很好地满足商务人士的要求。其劣势在于酒店在市场中知名度不高，还没有树立自己的形象。基于这种分析，港丽酒店决定将目标市场初步定位于五星级的商务酒店。但正当港丽酒店准备投入正式运行时，却遇到了外部环境的急剧变化，其主要原因是由于海湾战争的爆发和美国经济的衰退，由此引起许多大企业纷纷削减商务活动费用，使港丽酒店的经营活动受到了十分不利的影响。为了扭转这种被动局面，树立港丽商务酒店的形象，港丽酒店不得不采取一系列的促销措施，如推出了 40%的促销折扣，大规模在世界性杂志刊登广告，成立了 18 个业务开发小组。经过精心组织实施，这些促销措施收到了显著成效。与此同时，港丽酒店又针对环境的变化和自身的特点进行了重新定位。因为随着商务旅客的减少，港丽酒店很难将其他五星级酒店中的客户吸引过来，更不可能将四星级酒店的客户提升到五星级酒店中来。因此，将酒店定位于五星级酒店将面临较大的困难，但港丽酒店经过分析之后认为，自己的产品和服务已经被市场接受，各项服务设施正逐渐步入轨道，当务之急是如何尽快建立起港丽的名气，基于这样的考虑，港丽酒店决定将自己的目标市场定位在五星级与四星级之间，即酒店以四星级的价格提供五星级的服务。这样，港丽酒店在价格上低于五星级酒店，在服务上又高于四星级酒店，所以能够很好地弥补这两种酒店之间的差距，并产生了服务上的"牵引"效应与价格上的"拉拽"效应，即通过高品质服务将五星级酒店中的客户"牵引"过来，通过价格上的优势将四星级酒店中的客户"拉拽"过来。这种市场定位既满足了五星级客户对服务的需要，又满足了四星级客户对价格的需求。

辩证性思考

1. 香港港丽酒店成功的秘诀是?
2. 香港港丽酒店的优、劣势各是什么?

第一节 酒店产品理论

教学目标

1. 掌握酒店产品的概念。
2. 掌握酒店产品的特征。

现代酒店已经成为一个综合性的消费场所，主要向宾客提供有形的设施和无形的服务。需求对供给具有明显的反作用，成功的酒店会根据消费者的需求及时调整自己酒店的产品。再者，酒店产品能否满足宾客的需要，直接影响到酒店的经营效益。

一、酒店产品的概念

产品一般是指能用于市场交换，并能满足人们某种需求和欲望的劳动成果，包括实物、场所、服务、设施等。鉴于酒店的具体特点，可以这样定义酒店产品：酒店产品是指宾客在酒店期间，酒店出售的能满足宾客需求的有形物品和无形服务的使用价值的总和。从酒店产品的整体观念来看，酒店产品的概念包含以下四个层次的含义。

(一)核心产品

酒店核心产品是酒店产品整体观念中最基本、最主要的部分，是指宾客从酒店中得到的最根本利益。这种根本利益表现在宾客在入住酒店过程中希望由酒店解决的各种基本问题，它是宾客需求的中心内容。

解决这些问题时，要注意不同的宾客购买酒店产品所要解决的基本问题是不同的。如经济型和中低档商务客人对酒店的主要需求是便宜、清洁，而豪华和高档宾客追求的是舒适和享受。这是由于酒店经营管理者善于发现不同宾客对酒店核心产品的不同需求，才会出现各种不同类型、不同功能的酒店。

(二)实际产品

酒店实际产品是指在物质上展现酒店产品的核心利益，使产品的核心利益更容易被宾客识别的一系列因素。如酒店的周围环境、地理位置、建筑特色、设计风格、设施设备的品牌、服务项目和服务水平等。实际产品使酒店核心利益有形化，每个酒店的实际产品都不完全一样，这也使酒店管理者可以根据自己酒店的实际情况进行创新，使自己的酒店和竞争对手的酒店有所区分，形成酒店的个性化特色。

(三)延伸产品

酒店延伸产品是指酒店在宾客购买实际产品和服务时所提供的附加利益。这种附加利益对宾客来说并不是必需的，但它能给宾客带来更多的实际利益和更大的心理满足。因此，酒店延伸产品体现着一种超值享受，对宾客购买实体产品和服务具有一定的影响力，如长住客奖励计划、免费停车场、机场班车等。

(四)潜在产品

酒店潜在产品是为了满足个别宾客的特殊需求而提供的特殊的和临时性的服务，如提供婴儿车。

二、酒店产品的构成

产品是连接买方和卖方的纽带，对于酒店产品，我们也要从以下两个方面进行考察。

(一)酒店产品由有形设施和无形服务构成

只有现代化的服务设施与以顾客为中心的优质服务的有效结合，才能使酒店产品的品质得以最优体现。从酒店的角度看，酒店产品是有形设施和无形服务的综合，包括以下几点。

1. 酒店位置

酒店地理位置的好坏意味着酒店可进入性的强弱，以及交通是否方便，周围环境是否良好。它对于酒店建设的投资额、酒店的客源和酒店的经营策略等都会产生很大的影响。现代酒店一般因功能而选择不同的地理位置，例如度假型酒店选址在著名景区附近、商务型酒店选址在市中心和商务区，都是为了更好地为目标客源提供各种方便的服务。

2. 设施

齐全、舒适的设施是酒店推销产品的重要条件，也是提高宾客满意度的基础保证。但是在不同类型的酒店中，设施规模以及装潢体现的氛围都不一样。

3. 服务

服务是酒店产品中最重要的部分，也是宾客选择酒店的主要考虑因素之一。宾客对酒店服务的评价通常包括服务内容、方式、态度、速度、效率等方面。目前，酒店服务内容的针对性、服务项目的多样化、服务内容的深度和服务水平的高低已经成为众多酒店竞争的重要内容。

4. 气氛

气氛是宾客对酒店的一种感受。现代化装饰的豪华设施、中国民族风格的(古色古香、园林风格)酒店建筑，配上不同格调、不同档次的壁画和艺术品，错落有致的花草布置，以及与之相适应的服务员的传统服饰打扮，对各国宾客都有特殊的吸引力。

5. 形象

酒店通过销售与公关活动在公众中所形成的良好形象，设计酒店的历史(知名度)、经营理念、经营作风、产品质量与信誉度等诸多因素，是最有影响的活广告。

6. 价格

酒店产品的价格反映了酒店产品的形象和质量。价格不仅体现产品真正的价值，也是宾客对产品价值的评估。

(二)酒店产品是宾客的一段住宿经历

宾客的这段住宿经历是一个组合产品，它由以下三部分构成。

(1) 顾客实际消耗的食品、饮料等物质产品。

(2) 酒店通过建筑物、设施设备、家具、用具等传递给顾客，同时顾客通过触觉、视觉、听觉、嗅觉得到的感觉享受。

(3) 顾客在心理上所感受到的利益，包括地位感、舒适感、满意度和享受度等，即顾客在住宿、用餐等消费经历中的心理感受。

宾客在酒店这段住宿经历的质量的高低，主要取决于酒店产品的物质形态，如建筑物、家具、食品、饮料，以及其他无形形态，即提供的各种服务，也取决于宾客主观的经验和看法。

三、酒店产品的特征

酒店产品具有不同于一般产品的特征，主要包括以下几个方面。

(一)综合性

随着酒店业的发展，宾客需求日益多样化、个性化。从综合性特征角度出发，酒店应尽可能满足宾客不同时间、不同空间的多方面需求和物质、感官、心理等多方面的享受。因此，酒店不仅要为宾客提供食宿产品和服务，还要提供行、游、购、娱等多种产品和服务。

(二)季节性

旅游受季节、气候等自然条件和各国休假制度的影响较大。在国际上，各国的休假时间大多在夏季或秋季，因此酒店产品的销售具有明显的季节性。淡旺季宾客数量相差很大，因此会造成宾客住店数量大起大落的差异。

(三)同步性

这里的同步性是指生产和消费的同步性。一般商品由生产到消费要经过商业各个流通环节才能到达消费者手中。商品的生产过程与宾客的销售过程是分离的，宾客看到的和感受到的只是最终产品。所以，一般产品是先生产后消费，不受宾客即时需要的限制。而酒店出售的产品却不存在这样“独立”的生产过程，它要受宾客即时需要的制约，其生产和消费过程几乎是同步进行的。只有当宾客购买并在现场消费时，酒店的服务和设施相结合才能成为酒店产品。

(四)脆弱性

脆弱性也称敏感性。国家政局、经济发展、汇率变动、签证方式、自然灾害、社会安全等每个因素都能对旅游业和酒店业产生重大影响，从而对酒店产品的销售产生较大的波动，这就是酒店产品的脆弱性。

(五)无专利性

通常情况下，酒店无法为所创新的客房、餐饮以及服务方式申请专利，唯一能申请专利的是酒店的名称及标志。其结果是新产品及服务方式被竞相模仿，使创新者失去竞争优势，各酒店的产品趋于雷同。这就造成了一般宾客缺乏固定在一家酒店消费的动力。而且，顾客具有追新求异的消费心理，换一家新酒店可能会带来新的满足感。这就要求酒店管理者要充分理解宾客需求，在酒店经营过程中能够不断创新，保持酒店产品的竞争优势，提高宾客的品牌忠诚度。

(六)不可储存性

酒店产品具有不可储存性，即酒店产品如果在规定时间销售不出去，其产品价值就会丧失，并且永远无法弥补。这就要求酒店管理者必须十分关注酒店产品的使用率，运用灵活的价格策略，采取有效的激励手段和激励措施，扩大酒店产品的销售量，以获取更大的收益。

(七)对信息的依赖性

许多酒店的客源主要来自外地，甚至国外，因此酒店需要事先向宾客提供各种准确、及时的酒店信息，才有可能促进酒店产品的销售。酒店还要加强宣传，通过提高自己的形象和声誉，给每位来消费的宾客留下美好的回忆，创造良好的口碑。

(八)质量的不稳定性

酒店产品的质量很大程度上取决于服务人员为宾客提供的面对面服务的优劣，而人会有情绪波动，所以同一项服务由不同的人提供，会有不同的服务质量。酒店管理者应通过制定并执行严格的质量标准，对员工进行职业培训，推行以人为中心的管理方式，通过培养良好的企业精神和激励员工士气等重要途径，以此稳定和提高酒店服务质量。

四、酒店产品的定位

选择最佳目标市场不等于占领了该市场。酒店在确定最佳目标市场以后，必须确认采用什么方式打入该市场，这就要求酒店必须建立对最佳目标市场内客人具有吸引力的竞争优势，从而进行准确的市场定位。

定位，就是酒店找准其产品在客人心目中位置的过程。市场定位，是指酒店根据目标市场中同类产品的竞争状况，针对客人对该类产品某些特征或属性的重视程度，为本企业产品塑造强有力的、与众不同的鲜明而独特的形象，并将其形象传递给客人，求得客人的认同。市场定位实质上是使酒店形象在客人心目中占有特殊的位置。

市场定位与产品差异化有密切的关系。市场定位是通过产品的鲜明形象的确立，塑造出独特的市场形象。

(一)市场定位的原则

市场定位原则有以下几种。

1. 客人导向原则

指酒店在市场定位时，要选择能满足其需要的一定规模的消费群，而不是所有消费者；深入分析他们的爱好、特点，并以此作为定位的基本导向，谋求产品与客人需求的有机结合。

2. 差异化原则

酒店定位就是让客人注意到本酒店与其他酒店产品的不同之处，从而形成独特的印象。从这个角度看，酒店定位实际上是一个寻找和展现酒店差异的过程。这些差异包括产品差异、服务差异、员工差异、环境差异、形象差异、价格差异和促销差异等。

3. 个性化原则

个性是客人在购买酒店产品的过程中形成的一种特殊感受。个性化不等于差异化，任何差异都可以被缩小或消除，如价格差异可以通过重新定价来缩小，环境差异可以通过装修改造来更新。而酒店的个性是无法改变、无法模仿和抄袭的。酒店市场定位是在追求差异化的基础上形成个性化的。

4. 灵活性原则

要求酒店在竞争激烈、不断变化的环境中审时度势，随时把握最新动态，及时调整酒店的营销策略，适应不断变化的市场需要。

(二)市场定位方式

市场定位方式有以下几种。

1. 产品定位

酒店根据本酒店产品的质量、档次、特色等方面的优势进行定位。这实际上是一个选择、确定、显示其优势的过程，能使酒店产品与竞争对手的产品区别开来。

2. 价格定位

酒店根据产品的市场定位、自身实力、客源情况等确定选择低价、中价或高价定位。如假日集团中家庭旅馆就是低价定位，而假日集团中的皇冠型旅馆就是高价定位；法国雅高酒店集团中的索菲特是高价定位，河南索菲特国际酒店是五星级酒店，上海海仑宾馆是四星级酒店；美居、宜必思是低价定位，相当于我国的一、二星级酒店。

3. 消费群定位

在分析客人年龄、职业、经济收入等因素的基础上，选择主要目标客人和辅助客源。如上海花园酒店(五星级)主要定位于接待高级商务型散客。再如，上海白天鹅信谊宾馆位于上海四川北路鲁迅公园对面，鲁迅公园门内的鲁迅墓是日本客人去上海的必经之处，鲁迅公园内的韩国将军墓也吸引了不少韩国客人。为此该酒店把市场定位于日本和韩国游客，以吸引日、韩客人为主要目标。

4. 服务标准定位

服务标准定位是指酒店在服务的范围、理念、行为等各方面所做出的选择。如服务氛围是强调休闲、随意还是传统、正规。位于景色宜人之处的度假村往往采用休闲、舒适、随意、放松式的服务格调。

5. 竞争策略定位

酒店在市场营销活动中要根据竞争对手的一些基本策略，采用或避强就弱、避实就虚，或针锋相对的竞争策略。如上海静安希尔顿酒店与上海新锦江大酒店、上海锦沧文化大酒店和上海波特曼大酒店同为五星级，互为竞争对手。静安希尔顿酒店根据三个竞争对手都没有免费停车场的情况，以其车位多并且停车免费的竞争策略赢得了客人的青睐。

当然，酒店的市场定位并不是一成不变的，随着市场客源的不断变化，需要不断进行调整。但是，根据酒店经营管理的需要，市场定位要尽量保持相对稳定。酒店要善于挖掘新市场，抢占别人尚未挖掘的潜在市场。

市场调研、市场细分、选择最佳目标市场和市场定位构成了酒店营销的基本任务，酒店营销是一个连续的过程，酒店应本着系统的观念，认真做好以上各环节的工作。

评估练习

1. 酒店产品的概念？
2. 酒店产品的特征？

第二节　酒店产品的开发

教学目标

1. 了解酒店产品的生命周期。
2. 掌握酒店产品开发的步骤。

案例

肯德基进军“东方之珠”

1973 年，赫赫有名的肯德基公司踌躇满志、大摇大摆地踏上了香港这富饶的小岛。

在一次记者招待会上，肯德基公司主席曾夸下海口：要在香港开设 50 至 60 家分店。这并非信口开河。这种由贺兰迪斯上校在 1939 年以含有 11 种草本植物和香料的秘方首次制成的肯德基家乡鸡，由于工艺独特、香酥爽口，备受世界各地消费者的喜爱。到 20 世纪 70 年代，肯德基在世界各地有快餐店数千家，形成了一个庞大的快餐店连锁网。于是，它又把目光瞄准了这颗“东方之珠”。

1973 年 6 月，第一家“家乡鸡”在美孚新村开业，其他分店亦很快接着开业。到 1974 年，数目已达到 11 家。

在肯德基家乡快餐店中，除了炸鸡之外，还供应其他食品，包括菜丝色拉、马铃薯条、面包以及各种饮料等。鸡分 5 件装、10 件装、15 件装和 20 件装出售。此外还有套餐，例如售价 6.5 元的套餐，包括 2 件鸡、马铃薯条和面包。

肯德基家乡鸡首次在香港推出时，配合了声势浩大的宣传攻势。电视广告迅速引起了消费者的注意。电视和报刊、印刷品的主题，都采用于“家乡鸡”世界性的宣传口号：“好味到舔手指”。

声势浩大的宣传攻势，加上独特的烹调方法和配方，使得顾客们都很乐于一试，而且在“家乡鸡”进入香港以前，香港人很少尝试过所谓的美式快餐。虽然“大家乐”和“美心快餐店”均早于“家乡鸡”开业，但当时规模较小，未形成连锁店，不是肯德基的竞争对手。看来肯德基在香港的发展前景一片光明。

一、惨遭“滑铁卢”

肯德基在香港并没有风光多久。1974 年 9 月，肯德基公司突然宣布多家快餐店停业，只剩下 4 家坚持营业。到 1975 年 2 月，首批进入香港的肯德基全军覆没，全部关门停业。虽然家乡鸡公司的董事宣称，这是由于租金上遇到困难而歇业的，但其失败已成定局。其失败原因也明显不是租金问题，而主要是没吸引住顾客。

当时的香港评论家曾大肆讨论此事，最后认为导致肯德基全盘停业原因，是鸡的味道和宣传服务上出了问题。

为了适应香港人的胃口，家乡鸡快餐店采用了本地产的土鸡品种，但却仍采用以前的喂养方式，即用鱼肉饲养。这样，便破坏了中国鸡特有的口味，甚是令香港人失望。

在广告上，家乡鸡采用了“好味到舔手指”的广告词，这在观念上也很难被香港居民所接受。而且，当时的香港人认为家乡鸡价格太昂贵，因而抑制了需求量。

在服务上，家乡鸡采用了美国式服务，在欧美的快餐店一般是外店，驾车到快餐店，买了食物回家吃。因此，店内通常不设座位。而香港的情况则不同，人们在买的地方进餐，通常是一群人或三三两两买了食品后坐在店内边吃边聊。家乡鸡不设座位的做法，等于是撵走了一批有机会成为顾客的人。因此，家乡鸡虽然广告规模较大，吸引了许多人前往尝试，但是回头客就不多了。

家乡鸡首次进入香港的失败，败在未对香港的环境文化作深入的了解。正如英国市场营销专家史狄尔先生所评价的：“当年家乡鸡进入香港市场，是采用与美国一样的方式。然而，当地的情况，要求它必须修改全球性的战略来适应当地的需求。产品的用途和对产品的接受程度，受到当地的风土人情影响，食物和饮品类产品的选择亦取决于这一点。当年的鸡类产品不能满足香港人的要求，宣传的概念亦不适当。”

肯德基是大摇大摆地走进香港，又灰溜溜地离去。

二、卷土重来

一转眼8年过去了。1985年，肯德基在马来西亚、新加坡、泰国和菲律宾已投资成功。这时，他们准备再度进军香港。

这次，家乡鸡重新进入香港，是由太古集团一家附属机构取得香港特许经营权，条件是不可分包合约，10年合约期满时可重新续约。特许经营协议内容包括购买特许的设备、食具和向家乡鸡特许供应商购买烹调用的香料。

首家新一代的家乡鸡店耗资300万元，于1985年9月在佐敦道开业，第二家于1986年在铜锣湾开业。

在1985年的时候，当时的香港快餐业已发生了许多新的变化，汉堡包已经占据了整个快餐店市场的2成份额；而最大的市场还是本地食品类，市场占有率接近7成。因此，肯德基要想重新占据市场已比较困难。开业以前，公司的营销部门就进行了市场调查和预测，结果表现为前景乐观。

这一次肯德基开拓市场更为谨慎，在营销策略上按香港的情况进行了适当的变更。

第一，对家乡鸡店进行了市场细分，明确了目标市场。新的家乡鸡店和旧的不同，现在它是一家高级“食堂”快餐厅，介于铺着白布的高级餐厅与自助快餐店之间。顾客对象介于16至39岁之间，主要是年轻人，包括写字楼职员和年轻的行政人员。

第二，在食品项目上，家乡鸡店进行了一些革新。品种上，以鸡为主，有鸡件、鸡组合装、杂项、甜品和饮品。杂项食品包括薯条、沙律和玉米。所有鸡都是以贺兰迪斯上校的配方烹制，大多数原料和鸡都从美国进口。食品是新鲜烹制的，炸鸡若在45分钟仍未售出便不会再售，以保证所有鸡都是新鲜的。

第三，在价格上，公司将家乡鸡以较高的溢价出售，而其他杂项商品如薯条、沙律和玉米等以较低的竞争价格出售。这是因为，如果家乡鸡价格太低，香港人会把它看成是一种低档快餐食品。而其他杂项食品以低价格出售，则是因为家乡鸡店周围有许多出售同类食品的快餐店与之竞争，降低杂项食品价格，能在竞争中取得一定的优势。

第四，在广告上，家乡鸡把1973年的广告口号“好味到舔手指”改为“甘香鲜美好口味”。在地铁车站和报纸、杂志上都能看到新的广告词。很明显，新的广告词已带有浓厚的港味，因而很容易为香港人接受。

家乡鸡店第二次在香港登陆时，公司认为主攻方向是调整市场策略，以适应香港人的社会心理和需求。因而广告并不作为主攻方向。如：佐敦道分店开业时颇为低调，只在店外拉了横额和竖了一块广告牌。宣传方面也是采取低调的手法，只集中在店内和店外周围推广，广告宣传亦于开业数月后停止了。

三、香港终于接受了它

家乡鸡店重新开业后数月，公司进行了一次调查。调查者选择知道有肯德基家乡鸡店的人为调查对象，询问他们对家乡鸡的印象，以及肯德基与其他快餐店相比，有何不及的地方。

64%尝试过家乡鸡的被访问者认为菜式的选择有限，21%的人认为食品价钱太贵，其他则觉得店铺位置不方便，92%的被访问者都知道香港以前有过家乡鸡店。但同时也有71%的人表示将会在日后再次光顾家乡鸡店。

公司的营销人员对此次调查作出的结论是：1973 年公司在香港的失败仍然严重影响着消费者对家乡鸡的看法，但随着时间的流逝以及家乡鸡影响的扩大，消费者的这种印象会逐渐淡化。

家乡鸡连锁店针对调查结果，对营销策略又进行了一些改变，如增开新店时，尽量开设在人流量较大的地方，以方便顾客，同时扩大营业面积，改变消费者拥挤的状况，以及增加菜的种类等。

家乡鸡的营销策略的调整收到了良好的效果。香港成了肯德基的一个大市场，分店数目占肯德基在世界各地总店数的 1/10，肯德基也成为与麦当劳、汉堡包皇和必胜客薄饼并立的香港四大快餐食品之一。肯德基终于被香港人接受了。

(资料来源：《企业改革与管理》2002 年第 04 期)

任何酒店产品都要经历产生、成长、成熟、衰退的过程。没有不会被市场淘汰的酒店产品。酒店只有不断开发新产品提供给客人，才能不断满足日益增长的客人需要。创新是酒店发展的永恒主题。

一、酒店产品的生命周期

随着社会的不断发展，人们消费层次、结构的不断变化和生活方式的不断改变，酒店产品都将经历生命周期的四个阶段。

(一)产生期

产生期是酒店产品的诞生期。这个阶段的产品具有如下特征。①产品刚刚起步，缺乏知名度，局面较难打开，客人对酒店产品了解甚少，因而销售速度缓慢，销售额不高；②生产和销售费用较少，产品成本较高，利润偏低，还有可能出现无利润甚至亏本的情况；③暂时没有形成竞争对手，酒店面临的竞争压力很小；④酒店经营者主要致力于提高新产品的市场知名度，不断提高产品质量，广告宣传力度较大，目的是树立良好的企业形象。

产品处于产生期时，经营者要密切关注市场的反应，及时调整营销策略，不断改进产品质量，及时让更多消费者尽快接受酒店产品。

(二)成长期

酒店产品逐渐为市场所接受的时候，就进入了成长期。此时产品具有如下特征。①销售量稳步增长；②产品基本定型，消费群也渐渐稳定，边际成本随着销售量的上升而逐渐降低，利润迅速增加；③模仿或相似产品逐渐在市场中出现，市场竞争也逐渐形成，此时酒店可以通过适当降低产品价格的方式增强竞争力；④酒店产品主要通过增加服务项目来进一步完善；⑤在保证产品质量的前提下，酒店经理要进一步挖掘市场潜力，并着手开发新产品。

经营者应注意在成长期树立和培养产品品牌，培养忠诚的消费群体，从而尽可能延长产品成长期。

(三)成熟期

当酒店产品的销售速度明显趋缓，产品已被消费者所接受时，该产品就进入了成熟期。

这一阶段产品具有以下特征。①市场上不断出现替代产品和效仿产品，竞争对手日益增多，企业主要考虑如何战胜竞争对手；②企业产品的市场占有率有所下降，企业利润也开始下降；③在产品竞争激烈的成熟期，有些产品面临着被淘汰的可能。

此时酒店要保持产品质量不能下降，努力吸引回头客；注意调整营销策略，通过降价、拓展销售渠道等方式最大限度刺激消费者购买；注重企业内部文化建设，不断提高管理水平。产品处于成熟期时，企业要有忧患意识，最为主要的是酒店经营者要及时调整经营战略，迅速挖掘新市场，开发新产品。

(四)衰退期

受社会不断发展因素的影响，酒店产品同样也要遵循从问世到离开历史舞台的过程。新产品取代老产品是市场运作的基本规律。这一规律的特征主要表现在以下几点。①产品出现严重饱和过程，市场被严重分割；②产品失去原有的吸引力，开始被其他产品所取代；③产品销售量急剧下降，以致出现负增长的趋势。企业利润很低，甚至出现无利乃至亏本情况。

酒店经营者要注意产品衰退期现象的发生原因，如因产品质量、营销策略等方面的因素引起销售量明显下降。此时酒店只要及时找出问题的症结所在，对症下药，销售局面仍可改变。

对于处在衰退期的产品，酒店应立即将其从市场中撤出，集中力量开发新产品。有些酒店对产品生命周期各阶段的把握较为准确，成熟期时就成功改进了产品，使产品衰退期降低到最低限度，使其顺利进入下一个生命周期。

产品生命周期理论，可以帮助酒店经营者了解酒店产品处于产品生命周期的哪个阶段，以便采取不同的营销策略，从而不断提高酒店产品的竞争力，并在激烈的竞争中处于优势和领先地位。

二、酒店新产品的开发

1. 酒店新产品的概念

酒店新产品是指与市场上现有的产品存在一定差异或完全不同的产品。酒店产品整体中，任何一个阶段的创新、更新、改进、重新定位与重新组合，都属于新产品的范畴。酒店新产品的特征是满足客人新的消费需求和利益。

酒店新产品的开发不同于工业企业，它更多的是针对酒店产品的某一组成部分进行更新。如有些酒店为满足商务型客人的需求，把酒店原有的普通楼层改造成商务楼层，并在房间里增设了电脑、宽带网、传真机、打印机、保险箱等商务设施，还设立了商务会客区域等。

2. 新产品开发的目的

酒店不断开发新产品，一是可以提高企业的竞争力，满足日益增长的客人需求，从而达到占领消费市场、不断提高企业经济效益的目的。特别是酒店原有产品进入成熟期和衰退期，产品的市场优势已不明显时，为了寻求企业的不断进取和发展，酒店必须推出更具特色的新产品，实现“人无我有，人有我优，人优我特，人特我专”的经营方针和新产品开发战略。二是不断提高企业员工的创新意识和素质。只有不断开发新产品，才能使员工不断进取、勇于追求。

3. 酒店新产品开发的步骤

酒店新产品的开发有以下 6 个步骤。

1) 新产品开发的可行性分析

(1) 分析新产品开发的必要性

分析酒店产品处于产品生命周期的哪个阶段，酒店竞争对手的状况，酒店自身产品的竞争力，酒店新产品与原有产品比较有何优势与特色等新产品开发的必要性。

(2) 分析新产品开发的意义

研究新产品开发将为酒店带来什么益处，能否维持或增加酒店的市场占有率，能否有利于企业利润目标的实现，能否使企业在竞争中战胜对手或与对手持平。

(3) 分析新产品开发的可能性

对影响新产品开发的人力、资金、技术、设备设施、信息、时间、空间等因素进行的分析和论证。

2) 设计新产品的开发方案

设计新产品开发的方案不是某个人或部门能完成的任务。它需要在客人进行充分了解的基础上，发动全体员工为新产品开发提意见、出主意，建立必要的奖励机制。与此同时，密切了解竞争对手在新产品开发方面的进展情况，从中获取有价值的产品信息。

3) 选择最佳的新产品开发方案

围绕新产品的开发，酒店往往设计若干套方案。此时，应该开展进一步的分析、研究，选择一个最有利于酒店发展的、最能形成酒店特色的最佳方案。

4) 组织开发新产品

选择了最佳方案以后，酒店就进入了产品的实际开发阶段。实际开发包括筹集资金，购买并安装设备，招聘与培训员工，组织新产品生产等。同时，还要提前做好产品的营销活动计划，确保新产品能够尽快被客人接受。

5) 新产品试推阶段

新产品在问世的时候，往往不被客人所了解和接受，有一定的经营风险。为此酒店应先有选择地开展一些小范围的试推活动，观察新产品在市场上的反响程度，听取客人对新产品的意见和要求。同时探索新产品正式推出后酒店人、财、物、信息等资源合理、有效的配置方案。

6) 正式推出新产品

新产品试推以后，酒店经营者要根据试推情况对新产品进行进一步的调查与完善，然后选择恰当的时机、准确的市场目标、有效的营销策略，将产品推向市场。此时，新产品即进入产品生命周期的第一个阶段。

4. 酒店新产品开发的趋势

酒店新产品的开发是由市场需求的特点决定的。随着客人对酒店产品的需要不断呈现出多样化、娱乐化、个性化的特点，酒店新产品的开发也呈现以下几种趋势。

1) 不断开发娱乐型产品

酒店娱乐设施的增加满足了客人休闲娱乐方面的需要。游泳、垂钓、滑冰、保龄球、电脑游戏、卡拉 OK 等设施设备和服务项目的设置，使酒店逐渐成为社会娱乐活动的中心。

2) 保健型产品越来越受欢迎

随着人们生活水平的不断提高，酒店设置了健身房、康复房、温泉浴、药膳等服务设施，满足了人们在健康、疗养、保健、消遣等精神、物质和心理方面的需要。

3) 会展成为酒店业的一个重要组成部分

现在越来越多的酒店通过提供会议和展览设施与服务，如会议厅、展厅、音响、灯光、摄影、秘书、文秘等，满足了会议型客人的需要。酒店已成为社会各行各业举办会议活动的中心。会议型客人也成为酒店客源中的一个重要组成部分。

4) 商务型酒店成为酒店业发展的主要方向

随着国际商务旅游活动的不断增加及规模的不断扩大，酒店商务型客人的比重明显上升。有的酒店专门开辟了商务行政层商务楼层，专门为国内外公司、商社提供工作、生活、通信和商务洽谈等服务，提供豪华套房、会议室、休息室、洽谈室、资料室和商务中心等商务活动所需设施。

5) 酒店信息水平越来越高

伴随着现代经济的不断发展和市场形势的瞬息万变，及时掌握社会经济信息成为现代客人的需求之一。为此，不少酒店在客房安装了数据显示终端，便于客人及时获得大量的信息，如市场行情、最新经济信息、股票信息、外汇价格等，还能使客人利用电脑终端了解旅游信息、预订机票和进行电脑结账等。

评估练习

1. 酒店产品开发的步骤是什么？
2. 酒店产品开发的趋势是什么？

第五章

酒店服务质量

引导案例

服务质量，酒店生存与发展的关键

随着饭店业竞争的日趋激烈，宾客对饭店服务质量的要求也越来越高。当今饭店之间的竞争，实质上也是服务质量的竞争。优质的服务不仅能吸引客源，还能给酒店带来可观的经济效益。反之，劣质的服务不但不能吸引宾客，还会使酒店客源流失，产生不良影响。

在市场竞争日益激烈的今天，酒店要留住客人赢得宾客，单纯靠标准的笑脸是远远不够的，更重要的是能给客人实实在在的帮助，也就是说服务要更有内涵。具体来说就是把客人当成朋友，提供的服务不仅满足客人的期望，更应“雪中送炭、锦上添花”，给客人一个意外的惊喜。满意加惊喜，这就是需要酒店通过运用各具特色的服务艺术所要达到的和所要追求的境界。从酒店经营的角度看，酒店文化的含量要胜过设施设备的含量、技术的含量。也就是说，酒店竞争的关键是特色，特色的核心是品牌，品牌的保障是文化，文化的体现是服务。而酒店的服务艺术，必将成为21世纪酒店服务的发展趋势。

服务是一种无形的产品，是维系品牌与顾客关系的纽带，随着产品同质化程度的不断加剧，缔造优质的品牌服务体系，为顾客提供满意的服务越来越成为企业差异化品牌战略的重要武器。

在当今的新经济形势下，早有专家断言：未来的企业竞争就是服务竞争，服务体系的完善程度，服务质量的优劣程度以及由此带来的顾客对品牌的综合满意度，将成为未来竞争能力强弱的最大试金石。

我们看到，许多世界级的大公司已经率先打出了“我们就是服务”的金字招牌，在全球市场掀起了“服务的革命”的战略。纵观全球知名企业的发展史，我们其实已经能够清晰地看到那条用顾客服务纽带筑就成的价值链。早在20世纪初，宝洁公司就领全球企业之先河，率先开通顾客服务热线电话，倾听顾客反馈，改善产品质量和服务水平。并由此取得了辉煌的业绩。联邦快递的员工为了信守对顾客的服务承诺，在道路雪崩的天灾情况下，毅然自己掏钱雇用直升机，在日落之前准时把邮件送到了顾客的手中。联邦快递的成功有目共睹。

海尔电器几年来所倡导的“星级服务”经过海尔集团的巨大的人、财、物的投入和营造之后，获得了许多消费者的信赖。我们经常可以在家电商场看到，有时在有同样的几款空调或者冰箱的时候，很多消费者往往愿意再多花一点钱购买海尔的产品。我们知道，实际上，消费者在为他们的服务买单。海尔集团为建设“星级服务”体系投入了巨大的资金，而且每年还要拿出钱来维护体系的正常运行。然后再拿消费者买单的钱进行反哺。这样的循环要经过多次的流转才可能形成，所以前期的投入是很大的。我们看到有一些类似的家电企业在服务体系的投入上已经难以为继，并且导致了售后服务质量的降低和顾客的抱怨。海尔集团的服务体系形成的壁垒也使许多企业只能望而却步。可见优质高效的服务体系还可以成为阻碍竞争对手入侵你的市场根据地的有效手段。

对于享誉世界的希尔顿酒店，大家一定都非常熟悉了。这是因为希尔顿品牌的微笑服务战略使得酒店的生意获得空前成功的缘故吧，事实上，在全球凡是光顾过希尔顿酒店的顾客的口碑和各种媒体的传播已经使得希尔顿酒店名扬寰宇。其秘诀无他，11个字“你今天对客人微笑了没有？”酒店的创始人希尔顿每天到酒店工作时，停留的时间最长的不是办公室，而是酒店各个工作环节的岗位上。他会不断地告诫员工“你今天对客人微笑了没有？”这句话，他的这种告诫不单单只是对普通员工的，而是上至总经理和他自己，下至最基层的员工全部一视同仁。

辩证性思考

1. 酒店服务质量内容包括哪些？
2. 如何提高酒店的服务质量？

综上所述，只有了解宾客需求，从宾客满意的角度出发，不断提高服务质量，企业才能够生存与发展，才能够在市场竞争如此激烈的形势下永远立于不败之地。

随着国际著名酒店集团纷纷进驻中国，我国酒店业面临着发展机遇的同时也面临着严峻的挑战。如何应对国际竞争，已经成为酒店管理者最为关注的话题。而提高酒店的服务质量，提高自身的竞争力，是酒店在激烈的市场竞争中获胜的最重要的方法。从根本上说，服务质量是酒店生存和发展的基础，酒店的竞争本质上是服务质量的竞争。因此，不断提高酒店服务质量，以质量求效益，是每家酒店发展的必经之路，也是所有酒店管理者共同努力的目标和日常管理的核心部分。

第一节　酒店服务质量概述

教学目标

1. 掌握酒店服务质量的含义。
2. 掌握酒店服务质量的内容。

在市场经济“优胜劣汰”的竞争机制下，以质量为核心的竞争愈演愈烈，质量已成为企业的生命线，越来越多的管理者开始重视产品质量管理，学术界也不断关注质量管理理论的发展与实践。酒店产品的综合性和服务的无形性决定了酒店产品服务质量的抽象性和复杂性，因此酒店的服务质量管理工作是一项综合性强、复杂程度高的系统化任务。同时酒店提供产品的服务特性也决定了酒店产品属于知识型产品，顾客对酒店所提供服务的满意程度，才是衡量酒店服务质量的唯一标准。因此提高酒店服务质量以增强顾客满意度，成为酒店企业间竞争的重要筹码。随着中国加入 WTO，全球各大酒店集团纷纷入驻我国，中国酒店业市场竞争进一步加剧，探讨酒店产品质量问题并构筑科学的质量管理体系，对提高我国酒店企业的竞争力有极强的现实意义：它将给我国酒店业当前的高速度、低效益增长提供转变的契机；同时，现代酒店质量管理理论与方法的不断更新，也将促进我国酒店在产品质量上与时俱进、不断发展，保持顽强的市场生命力。

一、酒店服务质量的含义

酒店是为广大消费者提供的以住宿为主的服务性企业。从消费者的角度来看，酒店提供的产品和服务不仅要满足其最基本的物质和生理的需求，还要满足他们精神和心理的需求。从酒店的角度来看，酒店为顾客提供的产品有“硬件”服务和“软件”服务之分，“硬件”服务指的是以实物形态出现的服务，即由酒店的基础设施、实物产品等提供的以满足顾客住宿、餐饮、休闲娱乐等基本生理需求的服务；而“软件”服务则是由服务员的服务劳动所提供的，不包括任何事物形态的无形劳务，包括服务礼仪、服务态度、服务技能、服务效率等。

通过对酒店服务产品的含义进行诠释，我们对酒店服务质量的定义进行了狭义和广义的界定。狭义上的定义是指酒店服务员服务劳动的使用价值，这里的服务劳动不包括任何实物形态的服务劳动。广义的定义则是一个完整的服务质量的概念，它是指酒店综合自身所有资源和要素，为顾客提供的服务在使用价值上满足顾客物质和精神需要的程度，它既包括酒店设施设备、实物产品等实物形态服务的使用价值，也包括非实物形态服务的使用价值。

从上述服务质量的定义我们可以看出，酒店服务质量的高低主要取决于顾客所享受到的服务与他预期的期望值的比较：当两者持平时，顾客就满意；酒店为顾客提供的服务越超出其期望值，酒店的服务质量就越高。然而，不同的顾客对酒店的服务有着不同的期望，因此酒店要满足所有顾客的需求，就必须不断完善自身的服务水平，不断提高酒店的服务质量。

二、酒店服务质量的特点

酒店作为服务性企业，它所提供服务的产品质量有别于一般企业的商品质量，有自己独特的产品质量特性。要提高酒店的服务质量，必须正确认识酒店服务质量的特点。归纳起来，酒店服务质量的特性主要包括服务质量的有形性和无形性、服务质量的整体性和全面性、生产消费的同时性、服务质量的共性与个性、服务提供的员工关联性、服务质量的情感交融性等。

(一)服务质量的有形性与无形性

酒店的服务质量是由酒店内实物形态的物质提供和酒店服务人员的服务劳动相结合所共同决定的。酒店实物形态的服务包括酒店设备设施、实物物品等满足顾客基本生活需要的有形部分，顾客使用完后，这种形态依然存在，这决定了酒店服务质量的有形性；酒店服务人员的服务劳动对酒店的服务质量也有决定性的作用，他们在满足了顾客的基本物质生活需要的同时，通过亲切的服务态度和礼貌的言谈举止等满足顾客心理上的需求，他们提供的服务是无形的，随着劳务活动的结束，其使用价值也消失了，但是却留给顾客完美的体验和感受。因此，酒店服务质量是有形性和无形性高度结合的结果。

(二)服务质量的整体性和全面性

酒店服务质量并不是一次或一段时间内就能评定的。酒店服务是一个整体，包括顾客在酒店住宿消费的所有时间内所享受到的服务，中间无论哪一环节出了差错，都会导致服务失败，使酒店服务质量大打折扣，正所谓“100-1=0”，这就是酒店服务质量整体性的具体体现。另外，酒店服务是以满足顾客需求为出发点的。顾客在酒店住宿过程中，涉及衣食住行的各个方面，因此酒店服务质量除了整体性之外，还具有全面性，酒店必须树立全面、系统的服务质量观念，才能掌握酒店的整体质量。

(三)生产消费的同时性

酒店产品不像其他产品，从生产到消费中间要经历一系列的环节。酒店为顾客提供的产品和服务有一个最大的特点，就是生产和消费同时进行。酒店服务员为顾客提供服务，如开门、送餐、客房住宿、运送行李等。员工在为客人提供酒店服务的同时，客人也在消费和使用。酒店产品没有“可试性”，客人在购买时不能先尝试再购买，在购买消费体验的同时也在检验服务质量的好坏，质量不好也不能退货，这都是酒店产品服务质量所表现出来的特性。

(四)服务质量的共性与个性

酒店服务质量的评价需综合考虑酒店的有形服务和无形服务。有形服务是以实物形态表现出来的，这部分产品在不同的酒店具有共性，它们都用来满足顾客基本物质生活需求；无形服务则是酒店为顾客所提供的无实物形态的服务，具有个性化，不同的酒店会针对不同的客人的需求提供个性化的服务，这部分的服务是酒店服务质量能否保持稳定的关键。在酒店业竞争不断加剧的今天，酒店员工的无形服务逐渐成为评定酒店服务质量高低的评价依据，也是酒店提升服务质量应关注的重点。

(五)服务提供的员工关联性

酒店产品的服务主要通过员工对客服务表现出来，员工是酒店服务的直接提供者，酒店服务质量的高低与员工的工作状态密切相关。从顾客的角度考虑，酒店的服务质量主要由酒店提供服务的效率、情感上的需求的满足度及对所下榻酒店环境舒适的需求的满足度三部分决定。而酒店员工的服务技巧、服务效率和服务的标准化程度直接影响顾客的精神需求的满足度，酒店的形象在很大的程度上也需要酒店员工的精心营造。可见，作为酒店服务的主要提供者，员工与酒店服务质量有着很大的关联性。

(六)服务质量的情感交融性

顾客是酒店服务质量的直接感受者和评价者，顾客所享受的服务主要由酒店的员工提供，在与顾客面对面的服务过程中，必然会产生一定的情感交流。一方面，员工努力为客人营造“宾至如归”的感觉，极力为客人创造“家”的氛围；另一方面，顾客在享受酒店所提供的服务的同时，在心理上必将对酒店产生一种亲切感和归属感。这样，即使酒店员工在为客人提供服务过程中有意料之外的缺憾或不足，客人也会给予宽容和谅解。除此之外，酒店服务质量的情感交融性不仅能使顾客满意，甚至在此基础上还可提高顾客忠诚度。因此，着力打造和提升酒店服务质量的同时，必须充分考虑并利用其情感交融性，尽可能提升酒店产品的服务质量。

案例 5-1

真 诚 不 变

初冬的衡阳刮着冰凉的冷风，住在华天大酒店 1406 房的客人天刚亮时便提着手提包出门了，中午匆匆忙忙回来一下又出去，直到晚上 10 点左右才回来，一连两天，都是如此。客人看上去不苟言笑、非常严肃，服务员小彭不禁对他注意起来。从入住单上得知，他是杭州一家知名企业的总经理，将在酒店住一个星期。

在为客人清理房间时，小彭发现他的抽屉里有一瓶胃药，于是给他倒了一杯白开水并留言：“桌上的白开水是特意给您倒好的，请您放心使用，希望您注意身体，不要工作太久，多穿衣服，以免感冒，祝您早日康复！工作开心！”写完之后，小彭觉得一份留言太过单调普通，灵机一动，心想，何不再配上一朵亲手制作的小花呢？说干就干，小彭找来回收的花泥，用刀削成小方块，中间插上一朵小花，用包装纸扎好，一朵精巧、别致的康乃馨便做好了。小彭将花配到客人的房间，并想象着他看到小花时微笑的样子。可第二天小彭依然没有看到客人的笑容，但小彭并不泄气，仍然每天仔细打扫房间，倒上一杯白开水，还会为客人送上一朵别致的康乃馨，一如既往地送给客人真心关怀与真诚问候。

一周很快过去了，客人要走了。临走前特意找到小彭，主动攀谈起来：“小彭呀，我这几天一直忙工作，其实对于你们细心周到的照顾和关注我一直铭记在心，非常感谢你为我做的一切，这是 200 元人民币，请收下吧！”小彭说什么也不接，对客人说：“我们的服务能得到您的肯定和赞扬，这就是您给我们的最大回报，欢迎您下次还来衡阳华天”。听了这句话，客人露出难得的一笑。

三、酒店服务质量的内容

酒店的服务质量是酒店提供的服务产品适合和满足顾客需求的程度。要提高酒店的服务质量和服务水平，就必须分析酒店服务质量的内容，这是提高酒店服务质量、形成市场竞争力、促进酒店发展的重要途径。酒店服务质量的内容主要包括有形产品质量和无形产品质量两大部分。有形产品质量是无形产品质量的拼接和依托，无形产品质量是有形产品质量的完善和延伸，两者相辅相成，即构建完整的酒店服务质量的内容。

(一)酒店有形产品质量

有形产品的质量是指酒店提供的设施设备和实物产品以及服务环境的质量。酒店不像一般的工厂那样将原材料加工成产品，完全依靠大量产品的出手而获得附加在产品上的简单劳动力的报酬而盈利，它是一个主要为顾客提供服务、让顾客满意、从中获取经济效益的企业单位。其有形产品只是提供无形服务的一个依托，大多数情况下并不是出售产品本身。一般的商品交易是商品和货币的交换，在酒店内却是服务和货币的交换，顾客带走的是享受，而不是产品，因此酒店有形产品质量管理的关键是及时维护和有效保养。

1. 设施设备

设施设备是酒店给顾客提供服务的主要物质依托，是酒店赖以存在的基础。从一定程度上来说，顾客对酒店档次的高低感受与配套设施的条件有很大的联系，它反映了酒店的接待能力，酒店应保证其设备设施的总体水平与酒店所属的星级标准规定相一致。对于设施设备质量的管理，应随时保持其完好率，保证设施设备的正常运转，充分发挥设施设备的效能。

2. 实物产品

实物产品可直接满足酒店宾客的物质消费需要，其质量高低也是影响宾客满意程度的一个重要因素，因此实物产品质量也是酒店服务质量的重要组成部分之一。酒店的实物产品质量通常包括以下几种。

1) 菜点酒水质量

酒店管理者必须认识到饮食在宾客心目中占有的重要位置以及不同客人对饮食的不同要求，如有的客人为求满足新奇感而品尝名菜佳肴，而有的客人喜爱符合口味的家常小菜。但无论哪种宾客，他们通常都希望酒店饮食产品富有特色和文化内涵，要求原料选用准确，加工烹制精细，产品风味适口等。另外，酒店还必须保证饮食产品的安全卫生。菜点酒水质量是酒店实物产品质量的重要构成内容之一。

2) 客用品质量

客用品也是酒店实物产品的一个组成部分，是指酒店直接供宾客消费的各种生活用品，包括一次性消耗品(如牙具、牙膏等)和多次性消耗品(如棉织品、餐具酒具等)。客用品质量应与酒店星级相适应，避免提供劣质品，如一梳就断的一次性梳子、一穿就破的一次性拖鞋、一刷满口牙刷毛的一次性牙刷，都会给客人留下恶劣的印象。酒店提供的客用品数量应充裕，能够满足客人需求，而且不能只是摆设，如某些三星级酒店也提供纸制指甲锉、棉签等，即为多余。而客用品品种过多势必会增加酒店成本，最终必会损害酒店利益，影响服务质量。所以客用品配备应适度，以能满足本酒店客源需求为佳。最后，酒店还必须保证所提供的客用品的安全与卫生。

3) 商品质量

为满足宾客购物需要，酒店通常都设有商场部，而商场部商品质量的优劣也影响酒店服务质量。酒店商品应做到品种齐全、商品结构适当、商品陈列美观、价格合理等，更为重要的是要注意信誉，杜绝假冒伪劣商品，而且酒店所提供商品应符合宾客的个人喜好。

4) 服务用品质量

服务用品质量是指酒店在提供服务过程中供服务人员使用的各种用品，如客房部的清洁剂、餐饮部的托盘等。它是提高劳动效率、满足宾客需要的前提，也是提供优质服务的必要条件。服务用品质量要求品种齐全、数量充裕、性能优良、使用方便、安全卫生等。管理者对此也应加以重视，否则，就难以为宾客提供令其满意的服务。

3. 服务环境质量

常常会出现这种情况，宾客对一家酒店的印象特别好，但却说不出为什么。这种良好的印象只是一种感觉，实际上，这种感觉常常是因为受到该酒店服务环境的影响。

酒店服务质量是指酒店的服务氛围给宾客带来感觉上的美感和心理上的满足感。它主要包括独具特色、符合酒店等级的酒店建筑和装潢，布局合理且便于到达的酒店服务设施和服务场所，充满情趣并富于特色的装饰风格，以及洁净无尘、温度适宜的酒店环境和仪表仪容端庄大方的酒店员工。所有这些构成了酒店所特有的环境气氛。它在满足宾客物质方面需求的同时，又可满足其精神享受的需要。

通常对服务质量的要求是整洁、美观、有序和安全。在此基础上，对于高星级酒店来说，还应充分体现出一种带有鲜明个性的文化品位。

由于第一印象的好坏很大程度上是受酒店环境气氛影响而形成的，为了使酒店能够产生这种先声夺人的效果，管理者应格外重视酒店服务质量的管理。

知识拓展 5-1

看丽思卡尔顿的服务文化宣传

谈及酒店服务质量，一定离不开酒店的服务文化或是整个酒店文化，很多酒店管理者遇到文化建设的问题时，总是感觉理不清头绪，此时，“文化”就像一条狡猾的鱼，让人抓不住它的尾巴。

其实我们不妨先将目光投向文化建设做得好的酒店，如丽思卡尔顿，站在它的角度看酒店服务文化是如何形成和宣传的？

“一流酒店集团的文化是一点一滴汇聚而成的，没有什么高科技内涵。”原北京丽思卡尔顿人力资源总监李瑛一语道破个中玄机，“如果说还有关键要素就是领导人模范参与的榜样力量。”有个有趣的故事很说明问题：很多组织机构的领导来到丽思卡尔顿培训中心参观后赞叹说，“太棒了！实在是太棒了！我们也应该效仿卡尔顿的每日例会形式。可是因为我太忙了，我个人就不参加了，但是公司的一线人员真的应该多举行这样的培训形式。”与其截然相反的是，在丽思卡尔顿公司内无论是总裁兼首席营运官 Simon Cooper，还是一线基层员工，都必须参加每日例会。所以领导层对于酒店文化建设的积极影响是在于其行动而非语言！

“对酒店文化理念的宣传再多都不为过。”李瑛是这样解释酒店服务文化宣传的精髓的，通过与李瑛的交谈发现丽思卡尔顿主要把人力资源工作分成两部分，分别是人力资源管理和企业文化宣传。

那么，丽思卡尔顿的企业文化宣传方式有哪些呢？从哪些层面进行呢？怎样进行呢？我们将带着这些疑问进入本文的讲述重点。

“楼房盖得越高，地基越要打得深。”研究丽思卡尔顿酒店这样富有传奇色彩的酒店，你会发现它作为一名行业领袖和旗手绝非偶然，大量的文化底蕴工作深埋在酒店的“骨子”里和“血液”中。

谈到 RC(丽思卡尔顿简称)服务文化，一定要谈下它的品牌标准，RC 品牌标准分为服务标准、产品标准和服务程序标准，因为这三类标准是根据客户对酒店的期望设定的，所以决定了 RC 整体服务品质。接下来我们重点谈谈 RC 的品牌服务标准和服务程序标准。

品牌服务标准包含两方面内容，一是经过提炼后统一且共性的服务标准，如：客用区域的清洁与设施维护标准、登记入住与结账标准、客房标准、接听电话与礼貌用语标准、客人投诉的处理与反馈时间标准、厨房区域卫生标准、点餐与送餐的时间标准、各类餐饮配套设施标准、员工的服装与个人卫生标准，以及后台保障性标准，如新员工入职程序标准、部门培训制度等。二是“十二条服务准则”标准，随着当今客户的不断演变，其需求已远高于形式的服务和千篇一律的体验，2005 年开始，RC 领导者已经察觉到这个问题并开始寻求改进服务的方式，希望以此提升客户的体验，而“十二条服务准则”的产生就是在这样的背景下完成的，它给客户带去的是大量难以忘怀的体验和记忆，笔者认为“十二条服务准则”才是 RC 长期占据行业领先地位的核心因素之一。

服务程序标准(简称 SOP)是指通过 SOP 的制定和培训，使员工的服务水平能够达到 RC 的品牌服务标准要求。其中 RC 给出的 SOP 制定格式更贴近我们实际培训和操作，如表 5-1 所示。其中“原因”项的设定有助于新员工知其然更知其所以然。

表 5-1　某部门某服务程序

步　骤	内　容	方　法	原　因	希望结果
1				
2				

有了品牌标准和服务程序，接下来就需要通过 RC 的培训体系来实现服务文化的宣传。RC 的培训体系包含新员工入职培训、经理入职培训、标准服务程序(SOP)的培训、每日例会培训、跨部门服务证书培训、365 天庆典等。

RC 非常重视新员工入职仪式和培训内容，他们秉持“感受胜于言教”的观点，首先在培训师的选择上，首选影响力最大且具备良好沟通能力的诠释者；培训内容以信条、座右铭、十二条服务准则等核心文化的元素进行为期两天的培训。通过高层领导循循善诱地讲述公司的历史、价值和观念，使新员工确信自己可以为客户带来难忘回忆。在新员工入职一个月后再进行为期一天的培训回顾，培训师主要是总经理和各部总监，培训内容以回顾酒店服务理念、分享入职后感受、分享让服务理念鲜活的感受、反馈工作中的问题及建议为主，最后举行服务程序标准证书仪式。

RC 的员工内部升迁或是外聘管理人员入职，他们都需要经历经理入职培训这个环节，培训内容主要是 RC 经理人培训(内容是 RC 集团对管理者能力要求的课程)，还有部分包括尊敬绅士和淑女的原则及方法，另一核心部分是关于如何成为一名好的导师，从一开始，经理人就被告知，如果达不到这些期望，那么他们可能不适合该职位。经理人尤其受到告诫，如果他们不尊重员工、不进行人才培养或者对这项工作缺乏热情，那么他们可能很难在 RC 实现其成功的梦想。

部门标准服务程序(SOP)培训共分三阶段，第一阶段是部门推选经过“Train the Trainer”认证的部门培训员，培训员准备新员工部门培训资料(含部门组织机构图、员工岗位职责描述、SOP 及具体培训计划表、酒店产品与重要信息介绍、集团相关品牌标准介绍等)，培训员依据培训资料制定新员工培训计划；第二阶段是部门按照培训计划对新员工实施岗前培训，在 RC 内部对新员工的岗前培训周期一般为 21 天，称之“21 天培训认证”，有时候新员工可能通过第一个 21 天培训，得到了指导人对其专业能力的认证，但这毕竟不是真正对客服务的检验，为了能够体现新员工的真实水平，RC 还会聘请神秘客户参与检验，客户的反馈意见将为 RC 提供“拾遗补阙”的机会；第三阶段是酒店对部门新员工培训考核工作，除了各酒店都有的新员工技能考核、部门经理对员工工作的定期检查与交流、客人表扬和投诉、日常工作失误率和低效率表现记录等，RC 还增加了员工对客人喜好的收集与分享的能力考核。

在 RC 从上至下都坚持每日例会的工作习惯，每日例会成为员工获取希望、信息和支持的途径，例会内容有其相对固定的格式，如对公司文化价值复述，对品牌标准不断强化，及时传达公司信息，通过面对面沟通让员工增强自信心与自豪感，增近公司与酒店之间、员工与管理层之间的情感联系等。

RC 的培训亮点是“跨部门服务证书培训”，其作用是为酒店人才培养与留用提供平台；为部门间的横向服务合作打下坚实基础；为酒店节省相应劳动成本；保证服务高峰期服务质量；培养员工的工作热情和酒店团队精神。

“365 天庆典”暨员工周年庆典活动，很多酒店都能记住重要员工的生日，但却忘记了为他们庆祝工作周年。借助该机会可以再次宣传公司服务文化，RC 怎么会放过呢？于是RC 制度化地为每一位员工记录工作日并庆祝其工作周年，这就是所谓的“365 天庆典”，我们可以试想一下当时员工和满一周年、五周年、十八周年的同事围坐一席，庆祝一个令人骄傲的日子，在庆典日子接受来自大家的谢意(特别是高层)，并分享他人的故事是多么有意义。

除了以上内容外，RC 还对“板报文化”进行相应规范来配合文化宣传，如全球 RC 酒店的信息、公司信条及座右铭介绍、酒店部门及愿景目标介绍、相关培训与员工活动、品牌标准的宣传、客人表扬信内容、优秀员工事迹以及各职位空缺和员工内部提升告知等。这些板报张贴在员工通道和员工食堂的显眼位置，可以有力地辅助 RC 文化宣传。

当然酒店文化是需要整个团队共同努力和维护的。如果没有真心关注顾客需求，提供贴心关怀服务的经营理念；如果没有以身作则、率先垂范的管理团队，没有尊重员工、充分授权的文化氛围，要想让顾客经过一次体验就成为终身顾客，是很难想象的。

如果一个组织沉淀了浓厚的文化氛围，任何一个外部的人进入都会很快被感染。而没有一定文化沉淀就不要想快速复制标杆企业的管理模式。

高质量的酒店质量管理体系建立在它的文化之中，这是最难模仿的，在条件未成熟之际，我们需要着眼于实际而不是理想蓝图。

(二)酒店无形产品质量

无形产品质量是指酒店提供服务的使用价值的质量，主要包括酒店员工的服务态度、服务技能、服务方式、礼貌礼节、服务效率、职业道德和职业习惯等。一方面，无形产品的众多特性使得其质量管理的难度加大，难以控制；但同时，酒店无形产品是酒店服务质量体现的关键所在，酒店有形产品可以模仿，但酒店无形产品则能够体现出酒店的竞争优势，无形产品的使用价值被宾客使用完以后，其服务形态便消失了，仅给顾客留下不同的感受和满足程度。酒店个性化服务的体现和差异化战略的实施通常离不开酒店无形产品质量的精心打造。

1. 服务态度

服务态度是指酒店服务人员在对客服务中所体现出来的主观意向和心理状态。酒店员工对客服务态度的好坏会直接影响顾客的心情，很难想象一种恶劣的服务态度会让顾客继续购买该酒店的产品。员工无论在什么情况下都应该保持良好的服务态度，如面对一位挑剔的客人，有些服务员会认为是晦气、倒霉，而有些服务员则认为是机遇、运气。前者必然是冷漠、呆板、急躁、被动的服务态度，而后者则必然表现为热心、虚心、耐心、主动的服务态度，其结果当然也就可想而知。员工不能把自己生活中的情绪带到工作中，而是必须时时保持积极热情的工作态度，这样才能为宾客带来愉悦的心理感受，从而赢得顾客的肯定。酒店员工服务态度的好坏是很多宾客关注的焦点，尤其是出现问题时，服务态度往往成为解决问题的关键，宾客可以原谅酒店的许多过错，但往往不能忍受酒店服务人员恶劣的服务态度。因此服务态度是无形产品质量的关键所在，直接影响酒店的服务质量。

2. 礼貌礼节

礼貌礼节主要表现为员工的面部表情、语言表达与行为举止三个方面。礼节侧重于仪式，礼貌侧重于语言行动。它表明了酒店员工的基本态度和意愿。关于员工的面部表情，“微笑服务”始终是最基本的原则。希尔顿的创始人每天对他的员工说的第一句话都是：“今天你微笑了吗？”沃尔玛服务顾客的秘诀之一就是“三米微笑原则”。但是仅仅有微笑是不够的，微笑服务要与员工自身的仪表仪容相统一，对客人有发自内心的热情，辅以亲切、友好的目光，并在服务中及时与客人沟通，在客人看来才是亲切礼貌。服务用语必须注意礼貌性，在不同场合适时运用得当的礼貌用语，同时还必须注意艺术性和灵活性，必须注意语言的适时性和思想性，并且做到言之有趣、言之有神。行为举止主要体现在主动性和礼仪上，如主动让道、主动帮助、注重礼节等。

3. 职业道德

职业道德是员工在工作过程中所表现出来的“爱岗敬业”、“全心全意为客人服务”、“顾客至上”等酒店行业所共有的道德规范。只要是从事酒店行业工作的人，就必须共同遵守酒店职业活动的行为规范。职业道德是酒店服务质量的基本构成之一，员工只有具备良好的职业道德，才能真心真意地为客人服务，才能真正具备事业心和责任感，不断追求服务工作的尽善尽美，为酒店的服务质量提供保证。

4. 服务技能

酒店员工所掌握的服务技能的整体水平是酒店服务质量高低的重要体现。酒店员工不仅要具备基本的操作技能和丰富的专业知识，能够应对酒店日常的工作事务，还应具备灵活应对和处理各种无章可循的突发事件的技巧和能力。酒店服务的对象是来自五湖四海、各不相同的客人，面对顾客多样化的需求，酒店员工必须灵活运用各种服务技能，充分满足顾客的需求，使他们获得心理上的满足，提高他们的满意度。员工的服务技能是酒店服务质量的重要保证。

5. 服务效率

服务效率是指在尽可能短的时间内为顾客提供最需要的服务。服务效率是提高顾客满意度的重要因素，因此也是酒店服务质量的重要保证。顾客在登记入住、用餐、结账离店等方面如能享受酒店高效率的服务，将会使其心理上获得很大的满足感，保持愉悦的心情，从而对酒店服务质量会有很高的评价。当前很多酒店都在努力追求方便、快捷、准确、优质的服务，这就是追求服务效率的具体体现。

6. 安全卫生

酒店安全状况是宾客外出旅游时考虑的首要问题，所以酒店必须保证宾客、员工及酒店本身的安全。酒店在环境氛围上要制造出一种安全气氛，给宾客心理上的安全感，然而也不是要求酒店戒备森严，否则更会令宾客感到不安。

酒店的清洁卫生主要包括酒店各区域的清洁卫生，如食品饮料卫生、用品卫生、个人卫生等。酒店清洁卫生会直接影响宾客的身心健康，是优秀服务的基本要求，所以要加强管理控制。

酒店服务质量的内容还远远不止上述几方面，随着酒店业的不断发展，酒店服务质量会不断提升，服务质量所包含的内容也将会不断扩充和延伸，但是酒店服务质量管理的本质是不变的，其最终结果永远是不断提高顾客的满意程度。顾客满意度是指顾客享受酒店服务后得出的感受、印象和评价，也是酒店服务质量管理者努力的目标。只有不断提高酒店的质量才能获得持久的市场竞争力，目前酒店所遵循的一条规律“质量=竞争力”，充分说明了质量管理在酒店所处的重要地位。

知识拓展 5-2

优秀酒店员工应具备的十个习惯

习惯一：知道酒店的目标、价值观、信条和自己的工作范围

酒店目标要靠全体员工的努力才能实现，只有管理层知道的目标是没有“根”的目标。员工最需要知道的是酒店对自己的期望和要求，他们对这些目标的认识和理解，会直接影响酒店的整体质量，因此，每一位员工都有义务理解酒店的目标，并应该进一步知道为完成这个根本目标员工必须做的工作。

习惯二：尽量使用客人的名字称呼客人，预见并满足客人的需求，热情亲切地送别客人

使用客人的姓氏称呼客人，表达了对客人的尊重和关注。满足客人的需求是对服务的基本要求，但要做到宾至如归，就必须在实践中不断总结。要做到预见客人的需求，在客人还没有提出或客人对于额外的服务不好意思提出时，就主动帮助客人解决困难。同样，我们也要做好送客服务，只有亲切地把客人送走，整个服务过程才算结束。

习惯三：在工作时间不应使用客用设施设备，在任何时间、地点、行动都应该以客人为先

员工应该培养酒店意识，酒店意识是指酒店员工的言行举止应该有酒店从业人员的职业素质，如礼貌：见到客人打招呼、问好并主动询问客人是否需要帮忙。三轻：走路轻、讲话轻、操作轻。安静：有客人在时应该停止内部的对话和工作，转而关注客人的需求。如果在和另外的客人讲话或用电话时，应该用眼神和客人打招呼。由于工作需要乘客用电梯时，应该保持安静，不要大声和同事或其他客人讲话。回避：做客房清洁卫生时，如果住客回房间应主动询问是否打扰客人，并主动回避。礼让：在客人使用酒店公共设施时应该自觉礼让，让客人优先使用，如让客人优先出入电梯，在走廊、通道礼让客人先走，等等。方便：服务是为了方便客人，酒店服务员不应该因为正在为客人服务而使客人不便。如在清洁公共卫生间时，如果有客人使用，应该先让客人使用，然后再继续清洁。客人入住高峰期不应安排大堂地板打蜡、客人使用电梯时不应该抢先在里面打扫。应陪同客人到酒店内的目的地，而不是仅指明方向了事，等等。

习惯四：保证对与你面距三米的客人和员工微笑致意，让电话中的客人听到你的微笑

微笑是酒店从业人员的重要习惯，微笑不仅会给客人带来喜悦，而且可以化解客人的不满。我们不仅要求员工保证向客人微笑，更重要的是应使微笑成为员工生活的一部分。

习惯五：为满足顾客的需求，充分运用酒店给你的权力，寻求上级的帮助

满足顾客的需求是酒店获取利润的源泉，只要是为了满足客人的需求，员工应该运用酒店的授权解决客人的困难。如果需要的话，要积极向其他部门的同事和上级管理者寻求支持和援助。酒店管理者应该鼓励和培养这种全心全意为顾客服务的精神和勇气。

习惯六：不断认识酒店存在的缺点，并提出你的改进建议，使酒店的服务和质量更加完美

任何一家酒店都存在无数的缺点，酒店只有不断改进才能适应不断变化的竞争环境。酒店管理层应该创造一个让员工消除畏惧心理的开放环境，用对待客人投诉的态度和方式

对待任何员工的意见和建议。

习惯七：积极沟通，消除部门之间的偏见，不要把责任推给其他部门或同事

在工作场所，不要对酒店做消极的评论。当客人提意见时，员工将责任推到其他同事或其他部门，甚至推到领导身上的事例屡见不鲜。他们不明白客人考虑的不是酒店中哪个部门或哪个人应该负责，而是酒店要负责。员工这种推卸自身责任的态度会令客人更加不满，进一步损害酒店的整体形象。因此，酒店服务中内外有别是必要的，对内要分清责任，对外要维护酒店整体形象。

习惯八：把每一次客人投诉视做改善服务的机会

倾听并用最快的行动解决宾客投诉，保证投诉的客人得到安抚，尽一切努力，重新赢得客人的信任。员工必须认识到，没有一个宾客愿意投诉，员工应该把客人每次投诉看成是一次留住客人的机会，必须尽一切办法，快速回应，解决问题，再次赢得客人对酒店的信心。

习惯九：制服要干净整洁，鞋要擦亮，仪容仪表端庄大方，上岗时要充满信心

员工在上岗时精神饱满，着装整齐，充满自信，不仅表达了对客人的重视和尊重，而且能够充分展示企业的形象和管理水平。自信来自对工作的驾驭能力、满意度和相关知识，自信的员工才会有工作的自豪感，自信的员工才会得到客人的尊重。

习惯十：爱护酒店财产，发现酒店设备设施破损时必须立即报修

不爱护酒店的资产就等于增加酒店经营的成本，没有维修保养意识，不及时维修，新酒店也会很快陈旧。酒店要努力创造一个让客人惊喜的居住环境。

四、我国酒店业质量管理中存在的两大问题

我国酒店业 20 多年的风雨历程，实际上就是一个对质量不断认识、提高和完善的过程。这其中包括管理者对质量的认识和管理，也包括酒店员工所提供的服务产品的质量。从总体上看，我国酒店业对质量的认识、管理以及所提供的服务产品的质量，在服务业中还算不错的，但与国际水准相比，差距较大。

(一)顾客期望值与实际值差距较大

旧金山大学的 Hailin Qu 和香港理工大学的 Nelson Tsang 指出，顾客的期望值与实际值有较大差距。该结论是通过实证分析得出的。两位学者在调查问卷中共设置了 35 项有关服务质量的问题，请近 200 名住过北京、上海、广州三地的外国客人，根据自己所期望的服务对实际得到的服务进行评分。其中，除了员工的仪容仪表一项较好外，另外 34 项要素包括员工的热情待客、职业技能、外语水平、服务进度、客房清洁与安全、餐饮质量等均有待改进。

(二)管理水准偏低

以上的实证调查数据说明，中国酒店业的服务质量还存在不少问题，而服务质量从根本上说是管理水平和管理质量问题。正是因为酒店管理中质量意识和质量管理不到位，才导致了酒店运营过程及最后服务产品未达到质量标准。

管理水准偏低主要表现在以下三个方面。

1. 质量管理意识淡薄

不少酒店管理人员虽然口头上承认质量管理的重要性，但在行动上表现不佳。他们总是认为质量管理不是自身的管辖范围，安排几个质量监督员或呼吁一下就行了。

2. 质量管理手段匮乏

管理层对质量的重要性认识不足，因此无论在组织机构、人员保障、管理方法和管理措施上，都无法对质量实施全面的管理。

3. 质量管理过程流于形式

质量管理中只注重控制、检查，而不注重事先防范，多是在质量事故发生之后追究责任，使质量管理流于形式。这些问题说明酒店业对质量的认识较为肤浅，还停留在较低层次上，因此有必要对质量的内涵作进一步的剖析和认识。

评估练习

1. 酒店服务质量的概念是什么？
2. 酒店服务质量的内容包括哪些？
3. 酒店服务质量的特点包括哪些？

第二节　酒店服务优势的建立途径

教学目标

1. 了解优质服务相关知识。
2. 掌握酒店服务优势建立途径。

一、树立正确的服务观念

(一)优质服务——酒店赢得顾客的金钥匙

1. 优质服务的含义

“优质服务”的含义，不同的人有不同的理解，但有一点是共同的，即优质服务含有超出常规的和一般性的服务内容和服务满足。一般理解是“规范服务+超常服务=优质服务”，即优质服务是在规范服务的基础上有超乎常规的表现。规范化的服务可以使客人无法感到不满意，而超常服务则是在完成规范服务的基础上，使自己的服务效率更高，或者增加一些规范服务中所没有涉及的，根据特定情况所额外提供的服务内容。

2. 优质服务对酒店提出的要求

1) 优质服务对酒店员工的素质及酒店的管理提出了更高的要求

优质服务是全方位的，对酒店的要求也就涉及方方面面。其中最重要的两条就是酒店员工的素质和酒店的管理。它要求酒店员工所具备的种种素质足以达到酒店优质服务所提出的高要求，而对于酒店管理者来说，则需要具备高超的管理能力，能够经常拿出富有创意的策划，紧密把握酒店市场竞争的每一点动向，细微地掌握客人需求的最新变化，同时能够通过强有力的组织措施、组织手段将优质服务的高要求彻底贯彻下去。

2) 优质服务特别强调服务质量的整体性

酒店的优质服务是一个系统概念，可以说，它所构成的链条是非常薄弱的，比起一般的服务，优质服务显得更为脆弱。因为客人入住酒店时，对优质服务的期望非常高，看待任何事情总是带着挑剔的眼光。而酒店在某些事情上提供优质服务容易，但最难的是不能保证服务链条上所有的环节都保持高度的质量一致性。

3) 优质服务特别强调前后服务质量的高度一致性

提供优质服务的酒店不但强调一次服务中的优质，而且还特别强调不同层次服务前后质量的一致性。因为对于已经打出名声的提供优质服务的酒店来说，客人中常客和慕名客的比例占了很大一部分。他们或者对酒店的优质服务已经非常熟悉，或者对酒店的优质服务形象有着非常多的了解。优质服务的易扩散性特别影响酒店形象的整体维护，这里包括两个方面，一个是优点的扩散，另一个是缺点的扩散，对于能做到优质服务的酒店来说，这两种扩散的速度都是非常快的，因此酒店就要善于利用优点扩散，防止缺点扩散。

知识拓展 5-3

做好服务品质的 15 个 C

顾客化(Customization)服务品质是指使顾客满意。要做到使顾客满意，必须要了解顾客的需求与期望，然后尽力来满足他们。因此，在提供服务给顾客前一定要确实掌握顾客的不同需求，再依此来提供服务。

承诺(Commitment)对顾客所做的承诺一定要实现，而且一定要很有效率的来提供所承诺的服务。因此不可做不实的广告，公司的服务人员对顾客所承诺的事，不论是不是符合公司的规定，也都要尽力提供。

一致性(Consistency)所提供的服务要有一致性的绩效与品质，不能因时间、顾客或服务人员的不同而有所差异。亦即所提供的服务必须维持一定水准之上的好品质。

专业能力(Competence)由于我们提供好品质的服务给顾客，因此服务提供人员必须具备所需的技术、知识与专业能力，而且对于作业方法与程序要很清楚地了解与执行。

理解力(Comprehension)公司所提供的服务需要符合顾客的需求，甚至超越他们的期望，因此服务人员或管理阶层一定要有能力去理解顾客的真正需求，去体会他们的期望，这是最基本的要求。如果这一点都做不到，又如何能提供符合顾客需求与期望的服务给他们呢?

沟通(Communication)为了了解顾客的需求，必须要跟顾客充分沟通，倾听顾客的声音与意见，才能进一步去理解顾客的需求与期望。当顾客有所抱怨时，更要耐心的跟顾客沟通，为顾客解决问题。

同理心(Compassion)有时候，我们需要站在顾客的立场去体会顾客的需求与感受，才会提供贴心的服务给顾客，或迅速而妥善的为顾客解决问题。

礼仪(Courtesy)在为顾客服务时要有很好的态度，有礼貌、有热忱，而且是发自于内心的，同时，也要关心我们的顾客，甚至要跟顾客成为好朋友。

冷静(Comp)在为顾客服务时，有时候会碰到棘手的难题，或者遇到顾客发脾气，甚至不讲道理，此时，服务人员必须要冷静，才能想出好的对策去解决问题。

信任性(Credibility)公司要有好的技术能力，持续提供好品质的服务给顾客，而且有好的口碑与形象，让顾客可以信任我们。

信心(Confidence)在跟顾客接触或服务时，要让顾客对我们有信心，才会接受我们所提供的服务。当我们提供的服务让顾客满意之后，顾客对我们才会产生信心，并因而不断的有生意上门，甚至全心全意地介绍给亲友。

接近性(Contact)顾客需要我们服务时，可以很快地找到我们，甚至找到最合适的人。例如要有服务的专线、预约或交易很方便、地点适合、顾客容易到达等。

配合性(Cooperation)有服务提供的过程中，顾客也会高度的参与，而且会提出他们的需要与意见，因此服务人员要跟顾客密切的配合。同时，在提供的过程中，相关的部门或同事彼此也需要团结合作、相互配合与支援。

能力(Capability)公司要有做好所提供之服务的能力，有足够的人力、设施、空间及所需的技术能力来完成所承接之服务，且能有好的绩效与品质。

决断力(Criticalness)当顾客有重大问题或特殊需求时，服务人员要有智慧及权限去判断及做决定，而能采取最适当且让顾客满意的对策。这一点很重要，但却不容易做到。因此公司一定要对员工放权，员工才会有能力，有权力在关键的时刻对顾客的问题做到最佳的决策与处置。

(二)“客人永远是对的”——酒店服务的指导思想

这是由酒店服务与酒店经营管理的性质所决定的，它是要求酒店和酒店的服务人员站在客人的立场上思考问题，给客人以充分的尊重，并最大限度地满足客人的需要。否则将使酒店失去客人。

1. “客人永远是对的”的原因

(1) 客人是酒店效益的源泉，是酒店生存和发展的推动力，是酒店服务质量与管理水平的“督察官”，把客人的挑剔看成酒店服务质量、提高管理水平的有效方式。

(2) 有利于维护客人的自尊，缓解宾主的冲突，提高客人的满意度。最终对酒店是有益的。因为本来到达陌生地方，客人的心理往往就敏感；同时人的自尊心被伤害往往也最难愈合，因此要以客为尊，主动谦让。

(3) 可以在客人满意的基础上带来好的口碑，树立良好的酒店形象，提高品牌的知名度等。

2. 实现 “客人永远是对的”的必要行动(方法)

(1) 如果客人没有错，那么客人当然是对的；如果客人错了，只要客人的言行是合法的且不妨碍其他客人的利益，即使客人有错，酒店也应该把对让给客人。

(2) 员工要有做服务、当配角的意识和行为，努力为客人提供优质的服务。员工应具有角色意识，认定自己的角色，使自己的行为与角色相称，角色意识鲜明，不越位、不争位、不缺位、不错位。

(3) 要充分理解客人的需求，理解客人的想法和心态。给错了的客人一个体面的台阶下，给吵闹的客人一点面子，给并无恶意的客人一些体谅，给道歉的客人一份安慰，给客人充分的理解与真诚。

案例 5-2

酒店管理中服务的真正意义

酒店管理中服务真正的意义是使客人获得愉快和满意的经历，为酒店创造回头客。由于酒店的有形产品一般都伴随着无形的服务向客人提供，所以很难完全撇开有形产品来单独衡量服务的效益。也许可以这样来看，服务效益的衡量要兼顾短期和长期，以长期为主，既考虑经济效益，也考虑社会、环境效益，包括酒店的口碑与声誉。下面介绍的故事告诉我们，服务的好坏可能直接影响到经济效益。有时，这种直接影响可以利用简单的数学知识测算出来。但像故事中那位愤然离去的客人给酒店制造的不良口碑所造成的影响则是难以计算的。

一天，麦克勒酒店总台走来一位客人。他气冲冲地质问总台服务员，“哪位服务员跟我争吵。我要你决定谁是谁非？”总台服务员问他，“你要我决定什么？”客人说，“决定我们之间的争吵。你别管吵什么。你只告诉我谁是谁非？”总台服务员问：“不听一听他是怎么说就要我决定吗？”客人说，“他怎么说、我怎么说你都不用管。”总台服务员心想这人一定是酒喝多了。他耸耸肩说，“好吧。因为我对他的了解要比对你的了解多得多，要我说的话，是他对。”客人一听，掉转头回到房间，取了行李便退房离开了酒店。

在场的人中有一位名叫 E.M.斯塔特勒(1863—1928)的。他 9 岁进一家玻璃厂干活，13 岁进这家酒店当服务员，当时是酒店服务员领班，年纪还不到 16 岁。在看到这一切之后，他在永远随身携带的一本笔记本上写下了几个字。在场的另一位人是经理麦克勒，他走到斯塔特勒身边，问道，“你刚才在笔记本上写的什么？” 斯塔特勒把笔记本递给他看。上面写着：“客人永远是正确的。”

麦克勒看后说，“年轻人，你没有听一听那位服务员的意见就说他错，对他是不是太狠了一点儿？”

斯塔特勒回答说，“不，先生。我的理论是他不应该跟客人争吵，不管发生了什么。”

“嗯，这倒是一个很好的理论，但是……”

“我们失去了一位顾客，不是吗？”

麦克勒没有作答。他沉思着走了开去。一个月之后，斯塔特勒被提拔为总台夜班值日(注：相当于夜班经理)。

大家知道，斯塔特勒是美国，也是世界酒店业的开山祖师之一。今日酒店业中的许多服务以及广告促销等做法都是从他这里开始的。他对于培训特别重视，著名的康奈尔大学酒店管理系中有一幢他投资兴建的教学楼。美国早期酒店业中有一个特别的词汇叫“斯塔特勒化(Staterize)”，意思是把酒店的每一寸土地利用起来，创造经济效益。我国许多酒店不正是这样做的吗?

(三)感情服务是中国酒店服务的灵魂

1. 什么是感情服务

第一，在对客服务过程中，要突出感情的投入，倡导“把客人当朋友、当亲人、当成远道而来的贵宾”(注意：千万别提“把客人当上帝”。因为那种提法是不科学的)。使客人生活在酒店里真比在家还要温馨。

第二，要突出“想客人之所想，急客人之所急”这一服务准则，时时处处给客人提供方便，使客人足不出门就可以解决各种问题。而每一种问题的解决又都充满了人情、友善和欢快。在解决问题的过程中使客人得到了高档次的精神享受。

第三，要突出对客服务的“深度”、“广度”和“强度”，也就是说，“客人想到了，我们替客人做到；客人没想到的，我们要替客人想到而且做到”。

2. 感情服务作为中国酒店服务的灵魂的原因

第一，中国是一个具有五千年历史的文明古国，一向以“礼仪之邦”著称于世。情义二字成为我国的传统美德和民族之魂。两千年前，孔老夫子就说过：“有朋自远方来，不亦乐乎！”朋友之间的友情在古代已经成为人的品德。中国几乎人人皆知的一句格言是“黄金有价情无价”，近几年来风靡社会的是“人间自有真情在”， 因此在我国酒店倡导“感情服务”具有得天独厚的条件。

第二，感情服务是各国人民共同的需求。普天之下，人们对人性好坏、品质优劣、道德高低的认识几乎达到了惊人的一致，因而对于感情的需求也达到了高度的统一。

第三，随着市场竞争的激化和拜金主义的泛滥，人与人之间的感情更加淡化了，金钱的铜臭腐蚀着人们的灵魂。尽管兜里钞票鼓鼓的，但是“人情薄如纸”，他们是典型的“物质上的富有，精神上的贫穷”，这些人对感情的需求更是如饥似渴。

第四，根据马斯洛的需求理论，满足顾客的情感需求能够培养顾客的忠诚度。

3. 如何实践感情服务

第一，要把人情化服务贯彻到服务全过程。讲究感情的投入，真正把客人当成自己的朋友和亲人。提供“家庭式服务”，让顾客感到“宾至如归”。

第二，要大力倡导细微化服务。服务的细微化主要表现在对客服务中员工要善于察言观色，揣摩客人心理，预测客人需求，甚至于在客人未提出要求之前，我们就能替客人做到，使客人在消费中得到一种精神上的享受。

第三，突出“超常服务”。所谓“超常服务”就是超过常规服务的服务，也就是说为客人提供规范外的额外服务。这一点最容易打动客人的心，最容易给客人留下美好的印象，也最容易招徕回头客。有的学者认为这是优质服务的主要表现形式。

第四，强化微笑服务。“微笑是通向世界的护照”，“微笑是友谊的桥梁”，“微笑是美好心灵的体现”。因此，微笑服务应该是旅游酒店的最基本条件，也是感情服务的主要组成部分。

第五，在对顾客的感情服务中要特别讲究温馨的语言和恰如其分的体态语。

眼睛是心灵的窗户，语言是感情交流的工具。俗话说：“人受一句话，佛受一炷香。”见到客人，一句热情的招呼，一声诚挚的问候，会使人有宾至如归之感。若能尊称其名会更使客人感觉受到了“第一关注”。如果客人走在酒店的各个角落都能受到如此礼遇，客人会感到酒店的氛围似春风和煦，溪水潺潺。

语言也要讲究艺术，要善于“见什么人说什么话”，说出话来要使客人爱听、高兴。声调的高低，语音的粗细，都要根据不同对象加以调整。如北方人尊称长辈为“您”，而南方统称“你”。如果广州服务员这样称呼北方长者，就会令人不快。各国人又都有各自不同的素养和习惯：日本人讲礼貌，英国人很“绅士”，而美国人则活泼随便，最“挑眼”的莫过于第三世界了，必须格外小心，弄不好就会来个“种族歧视”。所以在语言的掌握上要特别强调“因人而宜”。

体态语是我国比较忽略的一点，应注重发扬。如一位客人连续进出餐厅，多次听到同一个字眼“你好”，就使人感到厌烦。反过来，服务员不断变换方式，时而问候，时而微笑，时而点头示意，便会使人感到新颖自然。再如看到客人提着行李走来，员工“紧走”几步，抢上前去提供帮助，客人就会感到这个酒店热情、殷勤、友善、助人。这时便是“此处无声胜有声”了。

(四)酒店服务质量与人的因素密切相关

员工必须具备 FITS 的特质。它们分别是：灵活性(Flexibility)、主动性(Initiative)、集体观念(Teamwork)和诚挚性(Sincerity)。为了确保员工具备以上素质，我们所有的员工在入职前都一定要经过四道门槛。他们首先要经过人力资源部门的筛选面试，接着要接受部门经理的面试，然后是驻店经理的面试，最后还要经过总经理的面试，四关全部通过了才算及格，才能够踏上酒店安排的工作岗位进行试用聘任。

(五)加强服务质量的管理能产生效益

1. 优质循环图

优质循环图，如图 5-1 所示。

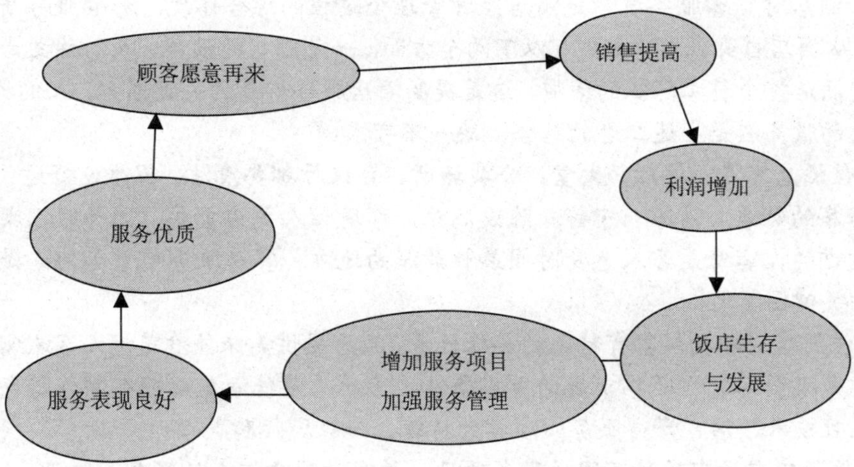

图 5-1　优质循环图

2. 服务不佳循环图

服务不佳循环图，如图 5-2 所示。

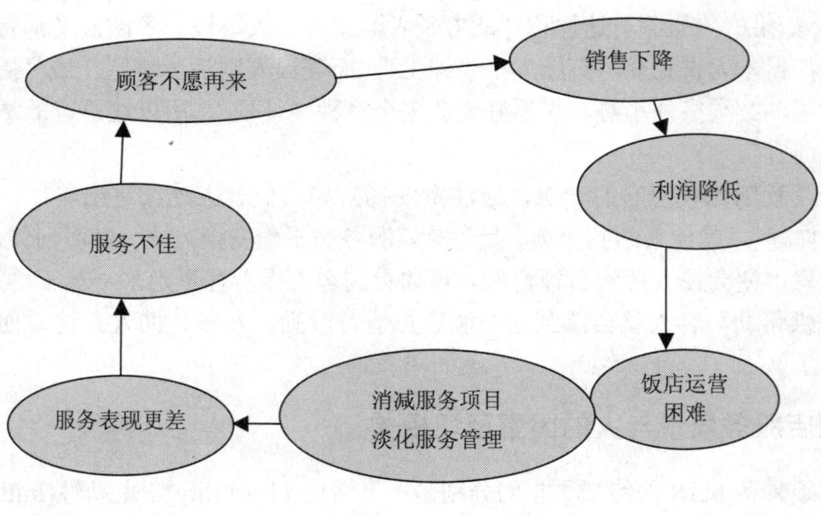

图 5-2　服务不佳循环图

知识拓展 5-4

世界最佳酒店的十条标准

以下是“世界最佳酒店的十条标准”，按照这 10 条去做，才能为客人提供最完善的服务。这种标准对我们经营现实的任何一家酒店均有启示作用。

(1) 最佳酒店要有一流的服务员，一流的服务标准。因为服务员是酒店为宾客服务的第一线人员。酒店对宾客服务质量是酒店经营管理全过程的综合体现。影响服务质量的因素有多方面，从酒店自身来看，主要有以下两个方面：一是酒店的设施，人们称之为“硬件”；另一方面是酒店整个员工队伍的素质，这是提高酒店服务质量的关键因素，人们称之为“软件”。优良的服务应是上述二者的结合，缺一不可。

(2) 最佳酒店客房、餐厅、大堂、公共场所、会议厅都要清洁。卫生、舒适、高雅、怡人，尤其客房的舒适、洁净、宁静、陈设高雅、环境怡人更为重要，因为客人大部分时间是在客房度过的，客房是客人感受时间最长最深的地方。客房服务质量如何，是客人是否下次再来的关键因素之一。

(3) 最佳酒店应能提供富有特色的美味佳肴。酒店提供美味佳肴是满足客人需求的重要方面，它亦是吸引客源、开拓市场的重要条件。为此，最佳酒店应拥有制作特色菜肴、面点的技术，且技术精湛，懂得服务心理学的特级、一级厨师和点心师。

(4) 最佳酒店应设有多种不同的服务项目，并同时注意微小的服务和陈设。 最佳酒店应包含所有酒店设施和服务项目。如应有各种等级的客房、套间、豪华的总统套房、中西餐厅、酒吧、咖啡厅、康乐中心、健身房、美容中心、健身浴池、迪斯科舞厅、音乐茶座，及独具一格的豪华餐厅、风味餐厅、室内和室外美景花园、公共服务部和商品部，还有快速职务的电脑设施，向客人提供快速开房住宿、预订及办理结账离店手续。与此同时，最佳酒店还十分重视和注意微小、细微的服务。如向客人递送信件、电报、为客人擦皮鞋，以及向客人提供显示各项服务的象形文字指南或标记。

(5) 最佳酒店应该使客人有“宾至如归”之感。 “宾至如归”和“宾客至上”(在酒店服务中客人永远是对的)不仅是酒店营业信条，同时还是酒店所出售商品的最佳象征。

(6) 最佳酒店的地理位置要十分恰当。最佳酒店的选址，一定要在商业行政中心，或是交通方便的主要风景名胜区，这是因为来到酒店的客人大多是为经商，或公务或旅游，他们需要有一个方便的地理位置。

(7) 最佳酒店应是独具特色、独具风格的一流水平的宾馆。它应在建筑设计、外部造型、内部设施、装修和陈设、饮食服务等方面富有特色。如突出民族风格、地方特色或特别现代化的时代特色等。

(8) 最佳酒店一定要注意那些微笑服务和装饰，全面做到细致服务，做到客人要求的理想的服务。注意微笑服务和装饰会使客人感到愉快和舒适，这是一所最佳酒店不可缺少的独特的项目。从客人步入前台，进行登记、开房住宿到他在大堂前台结账离店的每一项服务，都要注意微笑服务，都应使客人感到热情、方便、舒适、满意。

(9) 最佳酒店的另一标志是要有名人在那里下榻和就餐过。通常名人住过的宾馆，都及时将其拍成照片悬挂在宾馆内或保存起来，以此作为荣誉和作为最佳宾馆象征。这里所指的名人一般是国家元首，如总统、总理、主席以及政府要员(部长级以上)，或者是世界著名的艺术家、歌剧明星、大作家等。这是因为名人需要名酒店，名酒店需要名人。

(10) 最佳酒店是举办历史上最重要的宴会的场所，这也是成为最佳酒店的一个标志。由于历史或国际上有重要意义的宴会，一般也希望找个名气大的酒店作为举行宴会的场所，以便提高宴会的声誉，更能引人注目，最佳酒店能够有机会举办这样的宴会也说明自己的设施及服务达到了高水平。因此才能被选中。

二、了解宾客的需求

了解宾客的需求，是搞好酒店服务的前提，只有了解了宾客的需求，才能有针对性地提供相应的服务，才能最大限度地满足宾客的各种需求，创造出优质的服务品牌。

(一)顾客对酒店的服务需求可以分为以下两类

(1) 物质性需求。它是指顾客期望酒店为他们提供使他们感到安全、方便、温馨与生理满足的各种实物，如酒店的建筑、装饰、布置、客房设施、餐饮、商场与康乐设施等。

(2) 精神性需求。它是指顾客期望酒店为他们提供温馨、舒适的环境和亲切友好的服务以及人际关系的和谐，使他们的精神得到愉悦的各种非物质性需求，如微笑服务、感情服务、礼貌与尊重、各种文化娱乐活动等。

(二)从酒店的服务特性分析顾客的需求

1. 安全与卫生的需求

安全无小事，防火、防盗、防意外事故是酒店安全的重要内容，它是享受优质产品和服务的基本保证。只有这样顾客才能在心理上得到安全感。安全是客人最基本也是最重要的需求。“没有安全就没有旅游”，就意味着没有酒店的质量与效益。不管酒店各方面的工作做得如何出色，安全出了问题将会前功尽弃。认真做好安全保卫工作，培育全体员工的安全意识，加强消防与安全培训，完善安全设施，健全安全管理制度，加强酒店安全管理，切实有效地做好防火、防盗、防意外事故工作，确保客人生命财产安全。

清洁卫生是顾客最基本的、普遍的需求，是身体健康、生命安全的基本保证。没有卫生就没有旅游，就没有酒店服务。

知识拓展 5-5

酒店服务质量的黄金标准

所谓酒店的服务质量，就是酒店服务活动所能达到规定效果和满足客人需求的特征和特性的综合，其主要由环境质量、设施质量、产品质量和服务水平构成。

酒店服务质量的黄金标准是从客人角度出发，对酒店服务的环境、产品、人员三个方面提出的基本要求是酒店视觉形象、服务功能性以及精神享受方面最本质的标准化服务规范。之所以说“黄金标准”，一是普遍适用性，他并不是专门针对高星级酒店的服务标准，而是每个酒店在服务中应当做到并且能够做到的基本标准，反映了酒店标准化服务的精髓。二是实施重要性，让客人在整洁美观的环境中感受到亲切礼貌的服务态度，享受到安全有效的服务，这是使客人满意的必要条件和基本保证。

标准一：凡是客人看到的必须是整洁美观的。

众所周知，任何一个酒店最初都是由表面开始的，如酒店的外观、墙面、地面等，由此形成对酒店的初步感觉，既整齐清洁，美观，又给客人一种美的享受。它是酒店环境、服务气氛的基本要求，是给客人的第一视觉印象。

标准二：凡是提供给客人使用的必须是有效的。

有效是客人对酒店服务的核心需求。酒店服务的有效，首先表现为设施设备的有效。这就要求功能布局要合理。设施要配套，设备要完好，运行要正常，使用要方便。目前，我国相当数量的酒店存在以下一些问题：空调系统设计安装不合理，开关混合在一起，会议室的空调噪声大，效果差等多种现象，如总台接待服务流程，很多酒店总台设有众多岗位，分属不同部门，这就是客人办理入住手续时不得不左右移动而对客人带来了诸多不便。切实客人等候时间过长，如能采取“一站式”服务，则就会给客人带来很多方便。

标准三：凡是提供给客人使用的必须是安全的。

安全是客人的最低层次的需求，要保证客人的安全，首先要保证设施设备的安全性，比如科学的安全装修设计，完善的消防设施，有效的防盗装置，规范的设备安装等。

标准四：凡是酒店员工对待客人必须是亲切礼貌的。

员工的迈步表情、微笑服务始终是最基本的原则，但是仅仅有微笑是不够的，微笑服务，美在仪表仪态，贵在热情真诚，重在技术专业，巧在交流沟通，也就是说，微笑服务要与自身的仪表仪态相统一，同时要对客人有发自内心的热情，以柔和、友好、热情、亲切的目光，并在服务中及时与客人沟通，才能笑得自然，笑得自信，客人看起来才能显得亲切礼貌。

2. 功能完善、方便舒适的需求

顾客到店后，能够不出房或不出店就能解决衣、食、行、游、购、娱等，获取必要信息是优质服务的基本前提，酒店建筑结构布局合理、服务设施完善、服务项目齐全、服务水平高，是优质服务的基本表现。

3. 时效的需求

没有效率和准时是谈不上优质服务的，会让顾客产生不满。这是与顾客的心理、情绪及本身的时间有关的。

酒店的服务效率有以下三类。

一是用工时定额表示固定的服务效率，如打扫客房的工时、做夜床的工时等。

二是用时限表示服务效率，如等级时间不超过三分钟，电话铃响不超过三声接听电话等。

三是有时间概念。

4. 文明的需求

客人要求入住的酒店提供一个文明的环境，即包括员工的文明行为，也包括活动环境的整洁、明朗、舒畅。文明往往是给人一种总体印象的感觉，而这种印象又是由许多细小环节组成的，这就需要员工重视服务细节，讲究礼貌，文明待客。通过管理制度和服务规范严格约束；努力提高服务人员自身的文化修养。

5. 理解与尊重的需求

客人希望员工充分理解他们，包括理解客人的语言、心理、脾气、性格和习惯等，同时客人普遍希望得到应有的尊重，酒店员工礼貌规范的服务，对客人谦让的态度，文明端庄的仪表，整洁得体的着装等，均是尊重客人的表现。

知识拓展 5-6

四 个 充 分

充分理解客人的需求。客人提出的要求有时会超出酒店服务范围，只要是正当的，我们就不能说客人过分，而应当看到酒店服务还有不足之处。对此，必须作为特殊服务予以满足。确实难以满足的应当向客人表示歉意，取得客人的谅解。

充分理解客人的心态。如果客人带着某种情绪或因身体原因，在消费过程中出现过分的态度和要求，我们必须给予理解，用更优质的服务去打动客人、感化客人。

充分理解客人的误会。由于每个客人的修养、气质、社会角色的不同，有人对酒店的规定、规则提出种种非议或拒绝合作，必须与客人真诚的沟通，力求使客人消除误会。

充分理解客人的过错。遇到某些客人有意找事或蛮不讲理，不要去争辩是非曲直，必须秉承“客人至上”的原则，给客人以宽容和面子。

6. 感情的需求

假日酒店专门配备牧师，存放《圣经》。

7. 物有所值的需求

酒店应该提供质价相符的产品和服务，甚至物超所值。制定合理的价格。提供与价值相当或超过价值的产品质量。

8. 个性需求

每位客人都有自己的性格倾向、价值取向及生活习惯，因此酒店是否能够最大化从各个方面满足客人的需求也是酒店需要提高的方面。

知识拓展 5-7

客人最关心的十大问题

(1) 迅速准确的预订。
(2) 热情友好的迎接。
(3) 整洁舒适的客房。
(4) 始终如一的重视。
(5) 亲切友好的服务。
(6) 认真有效的沟通。
(7) 方便顾客的设施。
(8) 独具特色的餐饮。
(9) 令人难忘的活动。
(10) 训练有素的员工。

三、强化培训来提高员工素质

(一)培训的要求

1. 提高认识，更新观念，培养角色意识

既重技能，又重智能；既重管理者，又重员工；更应该将酒店文化与制度关于服务的各个方面的内容进行内化、规范化，形成角色意识和角色行为。

案例 5-3

女王的故事

有一天晚上，英国女王伊丽莎白开完会后，回到寝宫。她发现房门关上了。 于是，她敲了下门，她的丈夫在房内问："是谁啊？""我是女王"。奇怪的是，门竟然没开。女王又敲了敲门。"是谁啊？"她丈夫又问。"我是伊丽莎白!"女王提高了音量。谁知道这房门还是没开。女王不得不又敲了下门。"是谁啊？"她丈夫很坚定地又问了一句。这时英女王似乎想到了什么，她说了一句话，她的丈夫便满脸笑容地把房门打开了。

你知道女王说了什么吗?

2. 把握重点，注重实效

突出针对性、实用性和速成性；把标准化与个性化、系统培训与零散培训相结合；店内培训与店外培训相结合；员工发展与酒店发展相结合等。

3. 内容丰富，方法多样

职业道德、职业技能、职业知识、职业习惯、职业态度与意识的培训。

方法有讲授法、研讨法、案例分析法、管理游戏法、角色扮演法、问卷调查法、操作

示范法、参观考察法、直观教学法、出国培训法、自学指导法、交叉培训法、院校进修法与职务轮换法等。

4. 狠抓规范，形成制度

有详细的计划，并严格执行与有效监督、完善的指导。

案例 5-4

培养服务角色意识

这是几位训练有素的餐厅服务员，客人进门，主动打招呼，热情接待，殷勤服务，客人都很满意。一天，有两桌宴请，到场的都是家喻户晓的影视明星。席间，旁桌客人们起哄，而明星们也有意为整个餐厅助兴，开始表演节目，唱卡拉 OK。

服务员们开始走神了，明星们精湛的表演把餐厅里所有的人(包括服务员)的目光全都吸引过去了，大家都陶醉于其中。

——一位客人的餐巾掉在地上，旁边的人移脚踩上……

——一位客人举手示意，要求加一杯饮料……

——又有一位客人招手，还有两道菜没上来……

——门口又有两位客人进餐厅，没有迎接引位……

——一个小孩跌倒在地，哇哇哭泣，没人过问……

服务员忘记了她们的服务角色，竟变成了“观众”，心安理得地欣赏起表演来。

实际上恰恰相反，在服务的“舞台”上，任何员工都是“演员”角色，把自己的优质服务淋漓尽致地“表演”给客人看，所有的客人就是我的“观众”。通过你的“表演”给客人得到享受，用你的感情去激发客人的共鸣。在酒店的“大舞台”上，一投入工作，就应该忘记一切与服务无关的思想、情绪和活动。

一位相声演员哪怕去剧场前和家人吵了一架，他上台照样得说、学、逗、唱；一位歌手在路上丢了一件心爱的贵重物品，但上台以后仍应稳定情绪，不露声色地引吭高歌。服务员工同样如此，不能把个人的、店外的情绪带到店里来。

5. 善于激励，有效评估

有效的方法与制度鼓励员工苦练本领，创新提高，学习进步。

案例 5-5

出色的服务员

某酒店的餐厅服务员小孟便扮演了一个出色的服务角色。请看：小孟的孩子将两周岁，发高烧在家，她给孩子喂完药后，气喘吁吁赶到酒店，适逢也遇到和上述明星在宴请时一样的表演场面，她换好制服，马上进入角色。

——一位客人餐巾落地，旁边的人移脚踩上。她马上走上前去，说声“对不起”，捡起餐巾，立刻换上一块干净的……

——一位客人举手要加饮料，她马上拿起柜上的大瓶“雪碧”，给客人斟加。

——又一位客人招手，还有两道菜未上齐，她马上跑进厨房去催。

——门口又有两位客人前来进餐，她立刻迎上前去招呼，并介绍说：“今天你们赶巧了，刚好影视明星在这里荟萃，你们可以既用餐，又欣赏，机会难得。”

——一个小孩跌倒在地，她奔上去抱起小孩，边哄边唱，孩子破涕为笑。

已是子夜时分，客人散尽，小孟疲惫地倒在椅子上，但脸上露出欣慰的笑容。

(二)培训目的：提高员工素质

热爱自己的工作，具有诚实正直的品德，遵守酒店的规章制度，具备一定的文化知识和以下能力。

(1) 较强的语言表达能力。

(2) 善于交际并懂得礼貌与礼节。

(3) 讲究个人卫生。

(4) 具有良好的服务意识，态度热情，主动，善于微笑。

(5) 具有娴熟的服务技能技巧。

(6) 具有较强的应变能力。

知识拓展 5-8

酒店服务格言

微笑多一点，嘴巴甜一点。
做事勤一点，谈话轻一点。
效率高一点，行动快一点。
点子多一点，理由少一点。
脾气小一点，肚量大一点。
小事糊涂一点，人情味浓一点。
遇到困难冷静点，商业秘密保守点。
处理问题灵活点，待人接物热情点。
了解问题彻底点，工作紧张用心点。
工作方法慎重点，心胸大度宽容点。
互相学习进步快一点，公私分明赏罚现实点。

四、大力推行标准化服务

(一)含义

所谓标准化是指在经济、技术、科学、管理等社会实践中，对重复性事物和概念，通过制定、发布和实施标准达到统一，以获得最佳秩序和社会效益。在酒店服务过程中，由于存在大量重复性的劳动，所以很有必要推行服务的标准化。

酒店标准化服务是指在酒店为了满足所有来店客人都具有的共性需求所提供的标准的、统一的、符合一定规范与要求的服务，它对稳定酒店服务质量、提高工作效率具有重要作用。

标准化服务(规范化服务)有以下四个基本要点。

- 服务内容。
- 服务程序，比如宴会的上菜是有特定的程序的。
- 服务标准。
- 服务衔接。

(二)酒店服务标准化的意义(补充)

如何赢得令人满意的酒店服务质量是值得商榷的一个重要课题。为酒店服务是由一系列的行为构成的总和，并且这一系列的行为之间可以互相影响共同作用于客人，最终形成对酒店服务质量的总体评价。

在酒店的实践中，将酒店从业人员重复性的操作行为规范化进而制度化主要有两种益处。

(1) 将规范化的服务标准上升为制度化是用共同的行为标准代替了在实践中可能的因人而异的经验服务，从而在某种程度上消除了酒店从业人员因个人主观因素造成的酒店最终服务的随意性、不可预知性。众所周知，安全性是客人选择酒店的一个重要因素，稳定的、可以预知的酒店服务供给在一定程度上可以缓解对客人心理安全感的冲击。与此同时值得我们明确的是，酒店制定的服务质量标准在一定程度上也是酒店在长期的经营实践中大多客人对酒店服务期望的总体阐述和表达。

案例 5-6

清规戒律

一对日本夫妇在某新开张的酒店大堂，要求提供双人客房。总台接待小姐请这对日本客人出示结婚证件。日本客人解释说，日本人结婚没有结婚证，但在所持的护照上是有注明的，而且从姓氏上也可以得到反映(日本妇女出嫁后一般都随夫姓)。但接待小姐既不懂日语，又对眼前这位日本男客的真实身份有所怀疑。因为这位男客能说一口相当不错的汉语，又脚登一双“火炬牌”运动鞋。其实，这位男性客人正在中国某名牌大学攻读汉语唐诗硕士学位，这次在日本的妻子利用丈夫暑假，专程来华探亲并观光旅游。面对如此窘况，接待小姐们言之凿凿，举证前几日住店的法国人都是持有结婚证书的，想以此来证明所有外国人都有结婚证书。最后僵持到不得不由经理出面，才算给日本客人解决了问题。接待小姐事后还辩称，日本男客穿的是国产旅游鞋，谁能保证他不是中国人呢？第二天一早，这对日本客人便结账离开酒店。

“从上述故事中，我们可以发现，这家新开张的酒店，没有建立起包容性很强的住宿登记规范须知，即使外国人有结婚证，外出旅游也不是总带在身上的。那么，这位接待小姐的责任在哪里呢？这就引出了我想给大家讲的第二个故事。”教师继续给学员们上课。

(2) 重复性的操作行为的规范化、制度化有利于酒店从业人员在以后的实践中有不断完善的可能。令人满意的酒店服务质量是一个精益求精的追求过程，规范化的操作行为为从业人员不断的反省、改进提供了一个客观的参考依据，从而最终形成了每一位从业人员可以共同遵循的标准。

案例 5-7

不要僵硬地执行规章制度

某教授赴某地讲学，下榻一家开张不久的酒店。当时陪他进店的有当地一分管酒店业的领导。在大堂总台接待处，很快就办理好了入店手续。当地领导腰间 BP 机提示有急事，暂时离去。

教授来到所住楼层服务台。服务员事先得到通知，将有一位酒店管理专家入住，但面对教授仍然照章办事，收取了教授客房钥匙的押金。教授感到有些意外，但依然从命。教授进客房正欲坐下休息，服务员又敲门进来说请教授到服务台填写登记表。教授回答说一会儿下楼时会补登记的，服务小姐们不肯离去。教授不得不再次强调："我洗过脸后，会去登记的。"

(3) 酒店服务质量的规范化、制度化是有其现实意义的，但这并不意味着酒店服务工作的机械化。规范化、制度化的本身是为了更好地满足普遍的客人对酒店服务的期望，并在赢得客人满意的同时最终赢得酒店的经济效益和社会效益。在实际中，虽然客人在相当大的层面上有其共同的需求标准，但不同的客人对酒店服务的现实需求的期望值是围绕着酒店制定的服务质量标准上下浮动的曲线。

因此，这就在实践中客观地要求酒店从业人员应具备必需的判断能力，从而使酒店最终的服务质量在制度化和不确定性的客人现实需求中寻找完美的平衡。

"建立服务规范，是对客人进行最有效服务的基础。服务工作在不同的时间、不同的对象上有高度的重复性，而规范就是使这样的重复有章可循。"某教师正在给学员们上课。他给同学们讲述了一家新开业不久的酒店，因没有建立良好的服务标准，或者说规范化体系不健全，给接待服务造成了困难的故事。

案例 5-8

真正的优质服务

一天晚上 19:00，韩国客人金先生入住某酒店，办理手续后，行李员将客人引进房间，按服务规程想给客人介绍一下酒店设施，金先生却对他说："没事了，我想休息一下。"行李员忙向客人告辞离开了房间。金先生想着已经与几个重要客户预约好在 20:00 开始的宴会，想先洗个澡，洗去旅途的疲乏。他在卫生间，正准备放水时，却听到门铃声，金先生犹豫了一下，连忙跑出卫生间，对着房门说："请等一下。"然后以最快的速度穿好衣服，开了门，却发现一个客房服务员站在门口，对金先生说："你好，先生，这是我们酒店的欢迎茶。"客人看着放在盘子里沏好的茶和小毛巾，却一点也没有乐于接受的样子，只说了一句："放在桌上吧。"然后看了看手表，问服务员："还有什么事吗？"服务员说："没有了，希望你居住愉快。"然后告辞而去。金先生等服务员离开后，到卫生间放好水，脱了衣服正准备进浴缸，却又听到三声门铃响。金先生只好又穿好衣服打开门，看到一位行李员正微笑着站在门口，对金先生说："这是今天晚上的报纸，祝你居住愉快。"金先生叹叹气收下了报纸。刚过一会儿，门铃又响了……

分析：这位服务员严格按照酒店标准化的服务内容进行服务，但这还是标准化服务吗？

(三)标准化服务的注意事项

(1) 酒店服务的标准化应具有科学性，既要有定性标准又要有定量标准。即酒店的各项标准必须以科学、技术和实践的综合成果为基础，把标准的目标定在一个合理的水平上。

案例 5-9

要有规范的服务程序与动作

一台湾团，入住一宾馆，旅游后晚上 8 点，回宾馆用餐。餐厅等待了很久，客人一入座，服务员很快把菜端上，不一会儿客人就有意见，说服务员急匆匆的将菜端上，由于放菜的速度太快，客人误认为是“甩盘子”，不欢迎他们，而且上得太快，客人来不及吃，很快就冷了，引起客人不满。经调解，服务员向客人道歉。过一会儿，客人又不满了，说服务员一点规矩也不懂，把盘子都摞起来，服务员说看到菜太多，摆放不下，又是普通团队用餐，所以就把新上的菜放到客人吃过的盘子上。台湾客人对此不满。经餐厅经理的道歉，又送客人水果饮料，才平息。

说明：服务程序和服务动作的规范与否直接关系到服务效果。上菜时，要保持菜肴温度和标准。上菜时间间隔，菜与菜间的间隔要规范操作。放盘要标准。

(2) 酒店服务标准具有严密性。即在酒店运转的每一个环节，哪怕是极小的一个环节，都要规定明确、详细的标准，否则就会出现管理或服务的“真空地带”及相互扯皮的现象。

(3) 酒店服务标准的协调一致性。即服务标准与各方面的标准与利益相协调。

(4) 酒店服务标准的实用性。标准要切合酒店实际，简便可行。便于操作。

(5) 酒店服务标准的经济性。不可因标准的实施而大幅度增加成本，减少收益。

(6) 建立健全酒店服务标准体系，加强酒店服务标准化管理。

知识拓展 5-9

中国大酒店的服务项目

我们的员工经验丰富，可为客人的需要，提供多种类型的服务及设施。如果本处未列出您需要的服务，请与我们联系，我们将尽可能满足您的需要。

- 24 小时客房送餐服务
- 机场礼宾服务
- 机场接送服务
- 护婴及托儿服务
- 商务中心
- 租车服务
- 雪茄店
- 市内穿梭专车接载服务
- 免费擦鞋服务
- 会议设施
- 快捷入住及退房服务
- 残疾人士设施
- 花店
- 外币兑换柜台
- 精品店
- 理发／美容店
- 待客休息室
- 洗衣服务
- 非吸烟客房
- 停车设施
- 照片冲洗服务
- 邮寄/包裹速递服务

- 酒店保险箱服务
- 商场
- 出租车及豪华轿车服务
- 旅行社及导游服务

(四)酒店服务质量的规范化、制度化内容

(1) 具体的操作步骤、要求。
(2) 现实操作质量的记录。
(3) 反馈评估。
(4) 分析总结。
(5) 修订实施。

五、坚持多样化与个性化服务

(一)个性化服务与标准化服务的关系

1. 服务的个性化源于标准化又高于标准化

要达到服务个性化的要求，首先要有很好的标准化服务作为前提和基础。没有规范服务的基础而去奢谈个性服务，无疑是舍本逐末，缘木求鱼。而如果只停留和满足于规范服务，不向个性服务发展，酒店(尤其是高级酒店)的管理和质量是很难上台阶的。其次个性化服务是标准化服务的延伸。

2. 酒店星级不同，其服务的标准化与个性化侧重点不同

个性服务和标准服务，对不同级别酒店的要求也是不一样的。一般来说，低星级酒店注重规范服务，打好基础，然后在这个基础上进行个性服务。高星级酒店则应侧重于强调个性服务，努力做到优质、高效，提高酒店服务质量，从而增强产品的竞争力。

3. 个性服务的后标准化

标准服务向个性服务发展，随着整体服务水平的提高，一些比较成熟、有规则的个性化服务的内容可以纳入标准服务的范畴，即个性服务的后标准化。在此基础上，再发掘新的个性化服务，使酒店服务不断提高。

现在旅游者越来越重视个人意志，对酒店服务的需求越来越趋向于个性化、多样化，这就需要酒店在大力推行标准化服务的同时，积极提供多样化、个性化服务，这对档次较高的酒店尤为重要。

(二)含义

个性化服务又称为定制化服务，是指酒店为了满足不同来店客人所具有的个性需求所提供的针对性服务。超越了一般性、标准化服务，提供满足不同客人需求的服务是酒店服务的另一个部分。多样化服务和个性化服务对营造酒店忠诚顾客、追求企业长远利益具有重要影响。

个性化服务更能让客人惊喜快乐，个性化服务对于酒店，尤其是高星级酒店提高客人回头率，增强酒店竞争力等有重要意义。酒店个性化服务已经成为酒店业向纵深发展的航

标，成为高星级酒店强化自身品牌形象的强大动力。

(三)个性化服务(定制化服务)的几个方面

1. 超常意外服务

超常服务是指超出常规的方式为满足顾客偶然的、个别的、特殊的需求而提供的例外服务、意外服务。这种服务一般可超出客人的期望，给客人一份意外的惊奇，最容易给客人留下美好的影响，也最容易赢得客人对酒店的青睐。

案例 5-10

用“心”服务

1992 年的一天，丽都酒店客房部员工史良在给一位香港客人做房时，发现客人枕过的两个枕头中间有一道折痕。细心的小史想：为什么两个枕头同时都出现一道折印呢？她分析了半天认为，这只有一种可能：客人嫌枕头矮，把两个摞在一起同时对折使用。当她确认自己的判断以后，便把想法告诉了领班和主管，经领导批准，小史给客人多加了两个枕头。晚上客人回到房间，发现床前多了两个枕头，顿觉奇怪：“我没跟任何人讲过，他们怎么知道我嫌两个枕头矮呢！”他要探个究竟。第二天，客人没有外出，专等服务员做房。当他见到小史劈头便问：“你为什么把我的两个枕头换成四个枕头？”史良吓坏了，连连说道：“对不起，先生，实在对不起。如果您不喜欢，我马上撤掉，您看好吗？”客人看到服务员的紧张情绪，马上笑了：“不是，小姐！我是说，你们怎么知道我嫌两个枕头矮？”小史如释重负，就把她思考的前前后后一一道了出来。客人边听边想，脸上由白变红。当小史说完全过程，他再也抑制不住自己的激动，抢前几步，紧紧握住史良的手说：“小姐，您在用‘心’为客人服务！……”

2. 整体服务与补位服务

(1) 含义：酒店的每一项服务都是酒店的代表，都是酒店整体满足顾客需求的一环，因此各部门、每一个环节、每一位员工都要密切配合，共同努力，确保服务整体达到最佳。

补位服务是指在服务过程中，出现服务疏漏，发生服务不足、不当或不周到时，任何员工都要及时地、快速地弥补服务不足。服务人员应有很强的补位意识，重视服务恢复，及时弥补服务的不足。

案例 5-11

兑 换 港 币

一辆的士在江苏南通大酒店的店门口刚停住，酒店拉门员小陈主动迎上前去开车门，但坐在车内的一位香港客商并不急着下车。他手里拿着一张一百元面额的港币，等待司机找零钱。

司机说：“请您付人民币或外币兑换券好吗？我们不收港币。”

拉门员小陈便问司机：“车费一共要多少？”

司机回答说："人民币56元就够了。"

当时小陈身穿制服，口袋里没有钱可以付。他本来心里想自己又不是管换钱的，管我什么事，后来又想到这事涉及酒店声誉，于是他便请客人坐在车内稍等片刻，然后急忙奔到总台说明原委，由他个人担保向总台暂支人民币60元付清了车款，然后有礼貌地对客人说："等您办好入住手续，兑换人民币以后再还我不迟。"客人感到满意大步走进了酒店。

评析：每家酒店员工都应该有助客人为乐，急客人之所急之心。拉门员小陈本身的工作职责虽然不是货币服务中心管兑换外币，但他懂得客人是上帝，当客人有困难，应当主动设法帮助解决，如果用"不"、"我不是……"、"我不会"、"没有"等这类的否定句是犯忌的。

此外，从外币兑换处收银员的所作所为中，可是得到下面的启示：为客人提供优质服务，远不能仅仅停留在微笑的表面，而应该体现在更深层次的内涵上面。这种内涵就是"急客人之所急，想客人之所想"，帮助客人解决实际困难。

在酒店行业大力提倡超值服务的今天，决不能轻易地拒绝客人，就是婉言拒绝也不足为取。酒店员工应该牢牢树立"客人的需要是我们根本的服务项目"思想，哪怕有困难和麻烦，也应该尽全力用诚实、高效的超值服务去赢得我们的皇帝——住店的客人。

(2) 方法。关键是酒店各部门和每一位员工都具有整体意识和主人公精神，能够具有团队精神和合作精神。要加强交叉培训，增强员工之间的理解和补位能力等。

3. 微笑服务

(1) 酒店的微笑具有永恒的魅力，是信赖之本，是友谊的桥梁，是美好心灵的体现，是通向世界的护照，"微笑，它不花费什么，但却创造了许多成果。它丰富了那些接受的人，而又不使给予的人变得贫瘠。他在一刹那间产生，却给人留下永恒的记忆"。微笑服务是一种力量，它不但可以产生良好的经济效益，使其赢得高朋满座，生意兴隆，而且还可以创造无价的社会效益，使其口碑良好，声誉俱佳。微笑服务是一种魅力，它可以对他人"一笑值千金"，是一道令他人赞不绝口的"美味佳肴"。收到"笑迎天下客，满意在我家"的效果。微笑，已成为一种各国宾客都理解的世界性欢迎语言。世界各个著名的酒店管理集团如喜来登、希尔顿、假日等有一条共有的经验，即作为一切服务程序灵魂与指导的十把金钥匙中最重要的一把就是微笑。美国著名的麦当劳快餐店老板也认为："笑容是最有价值的商品之一。我们的酒店不仅提供高质量的食品饮料和高水准的优质服务，还免费提供微笑，才能招揽顾客。"

微笑服务是酒店接待服务中永恒的主题，是酒店服务一刻不可放松的必修课，"缺乏服务员美好的微笑，就好像春天的花园里失去阳光与春风"。

(2) 方法。酒店员工的微笑永远属于顾客的阳光，不要因为客人的态度，让微笑消失，我们更应该用热情、主动的服务，消除客人的不快。我们与客人所处的角度与位置不同，无论顾客用何种态度回应我们，我们都不能让微笑消失。这就是得益于平时的训练和心态调整。始终保持热情服务的态度，让客人感到满意。

案例 5-12

正达开元大酒店“微笑服务”

不要因为客人的态度，让微笑消失。

在初入酒店时，入职培训中，酒店肯定会强调服务过程中的“微笑”。大专实习生小张，也一样。他知晓了服务需要面带微笑，在上岗后的前几天，她都面带微笑向客人问候，为客人服务。领班正想借机表扬她时，突然发现，小张脸上的微笑不见了。小张的回答是：遇到客人，我都非常热情的问候，可是有些客人理也不理。他们不理我，我也觉得没意思。

这是新员工当中存在的普遍问题，小张是知晓了微笑在服务过程中的重要性，停留在表面的状态，没能真正理解，以至于在运用过程中产生错误的思维。所以这也是酒店为什么拿最基础的要求不断提醒我们员工的原因。

案例 5-13

“微笑运动”的实行

站在经营者的立场，最大的心愿，无非是希望创造更佳的业绩，因此，当麦当劳内部员工充分了解到“微笑”的重要性后，就能创造快乐的工作环境，所以，当外部顾客在受到欢乐情境的感染，需求获得满足后，就会增加来店消费的次数，因此“欢聚欢笑每一刻”也就成为麦当劳对顾客的承诺之一，也将是未来麦当劳在业界中不可取代的竞争优势。快乐的工作环境可以创造麦当劳，相信快乐的工作环境是可以被创造的！推行“微笑运动”的目的，希望创造一个优质欢乐的工作环境，同时对内部的员工和外部的顾客产生正面的作用，针对“微笑运动”推行时的计划及想法，可分成以下三部分说明，机会点(Opportunity)：麦当劳将“微笑运动”视为创造新世纪营运优势的机会点，让顾客在享用美食之外，更能够得到与众不同的愉快用餐经验。目的(Objective)：增加顾客的来店次数。策略方向(Strategy Direction)：多元化的产品(Variety)，关怀儿童(Care for kids)，对社区的承诺(Committed to Community)，“微笑运动”。

酒店员工要把发自内心的、自然的、真诚的、带有感情色彩的、温暖的微笑带给顾客，是健康的性格，乐观的情绪，良好的修养，坚定的信念等几种心理基础素质的自然流露。它包含着丰富的精神内涵和微妙的情感艺术：热忱、友谊、情义、信任、期望、诚挚、体谅、慰藉、祝福……是真诚的微笑，不是讨好的媚笑；是发自内心的微笑，不是暗含讥讽的嘲笑；是轻松自如的微笑，不是皮笑肉不笑的干笑。

要“朱唇未启笑先闻”，要适度地、适时地、一定距离地，“冷”与“热”适宜的微笑。

创造争做“微笑大使”的氛围；杜绝计划经济条件下的那“一张职业面孔”，将微笑作为一种必备的职业行为、职业习惯。

当员工表现突出时，我们的管理人员在第一时间给予表扬。

我们在员工更衣镜上等后台区域，贴着一个个俏皮的微笑。

我们的管理人员时刻保持着“笑容满面”，达到言传身教的效果。

保持员工间的互帮互助氛围；只有热爱生活、热爱顾客、热爱自己工作的人，才能保持并永久拥有那种落落大方而又恬静优雅的微笑服务。

组织员工业余活动，创造快乐的氛围。

让我们永远记住并付诸实践那句名言：“你今天对客人微笑了没有？”Don’t forget to smile.

案例 5-14

完美微笑配方

在诸多细节上对微笑一一做了界定——从每个牙齿的大小和宽度，到牙齿整体的弧线、颜色和形状以及露齿的总体宽度。研究者推荐，完美的微笑应当是藏起牙龈，露出洁白牙齿，盖住下牙，而且让双唇处于恰当的角度。

人们观察一个微笑首先留意到的是牙齿的颜色。现在很多人都喜欢漂白牙齿，漂得过于不自然。牙齿的颜色应当是跟眼白一样。如果牙齿太白，就会夺去眼睛的光彩。

案例 5-15

微笑的魅力

在内地一家酒店，一位住店台湾客人外出时，有一位朋友来找他，要求进他房间去等候，由于客人事先没有留下话，总台服务员没有答应其要求。台湾客人回来后十分不悦，跑到总台与服务员争执起来。公关部年轻的王小姐闻讯赶来，刚要开口解释，怒气正盛的客人就指着她鼻子尖，言辞激烈地指责起来。当时王小姐心里很清楚，在这种情况下，勉强作任何解释都是毫无意义的，反而会招致客人情绪更加冲动。于是她默默无言地看着他，让他尽情地发泄，脸上则始终保持一种友好的微笑。一直等到客人平静下来，王小姐才心平气和地告诉他酒店的有关规定，并表示歉意。客人接受了王小姐的劝说。没想到后来这位台湾客人离店前还专门找到王小姐辞行，激动地说：“你的微笑征服了我，希望我有幸再来酒店时能再次见到你的微笑。”

4. 细节服务

细节决定最后的胜利，因为一般的、明显的服务谁都能做到，也无法真正打动顾客，只有细致入微的细节服务才给顾客留下刻骨铭心的印象和感受。

近来流行细节管理，提倡关注服务细节。不论是经营者、管理者还是服务者都应该注意到细节管理和服务细节的基础是服务规程和程序，一个没有站在客人立场上去设计的P&P(政策与程序)或 SOP(标准运作程序)，是不可能关注细节的，也就不可能真正满足客人的需求。由此我们得出结论：满足客人真实需求的服务就是优质服务。这也是优质服务的本质之一。“千里之堤，溃于蚁穴”这句名言更具有现实意义。

案例 5-16

一杯白开水

一位客人来到西餐厅吃早餐，没有取任何软饮料，只是向服务员要了一杯白开水。服务员端白开水上桌时，客人正在接电话。只见接完电话的客人进餐的速度明显加快，显然客人急于离去。这时作为一名优秀的服务员应该想到：

(1) 客人提出服务需求“一杯白开水”，一定是不能或不想喝其他的饮料；

(2) 接电话前后的反差则反映出客人急于离去。那么试想：客人直接喝白开水的话就会烫着，急于离去而不喝的话客人需要白开水的需求就没有得到满足。这时不是我们没有满足客人的需求，我们满足了——给他提供了他所要的，但是“一杯白开水”的提供仅仅是客人显性需求的满足，客人随之表现出的隐形需求或潜在需求(既要很快离去，又要顺利地喝到自己真正需要的无味的白开水)则不易被服务人员关注到。服务人员此时若是主动地递上一杯冰块，并礼貌地告知客人“可以加上一两块冰块，这样会凉的快一点”时，客人的惊喜和感激之情一定溢于言表。而如果服务员一味地根据客人的指令(显性需求)去完成服务的话(严格执行服务规程)，最多只会带来满意，绝不会惊喜。这也就是不仅要满足客人的需求，还要满足客人真实的需求。

以上案例说明什么？客人需要什么服务，就去提供什么服务；当然要于情、于理、于法。客人不需要的服务，有必要去主动提供吗？提供服务任何时候都应该因人而异、因事而异、因时而异，具体问题具体分析、具体问题具体解决，绝不提供客人不需要的服务。

5. 超前服务

未等顾客开口，就能预知顾客的需求，及时主动地提供服务。预测宾客需求，要在宾客来店之前；满足宾客需求，要在宾客开口之前；化解宾客抱怨，要在宾客不悦之前；送给宾客惊喜，要在宾客离店之前。正因为其具有超前性，能给客人带来更强烈的欢悦，甚至终生难忘。

案例 5-17

小孩睡着以后……

一天中午，某四星级酒店的餐厅来了六七位客人，他们有说有笑，其中一位女士还带了一个3岁左右的小孩。服务员小李把客人们引到10号台。点完菜，客人便开始用餐。那位小孩吃了一会儿，就躺在妈妈的怀里睡着了，没办法，那位女士只好抱着熟睡的孩子用餐。餐厅领班小黄发现了这个情况，就走了上去，问：“这位小朋友是不是睡着了？”那位女士说：“是的，怎么啦？”小黄确知自己的判断没错，马上接着说：“小朋友既然睡着了，就让我抱到我们经理的办公室去睡吧。那里有空调、沙发，小朋友可以睡得比较舒服，而且不容易感冒，您也可以轻松地用餐，您看怎么样？”

那位女士听后非常高兴地将孩子交给了小黄。说：“小姐，您想得太周到了，谢谢您！”用过餐，客人从小黄手上接过孩子说：“您这里的服务真好，我们下次一定再来！”然后愉快地离开了餐厅。

分析：想客人之所想，急客人之所急，预见客人需求并予以满足，这是服务质量高、服务到位的一种重要表现形式。我们都知道抱着一个熟睡的孩子吃饭是什么感觉，当然即使领班小黄没有帮助客人解决问题，客人也不会认为该酒店服务不好或投诉酒店。但当小黄为客人解决了难题，酒店给客人留下的印象恐怕就会非常深刻，一个回头客也许就由此产生了。

6. 更灵活性的服务

一流的服务应该在规范地基础上创造性地、灵活地处置各种意外情况。

案例 5-18

小龚的迷茫

服务员小龚第一天上班，被分在酒店主楼 12 层做值台，由于她刚经过三个月的岗位培训，对做好这项工作充满信心，自我感觉良好。一个上午的接待工作确也颇为顺手。

午后，电梯门打开，“叮当”一声走出两位港客，小龚立刻迎上前去，微笑着说：“先生，您好!”她看过客人的住宿证，然后接过他们的行李，一边说：“欢迎入住本酒店，请跟我来。”一边领他们走进客房，随手给他们沏了两杯茶放在茶几上，说道：“先生，请用茶。”接着她又用手示意，一一介绍客房设备设施：“这是床头控制柜，这是空调开关……”这时，其中一位客人用粤语打断她的话头，说：“知道了。”但小龚仍然继续说：“这是电冰箱，桌上文件夹内有 ‘入住须知’ 和 ‘电话指南’ ……”未等她说完，另一位客人又掏出钱包抽出一张面值 10 元的外汇券不耐烦地给她。霎时，小龚愣住了，一片好意被拒绝甚至误解，使她感到既沮丧又委屈，她涨红着脸对客人说：“对不起，先生，我们不收小费，谢谢您!如果没有别的事，那我就告退了。”说完便退出房间回到服务台。

此刻，小龚心里乱极了，她实在想不通：自己按服务规程给客人耐心介绍客房设备设施，为什么会不受客人欢迎。

评析：小龚对客人积极主动的服务热情首先应该充分肯定，她按服务规程不厌其烦地给客人介绍客房设备设施，一般说也并不错(客人给她小费，本身也包含了对她服务工作的肯定，说明她所做的工作并没有错。)但是，服务规程有个因人而异灵活运用等问题，对服务分寸的掌握也有个适度的问题。这样来看，小龚对两位港客太地道的服务确有欠妥之处。

显然，将客房的常用设备设施甚至普通常识详细介绍绝非初涉宾馆的档次较高的港客，是大可不必的，特别是当人已显出不耐烦时，还是继续唠叨，那更是过头了，也太死了，会让客人感到对方以为他们未见过世面而在开导他们，使其自尊心受到挫伤，或者误解服务员是变相索要小费而看不起她，从而引起客人的不满和反感，好心没有办成好事，这是满腔热情的小龚始料未及的，其中蕴含的服务技巧问题，值得酒店同行沉思和探讨。

7. 感情服务

感情服务是我国酒店服务的灵魂。酒店员工只有把自己的感情投入到一招一式、一人一事的服务中去，真正把客人当作有血有肉的人，真正从心里理解他们、关心他们，才能使自己的服务更具有人情味，让客人倍感亲切，从中体会酒店的服务水准。印度的圣雄甘地曾说：“什么是神？爱就是神，因为爱是一种力量，爱从哪里来？从服务中来，服务就是力量，服务就是神”。

案例 5-19

用“感情”服务

当年，斐济国总统访华，在他访问其他几个城市后来到上海下榻锦江酒店。这位身材高大的总统有一双出奇的大脚，在前面几个城市还没有穿到一双合脚的拖鞋。此刻，当他走进锦江酒店的总统套房，一双特大号拖鞋端端正正摆在床前，总统穿上一试，刚好跟脚。

不由得哈哈大笑，问道："你们怎么知道我脚的尺寸的？"服务员答道："得知您将来上海，下榻我们锦江，我们特地定做了这双拖鞋，您看可以吗？"……当总统离开时，这双鞋也被带走了。

8. 家庭式服务

应创造一种家庭式的服务氛围，使客人感到身在酒店就如同在家一样亲切、自然、温馨、舒适和方便。

案例 5-20

家庭式服务

去年我去内蒙古出差，住在海拉尔的贝尔酒店。午休时服务员小伊看我开着房门便进来问候："您今天太累了吧，岁数大还要多注意休息。"一回头，她看到我放在电视机上的冠心病药山海丹，便说："您该吃药了吧？"我说："不忙。"她说："我把水给您晾上吧！"我说："不用，一会儿自己来。"就在这个时候，我看到服务员转过身去，手拿两个茶杯，把其中一个倒上半杯开水，用两只手轻轻给我折，水从左手杯倒到右手杯，再从右手折到左手，我看着看着，视线不禁模糊了。心想：我有两个女儿，我吃了5年药，孩子们从来都没给我折过水，但服务员小伊却做到了，真比自己的女儿还亲哪！我眼里充满了泪水……。后来我暗暗下决定，无论走到什么地方，都要把贝尔酒店的深情厚谊介绍给大家。

9. 满足癖好的服务

这是比较有规范、有针对性地个性服务。酒店建立团体和个人的客史档案，记录储存旅游者的癖好需求，并传递到各接待部门、接待点和接待人，以确保服务过程中地"投其所好"。

10. 超值服务

案例 5-21

超 值 服 务

记得在南京金陵酒店暗访时，有这样一件事：一天，我房间来了一位朋友，茶杯不够，我就给房务中心打电话，要求送个茶杯。一分半钟，听到服务员敲门声："对不起，先生，打扰您了，您要的茶杯我给您送来了。"我道谢后，表示满意。然而服务员又说："顺便我又多给您带了几包茶叶，您留着用！"我一愣，心想想得真周到！接着服务员说了第三句话："我又给您打了一暖壶开水，如果您用，我就放在这儿，"他用眼扫了一下桌面："如果现在不用，我先拿回去，用时您再给我打电话。"我不禁拍案叫绝，情不自禁地说："真棒，不愧是金陵酒店！""棒"在哪儿？我要了一个茶杯，我想到了，他们做到了，这仅仅是使客人满意。但是我没想到茶叶，他们替我想到了而且拿来了，我就十分满意了。妙就妙在第三句，我根本没考虑到暖壶问题，但他们却在想，多了一个人，肯定茶叶、水都需要增加，于是多打了一壶开水。当服务员发现房内桌子较小而且上面布满了文件，一旦放个暖壶在上面会影响办公时，又说出了第四句话："如果现在不用，我先拿回去，用时您再给我打电话。"在这短暂的"真实的一刻"中，充分体现了金陵酒店对客服务的无微不至，员工把细心、爱心、诚心都献给了客人，使客人获得了无与伦比的超值享受。这就是服务中的深度和广度。

在酒店实践中，赢得令人满意的酒店服务质量的关键在于将从业人员重复性的操作行为规范化的基础上进一步明确为制度化，并要求从业人员在处理不确定的客人实际需求中，合理地、灵活地寻求平衡。与此同时，在这一过程中应始终贯彻优质酒店服务的真谛：微笑、真诚、友好、诚实、细致和用心。

评估练习

1. 酒店服务优势建立途径有哪些？
2. 什么是酒店标准化服务？

第三节　酒店服务质量评价体系

教学目标

1. 了解酒店服务质量评价的准则。
2. 掌握酒店服务质量的评价主体。

一、酒店服务质量评价的内容与范围

(一)酒店服务质量的内容

酒店服务质量的内容是酒店服务质量评价的核心内容。虽然服务质量的硬件组成部分因酒店实际情况和客人需求有所差异，但毕竟有现实客观的衡量标准。而服务质量的软件组成部分则因依赖于服务提供者的个体差异和接受方的主观体验而很难进行客观量化。因此，酒店服务质量评价的关键在于考察酒店服务是否遵循标准程序。对于酒店各项服务而言，其服务质量标准是早已制定好的，并希望每一位服务人员都能遵守这些既定规则。服务质量标准作为酒店质量体系中的前提，为酒店服务质量评价提供了依据，并将通过评价来确保其执行。

(二)酒店服务过程

评价酒店服务的过程，即考察酒店服务中的各项环节顺序是否恰当，目的在于保持活动的逻辑顺序和对服务资源的协调利用。以服务员打扫房间为例，服务员应该先打扫走客房还是住客房？酒店服务工作的各项作业流程如何？通过对酒店服务过程、作业流程的规定与评价，可以发现和改正服务工作中的协调与行动顺序上的问题，并不断提高服务质量。

(三)酒店组织结构和酒店服务结构

对酒店服务而言，评价酒店组织构成以及酒店服务本身的结构，要看有形设施和组织设计是否充足。有形设施和设备只是结构的一部分，人员资格和组织设计也是重要的质量

因素。以餐饮部各班组为服务的活动单位为例，卫生、清洁、高档的餐具可以提高餐饮服务的质量。更重要的是，在各班组中开展评比与竞争，将激励机制引入其中，使每一位服务人员都产生工作压力，才有利于保证与提高餐饮的服务质量。

(四)服务结果

服务结果是酒店服务质量评价的重要范围之一。服务结果不仅是客人评价酒店服务质量的重要方面，也是酒店进行服务质量管理的主要内容。酒店服务质量评价所考察的酒店服务结果包括“酒店服务会导致哪些状况的改变？”“顾客满意吗？”等涉及酒店服务最终结果的问题，例如餐桌上要求顾客评价服务质量的卡片。顾客投诉是反映质量结果的有效指标之一。投诉数量的增加一定说明服务质量在下降。通过跟踪这些指标(如投诉率)，就可以监督服务质量的变化。

(五)酒店服务质量影响

酒店服务质量影响是酒店服务结果的后续，换言之，它是酒店服务结果的延伸，因此也是酒店服务质量评价的重要范围。酒店服务质量评价是从两个方面考察服务质量的影响。一方面是酒店服务对客人的影响，这是酒店服务最直接、最重要的影响。例如通过客人的回头率可衡量酒店服务质量的优劣。另一方面是对酒店服务易获性及其对酒店社区公众的影响。一家提供优质服务的酒店必然会在本社区中形成良好的公众形象。酒店通过积极参与社区活动，赢得到社区的认可与好评，并通过社区的宣传，吸引更多的顾客。

二、酒店服务质量评价的准则

(一)可操作性

服务质量评价的可操作性与服务质量标准的可操作性密不可分。酒店不仅应该定性地规定酒店各种岗位的人员素质要求和岗位职责，还应将质量管理中的各项标准加以定量化和程序化。如规定必须至少称呼一遍客人的姓名、电话铃响三声必须回答、客房用餐服务必须在接到客人订餐要求后 15 分钟内送达等。服务标准的直观化和可操作化使服务质量评价有了依据，并可按照标准进行可操作的服务质量评价。

(二)系统性

酒店服务质量评价应是一个完整的系统，既要有作为服务对象的顾客评价，也要有提供服务的服务者本身进行的自我评价，还要有既不是服务对象也不是服务提供者，即不存在“利益”驱动的第三方评价。只有完整、系统的评价体系，才能保证评价结果的正确。

(三)市场导向性

酒店服务质量评价应该随着酒店服务的变化而改变。酒店在建立服务标准时，应坚持方便客人的宗旨，在实际做法上强调从客人的需求出发，改进不合理的标准和程序，教育员工树立客人第一的市场导向观念，以规范标准服务客人。由此服务质量的评价工作也该坚持顾客第一的市场导向，不断调整评价的依据，并以顾客满意为最终的评价结果。

(四)国际性

酒店服务质量评价作为酒店质量管理的重要组成部分，应逐步完善评价工作的体系，注重与国际先进水平的接轨。如南京金陵酒店鉴于国际酒店业日趋注重宾客反馈意见的趋势，不断强化这方面的工作，将征求意见的范围从主要服务领域扩大到酒店各个营业点和服务环节，并完善了问卷的设计。他们还改进了统计宾客满意的做法，变计算相对数为统计绝对满意的意见数量，以此作为提高满意程度的自我激励因素。

三、酒店服务质量的评价主体

(一)顾客

1. 顾客作为评价主体的依据

(1) 顾客是酒店服务的接受者。顾客是全体酒店员工的服务对象，满足顾客的需求是酒店员工的“天职”，酒店内的一切都是为顾客设置的。因此，由服务的接受者来评价服务提供者的工作与付出是最直接、最无可厚非的。

(2) 顾客是酒店服务的购买者。顾客是酒店的财源，是酒店的衣食父母，对酒店服务质量的评价反映出顾客对酒店的满意度与忠诚度。作为酒店服务的购买者，顾客在酒店进行各种消费，为酒店提供了创造经济效益的机会，也才有了酒店员工的工资收入和福利待遇。从这点上讲，顾客是酒店产品的最关键评判者。

(3) 各科室酒店管理决策层的“成员”之一。顾客对酒店服务质量的评价是酒店管理者进行决策的重要依据。酒店的经营管理是紧紧围绕如何满足顾客需求而进行的，对顾客服务质量评价的分析是管理者发现问题，找到顾客期望的服务与顾客感知到的服务之间的差距，促使管理者加强对“真实瞬间”的管理，也就是弥补顾客与酒店在接触过程中的不足之处的依据。因此，顾客对酒店服务质量的评价在酒店管理中起着十分重要的作用，可以说是酒店管理决策层的编外“成员”之一。

(4) 顾客是酒店企业发展的推动力。顾客对酒店服务质量的评价是建立酒店企业良好口碑的关键。酒店的服务达到或超过客人的期望时，酒店就会获得客人的优良评价，同时形成良好的口碑，有利于在公众面前树立良好的企业形象，并建立酒店独特的品牌，使酒店与顾客之间形成一定程度的忠诚，这不但提高了酒店的竞争力，还有利于酒店获取较大的市场份额，使之能在日趋激烈的市场竞争中立于不败之地。

2. 顾客评价的影响因素

酒店服务质量最终是由客人的满意程度来体现，而酒店企业与顾客之间的互动关系质量决定了顾客的满意度，影响顾客满意度的因素有以下三项。

(1) 顾客预期的服务质量是指顾客根据以往酒店消费的经验，加上各种渠道的宣传(服务品牌、广告、口碑)以及自身的心理偏好而形成的对未来酒店服务的预期。具体而言，顾客预期受以下四方面的影响。

① 酒店的市场营销。酒店可能利用各种市场渠道进行产品的宣传，但片面的宣传会使顾客形成较高的期望，若实际体验的服务质量不能与其相符，顾客感知的服务质量则会很低。因此酒店要严格控制市场沟通的准确性，使其与提供的服务质量相吻合。

② 酒店的品牌形象。酒店在长期的经营过程中，会逐渐树立起自己的形象，这对顾客评价服务质量有重要的影响。良好的企业形象会使顾客较容易接受酒店的各种宣传，对酒店在服务过程中的各种失误也更为宽容。反之，市场形象差的酒店，顾客的要求也会较为苛刻。另一方面，形象好的酒店，顾客会对其服务产生较高的期望值，如果酒店不能保持高质量的服务，形象会逐渐受损。

③ 其他顾客的口碑宣传。一些有过类似经历的顾客向其亲朋好友或其他人进行正面或反面的宣传，这就是酒店难以控制的因素。需要注意的是，有的顾客由于受到特别的优待或对服务非常满意，往往会夸大宣传的效果，这在无形当中会增加其他人对酒店服务较高的期望值，从而影响顾客感知的服务质量。

④ 顾客自身的状况。顾客形成服务期望值与自身的状况有很大的关系。首先是顾客过去的经历会影响服务期望，例如高级商务客人由于经常出入高档的场合，他们对服务质量的期望值会较高。其次是顾客的心理偏好。顾客的心理偏好与其成长环境和遗传因素有关系，在期望形成的过程中会不自觉的起作用。再次是顾客的需求，不同的需求会有不同的期望，需求强度越大期望值也会越高。酒店应引导顾客形成合理的服务预期，同时研究他们的预期，尽力满足他们的需求，甚至超过他们的预期，在一定条件下，顾客预期的服务质量决定了他们的满意度。

(2) 顾客经历的服务质量。顾客经历的服务质量是由其所实际经历的消费过程决定的，评价自身所经历的服务质量往往较主观。一般而言，顾客经历的服务质量受到酒店服务标准化及个性化程度的影响。

① 服务的标准化程度。指酒店企业提供标准化、程序化、规范化服务的可靠程度，这是提供优质服务的基础。研究表明，提供标准化服务可以消除顾客的不满，但不可带来顾客的满意。因此，仅提供优质的标准化服务并不能使顾客真正满意。

② 服务的个性化程度。指酒店企业针对顾客不同的选择、不同的需求、不同的偏好，提供有针对性的个性化服务的程度。例如里兹·卡尔顿酒店安装了一个可记录客人爱好需求并自动把信息传递到世界各地的知识系统，可以针对客人的不同偏好，提供有特色的个性化服务。

(3) 感知价值。感知价值是指顾客所感受到价值相对于自己所付出的货币价格的服务质量。将价格概念引入整个框架，使不同地位、不同企业的服务质量之间具有可比性。在一定条件下，顾客的感知价值越高则其满意度也越高。

3. 顾客评价的形式

(1) 顾客意见调查表。顾客意见是被酒店广泛采用的一种顾客评价的方式。其具体做法是将设计好的有关酒店服务质量具体问题的意见征求表格放置于客房内或其他营业场所易于被客人取到的地方，有客人自行填写并投入酒店设置的意见收集箱内或交至大堂副理处。此种调查方法的好处在于：评价完全由顾客自愿进行，顾客范围广泛，几乎所有的客人都容易取到调查表；因为顾客在没有任何酒店工作人员在场的情况下进行评价，客观性比较强。

当前，国际上许多酒店利用互联网和其他一些在线服务进行顾客意见的调查，并取得了满意的效果。据点将需要顾客评价的内容发布到网上，顾客只要轻点鼠标并按“确定”就可以立即将评论结果传输给酒店。这种方式不仅保证了顾客评价信息的快速与及时，也将大大降低酒店为取得顾客评价而耗费的成本。

(2) 电话访问。电话访问可以单独使用，也可以结合销售电话同时使用。电话访问可以根据设计好的问题而进行，也可以没有固定问题，因此自由度与随意性比较大，如酒店总经理或公关部经理打给老顾客的拜访电话。

(3) 现场访问。现场访问又称突击访问，其做法是抓住与顾客会面的短暂机会，尽可能多的获取顾客对本酒店服务看法与评价。一名成熟的酒店管理者应善于抓住并创造机会展开对顾客的现场访问调查。

(4) 小组座谈。小组座谈是指酒店邀请一定数量的有代表性的顾客，采用一种聚会的形式就有关酒店服务质量方面的问题进行意见征询、探讨与座谈。如酒店利用小组座谈的方式开展顾客评价时，一般宜结合其他公关活动同时进行，如酒店贵宾俱乐部会员的定期聚会、生日聚餐等形式，不宜搞得过于严肃。参与聚会的店方人员应尽可能与被邀请的顾客相互熟悉，同时应向被邀请者赠送礼物或纪念品。

(5) 常客拜访。《哈佛商业评论》的调查显示，商家向潜在客户推销产品的成功率大约是 15%，而向现有常客推销产品的成功率则达 50%。可见，常客的购买频率高，购买数量大，因而其顾客价值和对企业的利润贡献率也最大。忠实的常客甚至可以为企业带来终身的长期利润。因此，酒店管理者也应该把常客作为主要的目标顾客和服务重点，对常客进行专程拜访显示出酒店对常客的重视和关心，而对酒店富有忠诚的常客也往往能对酒店服务提出有益的宝贵意见。

4. 顾客评价的特点

(1) 多元性。来酒店消费的顾客各种各样，同时顾客素质也相差悬殊。显然，对于少部分客人的不合理要求，酒店是无法满足的，因此这部分人对酒店服务质量的评价当然也不可能高。而针对这部分可能带有偏见，甚至有意挑刺的客人，他们的评价一定是欠公平的。对任何酒店服务质量的评价应是综合的，不应将个别不合格宾客的极端行为考虑在内。100%是不可能的，因为需要、满意、评价本身就有合理与不合理之别。

(2) 被动性。客人一般不主动评价。据美国酒店餐馆协会的调查统计，客人只有在特别满意或特别不满意的情况下，才会主动表扬、批评或投诉，在大多数情况下并无外在的表示。因此，客房、餐饮、娱乐场所的宾客意见表、评价表往往形同虚设，客人一般不会填写，所以它们并不能非常真实地反映质量的优劣。服务员如不掌握客人这一心态，而是不合时宜地主动征求意见，还很可能招致非议。对此，酒店除应采取必需的措施诱导与刺激宾客积极参与评价外，还可以从投诉率、回头率等角度进行综合分析与评估。北京一家获得五星钻石奖的高档酒店，投诉率与年接待总量的比例是 1:10000，香港半岛酒店的年回头客率为 40%。这些经验数据也可作为宾客对酒店服务质量的评价依据之一。

(3) 模糊性。顾客对所提供服务的评价通常以主观评定为主，也就是说，大多数客人缺乏检验服务质量的有效工具与手段，难以评测服务效率、产品构成。

(4) 兴奋点差异性。顾客有不同的文化背景、心理特质、个人经历，因此影响他们满意度的服务要素不尽相同，即具有相同满意度的顾客会关注不同的服务要素。据调查，客人对酒店的首选因素是地理位置，这类客人约占 52.8%；其次是价格，占 22.8%；其余的则考虑安全、卫生、舒适、员工表现等服务质量因素。兴奋关注点的差异性使得不同的顾客关注不同的服务要素，也就是说，顾客对各类服务要素产生不同的权重。因此在同一次调查中，针对所有的顾客调查结果运用相同的权重进行计算显然是有缺憾的。

(二)酒店

1. 酒店作为评价主体的依据

(1) 酒店是酒店服务的提供者。酒店企业作为酒店服务的提供者，有义务对所提供的服务进行考察与评测，尽量减少提供不合格服务。酒店服务的生产与消费是同时的，因此酒店就更应注重服务的事前、事中与事后评价，对服务的事前考评与事中控制能有效提高服务水平，而进行酒店服务的事后评价则能吸取经验教训，以防止不合格服务的再次出现。

(2) 酒店是酒店服务的相关受益者。一方面，酒店企业是靠出售酒店产品即酒店服务来获取经济效益，从而进一步发展壮大；另一方面，酒店员工通过自己的工作付出获得应有的工资报酬，从而实现自身价值。因此，酒店通过对自身服务产品的考评，清楚的了解所提供产品的品质优劣、市场适应性以及产品的赢利水平，从而做出调整服务产品、开发新的服务产品等一系列管理决策，以获得更大的效益。

(3) 评价是酒店质量管理的环节之一。酒店对自身提供服务的水平进行评价是酒店质量管理中的重要环节。质量是酒店内各个部门和全体员工共同努力的结果，是酒店整体协作和管理水平的综合体现，酒店在制定和实施服务质量方针之后，对服务质量进行评价是考核服务质量方针的落实与最终贯彻情况。失去了自我组织评价，酒店各种服务质量标准的落实便没有了保证。通过组织的自我评价，可以在了解服务水平的实际提供情况基础上，不断修正与完善各项服务质量标准，避免出现顾客不满意或不符合顾客需要的情况。

2. 酒店评价的组织形式

做好酒店的服务质量评价工作，需要建立相应的评价机构。在具体实施自我服务质量评价的过程中，各个酒店采取了不同的形式。它们或成立了专职的部门——服务质量检查部，简称质检部；或在培训部或总经理办公室内设立相应的检查评价机构。没有设立专职部门酒店，通常以常设的服务质量管理委员会来执行服务质量的评价工作。

3. 酒店评价的形式

酒店自我评价服务质量的方式大体上可以归纳为以下几种。

(1) 酒店统一评价。这种评价由酒店服务质量管理的最高机构定期或不定期实施。它是酒店服务质量评价的最高形式，具有较高的权威性，容易引起各部门的重视。在这种形式的评价中，要注意对不同部门的重点考核，因为即使是在同一家服务质量管理水平较高的酒店，部门与部门之间的服务质量也是会有较大的差异的，要注意评价的均衡性。酒店服务质量的最终表现是通过一线部门来实现的，但这并不意味着非一线部门的工作对服务质量没有影响，恰恰相反，非一线部门有时会起着决定性的作用，如采购部门对所需的食物原料准备不足等。对招聘员工的素质及考勤状况考核也往往由酒店统一开展。

(2) 部门评价。部门评价就是按照酒店服务质量的统一标准，各个部门、各个班组自己对自己的考核和评价。酒店自我评价应该是多层次的，大致可分为三个层次：第一层是店一级的，第二层是部门一级的，第三层是班组、岗位级的。店一级的考核不可能每天进行，担忧必须保证服务质量的稳定性，因此部门和班组的自评就显得尤为重要。

部门自评一定要按照酒店统一的服务质量标准来进行，不能自立标准、各行其是，否则酒店的服务质量系统就会出现混乱。同时酒店的服务质量管理机构要加强对部门考评结果的监督，随时抽查部门服务质量考评的记录，并随时对考评记录中的当事人进行核对，以防可能出现的“糊弄”行为。若部门考评结果与酒店考评结果存在较大差异，应引起酒店管理者足够的重视，并找出其原因。

(3) 酒店外请专家进行考评。酒店内部的各层次考评由于检查人员长久的处于一个固定的环境之中，难免会因“身在此山中”而“不识庐山真面目”。因此，不时请一些“局外人”来协调酒店进行自我服务质量评价，会帮助酒店发现一些被内部考评人员“麻痹”掉的问题。如果酒店请到的确属“专家”级的人士，那么这些考评就会表现出较强的专业性，同时他们还会带来一些其他酒店在服务质量管理方面的经验，这对于任何酒店都是非常重要的。

(4) 随时随地的“暗评”。随时随地的“暗评”是由酒店中高层管理者来实现的，酒店管理者的每一次走动都应作为对酒店服务质量的一次考评，对这一过程中发现的每一个问题都应及时纠正。

无论是聘请专家考评还是管理者进行暗评之后，都应该完成各自的考评报告，以反映考评的结果，并将考评报告作为酒店质量管理的成果及员工惩罚、晋升的依据之一。

(5) 专项质评。专项质评是指酒店针对特定的服务内容、服务规范进行检查与评估。酒店通常对自己的优势服务项目在特定的时间内开展专项质评，并以服务承诺或服务保证的方式向顾客显示质评后的服务效果。服务承诺是以酒店自我评价为基础的行为，通常对下述内容实行承诺：①服务基本质量的保证；②服务时限的保证；③服务附加值的保证；④服务满意度的保证等。

4. 酒店评价的特点

(1) 全方位性。酒店服务质量的高低取决于各部门每一位员工的工作结果，对服务质量的评价不仅是对被服务者的需求质量进行评价，还要对酒店的各种工作的质量进行评价。顾客来酒店消费，只可能使用及享受全部酒店服务中的一部分。酒店质量管理是全方位的，因为优质的服务的提供不单单是酒店前台人员努力的结果，同时也需要后台人员所提供的保障，而酒店评价的多层次、全方位性正好可以做到这一点。

(2) 全过程性。在多数情况下，服务质量的控制只能通过控制提供服务的过程来实现。因此，过程的评价与测量对达到和维持所要求的服务质量是不可缺少的。而从酒店或部门角度可以做到对酒店服务工作的全部过程的考评，包括服务前、服务中、服务后的三个阶段。这样的考评，不仅仅包括面对客人时所进行的服务，还包括了之前所做的准备工作和之后的善后工作，更有利于服务质量考评后的总结与完善工作。

(3) 片面性。酒店自我评价由于考评人员一般都长期处于各自酒店这样一个固定的环境之中，难免会出现“不识庐山真面目”的情况。同时，还会因为走过场、搞形式等原因，使内部考评人员“麻痹”、“忽视”掉本酒店服务质量中的一些重要问题。

(4) “完美”性。酒店自我评价中不论是哪个层次的考评，一般都是事先通知，即了解到的是较为充分准备之后的服务质量状况。因此，可能会因为经过多的“装饰”而缺乏真实性。同时，也存在各部门、各班组之间的相互包庇现象，所以酒店自我评价反映出的是酒店服务质量临近最高水平的一个基本状态。

(三)第三方

1. 第三方作为评价主体的依据

(1) 第三方独立于利益相关者。第三方既不代表接受服务的顾客利益，也不代表服务提供者的酒店企业利益，因此它是独立于酒店服务供应方和需求方的评价主体。没有了利益驱动，第三方的评价在客观性方面将胜于其他两方主体的评价。也是因为第三方能客观地对酒店服务作出评价，其评价的结果比较能让大众信服。

(2) 实行行业管理。在我国，第三方评价的主要执行是指国家及各省、市、县的旅游主管部门。已实施的涉及旅游酒店的国家标准有：《旅游涉外酒店星级的划分及评定》、《旅游酒店服务质量等级标准》、《旅游服务基础术语》、《酒家(饭庄)和酒店(饭店)分等定级的规定》等。政府通过对全国酒店考核、评价，规范了全国旅游酒店行业的市场秩序。另外，通过开展推行星级评定等制度，使酒店企业能按照统一的标准、统一的运行规则进行实践，从而使酒店市场的总体秩序得到一定程序的规范。经过星评工作十几年的经验积累，星评制度的操作也越来越规范化，使得酒店服务水平越来越高，从而带动了旅游业整体的发展。从海外团队这些年对中国旅游的投诉和反馈意见来看，酒店的投诉率是最低的，反馈的意见中对酒店的评价是最高的，这里面不能不说有星级标准的功劳。

(3) 推行标准化。第三方评价的重要作用与推行标准化。根据国际标准化组织于 1991 年颁布的《标准化和有关领域的通用术语及其定义》中的解释，标准，即为在一定的范围内获得最佳秩序，对活动结果规定共同的和重复使用的规则、指导原则或特性文件。该文件经有关方面协商后一致制定，并经一个公认机构的批准正式颁布。而标准化是指为在一定的范围内获得最佳秩序，对实际的或潜在的问题制定共同的和重复使用的规则的活动。由此可看出，要对整个旅游酒店行业制定、实施统一的活动规则，这一任务无论是酒店消费的顾客还是单个酒店企业、集团都是无法做到的。因此，必须由第三方来完成推行标准化的重任。

2. 第三方评价的形式

(1) 资格认定。在我国，旅游业以定点方式确定涉外与否的资格。比如旅游涉外定点餐馆、定点商店、涉外公寓、涉外酒店、涉外娱乐场所等，它们均表示一种资格，即可以接待外国人、华侨、港澳台同胞的能力。如果旅行社等中介商介绍海外团队客人住宿无此资格的酒店，便是违反了公安部门、旅游主管部门的规定。

(2) 等级认定。目前，在我国酒店也存在两大认定体系：星级酒店与等级据点。其差别主要在等级标志、认定对象、评价项目、评价内容等方面。比如星级以中高档酒店为对象，以五角星的多寡为等级标志，星越多等级越高；等级酒店以餐饮业为主要认定对象，以文字反映被评对象的档次，如特级酒店、一级酒店、二级酒店等。资格认定是行政行为，而等级认定则包含标准化成分。它以某一标准为依据，由专人逐项打负分，经暗访、复查等程序后，由行业标准化技术委员会批准授予。

(3) 质量体系认证。质量认证是指由可以充分信任的第三方证实某一鉴定的产品或服务符合特定标准或其他技术规范的活动。目前有 ISO9000 系列和 ISO14000 系列两大类。我国已参加国际标准化组织，并取得认证资格，因而我国企业获得的质量认证证书是国际通行的。

(4) 行业组织、报刊、社团组织的评比。如我国曾举办的酒店“百优五十佳”评比等，是在原来排行榜(评比星级酒店的经营实绩，即“强评”)的基础上，结合服务质量和宾客意见，从1994年开始评比的。此外，第三方的代表，如社团组织、民意调查所、市场研究公司、报纸杂志等，也可作为酒店服务质量的评价者。国外最知名的是美国《公共机构投资人》杂志，每年以打分方式评出100家全球最佳酒店。其他知名的评比包括美国质量协会、餐饮协会的“五星钻石奖”、中国台湾省商会的“年度最佳酒店”、日本旅业公会的“最佳休闲度假场所”等。

3. 第三方评价的手段

以国家旅游局这一权威性的第三方评价代表为例，星级标准评定的手段包括以下几点。

(1) 申请评星的酒店，在达到规定的应得分数和规定的得分率后，由国家旅游局星级评定机构统一制作并颁发酒店星级标志。

(2) 凡已经评定星级的酒店，其经营管理和服务水平将接受两年一次的复合，如达不到与星际相符的标准，国家旅游局酒店星级评定机构和省、自治区、直辖市旅游局酒店星级评定机构根据权限作出如下处理：

——口头提醒。

——书面警告。

——罚款。

——通报批评。

——赞降低星级，限期整顿。

——降低星级。

——取消星级，吊销旅游涉外营业许可证等。

4. 第三方评价的特点

(1) 客观性与权威性。第三方既没有酒店企业所要考虑的成本即要求回报的经济利益，也没有酒店顾客需要得到的与自己付出相对等的享受权益。没有利益的趋势，就不会受偏好等主观因素的影响，所以评价最具客观性。此外，诸如星级评定等工作都是由国家、各省市旅游局旅行的职能，其评定后的结果将在国际旅游市场上代表整个中国旅游酒店服务质量的形象，所以评价是有权威性的。

(2) 局限性。一般而言，第三方评价只局限于产品或服务的主要功能、基本特征和通用要素，不能(也无法)规定出顾客对服务质量的全面、特定、隐含和日益增长、不断变化的需求。同时，因为必须考虑到整个酒店行业的现有水平，评价标准不可能定得太高，所以评价标准往往是普遍适合，绝不带有特殊性。

(3) 重结果性。以星评为例，“星级评定标准”只是一个对结果进行评价的标准，宾馆酒店可以按照该标准对硬件进行改造，使之达到标准要求。但是如何对软件服务进行控制则会感到力不从心。显然，星评标准反映的是质量要求方面预定的差异，并不表示比较意义上的质量优良程度，他更强调酒店功能用途与费用的相互关系。因此，高星级酒店可能具有不满意的服务质量，反之，低等级的酒店也可能提供满意的服务质量。

(4) 滞后性。第三方评价所遵循的标准是统一的尺度和规范，但标准也不是一成不变的，也需要不断丰富与补充。然而标准的更新往往是滞后的，因为制定出的标准有一个贯彻执行期和相对稳定期，通常是3～5年修订一次，标准的更新周期与飞速发展的市场需求之间客观上存在着不协调性，从而导致酒店所提供的服务与市场需求部分脱节的现象。

课外资料

青岛海景酒店的成功模式

成功=好的理念+好的机制+不断创新的行动+好的团队

公式的讲解。

一、好的理念

思想决定行为，行为决定意识，意识决定习惯，习惯决定命运。海景花园也有自己的企业价值观。在酒店行业，没有做不到，只有想不到，酒店的产品是面客的服务，客人的位置如何在一对一的服务中摆放是每一个酒店人长期不懈需要解决的课题。近几年，随着人民生活水平的提高，国外酒店业资本在国内的扩张导致了大量的人才流失，如何在新的人力资源状态下迅速提升员工的势气和标准化服务的能力，适应酒店业乃至服务业的需要，就必须要在理念上下工夫。

海景的理念有三句话：把客人当家人、视客人为亲人、客人永远是对的！

对于这样的管理理念，海景的每个员工都要会识别。海景成立13年来没有出过操作规范应用指南之类的一本书，反倒是前后出了18本关于企业文化理念方面的书，5年前制作的宣传片现如今同样适用，足以见得企业文化的战斗力是持久的。

(1) 从感情上说，我们的服务应该是贴近顾客的亲情化服务。

海景的员工工作开展得非常好，每个月都有定期的补助和领导与员工之间的沟通会，用对待客人的态度对待员工首先就是要让他们有一个家的温暖感觉，进而将家的感觉用服务延伸到客人的心里。

(2) 从态度上说，我们的文化应该是对客人不说“不”的文化。

海景花园的服务品牌叫做“亲情一家人”，近期有不断地在市民间流传着“有困难找海景”的说法，因为海景附近是青岛的富人区，大多白天家里没人，一旦遇到紧急情况多到晚上甚至深夜，但是海景的服务人员有求必应，因为他们的服务不仅仅是在酒店范围之内，更要延伸到酒店的范围之外。

服务的最高境界是让客人惊喜和感动，当顾客有个性化的需求和需要帮助的时候，我们的机会就来了！客人在住店时喜欢用自己的牙膏，整房员在客人不在的时候会悄悄送上同样的牙膏，并附上便条一份，声明是酒店关爱他们的身体，客人会因为这五块钱的牙膏而带来成百上千的回头客和潜在生意。类似于这样关心客人身体健康之类的追求亲情化的东西是酒店坚持不懈的努力目标。

(3) 从价值观上说，我们的价值观应该是顾客利益最大化。

客人不应该成为嫌疑顾客，凡是酒店和客人发生的任何争执，酒店都是输家，海景多收钱是要双倍返还的。

二、好的机制(六大机制)

(1) 用人机制。简单地说就是九个字“能者上、平者让、庸者下”。海景的用人标准一切以业绩为考核依据。杨总监在海景工作16年，先后从事过8个部门的工作，基本上都是被免职后再从底层做起，甚至海景的执行老总也是从免职待岗培训后做起一直做到今天的位置上。用人机制的灵活让大家人人自危，海景的员工自称是白板上的干部，擦掉之后就什么都没有了，干部如果只能上不能下，工作就没法干了。

(2) 布置、检查机制。布置工作安排的一般都很细致，比如上班前都应将“应备”做好，如前台、收银班前必须将发票备数、大头针、房卡、插页等50多项准备齐全，因此说“班前应备”很重要，序号、物品、单位、数量、检查人、主管、经理、职能部门检查等都应记录到应备检查表当中，只有“应备”做齐之后，方可上班。

(3) 评估机制。我们所有的员工都会有日报表，有分数，有事例，每天当班人员要相互指出 3 件不足。不能让员工出现一种非我莫属的优越感，要指挥的了其他员工就要有真本事，凡是有 2 人以上的班组，每天一定要评出先进员工来和需加把劲员工，班组内的每个人都要签字认可，将这种绩效考评工作做在平常，就会避免到年底评优评先进的不公平现象出现，试想一下一个每天都是先进员工的人到了年底反倒评不上先进会对酒店的公信度产生何种不良影响，相信每个员工都有自己的一个标准的，只要功夫在平常，那么年终兑现的将不仅仅是精神上的奖励，而更多的是和物质挂钩的奖励。人的评估是立体的，各种层次的评估体系建立的越详细就会越趋近于公平，酒店里不要搞什么拉帮结派，搞人际关系最终只会害了自己。因此，所有的考评都要奖金挂钩，并执行适度的考核。

(4) 激励机制。中国人不怕共同受穷，就怕不公平。在海景，干多干少不一样，干好干坏不一样，正效应就是表扬、提拔、晋升，负效应就是批评、降薪、降职，从而彻底改变“干的不如站着，站着不如看着，看着不如捣蛋的，捣蛋的不如告状的”的不良思想作祟。

(5) 沟通机制。有情绪得不到沟通进行释放会使员工在工作时带有怨气，上级对下级的各种层面的沟通，在海景由总经理亲自参加每个月就有13个，其他层面上的协调会沟通会更是根据需要随时进行。在海景，只要有想法需要沟通就会有人专门为此想法而举行沟通会，真正达到相互协作的目的。

(6) 信息反馈机制。信息很重要，要做好个性化服务首先要做好标准化服务的工作，太过标准的员工是培养不出来的，我们只能规范信息的反馈，让非标准的员工得到标准的信息，进而在标准的框架内实施不同质量的服务。

海景的信息反馈方针为下面五个字“查、看、听、问、用”。

(1) 查：就是查客例客史，在客人下次到来时准备好。对于客史中记载客人颈椎不好的客人，在下次入住时，可以配好荞麦枕头；餐饮服务员根据客人的使用习惯确定本次就餐客人是左撇子而把筷子放在客人的左手边。

(2) 看：就是察言观色。青岛市的市委常委宣传部长王伟在上任伊始号召全政府编制内的酒店招待所都来学习海景，原因是“海景比老婆好”，原因是王部长在海景陪客人游泳之前，自己的裤脚就已经开了点小缝，也曾经几次三番的和爱人讲裤脚该缝了，但是因为王部长爱人也很忙，一直没有做，一直拖到和客人在一起游泳，当回家时，王部长才发现自己的裤脚被缝好了，还直夸自己的爱人忙里不偷闲，第二天王部长接到海景的电话询问裤脚修整的是否满意，王部长才恍然大悟，连称“海景比老婆好”。

(3) 听：就是要在每天都完成的量化工作里面将收集听到的信息尽快上报，抓住一切机会去做事。

(4) 问：就是多和周围的客人、同事、领导进行询问、沟通，第一时间获取客人需求，第一时间了解同事在做什么，并尽到自己的最大努力去做。

(5) 用：是前四条的目的。从时间上讲，预测应该在客人电话之前，做事在客人开口之前，道歉要在客人抱怨之前；从人物上讲，服务由基层员工去做，处理问题要由上级人员参与，抱怨处理应由高级管理人员出面。

三、不断创新的行动——创新就是不断的求好，不断的不满足

海景这么多年来唯一不变的就是“变”字！在海景没有一成不变的东西，一切的工作都是围绕着顾客的满意为中心。此外，在理念、机制上的创新远比菜品的花样翻新和服务品种的多样化来的更为彻底和奏效。

四、好的团队——好的团队是用共同的理念和信仰打造出来的

共同的理念就是“把客人当家人、视客人为亲人、客人永远是对的”，而信仰则是“为将海景打造成一个世界级的一流酒店的目标而奋斗，并持续保持下去”。

评估练习

1. 酒店服务质量评价的准则是什么？
2. 酒店服务质量的评价主体分为哪些？
3. 第三方评价的特点是什么？

第六章
酒店前厅部

引导案例

“It will do”与“It won’t do”的错位

一天，内地某宾馆一位美国客人到总台登记住宿，顺便用英语询问接待服务员小杨：“贵店的房费是否包括早餐(指欧式计价方式)？”小杨英语才达到C级水平，没有听明白客人的意思便随口回答了个“It will do”(行得通)。次日早晨，客人去西式餐厅用自助餐，出于细心，又向服务员小贾提出了同样的问题。不料小贾的英语亦欠佳，只得穷于应付，慌忙中又回答了“It will do”(行得通)。

几天以后，美国客人离店前到账台结账。服务员把账单递给客人，客人一看吃一惊，账单上对他每顿早餐一笔不漏！客人越想越糊涂：明明总台和餐厅服务员两次答“It will do”，怎么结果变成了“It won’t do”(行不通)了呢？他百思不得其解。经再三追问，总台才告诉他：“我们早餐历来不包括在房费内。”客人将初来时两次获得“It will do”答复的原委告诉总台服务员，希望早餐能得到兑现，但遭到拒绝。客人于无奈中只得付了早餐费，然后怒气冲冲地向酒店投诉。

最后，酒店重申了总台的意见，加上早餐收款已做了电脑账户，不便更改，仍没有同意退款。美国客人心里不服，怀着一肚怒气离开宾馆。

评析：第一，随着我国旅游业的迅速发展，我国涉外旅游酒店的涉外成分日益增加，越来越多的外国客人进入了我国涉外旅游酒店。更好地掌握外语(主要是英语)这个中外交往的基本交际工具，已成为我国涉外旅游酒店服务员工日益迫切的任务。本案例反映了内地某酒店两位服务员外语水平过不了关，将“It won’t do”答成“It will do”，给客人造成意外的困惑和麻烦，直接影响了酒店的服务质量，这在我国整个酒店业中有一定的代表性和普遍意义，值得深入反思。为了能适应我国涉外旅游业这一变化形势，各地酒店要有一种紧迫感，尽快制订既有超前意识而又切实可行的外语培训计划，对各部门特别是前台服务，管理人员进行强化培训，务必过关。否则，语言不通，软件不硬，将会极大地拖我国涉外旅游业的后腿。

第二，本案例中总台和酒店对客人申诉和投诉的处理也是不妥当的。诚然，该酒店确实“餐费历来不包括在房费内”的，但是，既然酒店总台、餐厅的服务员已两次答复客人房费包括早餐费为“It will do”，就是代表酒店对客人作了承诺。在这以错为对，满足客人的要求，这才是弥补服务员工“It will do”与“It won’t do”错位的正确做法，何况为了这区区几顿早餐费，带来酒店信誉的损害和回头客的流失，是完全得不偿失的。

辩证性思考

酒店前厅员工应该具备哪些素质？

前厅部是酒店的“神经中枢”，是酒店联系宾客的“桥梁和纽带”，是酒店经营管理的“窗口”。前厅部的管理体系、工作程序和员工的素质与表现，无不对酒店的形象和声誉产生重要影响。前厅部通常由客房预订处、礼宾服务处、接待处、问讯处、前厅收银处、电话总机、商务中心、大堂副理等组成，其主要机构均设在宾客来往最频繁的酒店大堂地段。前厅部运转好坏将直接反映酒店的服务质量和管理水平，影响酒店的经济效益和市场形象。

第一节　前厅部的地位与功能

教学目标

1．了解酒店前厅部的概念、特点与功能。

2．掌握酒店前厅部的组织结构。

前厅部(Front Office)也称客务部、前台部，负责招徕并接待宾客，销售酒店客房及餐饮娱乐等产品和服务，协调酒店各部门的对客服务，为酒店高级管理决策层及各相关职能部门提供各种信息。

一、前厅部的地位

前厅部是现代酒店的重要组成部分，在酒店经营管理中占有举足轻重的地位。前厅部的运转和管理水平，直接影响到这个酒店的经营效果和对外形象。前厅部在酒店中的重要地位，主要表现在以下几个方面。

1．前厅部是酒店业务活动的中心

前厅部是一个综合性服务部门，服务项目多，服务时间长，酒店的任何一位客人，从抵店前的预订，到入住，直至离店结账，都需要前厅部提供服务，前厅是客人与酒店联系的纽带。前厅部通过客房商品的销售来带动酒店其他各部门的经营活动。同时，前厅部还要及时地将客源、客情、客人需求及投诉等各种信息通报有关部门，共同协调整个酒店的对客服务工作，以确保服务工作的效率和质量。所以，前厅部通常被视为酒店的“神经中枢”，是整个酒店承上启下、联系内外、疏通左右的枢纽。无论酒店规模大小、档次如何，前厅部总是为客人提供服务的中心。

2．前厅部是酒店形象的代表

酒店形象是公众对于酒店的总体评价，是酒店的表现与特征在公众心目中的反映。酒店形象对现代酒店的生存和发展有着直接的影响。一个好的形象是酒店的巨大精神财富。酒店前厅部的主要服务机构通常都设在客人来往最为频繁的大堂。任何客人一进店，都会对大堂的环境艺术、装饰布置、设备设施和前厅部员工的仪容仪表、服务质量、工作效率等产生深刻的“第一印象”。而这种“第一印象”在客人对酒店的认知中会产生非常重要的作用，它产生于瞬间，但却会长时间保留在人们的记忆表象中。客人入住期满离店时，也要经由大堂，前厅服务人员在为客人办理结算手续、送别客人时的工作表现，会给客人留下“最后印象”，优质的服务将使客人对酒店产生依恋之情。客人在酒店的整个居住期间，前厅要提供各种有关服务，客人遇到困难要找前厅寻求帮助，客人感到不满时也要找前厅投诉。在客人的心目中，前厅便是酒店。而且，在大堂汇集的大量人流中，除住店客人外，还有许多前来就餐、开会、购物、参观游览、会客、检查指导等其他客人。他们往往停留在大堂，对酒店的环境、设施服务进行评论。因此我们说，前厅的管理水平和服务水准，往往直接反映整个酒店的管理水平、服务质量和服务风格。前厅(见图 6-1)是酒店工作的“窗口”，代表着酒店的对外形象。

图 6-1　某酒店大堂

3．前厅部是酒店组织客源，创造经济收入的关键部门

为宾客提供食宿是酒店的最基本功能，客房是酒店出售的最大、最主要的商品。通常在酒店的营业收入中，客房销售额要高于其他各项。据统计，目前国际上客房收入一般占酒店总营业收入的 50%左右，而在我国客房收入还要高于这个比例。前厅部的有效运转是提高客房出租率，增加客房销售收入，从而提高酒店经济效益的关键部门。

4．前厅部是酒店管理的参谋和助手

作为酒店业务活动的中心，前厅部直接面对市场，面对客人，是酒店中最敏感的部门。前厅部能收集到有关市场变化、客人需求和整个酒店对客服务、经营管理的各种信息，在对这些信息进行认真的整理和分析后，每日或定期向酒店提供真实反映酒店经营管理情况的数据报表和工作报告，并向酒店管理机构提供咨询意见，作为制定和调整酒店计划和经营策略的参考依据。

知识拓展 6-1

前厅服务在酒店服务中的心理效应

前厅位于酒店门厅处，包括酒店正门、大堂和总台，因其位置和业务均处于前沿，因此称前厅，其职责有门卫、迎送岗、行李运送、商务中心、电话总机及酒店的枢纽——总台服务。

前厅既是宾客步入酒店接受服务的起点，又是宾客离开酒店脱离接触的终点，被称作是酒店服务工作的窗口，是酒店的核心部门之一。它在宾客的心目中，能引起诸多的心理效应。

1. 首因效应

首因效应又称第一印象，它是指人们对外界事物形成的最初印象。这种最初印象不但印象深刻，而且会对以后的知觉、思维、情感、意志等心理活动带来指导性影响。一般来讲，首因效应容易出现两极性；一是良好的首因效应，使人产生满意感，宾客愿意下榻酒店进行消费，内心感到愉快，旅途疲劳也容易消除，在以后的接受服务过程中愿意合作，投诉概率减小，成为回头客的可能性大；二是不好的首因效应，使人产生后悔和反感，宾客不愿意住下，并可能向外传播不满的情绪，这样，不仅失去客源，而且损坏酒店声誉。酒店前厅的环境、服务人员素质等都是宾客产生首因效应的因素。

2. 晕轮效应

晕轮效应又称成见效应、光圈效应。它是指人们将知觉对象的某种印象不加分析地扩展到其他方面的一种心理现象，是一种主观性较强的以点概面的反应。

晕轮效应表现在两个方面：一是遮掩性，即宾客对酒店前厅如果有非常好的感觉和印象，就有可能掩盖对其他方面的全面了解，如房间价格、餐饮风味特色、文化娱乐设施、服务质量等。二是弥散性，即宾客对酒店前厅的整体印象无论好坏都会扩散到其他方面，如客房、餐厅、购物、康乐、旅游等。前厅的装饰陈设，服务人员的相貌、仪表、态度、谈吐、举止等，前厅的整体形象等都具有晕轮效应。

3. 窗口效应

前厅的窗口效应主要表现在以下几个方面。

前厅显示酒店的级别和档次。前厅的设计、装饰等装饰标准，能够显示出酒店的级别和档次。例如，我国制定的旅游星级的划分及评定标准中，就规定三星级酒店的前厅装修应“美观、别致”，四星级酒店的前厅装修应“风格显著、气氛高雅”，五星级酒店的装修则要求“具有独特风格和豪华气氛”。宾客踏进酒店前厅，便可从前厅的装修水平上知晓酒店的级别和档次。

前厅反映了酒店的服务质量。前厅的业务包括预订、接待、问讯、行李、电话、电传、打字、复印、汽车、票务、旅游、结账、投诉等众多业务，专业技术性强。这就要求前厅的所有服务员形象外观条件好，文化知识和专业知识功底深厚，反应灵敏，观察力和判断力强，有较高的语言交际能力等。宾客从酒店前厅服务员的精神面貌、办事效率、服务态度、服务技巧和组织纪律等方面可以窥见酒店的服务质量。

前厅标志了酒店的管理水平。客人从机场、车站、码头等地到酒店下榻后，酒店能否维持酒店大门内外秩序，客人突然出现的困难，客人各种询问，及时提供商务、通信、网站服务等。诸如此类的服务看起来似乎是服务员素质问题，实际上标志着酒店的管理水平。

前厅体现了“宾客至上”的服务宗旨。前厅是宾客入住酒店的第一个场所，在感觉上必须给客人耳目一新，不仅环境要宽敞、明亮、通风、舒适，而且接待要友善、好客、周到，使客人踏入酒店就感到舒心惬意，宾至如归。

4. 沟通效应

前厅是酒店的“神经中枢”，不仅沟通、协调酒店内部各部门之间的关系，而且也沟通、协调酒店与客人之间的关系。酒店经营的外部市场信息(如旅游业发展状况、国内外经济信息、宾客的人均消费水平、年龄构成等)和内部管理信息(如开房率、营业收入、客人投诉、表扬、客人住店、离店、预订以及消费情况等)，前厅不仅要及时收集，还要对其加工、整理，传递到酒店经营管理的各个部门。各部门依据这些信息进行科学决策。宾客的需要和投诉往往都首先向前厅反映，前厅如能妥善处理，有利于提高客人的满意程度，减少服务交往矛盾的发生，从而提高酒店的社会效益和经济效益。

二、前厅服务的主要特点

(一)接触面广，24 小时运转，全面直接对客服务

前厅部是一个提供综合性服务的经营部门，它在为酒店开辟市场、保证客源、推销酒店其他产品的过程中，承担着主要的服务与经营责任。其服务好坏对客人整个住店过程中对酒店的印象起着至关重要的作用，它的工作质量还关系到其他部门的服务效果。由于参与全过程的对客服务，它还是酒店少数几个 24 小时运转的部门之一。从时间上看，管理存在一定的难度，这就要求其有完善的管理体系和制度以及训练有素的员工队伍。

(二)岗位多，业务复杂，专业技术性强，人员素质要求高

不少酒店的前厅部的业务包括预订、接待、问讯、行李寄存、迎宾、机场接送、电话、票务、传真、复印、打字、旅游服务、收银、建档等。这些业务都有较强的专业性，因而要求服务和管理人员必须要有较全面的业务知识，同时，由于前厅部的管理效果直接关系到酒店的声誉和经营成败，所以又要求前厅部在管理上要着重于员工的服务态度、文化素养和业务技能的培训，以求与客人建立起良好的关系，给客人留下良好的印象。

(三)信息量大、变化快，要求高效运转

前厅部是酒店信息集散的枢纽、对客服务的协调中心，因此其收集、整理、传递信息的效率决定了对客服务的效果。由于前厅属前台服务部门，与客人的接触较多，因而其收集的信息量也相对较大。客人的要求每时每刻都会有变化，这要求前厅在信息处理上效率要高。另外，前厅所掌握的一些重要信息，如当日抵、离的 VIP 客人、营业日报、客情预测等都必须及时传递给总经理室及其他有关部门。

(四)政策性强，服务要求高，关系全局

涉外酒店除了本身经营、管理上的需要有许多特定的政策和制度外，还必须执行国家有关法令及涉外条例。又因它是窗口型行业，而其前厅部则是具体执行这些政策的部门，前厅部工作有着很强的政策性。

三、前厅部机构设置

(一)机构设置原则

1. 机构组成

前厅部的组织机构要根据酒店企业的类型、体制、规模、星级、管理方式、客源特点等方面因素进行设置。前厅部组织机构一般由以下部分组成：预订、问讯、接待、礼宾、结账、大堂副理、商务(行政)楼层、电话总机、商务中心。

另外，通常在前厅还设有其他非酒店所属的服务部门，如银行驻店机构、邮政部门驻店机构、旅行社分社驻店机构、民航以及其他交通部门驻店机构等，以作为完善酒店不同服务功能需求的必要补充。

2．机构设置原则

(1) 因店而异的原则。前厅部组织机构的设置应结合酒店企业性质、规模、地理位置、管理方式和经营特色等实际情况，不宜生搬硬套。例如，规模小的酒店或以内宾接待为主的酒店，可以考虑将前厅接待服务划入客房部管辖，不必单独设置。

某酒店前厅部的组织结构如图 6-2 所示。

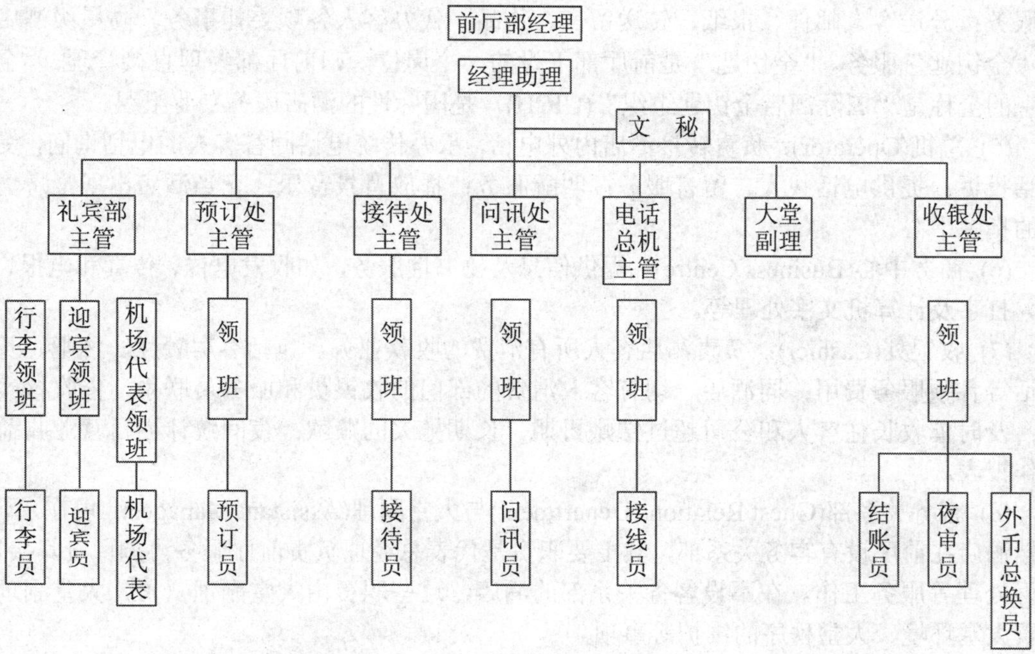

图 6-2　某酒店前厅部组织结构

(2) 因事设岗、因岗定人、因人定责的原则。机构精简遵循“因事设岗、因岗定人、因人定责”的劳动组织编制原则，在防止机构重叠、臃肿的同时，要处理好分工与组合、方便客人与便于管理等方面的矛盾。

(3) 明确隶属关系的原则。在明确各岗位人员工作任务的同时，应明确上下级隶属关系以及相关信息传达、反馈的渠道、途径和方法，防止出现职能空缺、业务衔接环节脱节等现象。

(4) 协作便利的原则。前厅部组织机构的设置不仅要便于本部门岗位之间的协作，而且还要有利于前厅部与其他相关部门的合作。

(二)主要机构及业务分工

酒店规模、等级不同，前厅部业务分工也不同，但一般设有以下主要机构。

(1) 预订处(Reservation)：接受、确认和调整来自各个渠道的房间预订，办理订房手续；制作预订报表，对预订进行计划、安排和控制；掌握并控制客房出租状况；负责对外宣传和联络客源；定期进行房间销售预测并向上级提供预订分析报告。

(2) 接待处(Reception)：负责接待抵店投宿的客人，包括散客、团体、长住客、非预期抵店以及无预订客人；办理客人住店手续，分配房间；与预订处、客房部保持联系，及时掌握客房出租变化，准确显示房态；制作客房销售情况报表，掌握住房客人动态及信息资料等。

(3) 问讯处(Information)：负责回答客人的询问，提供各种有关酒店内部和外部的信息；提供收发、传达、会客等应接服务；负责保管所有客房钥匙。现代酒店的问讯处已不单独设立，而是由接待处完成此职能。

(4) 礼宾部(Concierge)：负责店口或机场、车站、码头迎送客人；调度门前车辆，维持门前秩序；代客卸送行李，陪客进房，介绍客房设备和服务，并为客人提供行李寄存和托运服务；分送客人邮件、报纸、转送留言、物品；代办客人各项委托事务。高星级酒店提供“金钥匙”服务。“金钥匙”是前厅部下设的一个岗位，归前厅部经理直接管理。“金钥匙”的全称是“国际酒店金钥匙组织”(UICH)，是国际性的酒店服务专业组织。

(5) 总机(Operator)：负责转接酒店内外电话，承办传统电话回答客人的电话询问，受理电话投诉；提供电话找人、留言服务；叫醒服务；播放背景音乐；充当酒店出现紧急情况时的指挥中心。

(6) 商务中心(Business Centre)：提供信息及秘书性服务，如收发电传、传真和电报、复印、打字及计算机文字处理等。

(7) 收银处(Cashier)：负责酒店客人所有消费的收款业务，包括客房餐厅、酒吧、长途电话等各项服务费用；同酒店一切有客人消费的部门的收银员和服务员联系，催收核实账单；及时催收长住客人和公司超过结账日期、长期拖欠的账款；夜间统计当日营业收益，制作报表。

(8) 客务关系部(Guest Relations Department)与大堂副理(Assistant Manager)：现在，不少高档酒店在前厅设有客务关系部，其主要职责是代表总经理负责前厅服务协调、贵宾接待、投诉处理等服务工作。在不设客务关系部的酒店，这些职责由大堂副理负责，大堂副理还负责大堂环境、大堂秩序的维护等事项。

(三)岗位设置的标准化及原则

1．标准化

前厅接待服务岗位的作业区可以划分为以下两大方面。

(1) 店外区域设置机场、车站接待服务的酒店代表以及车队司机、行李员等。

(2) 店内区域设置在前厅或大堂范围内的接待服务人员和专业岗位及相应的管理人员。

2．原则

制定前厅岗位职责的原则是坚持“三化”，即责任明确化、任务具体化、操作程序化。

(四)前厅部发展趋势

目前酒店前厅部的发展趋势有以下几个方面。

1．手续简单，服务快捷

订房手续将更为简单。如提供身份证扫描并存档，可以加快客人登记速度，也可使客人信息更加准确。退房、换房、钥匙分发、电话总机服务、行李服务等将更加快捷。

2．程序简化，强调规范

各项服务程序将简化，更强调在规范、标准、程序化服务基础上的超常、灵活、个性化服务。

3. 培训重点转移

前厅培训的重点将转向服务概念、意识、素质和能力的培训；专业培训更细、更有针对性，同时将更加注重前厅员工职业道德、思想品德方面的教育和引导。

4. 追求零缺陷服务

管理方式较活，要求较高，追求零缺陷服务。当然，对前厅服务员的素质要求也会越来越高，员工的待遇也会有所提高。

5. 人数少而精，工种趋于减少

前厅部员工人数少而精，工种趋于减少。以三星级酒店为例：100 间以下的三星级酒店，前厅部员工数(含经理等所有人员)与客房数之比大致为 1∶4～1∶9 为宜；100～300 间的以 1∶6～1∶12 为宜，同时，兼职人员和实习生的使用人数及使用率也会提高；酒店与酒店之间前厅部的组织机构和岗位设置区别越来越明显，越来越有利于酒店提供特色服务、超常服务及个性化服务。

四、前厅部的功能

前厅部在酒店运行中起着推销、沟通、协调等重要作用，是酒店的“神经中枢”，具有下列 9 项功能。

(一)销售客房

前厅部的首要功能是销售客房。客房是酒店最主要的产品，其收入是酒店营业收入的主要来源。我国的许多酒店和世界上相当数量的酒店一样，客房的盈利占整个酒店利润总和的 50%以上。因此，能否有效地发挥销售客房的功能，将影响酒店的经济效益。前厅客房销售的任务由以下 4 个方面的工作组成。

1. 订房推销

前厅部总台设有专门的客房预订部，其主要工作就是预售客房和做好与之有关的售前服务工作。预订员必须熟练掌握酒店房况、房价政策，能积极主动地与客人达成订房协议。订房成功与否取决于预订员的工作态度、推销技巧及其受训程度。一个酒店的客房预订量越大，则客房销售就越有保证。因此，成功的订房推销是酒店客房销售的重要组成部分。

2. 接待无预订客人

这是向那些未经预订、直接抵店的临时客人销售客房。总台接待员在接待这类客人时，需要表现出良好的推销能力，在使客人感到宾至如归的温馨服务的同时，向客人推销客房及其他酒店产品与服务。对于酒店客房销售来讲，这种接待推销是十分重要的。

3. 办理入住登记

所有客人住店都必须经过总台办理入住登记手续。接待员在办理入住手续时，也须表现出推销功能。对于有预订的客人来说，房价、附加费用、店内服务项目的商定，都会对他是否住店产生影响，这里存在着一个二次推销的机会。而对于未预订的散客来讲，正如前面所述，总台接待员从一开始就要进行一个完整的推销工作。

4．排房、确定房价

客房营业收入的高低取决于销售客房的数量和价格。合理安排客房和正确定价对于酒店营业收入是十分重要的，这也是前厅部销售客房的重要一环。前厅的接待员应当清楚地认识到这一点，即不仅要注意销售客房的数量和价格，还要注意是否将合适的房间安排给客人。因为酒店销售的并非价格，而是产品和服务。正确地排房有利于提高客房的使用率和客人的满意程度，使他们感到物有所值。

总之，客房销售是前厅部的首要功能。客房营业收入是考核前厅部管理及运转好坏的重要依据之一。同样，衡量一位总台服务人员的工作是否出色，往往也参考其客房推销的能力和实绩。可见，前厅部的全体管理者及员工应全力以赴按确定的价格政策推销出去尽量多的客房，积极发挥销售客房这一重要功能。

(二)提供信息

除了发挥销售客房的功能外，前厅还应成为提供信息的中心。地处酒店显眼地段的前厅部的总台是服务人员与客人的主要接触点，前厅服务人员应随时准备向客人提供他感兴趣的资料，如将餐饮活动(举行美食周、厨师长特选等)的信息告诉客人。这样做，不但能方便客人，还能起到促进销售的作用。

前厅部服务人员还应向客人提供酒店所在地、所在国的有关信息和指南。例如，向客人介绍游览点的特色，购物中心的地点及营业时间，外贸公司及科研机构的地址、联系人、电话号码，本地区及其他城市主要酒店的情况，各类交通工具的抵离时间等。

前厅部的服务人员应始终做好准备，充分掌握和及时更新各种固定的与变动的信息，以亲切的态度、对答如流的技能，给客人提供正确无误的信息。

(三)协调对客服务

为了能使客人享受到区别于其他地方的高水准的服务，前厅部服务人员应以优质服务来衔接酒店前、后台之间及管理部门与客人之间的沟通联络工作。为了达到使客人满意的目的，前厅部应在客人与酒店各有关部门之间牵线搭桥。例如，客人投诉房内暖气不足，前台服务人员应及时向工程部反映，并通过适当途径给客人以满意的答复。前厅部的责任是根据客人的需求，发挥其信息的集散点和总经理室的参谋部的作用。

(四)控制客房状况

控制客房状况是前厅部又一重要功能。这项功能主要由两方面的工作组成：一是协调客房销售与客房管理，二是在任何时候都正确地反映酒店客房的销售状态。

协调客房销售与客房管理，一方面是指前厅部必须正确地向销售部提供准确的客房信息，避免超额预订和使销售部工作陷入被动；另一方面是前厅部必须向客房部提供准确的销售客情，以使其调整工作部署。例如，总台排房时应注意将团队、会议用房相对集中，以便客房的清洁和管理；在客情紧张的旺季应将客情随时通报客房部，以便其安排抢房和恢复待修房。这里必须强调，协调好客房销售与客房管理之间的合作关系是前厅部的重要职责。前厅部和客房部双方都必须抱着理解与合作的态度，努力为每一位客人提供准备好的房间，最大限度地将客房销售出去。

正确反映酒店的客房状况依赖于前厅部负责管理的两种客房状况的显示系统：一种为预订状况显示系统，也可称为客房长期状况显示系统；另一种为客房现状显示系统，也称为客房短期状况显示系统。目前大多数酒店使用计算机管理，其应用软件内含有这两种控制系统的子目录。还未使用计算机的酒店通常要用客房状况显示架(分为预订显示架和总台开房显示架两种)来控制和反映客房状况。客房状况控制系统要随时反映整个酒店各类客房——住客房、走客房、可售房、待修房、内部用房等的状况。正确地掌握酒店状况为客房销售提供了可靠的依据，是前厅部的管理目标之一。要做好这一工作，除了控制系统计算机化和拥有必要的现代化通信联络设备外，还必须建立健全并行之有效的管理制度，切实做好与客房、销售、收银等部门之间的信息沟通工作。

(五)提供各种前厅服务

作为对客服务的集中场所，前厅部还是一个直接向住店客人提供各类相关服务的前台服务部门，如电话、商务、行李、接受投诉、邮件、票务代办、钥匙收发、迎宾接站、物品转交、留言问讯服务等。这些众多工作内容构成了其直接对客服务的功能，其中有一些服务还担负着为酒店创收的任务。但是前厅部最主要的任务是通过日益完善的机制和管理将各种服务工作做好。前厅部的服务质量亦是其重要的考核内容之一。高质量的前厅服务能使客人对酒店的总体管理水平留下良好的、深刻的印象。基于此，目前世界上一些酒店奉行“大堂区域”管理理论，其核心思想是使客人在酒店客人集中处的一层大厅内形成对酒店气氛、服务与档次的良好感觉，以便使其他各项服务工作的进行有一个良好的基础，从而促使客人对酒店总体留下良好的、深刻的印象；而前厅的服务与管理显然是这“大堂区域”管理中最为关键和重要的一环。因此前厅部的管理人员要在积极推销酒店产品的同时将自身所提供的各种服务的质量抓好，以圆满实现其服务功能。

(六)建立客账

目前大多数酒店为了方便客人、促进消费，都已经向客人提供了统一结账服务。客人经过必要的信用证明，查验证件后，可在酒店营业点(商场部除外)签单赊账。前台收款处不断累计客人的消费额，直至客人离店或其消费额达到酒店政策所规定的最高欠款额时，才要求客人付款。要做好这项工作，必须注意建立客人账户、对客人消费及时认真地登记和监督检查客人信用状况这三个环节。

客人账单可以在客人预订客房时建立(记入定金、预付款和信用卡号码)，或在其办理入住登记手续时建立。建立客账的目的是记录和监视客人与酒店之间的财务关系，以免酒店发生经济上的损失。前厅部的职责是区别每位客人的情况，建立正确的客账，提供客人以往消费和客人信用的资料，以保持酒店良好的信誉及保证酒店应有的经营效益。

(七)结账离店

客人离店前，应核查其账单。客人要办理离店手续时，应由前台将账单交给客人，请客人检查。离店手续办理完毕，前台应按程序与有关部门进行及时的沟通。

做好客人离店工作是十分重要的。客人住店期间，全体员工尽力地提供优质服务，如果在最后一刻，由于某一环节上的疏忽，而使客人对酒店的美好印象受到损害，那是十分令人遗憾的。让客人心满意足地离去是酒店的目标，满意而归的客人很可能成为酒店的回头客，酒店的良好声誉很大程度上取决于常客的间接宣传。

(八)建立客史档案

由于前厅部为客人提供入住及离店服务，因而自然就成为酒店对客服务的调度中心及资料档案中心。大部分酒店为住店一次以上的零星散客建立客史档案。按客人姓名字母顺序排列的客史档案记录了酒店所需要的有关客人的主要资料。这些资料是酒店给客人提供周到的、具有针对性服务的依据，同时也是酒店寻找客源、研究市场营销的信息来源，所以必须坚持规范建档和保存制度化两项原则。

(九)辅助决策

前厅部处于酒店业务活动的中心地位，每天都能接触到大量的信息，如有关客源市场、产品销售、营业收入、客人意见等。因此，前厅部应当充分利用这些信息，将统计分析工作制度化和日常化，及时将有关信息整理后向酒店的管理机构汇报，与酒店有关部门沟通，以便其采取对策，适应经营管理上的需要。为了起到决策参谋的作用，前厅部还应当将有关市场调研、客情预测、预订接待情况、客史资料等收存建档，以充分发挥这些原始资料的作用，真正使前厅部成为酒店收集、处理、传递和储存信息的中心。前厅部的管理人员还要亲自参与客房年度销售预测，进行月度、年度销售统计分析，向总经理提供有价值的参考意见，并亲自检查各类报表和数据，通过掌握大量的信息来不断改善本部门和酒店的服务工作，提高前厅部的管理水平。

从上面介绍的 9 项功能中可以看出，前厅部是酒店的营业中心、协调中心和信息中心，它在酒店经营中起着销售、沟通、控制、协调服务和参与决策的作用。前厅部管理的好坏与上述 9 项功能是否正常发挥作用密切相关，特别是与首要功能——销售客房有关，也就是与酒店的经营效益有关。因此，在日常的运转与管理中，前厅部必须重视以上 9 方面功能的正常发挥。

课外资料 6-1

前厅专业术语及其解释如表 6-1 所示。

表 6-1　前厅专业术语

ARR 平均房价/均租	Money earned with all rooms：Total number of all rooms/ Average Room Rate 计算方法：客房总收入除以总住房数
A la carte 零点	(French expression) Meals are not taken from a buffet but can be chosen from a menu. 从自助餐中点取另计费，而不是自助餐的每位收费
Amenity (Amenities) 免费服务	Items/services given to a guest for free (eg: shower gel、fruit basket etc) 免费提供给客人的鲜花果篮等

续表

Accommodation 住宿	Other term for housing/a place to sleep. 其他形式的可供休息的地方
Adjoining rooms 相邻房	Rooms next to each other without connecting door 相邻而不相通的房间
Advance deposit 预定金、押金	To guarantee a reservation (for a room or event), guest gives money in advance (he leaves a deposit) 客人在订房时所交的定金
Advance payment 预付款	When a guest checks in and has no credit card to give as a guarantee, we ask him to give us cash to pre-pay his stay 客人订房时所交的现金款
Arrival list 预到名单	List of all guests arriving on a specific date. It contains information like name of the guest, room number, company name, rate, room type etc. and can either be in order of the room numbers or names 即将到达客人的资料，包括客人姓名、房间号、公司名等
Block 预留房	To keep a specific room reserved for a specific guest 特别为客人预留的房间
Billing instructions 付款方式	Instructions who will pay the bill. The guest himself? The company? eg: Company pays the room, guest all other charges 是自付账还是公司账等
Briefing 协调会议	Meeting of all department employees that are about starting a shift. It is to inform about special things coming up, problems of the earlier shift that still needs to be followed up/solved and suggestions as well regarding a variety of things 各部门员工为需协调之事而召开的会议，提出各自的解决建议或方法
Cancellation 取消预订	Guest doesn't want the room (or the event) anymore and lets us now he cancels it 指客人取消预订的要求
Room Change 换房	Room change for the guest when he/she doesn't like it 当客人不喜欢房间时会给客人换房
Confirmed reservation 预订确认	The hotel confirms that it has the desired room (also function room) available and that it will be kept reserved for the guest 对客人的预订要求予以接受并回复
Contract rate 旅行社合同价	A travel agent and the hotel have agreed on a reduced rate for the travel agent. This rate is confidential and should not be given out to the guest as he pays a higher price, of course 旅行社与酒店之间的合约价
Corporate account 公司账户	Companies sometimes have an account with us where room charges and other charges are transferred to and paid at a later point 公司与酒店之间的账户，在消费之后可通过账户支付

续表

Corporate rate 公司折扣价	Companies that have the plan to send their employees more often or even regular to our hotel, get a “good price”. This reduced rate is called corporate rate 公司的客户和员工经常在酒店消费，因此酒店会给予一个优惠价格，称为公司折扣价
Check in 入住登记	Guest comes to the reception. After having registered (given us his address details etc.), he will then be given a room. This procedure is called check in 指客人在酒店办理入住的过程
Check out 离店，退房	Guest has finished his stay with us and wants to pay his bill. Payment is taken by a receptionist and the room will be “checked out” (released) in the HIS system 指客人办理离店退房的过程
Comp 免费	Complimentary = for free. Sometimes rooms are offered to certain guests for free for promotional reasons. The guest should test our hotel once for free and then book again as a paying guest. GM needs to agree on giving complimentary rooms 酒店所提供的免费房，只有总经理有权批准
Concierge 礼宾部	Department that takes care of providing all kind of information regarding OUTSIDE of the hotel (eg:information about restaurants and other locations) 为客提供各种信息服务以及行李服务
Confirmation letter 订房确认函	Hotel sends a letter/fax/email to the future guest and lists up again all the details of the guest’s booking. Like this the guest can check again and be sure that his reservation was correctly taken 通过传真或电邮回复给客人的订房确认函
Day use 日用房	Guest comes in the morning and wants to book a room for only the day, until about 6 p.m. He does not want to stay during the night 指客人租用房半天，一般租用时间 6h
Due out 当日预计离店房	Guests that should be check out by 12 p.m. but have not checked out by that time. DM has to check with them when they will finally leave 当日行将离店，但超过退房时间仍未退的房间，需与其确认最终离店时间
D.N.S.R. 隐藏房价	Do not show room rate. Price of the room should not be told to the guest as it is confidential (often when booked over a travel agent as the travel agent paid less for the room than the guest has to) 不显示房价，即房价不告知住店客人，通常旅行社预订较多
D.N.D 请勿打扰	Do not disturb. Guest does not want anybody to get in touch with him and knock on his door. If DND is for a long time, DM needs to check the room to see whether guest is feeling okay 客人为避免外界打扰出示的标志
No show 预订未抵达	Did not arrive and without cancel when accommodation was reserved 没有通知取消又没到达的已预订房间
Express check out 快速退房	Quick check out procedure for guest having no time 为节省客人时间的快速退房服务

续表

Early departure 提前退房	Guest should check out on Sunday but then he already leaves on Saturday, so earlier than expected and than his booking shows in the system 客人比原订退房日期提前退房
Early arrival 提前抵达	Guest has a booking starting from Sunday but already arrives on Saturday. So earlier than it says in our system 客人比预订入住时间提前抵达
FIT 散客	Frequent individual traveler 没有预订但用酒店价格或历史价格
Late check out 延迟退房	Check out time is 12 p.m. but guest wants to check out later than this 比酒店所定时间延迟
Rebate 账目减扣	Too much money was taken from the guest on account of an incorrect charge. So the guest gets a refund (money back) – this is called the rebate 因操作失误所致房价错误，从客人账户中予以减扣
Room revenue 客房收入	Many guests stay in our hotel. The money earned with the occupied rooms is the “room revenue”. It does not include the tax and service charge 酒店客房售出的房费收入，但不包括房费的服务费
Room configuration 房型房态	Chart illustrating all hotel rooms including bed type, room distinction (eg: handicapped room, twin room etc.) and the room number 用一张表格来表示酒店所有房间的分布、种类、类型等
Shuttle service 穿梭巴士服务	Free transport service from/to our hotel for our guests 给酒店客人提供的一种免费交通服务
Skipper 恶意逃账者	Name for guests that leave the hotel without paying the bill 没有付账而离店的故意逃账者
Sleep-out 外宿房	Guest keeps (and pays!) his room in our hotel although he goes somewhere else for some time 在酒店付有房租，但未住在酒店称为外宿
Safety deposit box 保险箱	Located at the cashier. A safety box that our guest can use free of charge after they have checked out or before checking in 客人入住期间可在前台收银享有免费寄存贵重物品的服务
Transfer-in 接机服务	Limousine service from the airport to our hotel (offered by our hotel) 酒店提供将客人从机场接到酒店的服务
Transfer-out 送机服务	Limousine service to the airport from our hotel (offered by our hotel) 酒店提供将客人从酒店送到机场的服务
Free/Force Upgrade 客房升级	Guest has booked a KS room but gets a higher room category for the same price. Upgrading is done when a certain room type is not available anymore or as a goodwill towards the guest 将高价格的房间按低价格出售，用于房间紧张时或提高接待规格给重要客人
Wake-up call 叫醒服务	Guest wants the hotel to give him a ring in the morning to wake him up 客人需要酒店提供的晨叫服务

续表

Welcome drinks 欢迎饮品	Drinks at no charge for arriving guests 为客人提供的免费饮品
Walk-in 无预订散客	Guest doesn't have a reservation but comes into our hotel and wants a room 指无预订而前来入住的客人
Waitlist 等候名单	Guest wants to book a room but we have no rooms available anymore. So we put him on the waitlist. If there is a cancellation and we then have a room, the guest from the waitlist gets this room 当酒店房间已满，仍有客人要求订房或入住，可做等候名单
Walkout 刚入住突然离店	Guest has just checked in but decides a short time later that he does not want to stay anymore 刚办理入住手续，但因各种原因突然决定退房的客人

评估练习

1. 前厅部下设哪些岗位，各个岗位职责是什么？
2. 前厅部的主要任务有哪些？

第二节 前厅部预订服务

教学目标

1．掌握预订的方式。
2．掌握预订的种类。
3．掌握客房预订的程序。

宾客提前要求酒店为其提供客房称为客房预订。宾客事先进行客房预订是为了免遭酒店客满的风险，希望在抵店时所需客房已由酒店准备妥当；而酒店之所以用预订系统来受理宾客的客房预订，是想尽力为宾客提供满意的客房，争取较高的客房出租率。

一、预订的渠道

(一)客房预订的直接渠道

客房预订的直接渠道是客人或客户不经过任何中间环节直接向酒店订房。客人通过直接渠道订房，酒店所耗成本相对较低，且能对订房过程进行直接有效的控制与管理。

直接渠道的订房大致有下列几类。

(1) 客人本人或委托他人或委托接待单位直接向酒店预订客房。

(2) 旅游团体或会议的组织者直接向酒店预订所需的客房。

(3) 旅游中间商如旅游批发商，作为酒店的直接客户向酒店批量预订房间。

(二)客房预订的间接渠道

对酒店来说，总是希望将自己的产品和服务直接销售给消费者，但是，由于人力、资金、时间等的限制，往往无法进行规模化的有效的销售活动。因而，酒店往往利用中间商与客源市场的联系及其影响力，利用其专业特长、经营规模等方面的优势，通过间接销售渠道，将酒店的产品和服务更广泛、更顺畅、更快速地销售给客人。

间接渠道的订房大致有下列几类：①通过旅行社订房；②通过航空公司及其他交通运输公司订房；③通过专门的酒店订房代理商订房；④通过会议及展览组织机构订房。

目前，不论对单体酒店，还是连锁酒店或酒店联号，预订网络、航空运输部门所带来的客房预订数量在酒店客源中都占较大比重。如全球分销系统(Global Distribution System)和中心预订系统(Central Reservation System)，将全球各主要航空公司、旅行代理商及连锁酒店、酒店联号的资源进行统一整合和调配，网络各成员定期交纳一定数量的年费(Annual Fee)或按预订数量向网络支付佣金(Commission)，以获得资源共享。

二、预订的方式

宾客采用何种方式进行预订，受其预订的紧急程度和宾客预订设备条件的制约。因此，客房预订的方式多种多样，各有其不同的特点。

宾客常采用的预订方式主要有下列几种。

(一)电话订房

订房人通过电话(Telephone)向酒店订房，这种方式应用最为广泛，特别是提前预订的时间较短时，这种方式最为有效。这种方式的优点是直接、迅速、清楚地传递双方信息，酒店可当场回复客人的订房要求。

受理电话订房时应注意以下几点。

(1) 与客人通话时要注意使用礼貌用语，语音、语调运用要婉转，口齿要清晰，语言要简明扼要。每一位订房员必须明确，预订服务虽然不是与客人面对面进行交流，却是客人接触酒店的第一个人。要当好这个角色，就必须通过电话声音给客人送上热情的服务。

(2) 准确掌握客房预订状况，预订单、航班表等用品和资料要放置于便于取用或查找的地方，以保证预订服务工作快速完成。

(3) 立即给订房人以明确的答复，绝不可让客人久等。若对宾客所提预订要求不能及时进行答复时，则应请对方留下电话号码，并确定再次通话的时间；若因客满需婉拒订房时，应征询客人是否可以列入等候名单。

(4) 通话结束前，应重复客人的订房要求，以免出错。

由于电话的清晰度以及受话人的听力水平等因素的影响，电话预订容易出错，故应事先健全受理电话预订的程序及其相关标准，如表 6-2 所示，以确保预订的有效性。

表 6-2 受理电话预订的程序与标准

程　序	标　准
1. 接电话	铃响三声以内
2. 问候客人	问候语：早上好，中午好，晚上好 报部门：预订部

续表

程　序	标　准
3. 聆听客人预订要求	确定客人预订日期 查看计算机及客房预订显示架
4. 询问客人姓名	询问客人姓名及英文拼写 复述确认
5. 推销客房	介绍房间种类和房价，从高价房到低价房 询问客人公司的名称 查询计算机，确认是否属于合同单位，便于确定优惠价
6. 询问付款方式	询问客人的付款方式，在预订单上注明 公司或者旅行社承担费用者，要求在客人抵达前电传书面信函做付款担保
7. 询问客人抵达情况	询问抵达航班及时间 向客人说明，无明确抵达时间和航班，酒店将保留房间到入住当天的18：00 如果客人预订的抵达时间超过18：00，要求客人告知信用卡号码做担保预订
8. 询问特殊要求	询问客人有无特殊要求，如是否需要接机服务等 对有特殊要求者，详细记录并复述
9. 询问预订代理人情况	询问预订代理人的姓名、单位、电话号码 对上述情况做好记录
10. 复述预订内容	日期、航班 房间种类、房价 客人姓名 特殊要求 付款方式 代理人情况
11. 完成预订	致谢

(二)面谈订房

面谈订房是客户亲自到酒店，与订房员面对面地洽谈订房事宜。这种订房方式能使订房员有机会详尽地了解客人的需求，并当面解答客人提出的问题，有利于推销酒店产品。

与客户面谈订房事宜时应注意以下几点。

(1) 仪表端庄、举止大方，讲究礼节礼貌，态度热情，语音、语调适当、婉转。

(2) 把握客户心理，运用销售技巧，灵活地推销客房和酒店其他产品。必要时，还可向客人展示房间及酒店其他设施与服务，以供客人选择。

(3) 受理此方式的订房时，应注意避免向宾客做具体房号的承诺，否则，如因情况变化而失信于宾客，会影响服务信誉。若宾客不能确定逗留的具体天数，也应设法让其说出最多和最少天数，以利于前厅排房；若宾客不能确定具体抵达时间，在用房紧张时期，可明确提醒宾客：预订的客房保留到抵店当天的18：00。

(三)信函订房

信函(Letter)预订是宾客或其委托人在离预期抵店日期尚有较多时间的情况下采取的一

种古老而正式的预订方式。此方式较正规，如同一份合约，对宾客和酒店起到一定的约束作用。在受理此方式预订时，应注意做到以下几点。

(1) 及时复信。越早让宾客收到回信，就越能赢得宾客的好感，对宾客的住宿选择影响也最大。多数酒店规定了 24h 内需寄出复信，并使用打时机或时间戳来控制回信速度。

(2) 避免给宾客留下公函式信件的印象。复信应使收件人感到信件是专门为他所写的，是一封私人信函。如预订员不能用“Dear Sir”做信头称谓，而应正确使用宾客的头衔与称呼，并准确拼写其姓名。

(3) 复信的格式必须正确，注意中英文书信格式的差异。

(4) 复信的内容应明确、简洁且有条理。对宾客来信中所提要求，一定要给予具体的答复，即使是不能应允或不能满足的要求，也需婉转地表示歉意，做到谦恭有礼，避免含混不清，最好使用书面语。

(5) 复信的地址、日期要书写完整、准确。

(6) 注意信纸、信封的质量，邮票的选择及复信者的亲笔签名。

(四)传真订房

传真(Fax)是一种现代通信技术，目前正广泛地得到使用。其特点是：操作方便，传递迅速，即发即收，内容详尽，并可传递发送者的真迹，如签名、印鉴等，还可传递图表，因此传真已成为订房联系的最常用的通信手段。

(五)国际互联网订房

随着现代电子信息技术的迅猛发展，通过国际互联网(Internet)向酒店订房的方式正迅速兴起，它已成为酒店业 21 世纪发展趋势的重要组成部分。通过互联网订房主要有以下两种订房方式。

(1) 通过酒店连锁集团公司的订房系统(CRS)向其所属的酒店订房。随着我国酒店业连锁化、集团化进程的加快，不少酒店纷纷加入了国际或国内酒店集团的连锁经营。大型的酒店连锁集团公司都拥有中央预订系统，即 CRS(Central Reservation System)。随着互联网的推广使用，越来越多的宾客开始采用这种方便、快捷、先进而又廉价的方式进行客房预订。酒店也越来越注重其网站主页的设计，以增强吸引力。

例如，巴斯集团的“HOLIDEX2000”预订系统每晚要出租四十多万间客房，每年要接到两千多万个预订电话，这个预订系统使假日酒店、假日运通酒店、假日花园酒店、假日度假酒店、假日选择酒店、假日套房酒店和克朗尼广场酒店集团受益颇丰。

洲际酒店的“GlobalⅡ”预订系统为在世界各地 55 个国家的 150 个连锁酒店提供客房预订服务，约占了这些酒店预订业务的 30%～80%。“GlobalⅡ”预订系统与 380 000 个旅行社进行了联网。国际旅游集团的“Reservahost”预订系统每天为 98 个酒店提供 200 个预订服务，其中包括主人酒店、红地毯酒店、苏格兰酒店、护照酒店以及市民酒店。根据酒店的所处位置，通过中心预订系统，酒店的最高出租率可以达到 85%。

近年来，原先主要采用电话订房方式的酒店预订系统都实现了在国际互联网上的在线预订，信息全、选择面宽、成本低、效率高、直面客户、房价一般低于门市价等特点使其越来越受到客户及酒店的青睐。

(2) 通过酒店自设的网址，直接向酒店订房。一些大型酒店已自设网站，实行全方位的在线订房。虽然这一做法较传统的做法经济、迅速，但对大多数中、小型酒店来说一时还难以承受，因此尚未得到广泛的普及和应用。

(六)合同订房

酒店与旅行社或商务公司之间通过签订订房合同(Contract)，达到长期出租客房的目的。

三、预订的种类

酒店在接受和处理客人预订时，根据不同情况，一般将预订分为两大类型。

(一)非保证类预订

非保证类预订(Non-Guaranteed Reservation)通常有以下 3 种具体方式。

(1) 临时类预订(Advanced Reservation)。临时类预订指客人的订房日期或时间与抵达的日期或时间很接近，酒店一般没有足够的时间给客人以书面或口头确认。当天的临时类订房通常由总台处理。临时类预订的客人如在当天的“取消预订时限”(通常为 18∶00)还未到达酒店，则该预订即被取消。

(2) 确认类预订(Confirmed Reservation)。确认类预订指客人的订房要求已被酒店接受，而且酒店以口头或书面形式予以确认。一般不要求客人预付预订金，但规定客人必须在预订入住的时限内到达酒店，否则作为自动放弃预订。

确认预订的方式有两种：一种为口头确认，另一种为书面确认。通常使用书面确认，如邮寄、传真回复确认书等。口头确认一般只用于客人订房时间与抵店时间很接近时。

书面确认与口头确认相比有如下优点。

① 能复述客人的订房要求，使客人了解酒店是否已正确理解并接受了他的订房要求，使客人放心。

② 能申明酒店对客人承担的义务及有关变更预订、取消预订以及其他有关方面的规定，以书面形式确立了酒店和客人的关系。

③ 能验证客人所提供的个人情况，如姓名、地址等。所以持预订确认书的客人比未经预订、直接抵店的客人在信用上更可靠，大多数酒店允许其在住店期间享受短期或一定数额的赊账服务待遇。

无论是口头确认还是书面确认，都必须向客人明确申明酒店规定的抵店时限。

(3) 等候类预订(On-Wait Reservation)。酒店在客房订满的情况下，因考虑到预订存在有一定的“水分”，如取消、变更等，有时仍按一定数量给予客人以等候订房。对这类订房的客人，酒店不发给确认书，只是通知客人：在其他客人取消预订或提前离店等情况下，对其可予以优先安排。

(二)保证类预订

宾客通过预付订金(Deposit)来保证自己的订房要求，特别是在旅游旺季，酒店为了避免因预订客人擅自不来或临时取消订房而造成损失，要求宾客预付订金来加以保证，这类预订称为保证类预订(Guaranteed Reservation) (也称担保预订)。保证类预订以宾客预付订金的形式来保护酒店和宾客双方的利益，约束双方的行为，因而对双方都是有利的。

预付订金是指酒店为避免损失而要求宾客预付的房费(一般为一天的房费，特殊情况例外)。对如期到达的客人，在其离店结账时予以扣除；对失约客人则不予退还，酒店为其保留住房到第二天中午12时止。保证类预订的客人在规定期限内抵达而酒店无法提供房间时，则由酒店负全部责任。

保证类预订在酒店与未来住客之间建立了更牢靠的关系。客人可以通过下列方法进行订房担保。

(1) 信用卡。客人在订房时向酒店声明，将使用信用卡为所预订的房间付款，并把信用卡的种类、号码、失效期及持卡人的姓名告诉酒店。如客人在预订日期未抵达酒店，酒店可以通过信用卡公司获得房费收入的补偿。

(2) 预付订金。对于酒店来说，最理想的保证类预订方法是要求客人预付订金，如现金、支票、汇款等酒店认可的形式。预付订金可以由预订处收取后交财务部，也可由财务部收取后通知预订处。

(3) 订立商业合同。订立商业合同是指酒店与有关客户单位签订的订房合同。合同内容主要包括签约单位的地址、账号以及同意对因失约而未使用的订房承担付款责任的说明，合同还应规定通知取消预订的最后期限，如签约单位未能在规定的期限通知取消预订，酒店可以向对方收取房费等。

由于各地区、各酒店的实际情况不同，担保的方法也不尽相同。有些酒店将其认可的个人名誉担保视为订房担保；有些酒店目前尚无法接受以信用卡作为订房担保，故采取何种有效的订房担保，应视情况而定。

四、客房预订的程序

为了确保客房预订工作的高效运行，前厅部必须建立健全客房预订程序。通常，客房预订的程序可概括为以下7个阶段。

(一)通信联系

宾客常以上述的电话、面谈、传真、互联网、信函等方式向酒店前厅部客房预订处提出订房要求。

(二)明确客源要求

预订员应主动向宾客询问，以获悉宾客的住宿要求，并将其所需预订信息填入客房预订单，包括宾客姓名、人数、国籍，抵离店日期、时间、车次或航班，所需客房种类、数量、房租、付款方式、特殊要求以及预订人姓名(或单位)及地址、电话号码等信息。

(三)受理预订或婉拒预订

预订员通过查看预订总表或计算机终端，以判断宾客的预订要求是否与酒店的实际提供能力相吻合。其因素包括以下4点：①抵店日期；②客房种类；③用房数量；④住店夜次。

受理预订意味着预订员将要根据预订程序从事下一阶段确认预订的服务。婉拒预订即因客满而婉言拒绝宾客的预订要求，但并非意味着终止对客服务。如征求宾客调换另一类型的客房，可做如下建议："……实在遗憾，××先生，您所需的套房我们已订满了。不过，在您抵店那天，我们可以为您提供一间客房，其面积与套房一样，而且朝向庭院，……"

另外，也可将宾客的预订要求、电话号码等记录在“等候名单”上，随后每天检查落实，一旦拥有客房，立即通知宾客。

部分酒店使用规范的婉拒信函寄发给宾客，以达到同样的效果。酒店常使用的婉拒预订的书信句型有：

“……我店为没能满足您的要求深表歉意，希望下次能有机会为您提供服务。

顺致崇高敬礼!”

英文表述为：“…We regret that we have been unable to be of service to you. However we hope to be in a position to accommodate you at a future date.

Yours Faithfully!”

(四)确认预订

预订员在接到客人的预订要求后，立即将客人的预订要求与酒店未来时期客房的利用情况进行对照，决定是否能够接受客人的预订，如果可以接受，就要对客人的预订加以确认。

确认预订的方式通常有两种，即口头确认(包括电话确认)和书面确认。如果条件允许，酒店一般应采用书面确认的方式，向客人寄发确认函，如表 6-3 所示，这是因为以下几点原因。

首先，书面确认能使客人了解酒店方面是否已正确理解其订房要求，可以减少差错和失误。

表 6-3　预订确认函

酒店	客房类型、数量:	房价:
地址:	预订日期:	抵达日期:
电话:	抵达时间:	逗留天数:
您对:	离店日期:	
	结账方式:	订金:
的预订已确认	客户地址:	
	客户姓名:	电话:
本酒店愉快地确认了您的订房。由于客人离店后，需要有一定时间整理房间，因此，下午三点以前恐不能安排入住，请原谅。另外，未付订金或无担保的订房只保留到下午六时。 预订员：______		

其次，确认函除了复述客人的订房要求以外，还写明了房价、为客人保留客房的时间、预付订金的方法、取消预订的规定及付款方式等，实际上在酒店与客人之间达成了某种书面协议。

再次，确认函可以进一步证实客人的个人情况，如姓名、地址等，从而减少带给客人的各种信用风险。

最后，书面确认比较正式。对于大型团体、重要客人，特别是一些知名人士、政府官员、国际会议等订房的确认函，要由前厅部经理或酒店总经理签发，以示尊重和重视。

(五)预订资料记录储存

当预订确认书发出后，预订资料必须及时、正确地予以记录和储存，以防疏漏。预订资料一般包括客房预订单、确认书、预付订金收据、预订变更单、预订取消单、客史档案卡及宾客原始预订凭证等。有关同一宾客的预订资料装订在一起，将最新的资料存放在最上面，依次类推，以利于查阅。预订资料的记录储存可采用下列两种方式。

(1) 按宾客所订抵店日期顺序储存。按照宾客所预订的抵店日期顺序，将预订单归档储存，以便随时掌握未来每天的宾客抵店情况。通常，将预订资料放在一个大的卡片箱或抽屉里。

(2) 按宾客姓氏字母顺序储存。按照宾客姓氏第一个字母的顺序，将预订单归档储存，以便随时查找出宾客的预订资料。同时，前厅部问讯处和电话总机也可通过宾客姓氏字母顺序快捷有效地查找相关资料。

(六)修改预订

预订宾客在实际抵店前，因种种原因可能对其原有预订进行更改或取消。在处理时，预订员应注意下列服务要点。

(1) 迅速查找出该宾客的预订单，并做出相应标记(更改、取消)。

(2) 记录来电者的姓名、电话号码、单位地址等，便于双方进行联系。

(3) 修改相应的预订资料，如更改计算机信息预订总表、预订卡条等，确保最新预订信息的准确性。

(4) 若预订的变更内容涉及一些特殊安排，如派车接送、放置鲜花水果等，则需尽快给相关部门发出变更或取消的通知。

(5) 尽量简化取消预订的手续，使用预订取消编码是证明预订已被取消的最好方法。例如，92411WM502。前面3位数(924)表示宾客原订的抵店日期(9月24日，先后顺序应统一)；接着的两位数(11)表示该酒店的编号；字母(WM)则为预订员姓名的两个首位字母；最后3位数(502)表示酒店预订取消序号。通常，预订取消编码应记录在预订资料上并加以存档。

总之，在处理预订更改和取消时，预订员应耐心、高效地对宾客服务。不论是变更、取消还是婉拒预订，都有宾客方面或酒店方面的客观原因，预订员既要灵活地面对现实，又应表现出极大的热情并提供有效的帮助，如表6-4和表6-5所示。

表6-4　变更预订的处理程序与标准

程　序	标　准
1. 接到客人更改预订的信息	询问要求，更改预订客人的姓名及原始到达日期和离店日期 询问客人需要更改的日期
2. 确认更改预订	在确认新的日期之前，先要查询客房出租情况 在有空房的情况下，可以为客人确认更改预订，并填写预订单 需要记录更改预订的代理人姓名及联系电话
3. 存档	将原始预订单找出 将更改的预订单放置上面钉在一起 按日期、客人姓名存档

续表

程　序	标　准
4. 未确认预订的处理	如果客人需要更改日期，而酒店客房已订满，应及时向客人解释 告知客人预订暂放在等候名单里 如果酒店有空房时，及时与客人联系
5. 更改预订完成	感谢客人及时通知 感谢客人的理解与支持(未确认时)

表 6-5　取消预订的处理程序与标准

程　序	标　准
1. 接到预订信息	询问要求取消预订客人的姓名、到达日期和离店日期
2. 确认取消预订	记录取消预订代理人的姓名及联系电话 提供取消预订号
3. 处理取消预订	感谢预订人将取消要求及时通知酒店 询问客人是否要做下一个阶段的预订 将取消预订的信息输入计算机
4. 存档	查询原始预订单 将取消预订单放置在原始预订单之上，钉在一起 按日期将取消单放置在档案夹最后一页

(七)抵店准备

宾客抵店前的准备工作大致分为以下 3 个阶段。

(1) 提前一周或数周，将酒店主要客情，如重点宾客(VIP)、大型团队、会议接待、客满等信息通知各部门。其方法可采取分发各类预报表，如“十天客情预测表”，如表 6-6 所示、“重点宾客(VIP)呈报表”，如表 6-7 所示、“重点宾客(VIP)接待规格呈报表”，如表 6-8 所示等，也可召开由运转总经理主持的协调会。

(2) 宾客抵店前夕，将客情及具体的接待安排以书面形式通知相关部门，做好准备工作。酒店在这方面常使用的表格有：“次日抵店宾客一览表”，如表 6-9 所示、“鲜花、水果篮通知单”，如表 6-10 所示、“特殊要求通知单”等。

表 6-6　十天客情预测表

日期	星期	预抵散客	团队	离店	团队离店	住宿	团队住宿	故障房	已满房间数	预计出租房数	预计出租单位	预计出租率	预计空房间数	已用房间数	可用房间数

表 6-7　重点宾客(VIP)呈报表

____月____日

房号	姓名	身份	接待单位	抵店日期	离店日期	客房种类		房　租		备 注
						T	S	T	S	
小计										
送：总经理室、大堂经理、公关销售部、餐饮部、客房部、保安部、前厅部、大厅、总机、送餐部										

表 6-8　重点宾客(VIP)接待规格呈报表

团队名称 贵宾情况					
情　况 简　介					
审 批 内 容	1．房费：A 全免　B 赠送会客室一间　C 房费按______折收取　D 按______元收费 2．用膳：在______餐厅用餐，标准______元/人(含/不含饮料) 3．房内要求：A 鲜花　B 小盆景　C 水果　D 果盘　E 葡萄酒及酒杯　F 欢迎信 G______名片　H 礼卡　I 酒店宣传册 4．迎送规格：A 由______总经理迎送　B 由______副总经理迎送　C 锣鼓迎送 D 欢迎队伍 5．其他				
呈报部门		经办人		部门经理	
总经理批署					

表 6-9　次日抵店宾客一览表

______年______月______日

预订号	序号	客人姓名	房间数	房间类别	抵达时间航班	预期离店日期	备注
1							
2							

表 6-10　鲜花、水果篮通知单

______月______日

姓名　　　　　　　　房号

送达日期　　　　　　时间

具体要求

付款客人姓名　　　　序号

备注

(3) 宾客抵店的当天，前厅接待员应根据宾客预订的具体要求提前排房，并将有关接待细节(变更或补充)通知相关部门，共同完成宾客抵店前的各项准备工作。

综上所述，客房预订过程是极其复杂的，且对准确率要求极高，故采用计算机来进行全过程的操作是十分必要的。

课外资料 6-2

超 额 预 订

一、超额预订介绍

超额预订是指酒店在一定时期内，有意识地使用其所接受的客房预订数超过其客房接待能力的一种预订现象，其目的是充分利用酒店客房，提高开房率。

超额预订应该有个“度”的限制，以免出现因“过渡超额”而不能使客人入住，或“超额不足”而使部分客房闲置。通常，酒店接受超额预订的比例应控制在10%~20%，具体而言，各酒店应根据各自的实际情况，合理掌握超额预订的“度”。

案例分析

在旅游旺季，各酒店住房率均较高，为了保证经济效益，一般酒店都实行超额预订。一天，经大堂副理及前台的配合，已将大部分客人安排妥当。当时2305房间客人为预离房，直至18点时才来前台办理延住手续，而此时，2305房间的预抵客人已经到达(大堂副理已在下午多次打电话联系2305房间预离客人，但未找到)。大堂副理试图向刚刚到达的客人解释酒店超额预订，并保证将他安排在其他酒店，一旦有房间，再将其接回，但客人态度坚决，称这是你们酒店的问题，与我无关，我哪也不去。鉴于客人态度十分坚决，而且多次表示哪怕房间小一点也没关系，他就是不想到其他酒店，在值班经理的允许下，大堂副理将客人安置到了值班经理用房，客人对此表示满意。

评析

宾客向酒店订房，并不是每位客人都作为保证类订房，经验告诉我们，即使酒店的订房率达到100%，也会有订房者因故虽有预订而不到、临时取消或者住店客人提前离店，使酒店出现空房。因此，酒店为了追求较高的住房率，争取获得最大的经济效益，往往实施超额预订。超额预订是订房管理艺术的最高体现，处理得好会提高客房出租率，增加酒店的经济效益。但是如果超额过度，预订客人又都在规定的时限内抵达酒店，而酒店却因客满无法为他们提供所订住房，必然会引起客人的不满，这无疑将会给酒店带来很大的麻烦。因为接受并确认了客人的订房要求，就是酒店承诺了订房客人具有得到“自己的住房”的权利。发生这种情况属于酒店的违约行为，所以，必须积极采取补救措施，千方百计调剂房间，开拓房源，最大限度地满足客人的预订要求，妥善安排好客人住宿，以消除客人的不满，挽回不良影响，维护酒店的声誉。

(1) 凡有预订的客人一般都愿意按预订入住，出于种种原因一般不愿到其他酒店去，因此满足客人的要求就成为最重要的问题。上述案例中由于客人不愿意去其他酒店，而超额预订又成为一道难题，经过有关人员的共同努力，终于让客人入住到了值班经理的用房，满足客人的要求又为酒店增加了收入，这种做法是值得提倡的。

(2) 在处理超额预订时，只有实在挤不出房间时才可以考虑将客人送往其他酒店，因为，有时客人入住其他酒店后就有可能成为其他酒店的回头客，这对于送出客人的酒店来说将是一个损失。

二、处理超额预订方法

如果因超额预订而不能使客人入住，按照国际惯例，酒店方面应该做到以下几点。

(1) 诚恳地向客人道歉，请求客人谅解。

(2) 立即与另一家相同等级的酒店联系，请求给予援助。同时，派车将客人免费送往这家酒店。

(3) 如属连住，则店内一有空房，在客人愿意的情况下，再把客人接回来，并对其表示欢迎(可由大堂副理出面迎接，或在客房内摆放花束等)。

(4) 对提供了援助的酒店表示感谢。

如客人属于保证类预订，则除了采取以上措施以外，还应视具体情况，为客人提供以下帮助。

(1) 支付其在其他酒店住宿期间的第一夜房费，或客人搬回酒店后可享受一天免费房的待遇。

(2) 免费为客人提供一次长途电话费或传真费，以便客人能够将临时改变地址的情况通知有关方面。

(3) 次日排房时，首先考虑此类客人的用房安排。大堂副理应在大堂迎候客人，并陪同客人办理入住手续。

三、超额预订数的确定

超额预订数要受预订取消率、预订而未到客人比率、提前退房率以及延期住店率等因素的影响。

$$X=(A-C+X)\cdot r_1+(A-C+X)\cdot r_2+C\cdot f_1-D\cdot f_2$$

$$X=\frac{C\cdot f_1-D\cdot f_2+(A-C)(r_1+r_2)}{1-(r_1+r_2)}$$

式中：X——超额预订房数；

A——酒店客房部的房间数；

C——续住房数；

r_1——预订取消率；

r_2——预订而未到率；

D——预期离店房数；

f_1——提前退房率；

f_2——延期住店率。

设超额预订率为 R，则

$$R=\frac{X}{A-C}\times 100\%$$

$$=\frac{C\cdot f_1-D\cdot f_2+(A-C)(r_1+r_2)}{(A-C)[1-(r_1+r_2)]}\times 100\%$$

四、合理做好超额预订

每年一到节日长假的时候，很多城市的酒店客房入住率就会自然而然地猛升至 100%，为了能使酒店获取收益最大化的同时又为未来锁定客人，酒店更应细致地做好营销工作，而不是顺其自然，沾沾自喜。笔者浅析在假日经济饱和需求下的一些营销管理方法，与同行做一个交流。

(一)预测客源情况

首先，要做好客源的预测工作。酒店通过预测才能考虑接下来的营销步骤，预测需要从多方面着手。

(1) 往年同期客源情况的分析。营销人员应该细分和研究去年同期节假日的每天客房出租情况，如：每日出租房间数，散客房间数，以及来自协议的散客比例、来自订房中心的散客比例等，从而将以往的数据与今年节假日预订情况进行比较。由于旅行社团队往往会作提前预订，而且通常越接近节假日时，团队的房间数会越确定，所以营销人员应每隔一段时间与旅行社核对团队的收客情况，防止旅行社为了控房而作虚假或水分较大的预订。

(2) 关注节假日期间的天气预报。由于假日客源主要是旅游客人，旅游客的消费属休闲性自费旅游，随意性较大，所以，若天气乐观，可以留出部分房间以出售给临时性的上门散客；若天气情况不妙，可以多吸收一些团队，以作为客房的铺垫。如何控制和预留房间，还得看看老天爷的脸色。

(3) 了解本市同类酒店的预订情况。通过了解竞争对手和不同地段的酒店预订情况，可以估计出自己酒店客房出租的前景。

(4) 关注各媒体报道。通常在节假日前几天，各大媒体包括网上都会争相从相关行业、酒店处了解到最新的情况，进行滚动式报道。

(5) 通过其他渠道了解信息。营销人员可以从酒店主要客源来源地的酒店销售界同行、旅行社、客户那里了解信息。总之，酒店应该尽量通过准确的预测来便于做好节日长假到来的各项准备工作。

(二)做好价格调整的准备

根据预测情况，针对各种客源，制定不同的价格策略。新的价格要尽量提前制定，以便留出足够的时间与客户沟通。期间营销人员有大量的工作需要落实，不仅通过电话、传真、E-mail 等方式通知客户，更要从关心客户的角度出发，提醒客户尽量提前预订，以免临时预订而没有房间。在价格调整上，不同客源的调整幅度可以不一样，对一贯忠诚于酒店的协议公司客人提价要稳妥，要与他们沟通，尽量在协议客人能够承受的幅度内进行提价；对于订房中心的调整可以从网上进行了解，特别是要调查同类酒店的调价情况，结合客户可以承受的能力和酒店自身情况综合考虑，酒店要从长远的眼光来看待与客户之间的关系，不能只做一锤子买卖，因为建立良好的信誉是发展未来客源的基础，绝不可以因节假日游人增多而“水涨船高”，肆意涨价。

(三)合理计划客源比例

根据调查与预测情况，合理做好客源的分配比例，如果预测天气状况不妙，可以增加团队的预订量，如果预测天气较好，可以减少团队预订量。但笔者认为不能一刀切，不接团队，除非酒店以前从不与旅行社打交道。酒店可以通过价格的上涨来合理控制或筛选不同细分市场。对于长期合作的系列团队，应尽量提供一定比例的房间。

(四)合理做好超额预订

酒店常常遇到预订了房间而产生“未出现者”(No-show)的情况。由于国内信用制度还没有彻底完善，客人不会因没有履行预订而承担经济责任。这样就导致了一些不受酒店欢迎的行为，例如：客人可能为了价格原因或出游人数不确定等因素而做多次、多处预订。

这种行为在随意性较大的自费旅游客中较为普遍，通过多处多次预订，他们可以拿到较好的价格，可以确保抵达酒店时马上得到房间。然而，No-show 会造成酒店空房，除非客人能提前通知酒店取消预订。为了避免 No-show 情况造成的损失，酒店可以采用超额预订的策略。通过超额预订酒店可以防范大量未履行预订的风险。然而，如果酒店接受太多的超额预订就得负担客人抵达酒店时没有房间可以入住的风险。

为了降低超额预订的风险，酒店可以通过以往节假日 No-show 和取消的数据进行统计比较，得出一个合理的百分比。从而实现既能够最大限度地降低由于空房而产生的损失，又能最大限度地降低由于未能做好足够预订而带来的损失。因此不仅仅是营销人员要做好预测和超额预订的策略制定，而且需要与总台一线员工进行沟通，并进行培训，如果真的出现客人预订而没有房间的情况，要设法事先在同类酒店安排相同档次的房间，并用酒店的车免费将客人送到那儿。

(五)提前做好服务准备工作

一到节日长假的旺季，所有的酒店人力和设施设备都有可能超负荷运转，因此酒店必须提前进行设施设备的检查，根据预测情况合理安排人手。这在平时可以交叉训练员工，培养多面手，也可以从旅游职业学校预约一些学生兼职，准备好充足的人手。

由于在节假日时候，旅游客人抵达时间会在白天，而前一天的客人退房时间是会在中午 12:00，所以必须准备好充足的服务人手，快速打扫房间。通过预测，其他各个营业场所如：车票预订、餐饮、娱乐等服务也要提前做好准备。

(六)进一步锁定客源

旅游客虽然是流动的客人，有一些往往是第一次来酒店入住，作为营销人员要想方设法将这些客人锁定，一方面通过酒店充分的准备，提供优质服务，给客人留下一个好的印象；另一方面可以通过大堂副理拜访客人、客房内放置节日问候信、赠送小礼物、放置贵宾卡、信息表等来实现客人今后回头的可能性。例如：浙江国际大酒店在去年“五一”和“国庆”两个长假期间，在行政楼客房放置了致宾客节日问候信和贵宾卡申请表(贵宾卡在两个国定节假日期间不能使用)，共计发放贵宾卡 600 多张，据不完全统计，至今有 300 多张贵宾卡回头使用，也就是说通过这个方法酒店锁定了 300 多位回头客。

(七)与各相关方做好联合工作

(1) 与同行酒店及时互通信息，相互核对酒店房态，做到互送客源。

(2) 与各大网络订房中心随时联络，及时通告酒店的房态。

(3) 与每天预订的客人进行核对，确认客人是否到来以及抵达人数、抵达时间等。

(4) 与媒体电台定时联络。比如：杭州的交通旅游台就会定期免费将各酒店房间空闲状况广播给听众。

通过以上几个方面的营销管理，不仅能为酒店带来可观的收益，更极大地提高了顾客的满意度和忠诚度。

评估练习

1. 预订的方式有哪些？
2. 预订的种类有哪些？
3. 预订的程序是什么？

第三节　前厅部接待服务

教学目标

1．掌握入住登记程序。

2．掌握入住登记中的注意事项。

酒店总服务台必不可少的三大功能是接待、问讯和收银。这也是酒店实现客房销售的必要环节。

客房销售是接待处的主要任务，该任务完成质量的高低决定着客人对酒店“第一印象”的好坏以及酒店客房营业收入的高低。

客人在办理入住登记手续的时候，酒店所有市场努力的成果以及计算机订房系统的作用都得到了体现。

客人在办理入住登记的过程中对酒店服务设施的第一印象，对于营造热情友好的氛围和建立持续良好的商务关系非常重要。如果受到了热情的招待，客人将会积极地配合酒店的工作，并希望从酒店其他部门也得到同样热情的服务。否则，客人不仅不会对酒店的服务及设施产生兴趣，而且还将会在住宿期间挑剔酒店提供的服务和设施。

接待处的客房销售、宾客的接待一般是面对面进行的，然而在智能化的酒店前厅，特别是国外的一些酒店前厅，客人自行办理入住/离店手续的终端或操作亭(Expeess Check-in)的使用能让客人行使越来越多的前厅功能。自行办理入住/离店手续的终端与酒店的管理系统连接后，它为客人提供的选择类似于前厅服务员为客人提供的选择，主菜单基本上分为入住、退房离店、其他酒店服务和社区信息等。它既有固定的，也有移动的，有些酒店甚至将其放置在酒店与机场/码头间的穿梭巴士上供客人办理登记手续。绝大多数终端要求住店的客人持有事先的预订单及有效的信用卡，客人触摸一下计算机屏幕，系统就会提示客人的预订，查证客人的信用，认可酒店内的记账，将客人情况记入酒店管理系统，安排客房，制作钥匙，打印出一份预先账页(账页重申了住客的姓名、房价、抵达和离店的日期、房号)，激活房间电话，触摸“结束”键，系统会祝客人在酒店期间过得愉快。对于没有预订的散客(Walk-in Gvests)，在办理入住手续时，要先将预订程序中要求的基本信息输入终端。在智能化的酒店前厅，入住登记手续/离店手续和有关问讯服务依靠计算机网络完成，客人基本不与服务员直接接触。

一、接待准备

在帮助客人办理入住登记手续或分配客房之前，接待员必须掌握接待工作所需的信息。这些信息主要包括：房态报告、预抵店客人名单、宾客历史档案、有特殊要求的预抵店客人名单、抵店重要客人名单、黑名单和其他准备工作。

以上信息资料在客人抵店的前一天晚上就应该准备好。在计算机联网的酒店里，这些信息资料不断地在更新，接待员可通过计算机网络轻易获取。

在此可以清楚地看到，接待处和客房部之间保持紧密的联系是十分重要的。在旅游旺季，为了保证较高的入住率，客房部必须快速地将清扫好的空房房号告知接待处，以便接待处尽快售房，但绝不能降低客房的服务标准。

(一)房态报告

在客人到店前，接待员必须获得较为具体的房态报告(Room Status Report)，并根据此报告排房，以避免给客人造成不便。

(二)预抵店客人名单

预抵店客人名单(Expected Arrivals List)为接待员提供即将到店客人的一些基本信息，如客人姓名、客房需求、房租、离店日期、特殊要求等。

在核对房态报告和预抵店客人名单时，作为接待处的管理人员，应该清楚以下两件事情，并采取相应的措施：酒店是否有足够的房间去接待预抵店客人，酒店还剩余多少可出租的房间去接待无订房而直接抵店的散客(Walk-in Guests)。

(三)宾客历史档案

宾客历史档案(Guest History Record)简称“客史档案”。高星级酒店均有宾客历史档案，在计算机的帮助下，接待员很容易查到客人在酒店的消费记录，只要客人曾经在该酒店住宿过，根据宾客的历史档案情况，即可采取适当措施，确保客人住得开心。

(四)有特殊要求的预抵店客人名单

有些客人在订房时，可能会额外地提出服务要求，接待员必须事先通知有关部门做好准备，恭候客人的到来。如预抵店客人要求为婴儿配备婴儿床，接待员(主管)则应为客人预先安排房间，然后让客房部准备婴儿床并将其放到指定的房间；客房部还应适当为客人准备一些婴儿用品，如爽身粉等。这一切工作都必须在客人抵店前做好。

(五)抵店重要客人名单

酒店必须对重要客人加以足够的重视。重要客人可分为以下几点。

- 贵宾(VIP)(Very Important Person)。主要包括政府方面、文化界、酒店方面的知名人士等。
- 公司客户(CIP)(Commercially Important Person)。主要指大公司、大企业的高级行政人员、旅行社和旅游公司职员、新闻媒体工作者等。
- 需特别关照的客人(SPATT)(Special Attention Guests)。主要指长住客(Long-stay Guests)以及需要特别照顾的老、弱、病、残客人等。

酒店常为重要客人提供特别的服务和礼节，如事先预留客房、免费享受接机/接车服务、在客房办理登记手续及安排专人迎接等。由于以上客人较为重要，酒店常把预抵店重要客人名单印发至前厅各部门及酒店相关对客服务部门，让他们在接待服务过程中多加留意。

(六)黑名单

黑名单，即不受酒店欢迎的人员名单。主要来自以下几个方面：公安部门的通缉犯，当地酒店协会会员以及大堂副理的有关记录，财务部门通报的走单(逃账)客人，信用卡黑名单等。

(七)其他准备工作

在客人到店前，接待员除应获得以上信息资料外，还应做好以下工作：准备好入住登记所需的表格、用具，准备好钥匙，查看客人是否有提前到达的邮件等。

二、办理入住登记手续的目的与要求

入住登记是前厅部对客服务全过程中的一个关键阶段，其工作效果将直接影响到前厅功能的发挥，同时，办理入住登记手续也是宾客与酒店建立正式的、合法关系的一个最重要环节。

(一)办理入住登记手续的目的

(1) 遵守国家法律中有关入住管理的规定。
(2) 获得宾客的个人资料。
(3) 满足宾客对客房和房价的要求。
(4) 推销酒店服务设施，方便宾客选择。
(5) 为宾客入住后的各种表格及文件的形成提供可靠的依据。

(二)办理入住登记需要的表格

1. 住宿登记表

在我国，住宿登记表(Registration Form)大体分 3 种：《国内旅客住宿登记表》、《境外旅客临时住宿登记表》和《团体人员住宿登记表》，如表 6-11～表 6-13 所示。

表 6-11　国内旅客住宿登记表

编号：　　　　房号：　　　　房租：

<table>
<tr><td>姓 名</td><td>性别</td><td colspan="2">年龄</td><td>籍 贯</td><td colspan="2">工作单位</td><td>职　业</td></tr>
<tr><td></td><td></td><td colspan="2"></td><td>省 市 县</td><td colspan="2"></td><td></td></tr>
<tr><td>户口地址</td><td colspan="5"></td><td>从何处来</td><td></td></tr>
<tr><td colspan="3">身份证或其他有效证件</td><td colspan="2"></td><td>证件号码</td><td colspan="2"></td></tr>
<tr><td colspan="2">抵店日期</td><td colspan="2"></td><td colspan="2">离店日期</td><td colspan="2"></td></tr>
<tr><td rowspan="3">同宿人</td><td>姓名</td><td>性别</td><td>年龄</td><td>关系</td><td rowspan="3">备注</td><td colspan="2" rowspan="3"></td></tr>
<tr><td></td><td></td><td></td><td></td></tr>
<tr><td></td><td></td><td></td><td></td></tr>
<tr><td colspan="5">请注意：
1. 退房时间是中午 12：00
2. 贵重物品请存放在前台保险箱内，阁下一切物品之遗失酒店概不负责
3. 来访客人请在 23：00 前离开房间
4. 退房请交回钥匙
5. 房租不包括房间里的饮料</td><td colspan="3">结账方式：
现金：
信用卡：
支票：
客人签名：
接待员：</td></tr>
</table>

填表人：

表 6-12　境外旅客临时住宿登记表

Registration form of temporary residence for visitors

IN BLOCK LETTERS：　　　　　　DAILY RATE：　　　　　　ROOM NO.：

SURNAME:	DATE OF BIRTH:		SEX:	NATIONALITY OR AREA:
OBJECT OF STAY：	DATE OF ARRIVAL:	DATE OF DEPARTURE:		COMPANY OR OCCUPATION:
HOME ADDRESS:				
PLEASE NOTE： 1．Chect out time is 12：00 noon 2．Safe deposit boxes are available at cashier counter at no charge，Hotel will not be responsible for any loss of your property 3．Visitors are requested to leave guest rooms by 11：00PM 4．Room rate not including beverage in your room 5．Please return your room key to cashier counter after check-out				On checking out my account will be settled by： CASH： T/A VOUCHER： CREDIT CARD： GUEST SIGNATURE：

For clerk use

护照或证件名称：	号码：	签证种类：	签证号码：	签证有效期：
签证签发机关：	入境日期：	口岸：	接待单位：	

REMARKS：　　　　　　CLERK SIGNATURE：

表 6-13　团体人员住宿登记表

Registration form of temporary residence for group

团队名称：　　日期：　　年　　月　　日　　至　　月　　日

Name of group　　Date　　Year　　Mon　　Day　　Till　　Mon　　Day

房　号 (ROOM NO.)	姓　名 (NAME IN FULL)	性　别 (SEX)	出生年月 (DATE OF BIRTH)	职　业 (PROFESSION OR OCCUPATION)	国　籍 (NATIONALITY)	护照号码 (PASSPORT NO.)

签证号码：　　　　机关：　　　　种类：

有效日期：　　　　入境日期：　　　　口岸：

留宿单位：＿＿＿＿＿＿　　　　接待单位：＿＿＿＿＿＿

住宿登记表的内容主要包括两方面：公安部门所规定的登记项目和酒店运行与管理所需要的登记项目。

公安部门所规定的登记项目的内容主要有：客人的完整姓名(Full Name)、国籍(Nationality)、出生年月(Date of Birth)、家庭地址(Home Address)、职业(Occupation)、有效证件及相关内容等。

酒店运行与管理所需要的登记项目如下。

(1) 宾客姓名及性别。姓名与性别是识别客人的首要标志，服务人员要记住客人的姓名，并要以姓氏去称呼客人以示尊重。

(2) 房号(Room No.)。房号是确定房间类型和房价的主要依据。注明房号同时有利于查找、识别住店客人及建立客账。

(3) 房租(Room Rate)。房租是客人与接待员在酒店门市价的基础上协商而定的，它是建立客账、预测客房收入的重要依据。如标准价(Rack Rate)为 US$100，给客人 8 折优惠，在登记表上最好以 US$100～20%US$100 的方式标记。这种方式虽不符合逻辑，但易于操作，既反映了标准价，又表明了优惠率。

(4) 付款方式。确定付款方式有利于保障客房的销售收入及决定客人住宿期间的信用标准，并有助于提高退房结账的速度。最主要还是方便住客，由酒店为其提供一次性结账服务。

(5) 抵离店日期。掌握客人准确的抵店日期、时间，有助于计算房租查询、邮寄等系列服务的顺利进行；而了解客人的预计离店日期，则有助于订房部的客房预测及接待处的排房(Room Assignment)，并有助于客房部清扫工作的安排。

(6) 住址。正确、完整的客人永久住址，有助于酒店与客人的日后联系，如遗留物品的处理、邮件转寄服务等。

(7) 酒店管理声明。登记表上的管理声明，即住客须知，它告诉客人住宿消费的注意事项，如：退房时间(Check out Time)为中午 12∶00 前，建议客人使用前厅收款处的免费保险箱，否则如有贵重物品遗失，酒店恕不负责，还有会客时间的规定等内容。

(8) 接待员签名。接待员签名有助于加强员工的责任心，利于控制和保证服务质量。

有些酒店为进行市场分析，还在登记表中设计了调研项目，如停留事由、交通工具、订房渠道、下个目的地等内容。

2. 房卡

房卡(Room Card)又称欢迎卡(Welcome Card)，接待员在给客人办理入住登记手续时，会给客人填写封面印有“欢迎光临”字样的房卡。房卡的内容主要包括酒店运行与管理所需登记的项目、住客须知及酒店服务项目、设施的介绍。

房卡的主要作用是证明住店客人的身份，方便客人出入酒店。因此，房卡又称“酒店护照”(Hotel Passport)。在一些酒店，房卡还被赋予其他的一些功能，如为区分客人类别，酒店常使用贵宾房卡以示区别；根据客人的信用标准，酒店还特别印制一种房卡——钥匙卡，这种卡只证明其持有者的住店客人身份，但不能作为酒店消费场所的签单证明，主要发给没交押金的散客和团体客人，其他费用由客人自理。持“VIP”房卡和其他种类房卡的客人则可凭房卡去酒店经营场所签单消费，其账单送至前厅收款处入账，退房时一次性结账。但在给客人签单时，各经营场所的收银员一定要核实顾客身份及检查房卡是否有效。

3. 客房状况卡条

在未使用计算机系统的酒店前厅部，必须制作客房状况卡条(Room Rack Slip)，并放入显示架相应房号内，用来显示客房的出租状况及住客的主要情况(如宾客姓名、房号、抵离日期等)。有些酒店为了醒目，用不同色彩的卡条代表不同类型的宾客，以示区别。同时，应再制作四份同样的卡条，以便将宾客入住信息尽快传递给与对客服务密切相关的总机、问讯处、大厅服务处和客房中心。

三、入住登记程序

入住登记可以分为以下 6 个步骤。

(1) 客人到店前的准备工作。　Preparation for guest arrival.

(2) 填写入住登记表。　Registration.

(3) 排房、定房价。　Room assignment and determination of room rate.

(4) 付款方式的确认。　Checking the method of payment.

(5) 发放钥匙及带客上房。　Issuing the room key and escorting the guest.

(6) 制作有关表格。　Making related forms.

然而，需要注意的是：酒店不同、客人类别不同，以上入住登记步骤的次序亦可能有异。比如说，有预订房的贵宾(VIP)就必须事先排房，而且还常常请贵宾先进客房，然后在客房内办理入住登记手续。

总的来说，入住的客人可分为两大类，即有订房的与没有订房的客人、团体客人或散客。有订房的客人又有保证订房的和非保证订房之分。保证订房者一定是确认订房，非保证订房者不一定是确认订房。根据客人订房的不同类型，酒店入住的登记步骤亦应区别对待。团体客人大多属于有订房的，且是确认订房的客人。散客情况则多种多样，既有事先订房的，也有事先没有订房的；既有保证订房的，也有未保证订房的。

(一)散客(VIP 除外)的入住登记程序

1. 识别客人有无预订

客人来到接待处时，接待员应面带微笑，主动迎上前去，询问客人有无订房。若有订房，应问清客人是用谁的名字订的房，然后根据姓名找出客人的订房资料，确认订房内容，特别是房间类型与住宿天数。如客人没有订房，则应先查看房态表，看是否有可供出租的客房。若能提供客房，则向客人介绍房间情况，为客人选房。如没有空房，则应婉言谢绝客人，并耐心为客人介绍邻近的酒店。

2. 客人填写入住登记表

鉴于有不同的登记表格，接待员应先问清客人证件的名称，然后协助客人填写登记表。为加快入住登记速度，有的酒店实行预先登记，退房日期先空出，待客人抵店，如果没有异议，让客人签上退房日期和姓名即可。客人入住都必须登记，团体客人可一团一表，散客则一人一表。

3. 验证身份证件

(1) 国内旅客持有用证件。如中华人民共和国居民身份证、身份证回执、临时身份证、中国护照、军官证、警官证、士兵证、文职干部证、军警老干部离休荣誉证、军警老干部退休证明书、一次性住宿有效凭证等。

(2) 境外旅客持有用证件，有以下几种。

- 港澳同胞回乡证。它是港澳居民来往内地时使用的一种旅行证件，由公安部授权广东省公安厅签发。
- 中华人民共和国旅行证。它是护照的代用证件，是我国驻外使、领馆颁发给不便于发给护照的境外中国公民回国使用的一种证件。它包括一年一次入出境有效和两年多次入出境有效两种。
- 中国台湾居民来往大陆通行证。它是我国台湾居民来往大陆的旅行证件。由公安部出入境管理局授权的公安机关签发或委托在香港和澳门特别行政区的有关机构代为办理。该证有两种：一种为 5 年有效，另一种为一次入出境有效。它实行逐次签证，签证分一次往返有效和多次往返有效。
- 中华人民共和国入出境通行证。它分为两种：一是为未持有我国有效护照、证件的华侨、港澳居民入出我国国境而颁发；二是为回国探亲旅游的华侨、港澳居民因证照过期或遗失而补发，分一次有效和多次有效两种。该证件由我国公安机关出入境管理部门签发。
- 外国人持有的证件，即护照。

知识拓展 6-2

护照的识别

第一，国籍的识别。目前世界上大多数国家的护照或其他代用护照上都有发照国本国文字和国际上通用的文字(英文)标明国籍。但也有一些国家只用本国文字标明国籍，遇到这种情况，可以按照护照封皮上的国徽图案或国家标志来识别。

第二，护照有效期的识别。护照有时效限制，并在有效期内发生效力。护照期满前持照人应根据本国有关的法律规定到政府授权机关更换新护照或申办护照延期，否则护照会自然失效，不再具有原效力。护照有效期的表述方法一般有以下几种：在护照有效期一栏写明有效期，这是最常见的；在护照有效期一栏注明自签发之日起若干年有效；在护照的使用说明中规定自签发之日起若干年有效；规定在一些特定的条件下有效；护照内未注明有效期限的，视为永久有效。

第三，护照真伪的识别。注意识别护照样式、图案、颜色。注意护照内各项内容和发照机关签署印章的情况，查看是否有伪造和涂改痕迹。查看护照上的照片及对自然特征的记载是否与持照人相符，照片上加盖的骑缝印章有无可疑之处。

4. 安排房间，确定房价

接待员应根据宾客的住宿要求，着手排房、定价。通常客房分配应讲究一定的顺序以及排房艺术。

(1) 排房顺序。① 团体宾客；② 重要宾客和常客；③ 已付订金的预订宾客；④ 要求延期离店的宾客；⑤ 普通预订宾客，并有准确航班号或抵达时间；⑥ 无预订的散客。

(2) 排房方法。排房时应以提高宾客满意度和酒店住宿率为出发点，应注重下列技巧：① 尽量将团队客人安排在同一楼层或相近楼层，采取相对集中的排房原则；② 内外宾有着不同的语言和生活习惯，应将内宾和外宾分别安排在不同的楼层；③ 将残疾人、老年人和带小孩的宾客尽量安排在离电梯较近的房间；④ 对于常客和有特殊要求的宾客应予以照顾，满足其要求；⑤ 尽量不要将敌对国家的宾客安排在同一楼层或相近的房间；⑥ 应注意房号的忌讳。

为客人分配好房间后，接待员在酒店的价格范围内为客人确定房价。如客人事先有订房，接待员则必须遵守订房单上已确认的房价，不能随意改动。

5. 确定付款方式

确定付款方式的目的，从酒店角度来看，可避免利益损害，防止住客逃账(走单)；从客人角度来看，可享受住宿期消费一次性结账服务和退房结账的高效率服务。

接待员可从登记表中的“付款方式”一栏中得知客人选择的付款方式。客人常采用的付款方式有：现金、信用卡、传单、以转账方式等。

(1) 现金结账。如果客人用现金结账，客人入住时则要交纳一定数额的预付金。预付金额度应超过住宿期间的总房租数，具体超过多少，由酒店自定，一般为一天的房租，结账时多退少补。大型酒店，预付金由前厅收银员收取，中小型酒店由接待员收取。

(2) 信用卡结账。如果客人用信用卡结账，接待员应首先辨明客人所持的信用卡，是否属中国人民银行规定的可在我国使用且本酒店接受的信用卡；其次核实住客是否为持卡人；然后检查信用卡的有效期及信用卡的完好程度；接着使用信用卡压印机，将客人的信用卡资料影印到适当的签购单上；最后将信用卡交还客人，将已印制好的信用卡签购单与制作的账单一起交前厅收款处。

(3) 传单结账。客人向与酒店有订房合同的旅行社购买酒店的客房，房租交付给旅行社，旅行社给客人签发传单，客人凭此传单入住指定的酒店，无须再向酒店支付房租，房租由旅行社与酒店按订房合同解决。如果客人持旅行社传单结账，接待员则应告诉客人，房租之外的费用必须由客人自行支付，如洗衣费、长途电话费等，因此客人仍然要交纳一定的押金。

(4) 以转账方式结账。客人若要以转账方式结账，这一要求一般在他订房时就会向酒店提出，并经酒店有关负责人批准后方可。如果客人在办理入住登记手续时才提出以转账方式结账，酒店通常不予受理。

对于一些熟客、常客、公司客户等，酒店为了表示友好和信任，通常会给予他们免交押金(Waive Deposit)的方便。免交押金的名单一般由酒店的营业部或财务部门印发，订房部员工在订房单的备注内容中注明，接待处则灵活处理。

6. 完成入住登记手续

排房、定价、确定付款方式后，接待员应请宾客在准备好的房卡上签名，即可将客房钥匙交给宾客。有些酒店还会向宾客提供用餐券、免费饮料券、各种促销宣传品等，并询问宾客喜欢阅读的报纸，以便准备提供。同时，酒店为宾客事先保存的邮件、留言单等也应在此时交给宾客，并提醒宾客将贵重物品寄存在酒店免费提供的保管箱内。在宾客离开前厅时，接待员应安排行李员引领宾客进房并主动与宾客道别，然后将宾客入住信息输入计算机并通知客房中心。也有些酒店宾客进房 7～10 分钟后，再通过电话与宾客联系，询问其对客房是否满意，并对其光临再次表示感谢。

7. 制作相关表格资料

入住登记程序最后阶段的工作，是建立相关表格资料，其做法如下：

(1) 使用打时机，在入住登记表的一端打上客人入住的具体时间(年、月、日、时、分)。

(2) 将客人的入住信息输入计算机内，并将与结账相关事项的详细内容输入计算机客账单内。

(3) 标注“预期到店一览表”中相关信息，以示宾客已经入住。

(4) 若以手工操作为主的酒店，则应立即填写五联客房状况卡条，将宾客入住信息传递给相关部门。

散客入住登记程序如图 6-3 所示。

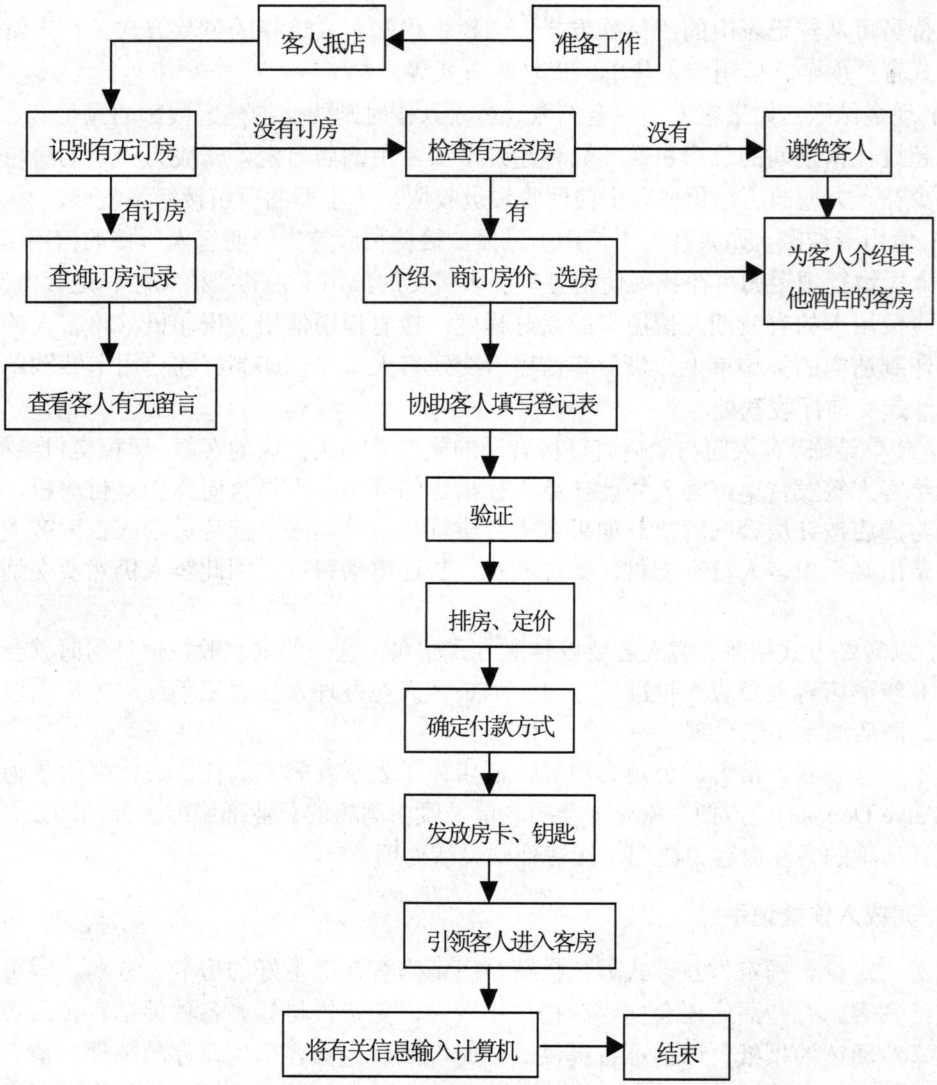

图 6-3　散客入住登记程序

(二)贵宾(VIP)、团队(Group)等宾客的入住登记程序与标准

(1) 贵宾(VIP)客人的入住登记程序与标准，如表 6-14 所示。

(2) 未预订宾客入住登记程序与标准，如表 6-15 所示。

(3) 团队(Group)宾客的入住登记程序与标准，如表 6-16 所示。

(4) 长住宾客的入住登记程序与标准，如表 6-17 所示。

表 6-14　VIP 客人的入住登记手续办理程序与标准

程　　序	标　　准
1．接待 VIP 客人的准备工作	填写 VIP 申请单，上报总经理审批签字认可 VIP 房的分配力求选择同类客房中方位、视野、景致、环境、房间保养等各方面处于最佳状态的客房 VIP 客人到达酒店前，要将钥匙卡、钥匙、班车时刻表、欢迎信封及登记卡等放至客务经理处 客务经理在客人到达前检查房间，确保房间状态正常，礼品发送准确无误
2．办理入住手续	准确掌握当天预抵 VIP 客人的姓名 以客人姓氏称呼客人，及时通知客务经理，由客务经理亲自迎接 客务经理向客人介绍酒店设施，并亲自将客人送至房间
3．信息储存	复核有关 VIP 客人资料的正确性，并准确输入计算机 在计算机中注明哪些客人是 VIP 客人，以提示其他部门或人员注意 为 VIP 客人建立档案，并注明身份，以便作为预订和日后查询的参考资料

表 6-15　未预订宾客入住登记手续办理程序与标准

程　　序	标　　准
1．接受无预订客人入住要求	当客人办理入住手续时，首先要查清客人是否有预订；若酒店出租率高，需根据当时情况决定酒店是否可接纳无预订客人入住 确认客人未曾预订，酒店仍可接纳时，表示欢迎客人的到来，并检查客人在酒店是否享有特殊价或公司价 在最短时间内为客人办理完入住手续
2．确认房费和付款方式	办理入住手续时要和客人确认房费 确认客人的付款方式，按规定收取预付款
3．收取预付款	若客人以现金结账，应预先收取客人的订金 若客人以信用卡结账，应影印客人信用卡，把卡号输入计算机，与登记卡一起放入档案中
4．信息储存	客人接待完毕后，立即将所有相关信息输入计算机系统，包括客人姓名的正确书写、地址、付款方式、国籍、护照号码、离店日期等 将正确的信息输入客人的档案 登记卡要存放至客人入住档案，以便查询

表 6-16　团队宾客入住登记手续办理程序与标准

程　　序	标　　准
1．准备工作	在团队到达前，预先备好团队的钥匙，并与有关部门联系确保房间为可售房 要按照团队要求提前分配好房间

续表

程　序	标　准
2．接待团队入住	总台接待员与销售部团队联络员一起礼貌地把团队客人引领至团队入店登记处 团队联络员告知领队、团队客人有关事宜，其中包括早、中、晚餐地点，酒店其他设施等 接待员与领队确认房间数、人数及早晨唤醒时间、团队行李离店时间 经确认后，请团队联络员在团队明细单上签字，总台接待员亦需在上面签字认可 团队联络员和领队接洽完毕后，总台接待员需协助领队发放钥匙，并告知客人电梯的位置
3．信息储存	入住手续办理完毕后，总台接待员将准确的房间号名单转交行李部，以便行李的发送 修正完所有更改事项后，及时将所有相关信息输入计算机

表 6-17　长住宾客入住登记手续办理程序与标准

程　序	标　准
1．长住客人的定义	长住客人均要与酒店签订合同，并且至少留住一个月
2．长住客人抵店时的接待	当长住客人抵达酒店时，按照 VIP 客人接待程序的标准进行 总台接待员立刻将所有信息输入计算机，并在计算机中注明该客人为长住客——LS 或小包价长住客——LP(房费包括早餐) 为客人建立两份账单，一份为房费单，另一份为杂项账目单 客人信息确认无误后，为客人建立档案
3．付款程序	长住客与酒店签有合同，且留住酒店时间至少为一个月，总台负责长住客的工作人员每月结算一次长住客的账目，汇总所有餐厅及其他消费的账单同房费账单一起转交财务部 财务部检查无误后，发送给客人一张总账单，请其付清本月账目 客人检查账目无误后，携带所有账单到总台付账 总台将客人已付清的账单转交回财务部存档

四、入住登记中的注意事项

(一)换房

调换房间往往有两种可能：一种是住客主动提出，另一种是酒店的要求。住客可能因客房所处位置、价格、大小、类型、噪声、舒适程度以及所处楼层、朝向、人数变化、客房设施设备出现故障等原因而要求换房；酒店可能因客房的维修保养，住客离店日期延后，为团队会议宾客集中排房等原因，而向宾客提出换房的要求。换房往往会给宾客或酒店带来麻烦，故必须慎重处理。需要注意的是，在搬运宾客私人物品时，除非经宾客授权，应坚持两人以上在场(大堂经理等)。

换房的服务程序如下：①了解换房原因；②查看客房状态资料，为客人排房；③填写房间/房租变更单，如表 6-18 所示；④为客人提供换房时行李服务；⑤发放新的房卡与钥匙，由行李员收回原房卡与钥匙；⑥接待员更改计算机资料，更改房态。

表 6-18　房间/房租变更单

房间/房租变更单 ROOM/RATE CHANGE LIST		
日期(DATE)________		时间(TIME)________
宾客姓名(NAME)________		离开日期(DEPT DATE)________
房号(ROOM)	由(FROM)	转到(TO)
房租(RATE)	由(FROM)________	转到(TO)________
理由(REASON)		
当班接待员(CLERK)		行李员(BELLBOY)
客房部(HOUSEKEEPING)________		电话总机(OPERATOR)________
前台收银处(F/O CASHIER)________		问讯处(MAIL AND INFORMATION)________

(二)离店日期变更

宾客在住店过程中，因情况变化，可能会要求提前离店或推迟离店。

宾客提前离店，则应通知客房预订处修改预订记录，前台应将此信息通知客房部尽快清扫整理客房。宾客推迟离店，也要与客房预订处联系，检查能否满足其要求。若可以，接待员应开出“推迟离店通知单”，如表 6-19 所示，通知结账处、客房部等；若用房紧张，无法满足宾客逾期离店要求，则应主动耐心地向宾客解释并设法为其联系其他住处，征得宾客的谅解。如果客人不肯离开，前厅人员应立即通知预订部，为即将到店的客人另寻房间。如实在无房，只能为即将来店的临时预订客人联系其他酒店。处理这类问题的原则是：宁可让即将到店的客人住到别的酒店，也不能赶走已住店客人。同时，从管理的角度来看，旺季时，前厅部应采取相应的有效措施，尽早发现宾客推迟离店信息，以争取主动，如在开房率高峰时期，提前一天让接待员用电话与计划离店的住客联系，确认其具体的离店日期和时间，以获所需信息，尽早采取措施。

表 6-19　推迟离店通知单

推迟离店通知单
姓名(NAME)
房间(ROOM)
可停留至(IT ALLOWED TO STAY UNTIL)________AM________PM
日期(DATE)
前厅部经理签字(FRONT OFFICE MANAGER SIGNED)________

(三)宾客不愿翔实登记

有部分宾客为减少麻烦，出于保密或为了显示自己特殊身份和地位等目的，住店时不愿登记或登记时有些项目不愿填写。此时，接待员应妥善处理。

(1) 耐心向宾客解释填写住宿登记表的必要性。

(2) 若宾客出于怕麻烦或填写有困难，则可代其填写，只要求宾客签名确认即可。

(3) 若宾客出于某种顾虑，担心住店期间被打扰，则可以告诉宾客，酒店的计算机电话系统有“DND”(请勿打扰)功能，并通知有关接待人员，保证宾客不被打扰。

(4) 若宾客为了显示其身份地位，酒店也应努力改进服务，满足宾客需求。比如充分利用已建立起的客史档案系统，提前为宾客填妥登记表中有关内容，进行预先登记，在宾客抵店时，只需签名即可入住。对于常客、商务宾客及 VIP 宾客，可先请宾客在大堂里休息，为其送上一杯茶(或咖啡)，然后前去为宾客办理登记手续，甚至可让其在客房内办理手续，以显示对宾客的重视和体贴。

(四)宾客抵店入住时，发现房间已被占用

宾客低店入住时，发现房间已被占用，这一现象被称为“重房”，是前厅部工作的重大失误。此时，应立即向宾客道歉，承认属于工作的疏忽，同时，安置宾客到大堂、咖啡厅或就近的空房入座，并为宾客送上一杯茶，以消除其烦躁的情绪，并尽快重新安排客房。等房间安排好后，应由接待员或行李员亲自带宾客进房，并采取相应的补救措施。事后，应寻找发生问题的根源，如房间状态显示系统出错，则应与客房部联系，共同采取措施加以纠正。

(五)押金数额不足

由于酒店客源的复杂性，客人付款方式的多样性，酒店坏账、漏账、逃账的可能性始终存在。客人在办理入住登记手续时，如果表示用现金支付费用时，酒店为了维护自身的利益，常要求客人预付一定数量的押金，结账时多退少补，如首次住店的客人、无行李的客人、无客史档案的客人及以往信用不良的客人。押金的数额依据客人的住宿天数而定，主要是预收住宿期间的房租。一些酒店为方便客人使用房间内长途电话(IDD、DDD)，饮用房内小酒吧的酒水(Mini-bar)、洗衣费签单等，常会要求客人多预交一天的房租作为押金，当然也是作为客人免费使用房间设备、设施的押金，如果客人拿走或损坏客房的正常补给品则须照价赔偿。在一些时候，客人的钱只够支付房租数，而不够支付额外的押金。遇到这种情况，接待员要请示上级作出处理。如让客人入住，签发的房卡为钥匙卡(不能签单消费)，应通知总机关闭长途线路，通知客房楼层收吧或锁上小酒吧。后两项工作一定要在客人进房前做好，不要让住客撞见，以免客人尴尬和反感。客人入住后，客房楼层服务员对该房间要多加留意。

(六)成年男女同住

我国旅客住宿登记制度规定，成年男女要求同房住宿的，除男女双方均为境外旅客外，需持有结婚证或一方所在单位出具夫妻关系证明，才准予安排同房住宿。

(七)加床

客人加床(Extra Bed)大致分两种情况，一种是客人在办理登记手续时要求加床，另一种是客人在住宿期间要求加床。

酒店要按规定为加床客人办理入住登记手续，并为其签发房卡，房卡中的房租为加床费，加床费转至住客付款账单上。如客人在住宿期间要求加床，第三个客人在办理入住登

记手续时，入住登记表需支付房费的住客签名确认。接待处将加床信息以“加床通知单”(Extra Bed Information)的形式通知相关部门。

(八)宾客离店时，带走客房内物品

有些宾客或是为了留做纪念，或是贪小便宜，常会随身带走浴巾、茶杯、电视机遥控器、书籍等客房用品。此时，接待员应巧妙地请宾客提供线索帮助查找：“房间里的××东西不见了，麻烦您在房间找一找，是否忘记放在什么地方了，或是收拾行李太匆忙顺便夹在里面了。”为宾客解决问题留出余地，给宾客“面子”。若宾客仍不承认，则应耐心解释：“这些物品是非纪念品，如果您实在喜欢，可帮您在客房部联系购买。”切忌草率要求宾客打开箱子检查，以免使宾客感到尴尬，或伤了宾客的自尊心。千万不可与宾客斗“气”争“理”，只有保全宾客的“面子”，问题才容易解决。

五、问讯服务

问讯服务是客房产品销售的配套服务，是免费的服务。大型酒店一般在总服务台设立专门问讯处(Mail & Information)，中小型酒店为了节省人力，则由接待员负责解答问讯。问讯员在掌握大量信息的基础上，尽量满足客人的各种需求。

六、查询服务

(一)查询服务要求

(1) 资料准备要齐全。
(2) 回答查询要迅速。
(3) 答复要耐心准确。
(4) 为住客和酒店商业机密保密。

(二)住客查询

住客经常会向前厅问讯处、总机或楼层服务员询问有关酒店的情况。酒店员工应将客人的每次询问都看作是一次产品推销，是增加酒店收入的机会，每位员工均应详细介绍酒店的情况，而不能将其视为一种麻烦。有时客人也会问及酒店当地的一些情况，酒店员工也应详细解答。

(三)查询住客情况

问讯处经常会收到打听住客情况的问讯，如客人是否在酒店入住、入住的房号、客人是否在房间、是否有合住及合住客人的姓名、住客外出前是否给访客留言等。问讯员应根据具体情况区别对待。

1. 客人是否入住本店

客人是否入住本店，问讯员应如实回答(住客要求保密的除外)。可通过查阅计算机或入住资料显示架名单及接待处转来的入住单，确定客人是否已入住；查阅预抵客人名单，核

实该客人是否即将到店；查阅当天已结账的客人名单，核实该客人是否已退房离店；查阅今后的客房订单，了解该客人今后是否会入住。如客人尚未抵店，则以“该客人暂未入住本店”答复访客；如查明客人已退房，则向对方说明情况。已退房的客人，除有特殊交代者外，一般不应将其去向及地址告诉第三者。

2. 客人入住的房号

为住客的人身财产及安全着想，问讯员不可随便将住客的房号告诉第三者，如要告诉，则应取得住客的许可或让住客通过电话与访客预约。

3. 客人是否在房间

问讯员先确认被查询的客人是否为住客，如是住客则应核对房号，然后打电话给住客，如住客在房内，则应问清访客的姓名，征求住客意见，将电话转进客房；如客人已外出，则要征询访客意见，是否需要留言。如住客不在房内，问讯员可通过电话或广播代为寻找，并请客人在大堂等候，亦可请行李员在大堂内举牌摇铃代为寻找。

4. 住客是否有留言给访客

有些住客在外出时，可能会给访客留言或授权。授权单是住客外出时允许特定访客进入其房间的证明书。问讯员应先核查证件，待确认访客身份后，再按规定程序办理。

5. 打听房间的住客情况

问讯员应为住客保密，不可将住客姓名及其单位名称告诉对方，除非是酒店内部员工由于工作需要的咨询。

6. 电话查询住客情况，应注意以下问题

(1) 问清客人的姓名，如果是中文姓名查询，应对容易混淆的字，用组词来分辨确认；如果是英文姓名查询，则应确认客人姓(Surname)与名(First name)的区分，以及易读错的字母，并特别留意港澳地区客人及华侨、外籍华人中既有英文名又有汉语拼音和中文姓氏的情况。

(2) 如查到了客人的房号，并且客人在房内，应先了解访客的姓名，然后征求住客意见，看其是否愿意接电话，如同意，则将电话转接到其房间；如住客不同意接电话，则告诉对方住客暂不在房间。

(3) 如查到了客人的房号，但房间无人接听电话，可建议对方稍候再打电话来，或建议其电话留言，切忌将住客房号告诉对方。

(4) 如查询团体客人情况，要问清团号、国籍、入住日期、从何处来到何处去，其他做法与散客一致。

(四)查询酒店及其他情况

问讯员应主动介绍酒店的设备及服务项目情况，树立全员营销观念，积极、热情地为客人解答问题、为客人提供帮助。

(五)住客要求保密的处理

有些客人在住店时，由于某种原因，会提出对其房号进行保密的要求。无论接待员还是问讯员接受此要求都应按下列要求去做。

(1) 此项目要求由问讯处归口处理。如果是接待员接到客人的保密要求，也应交问讯处处理。

(2) 问清客人要求保密的程度。

(3) 在值班本上做好记录，记下客人姓名、房号及保密程度和时限。

(4) 通知总机室做好该客人的保密工作。

(5) 如有人来访要见要求保密的客人，或来电查询该客人时，问讯员及总机均应以该客人没有入住或暂时没有入住为由予以拒绝。

(6) 如客人要求更改保密程度或取消保密时，应即刻通知总机室，并做好记录。

七、留言服务

前厅问讯处受理的留言有两类：访客留言和住客留言。

(一)访客留言

访客留言是指来访宾客对住店宾客的留言。问讯员在接受该留言时，应请访客填写一式三联的“访客留言单”，如表 6-20 所示，将被访者客房的留言灯打开，将填写好的访客留言单第一联放入钥匙邮件架内，第二联送电话总机组，第三联交行李员送往客房。为此，宾客可通过三种途径获知访客留言的内容。当了解到宾客已得到留言内容后，话务员或问讯员应及时关闭留言灯。晚班问讯员应检查钥匙邮件架，如发现孔内仍有留言单，则应立即检查该房间的留言灯是否已经关闭，如留言灯已关闭，则可将该架内的留言单作废；如留言灯仍未关闭，则应通过电话与宾客联系，将访客留言内容通知宾客；如宾客不在酒店，则应继续开启留言灯并保留留言单，等候宾客返回。需要注意的是，留言具有一定的时效性，为确保留言单传递速度，有些酒店规定问讯员要每隔一小时就通过电话通知宾客，这样做的目的是让宾客最迟也可在回酒店一小时之内得知留言内容，以确保万无一失。另外，为了对宾客负责，若不能确认宾客是否住在本酒店或虽然住在本酒店，但已经结账离店，则问讯员不能接受对该宾客的留言(除非宾客事先有委托)。

表 6-20 访客留言单(VISITORS MESSAGE)

女士或先生(MS OR MR)________	房号(ROOM NO.)________
当您外出时(WHEN YOU WERE OUT)	
来访客人姓名(VISITOR'S NAME)________	来访客人电话(VISITOR'S TEL.)________
□有电话找您(TEL EPHONED)	□将再来电话(WILL CALL AGAIN)
□请回电话(PLEASE CALL BACK)	
□来访时您不在(COME TO SEE YOU)	□将再来看您(WILL COME AGAIN)
留言(MESSAGE)	
经手人(CLERK)________ 日期(DATE)________ 时间(TIME)________	

(二)住客留言

住客留言是住店宾客给来访宾客的留言。宾客离开客房或酒店时，希望给来访者留言，问讯员应请宾客填写“住客留言单”，如表 6-21 所示，一式两联，问讯处与电话总机各保存一联。若宾客来访，问讯员或话务员可将留言内容转告来访者。由于住客留言单已注明了留言内容的有效时间，若错过了有效时间，仍未接到留言者新的通知，可将留言单作废。此外，为了确保留言内容的准确性，尤其在受理电话留言时，应注意掌握留言要点，做好记录，并向对方复述一遍，以得到对方确认。

表 6-21　住客留言单(MESSAGE)

日期(DATE)	
至(TO)	房号(ROOM NO．)
由(FROM OF)	
我将在(I WILL BE)	□INSIDE THE HOTEL(酒店内) 在(AT)________________ □OUTSIDE THE HOTEL(酒店外) 在(AT)________________ 电话(TEL．NO．)________________
我将于　　　回店(I WILL BE BACK AT)	
留言(MESSAGE)	
经手人(CLERK)________________	客人签字(GUEST SIGNATURE)________________

八、邮件的处理

前厅问讯处所提供的邮件服务包括两类：一类是分拣和派送收进的邮包，另一类是代售邮票及为住客寄发邮件。由于问讯处负责分发、保管所有的客房钥匙，所以分拣的邮件、信函可直接转交给宾客，以提高此项服务的效率。在收进的邮件中，由于收件人不同，问讯员应首先对其进行分类，将宾客的邮件、信函留下，其余均派行李员发送给收件人或另作处理。在处理宾客邮件、信函时，问讯员必须耐心、认真，其服务程序如下。

(1) 在收进的宾客邮件、信函上打上收件时间，并按其性质分成普通类、挂号类和手送类。挂号类必须在专用的登记表上登记，如使用“住客邮件电报传真递送登记表”，内容包括日期、时间、房号、姓名、邮件种类、号码、收件人签名、收件时间、经办人等。

(2) 按邮件、信函上收件人姓名在问讯架或计算机中查找其房号，然后将核实的房号注明在邮件或信函正面，并在前厅钥匙格内留下“留言单”，如表 6-22 所示，同处理上述留言一样，根据客房钥匙有无来决定是否需打开客房留言信号灯。

(3) 宾客得到信息后前来取件，问讯员应请其在相应的登记表中签字，同时，问讯员也应在表上签名。

(4) 待宾客取走邮件或信函后，问讯员应立即撤掉原先放入钥匙格内的“留言单”，以免混淆，影响对客服务质量。

表 6-22　留言单(总台)(MESSAGE FOR)

先生 MR

女士 MS　　　　　　　　　　　　　　　　　　房号(ROOM NO.　)

您的(电传、电报、邮件)在问讯处，请您在方便的时候与我们联系

THERE IS AN INCOMING(TELEX，CABLE，MAIL)FOR YOU AT THE INFORMATION DESK，

PLEASE CONTACT US AT YOUR CONVENIENCE

经手人(CLERK)______　　日期(DATE)______　　时间(TIME)______

(5) 若在住客中找不到收件人，问讯员须查阅当日抵店宾客名单和未来几天的预订单或预订记录簿，查看宾客是否即将抵店。如果是，则在该邮件、信函正面注明宾客抵店日期，然后妥善存放在专用的信箱内，待宾客入住时转交宾客。

(6) 若仍查找不到收件人，问讯员应核对“离店宾客名单”和“邮件转寄单”，如果确认宾客已离店，则应按照客史档案卡上的资料信息或转寄要求将邮件、信函转发给宾客。

(7) 若再查找不到收件人，问讯员应将邮件按收件人姓名字母顺序排列存放在信箱内。此后两星期内，每天每班指定一名问讯员在当日住客名单及预订抵店宾客名单中继续查找，直至找到为止。若两周内仍查找不到，则将该邮件、信函退邮局处理。

(8) 对于挂号类、快递、电报类的邮件，问讯员应尽快转交宾客。按上面程序仔细查找收件人，若找不到收件人，不宜将邮件在酒店保存过久，可考虑在四五天后将邮件退回原发出单位。

(9) 对于错投类邮件、信函，问讯员应在邮件上贴好退批条，说明原因，集中由邮递员取走。若属挂号或快递类错投，应尽量在接收时确认该邮件收件人不是本店住客而拒收。若当时不能做出决定，则应向邮递员声明，暂时代收，并请其在投递记录栏内注明，然后按上述规定程序处理。

(10) 对于“死信”的处理，问讯员应退回邮局处理或按规定由相关人员用碎纸机销毁，任何人不得私拆“死信”。

(11) 对于手送类邮件的处理，问讯员应首先在专门的登记本上做记录，内容包括递信人姓名、地址、送来何物及收件人房号、姓名等，并在宾客来取时请其签字。问讯员原则上不应转交极其贵重的物品或现金，此类物品最好由送物者本人亲自转交当事人。

前厅一般不接受挂号信和包裹的寄发，问讯员在接收到宾客送来准备发出的信函时，应按有关规定办理。

评估练习

1. 入住登记程序的步骤分为哪些？
2. 入住登记中的注意事项有哪些？

第四节 前厅部大堂服务

教学目标

1．了解前厅部大堂服务有哪些。

2．掌握行李服务的程序与标准。

前厅部大堂服务一般由前厅部的大堂服务处或礼宾服务处完成，前厅部为宾客所提供的服务项目和管辖范围因其所属酒店的规模、种类不同而存在差异。但在宾客心目中，前厅大堂服务是能提供全方位“一条龙服务”的岗位，其英文名称为“Bell Service”(大厅服务)和“Concierge”(礼宾服务)。为了能统一指挥、协调前厅礼宾员工的对客服务，酒店常在大堂某一区域设置礼宾值班台，由礼宾司或具有较丰富经验的礼宾员工担任值班工作。前厅礼宾服务提供迎宾、行李安置等各项服务。

一、宾客迎送服务

宾客迎送服务，主要由酒店代表(Hotel Representative)、门卫(迎宾员)、门童及行李员提供。酒店宾客迎送服务分为店外和店内两种。

(一)酒店代表服务

店外迎送服务主要由酒店代表提供。酒店在其所在城市的机场、车站、码头设点，派出代表，接送抵离店的客人，争取未预订客人入住本酒店。这是酒店设立的一种服务规范，既是配套服务，也是酒店根据自己的市场定位所做的一项促销工作。为了做好服务工作，酒店为客人提供接车服务(Picking up Service)，一方面于旺季在酒店与机场(车站)之间开设穿梭巴士(Shuttle Bus)，另一方面根据客人的要求指定专门的车辆服务。

酒店代表每天应掌握预抵店客人名单(Expected Arrival List，EA)；应向订房部索取“宾客接车通知单”，了解客人的姓名、航班(车次)、到达时间、车辆要求及接待规格等情况；然后安排车辆、准备酒店标志牌，做好各项准备工作；及时了解航班变更、取消或延迟的最新消息，并通知酒店前厅接待处。

在飞机、火车抵达时，要准备标明宾客姓名的酒店提示牌，以引起客人注意。接到客人后，应代表酒店向客人表示欢迎，同时提供行李服务，安排客人上车。客人上车离开机场(车站)后，马上电话通知酒店接待处，以便做好准备工作，如果客人属贵宾，则应通知酒店大堂副理，并告知其客人离开机场(车站)的时间，请他安排有关部门做好迎接工作。

如果客人漏接，则应及时与酒店接待处联系，查核客人是否已经到达酒店，并向有关部门反映情况，以便采取弥补措施。

在机场(车站)设点的酒店，一般都有固定的办公地点，都有酒店的明显标志，如店名、店徽及星级等。酒店代表除迎接有预订的客人外，还应积极向未预订客人推销本酒店，主动介绍本酒店的设备和设施情况，争取客人入住。有些酒店还利用穿梭巴士免费接迎客人到酒店。

酒店代表除迎接客人和推销酒店产品外还向本酒店已离店客人提供送行服务，为客人办理登机手续，提供行李服务等。

(二)门厅迎送宾客服务

门厅迎送服务，是对宾客进入酒店正门时所进行的一项面对面的服务。门厅迎接员(Doorman)，亦称迎宾员或门童，是代表酒店在大门口迎送宾客的专门人员，是酒店形象的具体表现。门厅迎接员要承担迎送客人，调车，协助保安员、行李员等人员工作的任务，通常应站在大门的两侧或台阶下、车道边，站立时应挺胸、手自然下垂或下握，两脚与肩同宽。其迎送宾客服务程序如下所示。

1．迎客服务

(1) 将宾客所乘车辆引领到适当的地方停车，以免酒店门前交通阻塞。

(2) 趋前开启车门，用左手拉开车门成 70°角左右，右手挡在车门上沿，为宾客护顶，防止宾客碰伤头部，并协助宾客下车。原则上应优先为女宾、老年人、外宾开车门。若遇有行动不便的宾客，则应扶助他们下车，并提醒其注意台阶；若遇有信仰佛教或信仰伊斯兰教的宾客，则无须为其护顶；若遇有雨天，应为宾客提供撑雨伞服务，礼貌地暗示宾客擦净鞋底后进入大堂，并将宾客随手携带的湿雨伞锁在伞架上，以方便宾客。

(3) 面带微笑，使用恰当的敬语欢迎前来的每一位宾客。

(4) 协助行李员卸行李，注意检查有无遗漏物品。

(5) 招呼行李员引领宾客进入酒店大堂。

2．送行服务

(1) 召唤宾客的用车至便于宾客上车而又不妨碍装行李的位置。

(2) 协助行李员将行李装上汽车的后舱，请宾客确认无误后关上后舱盖。

(3) 请宾客上车，为宾客护顶，等宾客坐稳后再关车门，切忌夹住宾客的衣、裙等。

(4) 站在汽车斜前方 0.8～1m 的位置，亲切地说“再见，一路顺风”等礼貌用语，挥手向宾客告别，目送宾客。

3．门厅贵宾(VIP)迎送服务

门厅贵宾迎送是酒店给下榻的重要宾客的一种礼遇。门厅迎接员应根据客房预订处发出的接待通知，做好以下充分准备。

(1) 根据需要，负责升降某国国旗、中国国旗、店旗或彩旗等。

(2) 负责维持大门口秩序，协助做好安全保卫工作。

(3) 正确引导、疏通车辆，确保大门前交通畅通。

(4) 讲究服务规格，并准确使用贵宾姓名或头衔向其问候致意。

二、行李服务

行李服务是前厅服务的一项重要内容，由行李员负责提供。内容主要包括宾客行李搬运和行李寄存保管服务。

(一)行李服务要求

为了能做好行李服务工作，要求行李组领班及行李员必须具备下列条件。

(1) 掌握酒店服务与管理的基础知识。

(2) 了解店内、店外诸多服务信息。

(3) 具备良好的职业道德，诚实，责任心极强。

(4) 性格活泼开朗，思维敏捷。

(5) 熟知礼宾部、行李员的工作程序及操作规则、标准。

(6) 熟悉酒店内各条路径及有关部门的位置。

(7) 能吃苦耐劳，做到眼勤、嘴勤、手勤、腿勤。

(8) 善于与人交往，和蔼可亲。

(9) 掌握酒店内餐饮、客房、娱乐等服务内容、服务时间、服务场所及其他相关信息。

(10) 掌握酒店所在地名胜古迹、旅游景点及购物场所的信息。

(二)散客的行李服务程序与标准

1. 散客入住行李服务

(1) 散客抵店时，行李员帮助客人卸行李，并请客人清点过目，准确无误后，帮助客人提拿，但对于易碎物品、贵重物品，可不必主动提拿，如客人要求帮助，行李员则应特别小心，轻拿、轻放，防止丢失和破损。

(2) 行李员手提行李走在客人的左前方，引领客人到接待处办理入住登记手续，如为大宗行李，则需用行李车。

(3) 客人到达接待处后，行李员站在客人身后，距客人 2～3 步远，行李放于面前，随时听候接待员及客人的召唤。

(4) 从接待员手中接过客人的房卡和钥匙卡，引领客人进入客房。

(5) 主动为客人叫电梯，并注意相关礼节：让客人先进电梯，行李员进电梯后，按好电梯楼层，站在电梯控制牌处，面朝客人，并主动与客人沟通；电梯到达后，让客人先出电梯，行李员随后提行李跟出。

(6) 到达客房门口，行李员放下行李，按酒店既定程序敲门、开门，以免接待处客房给客人造成不便。

(7) 打开房门后，开灯，退出客房，手势示意请客人先进。

(8) 将行李放在客房行李架上，然后介绍房间设备、设施，介绍时手势不能过多，时间不能太长，以免给客人造成索取小费的误解。

(9) 行李员离开客房前，应礼貌地向客人道别，并祝客人住店愉快。

(10) 返回礼宾部填写“散客行李(入店/出店)登记表”，如表 6-23 所示。

2. 散客离店行李服务

(1) 当礼宾部接到客人离店搬运行李的通知时，要问清客人房号、姓名、行李件数及搬运行李的时间，并决定是否要带上行李车，然后指派行李员按房号收取行李。

(2) 与住客核对行李件数，检查行李是否有破损情况，如有易碎物品，则贴上易碎物品标志。

表 6-23 散客行李(入店/出店)登记表

日期(Date)：

房号 (ROOM NO.)	上楼时间 (UP TIME)	件数 (PIECES)	迎接行李员 (PORTER)	出行李时间 (DEPARTURE TIME)	离店行李员 (PORTER)	车牌号码 (TAXI NO.)	备注 (REMARKS)

(3) 弄清客人是否直接离店，如客人需要行李寄存，则填写行李寄存单，并将其中一联交给客人作为取物凭证，向客人道别，将行李送回行李房寄存保管。待客人来取行李时，核对并收回行李寄存单(有关行李寄存服务的内容后面将有详细介绍)。

(4) 如客人直接离店，装上行李后，应礼貌地请客人离开客房，主动为客人叫电梯，提供电梯服务，带客人到前厅收款处办理退房结账手续。

(5) 客人离店时协助其将行李装车，向客人道别。

(6) 填写“散客行李(入店/出店)登记表”。

(三)团队的行李服务程序与标准

1. 团体入住行李服务

旅行社一般备有行李车，由专职的行李押送员运送团队行李。酒店行李员只负责店内行李的运送与收取。

(1) 团体行李到达时，行李员推出行李车，与行李押运员交接行李，清点行李件数，检查行李有无破损，然后双方按各项规定程序履行签收手续。此时如发现行李有破损或短缺，应由行李押运单位负责，请行李押运人员签字证明，并通知陪同及领队。如行李随团到达，则还应请领队确认签字。

(2) 填写“团体行李登记表”，如表 6-24 所示。

表 6-24 团体行李登记表

团体名称		人数		入店日期		离店日期	
	时间	总件数	酒店行李员		领队	行李押运员	车号
入店							
出店							
房号	入店件数			离店件数			备注
	行李箱	行李包	其他	行李箱	行李包	其他	
合计							

(3) 如行李员与客人抵店，则将行李放到指定的地点、标上团号，然后将行李用行李罩存放。注意不同团体的行李之间应留有空隙。

(4) 在每件行李上挂上酒店的行李标签，待客人办理入住登记后根据接待处提供的“团体分房表”，认真核对客人姓名，并在每张行李标签上写上客人房号。填写房号要准确、迅速，然后在团体行李登记表的每一房号后面标明入店的行李件数，以方便客人离店时核对。如某件行李上没有客人姓名，则应把行李放在一边，并在行李标签上注明团号及入店时间，然后将其放到行李房储存备查，并尽快与陪同或导游联系确定物主的姓名、房号，尽快送给客人。

(5) 将写上房号的团体行李装上行李车。装车时应注意以下几点。

- 硬件在下、软件在上，大件在下、小件在上，并特别注意有“请勿倒置”字样的行李。
- 同一团体的行李应放于同一趟车上，放不下时分装两车，同一团体的行李分车摆放时，应按楼层分车，应尽量将同一楼层或相近楼层的行李放在同一趟车上。如果同一层楼有两车行李，应根据房号装车；同一位客人有两件以上的行李，则应把这些行李放在同一车上，应避免分开装车，以免客人误认而丢失行李。
- 遵循“同团同车、同层同车、同侧同车”的原则。

(6) 行李送到楼层后，按房号分送。

(7) 送完行李后，将每间客房的行李件数准确登记在团队入店行李登记表上，并按团体入住单上的时间存档。

2. 团体离店行李服务

(1) 根据团体客人入住登记表上的运出行李时间做好收行李的工作安排，并于客人离店前一天与领队、导游或团体接待处联系，确认团体离店时间及收行李时间。

(2) 在规定的时间内依照团号、团名及房间号码到楼层收取客人放在门口的行李。行李员收行李时，从走廊的尽头开始，可避免漏收和走回头路。

(3) 收行李时应核对每间房的入店行李件数和出店行李件数，如不符，则应详细核对，并追查原因，如客人在房间，则应与客人核对行李件数；如客人不在房间，又未将行李放在房间，则要及时报告领班，请领班出面解决。

(4) 将团体行李汇总到前厅大堂，再次核对并严加看管，以防丢失。

(5) 核对实数与记录相符，请领队或陪同一起过目，并签字确认。

(6) 与旅行社的行李押运员一同检查、清点行李，做好行李移交手续。

(7) 行李搬运上车。

(8) 填写“团体行李登记表”并存档。

(四)换房行李服务

换房行李服务的流程如下。

(1) 接到接待处的换房通知后，到接待处领取“换房通知单”，弄清客人的姓名、房号及换房后的房号。

(2) 到客人原房间楼层，将“换房通知单”中的一联交给服务员，通知其查房。

(3) 按进房程序经住客允许后再进入客房，请客人清点要搬移的行李及其他物品，将行李装车。

(4) 引领客人到新的房间，为其开门，将行李放好，必要时向客人介绍房内设备设施。

(5) 收回客人原来的房卡及钥匙，交给客人新的房卡及钥匙。

(6) 向客人道别，退出客房。

(7) 将原房卡及钥匙交回接待处。

(8) 做好换房工作记录，并填写“换房行李登记表”，如表 6-25 所示。

表 6-25　换房行李登记表

日期	时间	由(房号)	到(房号)	行李件数	行李员签名	楼层服务员签名	备注

(五)行李寄存服务

由于各种原因，客人希望将一些行李暂时存放在礼宾部。礼宾部为方便住客存取行李，保证行李安全，应有专门的行李房并建立相应的制度，同时规定必要的手续。

1. 对寄存行李的要求

(1) 行李房不寄存现金、金银首饰、珠宝、玉器以及护照等身份证件。上述物品应礼貌地请客人自行保管，或放到前厅收款处的免费保管保险箱内。已办理退房手续的客人如想使用保险箱，须经大堂副理批准。

(2) 酒店及行李房不得寄存易燃、易爆、易腐烂或有腐蚀性的物品。

(3) 不得存放易变质食品及易碎物品。如客人坚持要寄存，则应向客人说明酒店不承担赔偿责任，并做好记录，同时在易碎物品上挂上“小心轻放”的标牌。

(4) 如发现枪支、弹药、毒品等危险物品，要及时报告保安部和大堂副理，并保护现场，防止发生意外。

(5) 不接受宠物寄存。一般酒店不接受带宠物的客人入住。

(6) 提示客人行李上锁。对未上锁的小件行李须在客人面前用封条将行李封好。

2. 行李寄存及领取的类别

(1) 住客自己寄存，自己领取。

(2) 住客自己寄存，让他人领取。

(3) 非住客寄存，但让住客领取。

3. 建立行李房管理制度

(1) 行李房是为客人寄存行李的重地，严禁非行李房人员进入。

(2) 行李房钥匙由专人看管。

(3) 做好“人在门开，人离门锁”。

(4) 行李房内严禁吸烟、睡觉、堆放杂物。

(5) 行李房要保持清洁。

(6) 寄存行李要摆放整齐。

(7) 寄存行李上必须系有“行李寄存单”，如表 6-26 所示。

表 6-26　行李寄存单

行李寄存单(酒店联)
姓名(NAME)
房号(ROOM NO．)
行李件数(LUGGAGE)
日期(DATE)　　　　　　　　　　　　　　时间(TIME)
客人签名(GUEST'S SIGNATURE)
行李员签名(BELLBOY'S SIGNATURE)

……………………………………………………………………………………

行李寄存单(顾客联)
姓名(NAME)
房号(ROOM NO．)
行李件数(LUGGAGE)
日期(DATE)　　　　　　　　　　　　　　时间(TIME)
客人签名(GUEST'S SIGNATURE)
行李员签名(BELLBOY'S SIGNATURE)

4．行李寄存程序

(1) 宾客前来寄存行李时，行李员应热情接待，礼貌服务。

(2) 弄清客人行李是否属于酒店不予寄存的范围。

(3) 问清行李件数、寄存时间、宾客姓名及房号。

(4) 填写“行李寄存单”，并请客人签名，上联附挂在行李上，下联交给客人留存，告知客人下联是领取行李的凭证。

(5) 将半天、一天、短期存放的行李放置于方便搬运的地方；如一位客人有多种行李，要用绳系在一起，以免错拿。

(6) 经办人须及时在“行李寄存记录本”上进行登记，并注明行李存放的件数、位置及存取日期等情况。如属非住客寄存、住客领取的寄存行李，应通知住客前来领取。“行李寄存记录本”项目设置，如表 6-27 所示。

表 6-27　行李寄存记录本项目设置

日期	时间	房号	件数	存单号码	行李员	领回日期	时间	行李员	备注

5．行李领取服务

(1) 当客人来领取行李时，须收回“行李寄存单”的下联，请客人当场在寄存单的下联上签名，并询问行李的颜色、大小、形状、件数、存放的时间等，以便查找。

(2) 将“行李寄存单”的上下联进行核对，看二者的签名是否相符，如相符则将行李交给客人，然后在“行李寄存记录本”上做好记录。

(3) 如住客寄存、他人领取，需请住客把代领人的姓名、单位或住址写清楚，并请住客通知代领人带“行李寄存单”的下联及证件来提取行李。行李员须在“行李寄存记录本”的备注栏内做好记录。

当代领人来领取行李时，请其出示存放凭据，报出原寄存人的姓名、行李件数。行李员收下“行李寄存单”的下联并与上联核对编号，然后再查看“行李寄存记录本”记录，核对无误后，将行李交给代领人。请代领人写收条并签名(或复印其证件)。将收条和“行李寄存单”的上下联订在一起存档，最后在记录本上做好记录。

(4) 如果客人遗失了“行李寄存单”，需请客人出示有效身份证件，核查签名，请客人报出寄存行李的件数、形状特征、原房号等。确定是该客人的行李后，需请客人写一张领取寄存行李的说明并签名(或复印其证件)。将客人所填写的证明、证件复印件、“行李寄存单”上联订在一起存档。

(5) 来访客人留存物品，让住店客人提取的寄存服务，可采取留言的方式通知住客，并参照寄存、领取服务的有关条款进行。

(六)函件、表单的递送

进入酒店的函件以及酒店各部门的表单，通常由行李员分送到相应的部门、个人或住客手中。

进入酒店的函件，经问讯处核查、登记后，由行李员进行分送。常见的函件有：传真、电传、电报及报纸、杂志和信件等。对于平信、报纸等可由行李员或楼层服务员送入客房。而对于包裹、邮件通知单、挂号信、汇款单、特快专递等，则需由客人直接签收。

酒店各部门的表单，亦由行李员进行传递，由有关部门、班组人员签收并注明签收时间。常见的表单有：留言、各种报表、前厅的各种单据等。

行李员在传递函件、表单时，要注意以下事项。

(1) 注意服务规范，尽量走员工通道，乘坐员工电梯，按酒店规定程序敲门进房。

(2) 填写“行李员函件转送表”，如表 6-28 所示，递送物品一般要让对方签收。

表 6-28　行李员函件转送表

日期	时间	房号/部门	姓名	内容	号码	经办人	收件人签名	收件时间	备注

三、委托代办服务

酒店礼宾部在做好日常服务工作的同时，在力所能及的前提下，应尽量帮助并完成客人提交的各项委托代办业务。

酒店为客人提供委托代办服务，一方面要设置专门的表单，如“委托代办登记单”，如表 6-29 所示、“订票委托单”等；另一方面要制定委托代办收费制度，一般酒店内的正常服务项目和在酒店内能代办的项目不收取服务费。

表 6-29　委托代办登记单

姓名		房号		日期	
委托事宜					
备注					
委托人联系电话		经手人签名			

(一)接车(机)服务

有些客人在订房时，会声明需要接车服务，并事先告知航班(车次)、到达时间，选定接车车辆的类型。酒店在车站、码头、机场设点，并派出代表接送抵离店的客人时，应遵循既定的程序去迎接客人，详见本章第四节宾客迎送服务中的店外迎送服务内容。

(二)传呼找人服务

来访客人到问讯处要求帮助查找某一住客，问讯员应请行李员协助解决。行李员将住客姓名写在寻人牌上，并在酒店公共区域、餐厅举寻人牌寻找该住客，寻人时可敲击寻人牌上的低音量铜铃，铜铃声会吸引客人关注，从而便于找到住客。

(三)转交物品

转交物品，分住客转交物品给来访者和来访者转交物品给住客两种。如果是住客转交物品给来访者，住客要提供来访者的姓名，待来访者认领时，要请其出示有效证件并签名。如果是来访者转交物品给住客，首先要确认本店有无此住客；若有此住客，应为客人安全着想，一定要认真检查物品；最后填写留言单通知住客前来领取。

(四)预订出租车服务

出租车可以是酒店自有的，也可以是出租汽车公司在酒店设点服务的，还可以是由行李员及前厅部其他员工用电话从店外预约的。当客人要求订车时，应告知客人有关手续和收费情况。出租车到达大门口时，行李员要向司机讲清客人的姓名、目的地等，必要时充当客人的翻译向司机解释客人的要求。为避免客人迷失方向，可填写一张“向导卡”(Please drive me to)给客人，在卡上注明客人要去的目的地。卡上印有本酒店的名称、标识及地址。如果客人赶飞机或火车，行李员还应提醒客人(特别是外宾)留出足够的时间提前出发，以免因交通阻塞而耽误了行程。

(五)订票服务

订票服务，是酒店为住客代购飞机票、船票、车票、戏票等。礼宾部要熟悉本地机票代理、火车站、码头、戏院、音乐厅等的地址、电话及联系人。在接到订票电话时，要问清客人要求并明确如该要求无法满足时，可有何种程度的变通变数或取消条件。

(六)快递服务

(1) 了解物品种类、重量及目的地。

(2) 向客人说明有关违禁物品邮件的限制。
(3) 如系国际快递，要向客人说明海关限制和空运限制。
(4) 提供打包和托运一条龙服务。
(5) 联系快递公司上门收货(联邦快递、DHL 和国内的 EMS)。
(6) 记录托运单号码。
(7) 将托运单交给客人，并收取费用。
(8) 贵重或易碎物品交专业运输公司托运。

(七)旅游服务

酒店礼宾部应建立旅游景点和旅行社档案，因地制宜地推荐和组织客人旅游。有些酒店设有专门的旅游部为住客提供旅游服务，礼宾部员工获悉客人旅游要求后：
(1) 登记客人的姓名、房号、日期及人数，掌握客人的基本情况。
(2) 向客人推荐有价值的旅游线路。
(3) 向旅游公司或旅行社预订，为客人联系声誉较好的旅游公司或旅行社。
(4) 告知客人乘车地点及准确时间。
(5) 向客人说明旅途注意事项。

(八)代订客房

住店客人有时会要求酒店代订其他城市的客房，对于这类要求，酒店应尽量满足，一般由订房部或礼宾部去完成。
(1) 登记住客姓名、房号、联系电话。
(2) 详细了解客人要求：酒店的名称、位置、客房和床的类型、到达和退房日期及有无特殊需要等。
(3) 明确客人预订担保条件，通常要求将客人信用卡的有关信息传递给对方酒店，如信用卡的号码、有效期、持卡人姓名等，以作为客人入住第一晚费用的担保。
(4) 向客人指定的酒店订房，须要求对方书面确认。
(5) 将书面确认单交给客人。

(九)订餐服务

(1) 了解客人的订餐要求，如菜式种类、餐厅要求、用餐人数、用餐时间等。
(2) 尽量与客人面谈后再推荐餐厅。
(3) 向有关餐厅预订并告知订餐要求。
(4) 记录对方餐厅的名号、地址、订餐电话，并转告住客。

(十)外修服务

(1) 登记客人的姓名、房号，了解所需修补物品的类别、损坏程度、部位及服务时限和费用限额。
(2) 向客人说明一切费用由客人支付，包括维修费、服务费及路费等。
(3) 做到准确及时、手续清楚，各项费用单据齐全、符合规定。
(4) 将修好的物品及所有单据交给客人，并做好登记工作。

(十一)雨具提供及保管服务

(1) 一些高星级酒店在客房内备有雨伞，供住客免费使用，但不能带走。

(2) 下雨天，客人上下车时，门卫提供撑雨伞服务。

(3) 下雨天，来宾的湿雨伞、雨衣若不采取任何措施便带进酒店，很容易将大堂地面及走廊地毯弄湿。为了避免此类事情发生，酒店在大门口设有伞架，并可上锁，供客人存放雨具，或者配置雨伞、雨衣打包机，给雨伞、雨衣裹上塑料装，方便客人携带。

评估练习

1. 前厅部大堂提供哪些服务？
2. 散客入住行李服务程序是什么？

课外资料 6-3

酒店前厅的收益管理研究

收益管理虽说是在 20 世纪 80 年代就发展起来的一种现代化科学营运管理方法，但在国内的酒店业中运用收益管理的酒店还比较少，这主要是存在影响有效使用收益管理的一些误区，即将实施收益管理的讨论过多地集中在自动化计算机系统上，过多地停留在收益管理的理论研讨如线性规划、动态规划、边际收益控制等这样一些书本知识的研习中，而完全忽视了“收益管理”这一理论的潜在内涵在酒店经营中的实际操作和可能的“低技术”的适应性。

一、前厅收益管理的基本内容

前厅部由于是酒店的信息汇集中心，各种客房经营书籍、价格历史档案、各类房价的戏份档案、各时期的各房类的入住率、各种客史资料等都集中在前厅部的资料库，有时就会产生将前厅作为收益管理系统的主阵地的误解。谈到酒店的房价收益管理，需要了解酒店房务收入的以下各项结构。

一是协议客人房租收入，包括协议公司散客和团队客人、协议旅行社旅行团队收入、协议会议团客收入、协议长住房收入。

二是网络公司和订房中心协议房租收入。

三是前厅散客房租收入。

第一、二类房租收入基本上是由酒店营销部通过协议形式与相关企业签订的，这二类协议客人房租收入大体占到当期酒店房务总收入的 75%～80%，而第三类前厅散客房租收入则占到当期酒店房务总收入的 20%～25%。

前厅的收益管理运作主要是对前厅散客这一部分的营销，包括如何有效地提高门前散客的房价，如何充分使用酒店和社会各种资源，增加门前散客的消费。

前厅收益管理的实务操作如下。

(一)对市场和顾客细分并进行需求预测

Philip Ketler 和 John Bowen 在其《接待业和旅游市场营销》一书中指出：“收益管理背后的概念是通过定价的差别来有效地管理收益和库存，而它的基础是被选择出来的细分市场的需求弹性”。每一酒店有其自己的市场定位，但顾客的分类、来源渠道和消费特点仍有许多不同之处，不同类别的客人消费的需求、价格和消费特点也有很大的不同，因此其消费行为模式也不一样。科学地对市场和客人进行细分，为酒店控制资源、提高收益提供准确的信息来源。在细分市场和客人信息的基础上，就能对不同类别的客人需求进行相对准确的预测，并采用不同的预售方法和价格差异化的控制，实行动态管理和边际收益管理，让资源的使用风险最小化，如果资源使用风险能做到最小化，则酒店收益的预期就可以坐享其成了。

(二)动态的价格设定

价格是顾客最敏感的消费因素，是销售最直接的管理杠杆，是酒店赢利增减的主要手段。现时在供大于求、竞争激励的市场态势下，几乎所有酒店都对价格管理由单一静态价格发展为多重价格、有市场竞争力的优化价格。动态价格包括协议公司散客优惠价、旅游团队房价、会议团队房价、长住客房价、门前散客浮动价等。对于酒店来说，在制定动态价格时，最有参考价值的资料数据是同一地区星级的竞争对手酒店的分类房价。

(三)超额预订控制

由于预售和实际入住存在一定差异，因此酒店通常实行一定比例的超预订以减少这种预售和实际入住差异时的损失。超预订的比例究竟多大才合适，就依赖于前厅和营销部门的协作，对历史数据的分析以确定一个基本合理的概率。

这方面的工作可以从以下几个方面入手。

(1) 核对预订。有些客人提前很长时间就预订客房，在入住前这段时间内，会有一些客人因为种种原因而无法近期抵达或者取消了旅行，但不是所有客人都会主动通知酒店。前厅部要在客人抵达前通过电话与客人进行多次核对，一旦变更迅速作出调整，并通知相关部门将客房重新预订或销售给其他客人。

(2) 增加保证类预订。预收保证金或要求信用卡担保，将风险合理转嫁给客人，尤其在酒店营业高峰如节假日、当地重大经贸活动时，更需如此操作。

(3) 加强与营销部门协调。由于大部分预订客人由营销部门的协议单位操作产生，而营销部门的各位营销员为了扩大本人业绩，一般会放宽要求给协议单位，所以有必要在产生超额预订时加强与营销部门的沟通，加强对超额预订的控制，减少酒店损失。

(四)节假日和重大活动的价格需求控制

节假日和市场的重大活动往往是酒店获利的最佳时段。如何利用这一时段获取最大收益，是酒店管理当局和前厅部最佳发挥管理收益效能这一系统的时候。这一时段的管理格言应该是“该出手时就出手”，该提价时就提价，不必过多考虑其他后续影响问题。否则时不待我，机不再来。在一个市场短暂的“求大于供”的时机，最基本的消费心理就是“求”而不是“供”。

(五)团队销售和销售代理的管理

对于团队销售如旅行社的旅游团队价格，应根据每一阶段的市场变化，主要是该旅行社的消费总量和酒店的平均入住率、平均房价的涨落情况和本地市场的经济景气指数，适时进行调整控制，而对于销售代理如网络订房中心代理，则可每年进行一次市场情况分析后重新调整新一期的价格。

酒店要增加网络订房的销售量，最关键的措施就是要与网络订房代理商议一个在本地区酒店有竞争力的房价并给予网络订房代理一个“阶梯式”的售房奖励制度，才能做到酒店与网络订房代理“共赢共生”。

(六)充分使用网络订房和订房中心的资源

网络订房和订房中心的出现和发展，是经济市场化的一种必然和进步，也是经济市场化行业细分的一种结果。当今国内两大网络订房公司携程和艺龙，占据了网络订房业务的80%以上市场份额，它们通过资本运作引进战略投资者，并且股票上市，已站稳了市场地位。这些网络预订房“中间商”的出现，对于单体酒店或酒店集团的成员酒店来说，都是一种可供利用的成本低、收益较好的资源，对于酒店原有的各种营销手段是一种有益的补充。这些网络订房公司起码都汇集了数千家酒店的预订网络，一方面为顾客提供更大的选择空间，贴近了顾客的消费心理需求，另一方面又是单体酒店或酒店集团自办的预订网络规模无法比拟的，即使是国内最大的酒店集团，属下管理酒店也不过百十来家。我们完全没必要去介意网络“订房中间商”存在和发展会拿走酒店的一部分利润。天下没有免费的午餐，有得必有失，我们应采取一种“各尽所能，各取所需”的态度，鼓励成员酒店与之合作，共荣共生，一起发展。

(七)酒店附设资源管理

酒店的附设资源主要是指客房之外的餐饮、娱乐设施和会议设施，这些附设资源对于前厅部的销售来说，也是一种很好的产品资源。前厅在实施收益管理时，应邀请前厅员工熟悉酒店这些附设资源的情况、销售价格政策和价格细则，并对前厅员工进行营销培训，掌握营销技巧，才能有针对性地开发这些资源的销售。

(八)经营状况比较和分析

前厅部应将每一月的各种经营数据，包括入住率、各类房间、顾客细分、各种附设资源销售情况等存在于历史上的数据进行比较，最主要是与上一年数据进行比较分析，再结合对市场上同类别的竞争对手酒店的资料进行细致分析，把这些有参考价值的营销数据作为前厅制定各时期房价政策的决策依据，并向酒店管理当局报告。

(九)结合顾客价值的收益管理

不同的顾客的价值是不一样的，有时顾客的价值不能简单地用一项利润指数加以界定。例如二线城市的酒店，外国客人比较少，这时如果酒店懂得用更优惠的价格吸引较多的外国客人入住，即使这些外国客人的入住价格低于国内客人的价格，而他们带来的酒店综合价值，如礼貌礼节的感受，如外国客人的消费习惯的影响和借鉴，如消费理念和人文情调的传播，包括酒店外语操练的氛围的改变等都会产生很好的综合效应。

二、应用收益管理理论应注意的问题

(一)员工售房实际经验的作用更值得重视

酒店收益管理系统是计算机智能和人工经验高度结合的产物，一个成功的前厅收益管理系统，既包括了前厅计算机系统功能所能提供的资料，涉及的客史资料、各历史时期的房价收益数字、各历史时期的房价变化、本地近似星级档次酒店房价类比数字，同时也包含了前厅员工的售房经验和前厅房价政策与售房授权制度等。计算机的资料精确性当然是可信的，但是这些资料是“死”的，是过去式，而市场变化是“活”的，是未来式，因此，人对突发事件如节假日、营业高峰等酒店在特定时段的房价变化的灵活反应和实操经验更应值得重视。

(二)前厅部要有“营销部”的理念

要做好前厅的收益管理，当务之急是前厅部经理要具备“前厅部也是营销部”的理念，在做好部门的日常管理行政事务之余，要在前厅部的员工中灌输“前厅部是酒店第二营销部”的理念，并对大堂副理班组和前台接待班组，进行营销业务的培训和营销洽谈技巧的引导，并把走进酒店的每一位客人当成营销对象。“不放走一位客人”应该是前厅在营销客房时的指导原则。如果说营销是有距离空间和成本费用的话，那么走进酒店客人的营销则是最低成本和没有距离空间的营销，也是最有成功概率的营销。

(三)要制定前厅收益管理的奖励制度

为了推动前厅部的收益管理工作成效，前厅部应制定“超平均房价”和“超入住率”的奖励方案报酒店管理当局批准实施，以维护员工的工作热情。前厅部可制定员工售房促销奖励制度，才能将前厅部当成酒店“第二营销部”的理念落到实处。

(四)要关注非标准房类的房间资源的收益管理

酒店的协议客人使用的房间大都集中在普通标准客房，而酒店的豪华房类如豪华房、豪华套房、总统套房、行政房则空置率都比较高，而房况则较好。这些豪华房类的出租由于受到酒店房价政策的限制，通常较难出售。为了改变这种资源闲置的情况，酒店管理者要向前厅部充分授权，前厅部经理再向接待员充分授权，只有用“随行就市”的理念，才能让前厅的接待员有卖出豪华房类的洽谈空间，从收益管理的终极目标来说，多卖出豪华房类，将对门前散客的平均房价有最大的贡献率。

(五)节假日和重大活动时段的收益管理

节假日和重大活动时段的营业对酒店的总体房务收入有重大的作用，对于平均房价的提升和净利润的增加有明显的拉动效应。除了国家确定的三个“黄金周”，还有每年清明节祭祖扫墓回乡高潮，当地政府策划的重大商贸活动也应作为第四、第五个……“黄金周”进行策划，对当期的房价进行调整提升，对于低价房如旅游团队给予数量控制。

(六)对超额预订控制的协调

酒店应用超额预订是一项业务惯例，问题是如何确定超额预订的合理比例。对于这一合理比例的确定，由于酒店的客房销售大头来自营销部门的协议客人，协议公司的散客预订和团队预订占了绝大部分，留给前厅部门前散客预订的空间并不大。要增加房租收入，就需要前厅部与营销部加强协调，对于历史情况和各协议公司的散客预订情况的“虚”和“实”作出清醒的分析判断，可以采取预收订金的方式滤掉“虚”的预订房，增加“实”的预订房比例，以确定合理的超额预订比例。

随着计算机和信息技术的发展，大多数的酒店前厅的预售和客房管理也进入了数字化管理阶段。手工操作和“拍脑袋”的销售已不适应激烈竞争的市场。应用收益管理的模式，通过大量的客户数据的微观分析和比较精确的定量管理，应该说适应于市场和时代发展的需要。酒店业在近十年来的完全市场化情况下，供大于求的基本面并没有多少改变，价格的竞争仍会长时期地延续下去。国内酒店引进收益管理理论的时间不长，完全开发和应用这种收益管理系统的酒店尚不多，许多酒店在开发和应用这种收益管理系统时仍有“资金投入”和“人才开发”的瓶颈，但这并不阻碍我们对收益管理理论应用的实践。我们可以在前厅的管理实践中应用收益管理的理念，在实务操作中加以融会贯通。

第七章
酒店客房部

引导案例

日本邮政大臣喝厕水

内容提示

野田圣子是日本现内阁最年轻的，也是唯一的女性大臣——邮政大臣。她的工作经历是从负责清洁厕所开始的。

本案涉及

酒店服务的角色意识。

案例正文

现年37岁的邮政大臣野田圣子，既是日本现内阁中最年轻的阁员，也是唯一一位女性大臣。然而有谁能想象得到，她的事业起点却是从喝厕水开始的呢。

野田圣子的第一份工作是在帝国酒店当白领丽人，在受训期间负责清洁厕所，每天都要把马桶抹得光洁如新才算合格。可是自出娘胎以来，她从未做过如此粗重的工作，因此第一天伸手触及马桶的一刻，几乎呕吐，甚至在上班不到一个月时便开始讨厌这份工作。有一天，一名与圣子一起工作的前辈在清洁马桶后居然伸手盛了满满一杯厕所水，并在她面前一饮而尽，理由是向她证明经他清洁过的马桶干净得连水也可以饮。

此时，野田圣子方发现自己的工作态度有问题，根本没资格在社会上肩负起任何责任，于是对自己说："就算一生要洗厕所，也要做个洗厕所的人中最出色的人。"

结果在训练课程的最后一天，当她清洁马桶之后，也毅然喝下了一杯厕所水，并且这次经历成为她日后做人、处事的精神力量的源泉。

案例评析

"角色"一词在中文中指演员扮演剧中人物，在英文中role还可作"任务"、"作用"来解释。因此角色就是指某一个人物在某一位置上发挥某种作用，完成某项任务的意思。作为酒店员工，无论是高级管理者，还是普通服务员，所扮演的都是服务角色。作为现实生活中的一个社会人，一生中可能会扮演多种角色，但各种角色的转换实现并不是一件容易事。无论是谁只要一到酒店上班，就统一成了服务角色。所以国外的酒店有一项不成文的规定，凡是到酒店的新员工，都必须从洗厕开始干起。只有通过这一关的人，才能端正工作态度，实现角色的转换。野田圣子说："就算一生要洗厕所，也要做个洗厕所的人中最出色的人。"本案例就是生动地介绍她是怎样通过这一道关口的。

国内的环境与酒店的涉外环境反差很大，特别是现在很多的青年职工都是独生子女，不少是家里的"宠儿"，有的甚至是四体不勤、五谷不分。这些员工初到酒店，很容易产生角色模糊，自觉或不自觉地把家里的角色带到酒店中来，以致一受挫折就无法忍受。酒店的新员工，包括转行到酒店的管理人员，不妨首先从负责清洁厕所的工作干起，只有丢掉面子、端正态度，真正进入酒店服务角色的正常状态，才可能担负起工作的重任。

辩证性思考

如何树立正确的职业观？

客房部是酒店主要创收部门之一，也是主要的业务部门，其主要职责是为宾客提供典雅、舒适、清洁、安全、便利的房间和热情周到的服务。客房部尤其需要保持客房的清洁卫生和楼层的绝对安静，使客人在酒店得到充分的休息。

第一节　客房部的功能及组织结构

教学目标

1. 了解客房部的地位和作用。
2. 掌握客房部的任务。
3. 掌握客房部的组织结构。

客房部也可称为管家部，主要负责酒店客房产品的生产。客房部在酒店中具有非常重要的地位和作用，同时也有不同于其他部门的业务特点。

一、客房部的地位和作用

(一)客房是酒店的基本设施，是酒店存在的基础

向客人提供食宿是酒店的基本功能，而客房是客人旅游投宿的物质承担者，是住店客人购买的最大、最主要的产品。所以，酒店的客房是酒店存在的基础，没有了客房，酒店也就不复存在了。我国酒店客房的建筑面积一般占总体建筑面积的60%～70%左右，在酒店投资上，客房的土建、内外装修与设备购置也占据了相当大的比重。

(二)客房收入是酒店营业收入的主要来源

客房是酒店最主要的商品之一，客房部是酒店的主要创利部门，销售收入十分可观，一般要占酒店全部营业收入的40%～60%。客房虽然在初建时投资大，但耐用性强，纯利高。客房部的有效管理及其他部门的有效支持将增强酒店活力，提高企业收益。同时，通过客房的销售、大量客人的入住，也给其他部门带来了盈利的机会。我国酒店业发展还比较落后，经营项目单一，缺少综合服务，再加上由于我国经济发展水平不高，人民的生活水平和消费能力有限，酒店很难依靠当地居民提高餐饮收入。在这种情况下，客房收入在营业总收入中所占比例就更高，大都超过60%，有的甚至超过80%。酒店业收入的来源及分布如图7-1所示。这一方面说明酒店营业收入不是很合理，另一方面也反映了客房部在整个酒店经营中的重要地位。

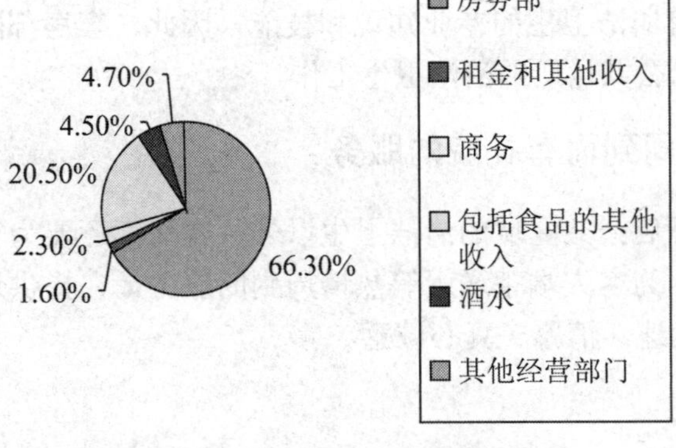

图7-1　酒店业收入的来源及分布

21世纪高等学校应用型特色规划教材•酒店管理专业

(三)客房部的服务与管理水平是提高酒店声誉的重要条件

客房部是酒店管家部门，客人在酒店居留期间，客房是其停留时间最长的场所，而且酒店的公共区域卫生工作一般也由客房部承担，对客人的影响较大。所以，客房的设施等级以及客房部的服务管理水平往往成为客人评价酒店的主要因素，代表着酒店的质量水平。不仅如此，客房部一般还担负着整个酒店布件的洗涤、整烫、保管和发放的重任，对酒店其他部门的正常运转给予了不可缺少的支持。

(四)客房部是酒店降低物质消耗、节约成本的重要部门

客房商品的生产成本在整个酒店成本中占据较大比重，例如，能源(水、电)消耗及低值易耗品、各类物料用品等，日常消耗较大。客房部是否重视开源节流， 能否加强成本管理、建立部门经济责任制及原始记录考核制度，对整个酒店是否能降低成本消耗，获得良好收益会起到关键作用。

(五)客房部担负着管理酒店固定资产的重任

在酒店企业，固定资产占总资产的80%～90%，包括建筑物、设备设施、家具、物品配备等。其中，在客房部管辖范围内的固定资产占了大多数。对整个酒店客房楼层部分、公共部分设施设备的日常保养及维护工作是客房部的重要工作任务之一。客房部的任务是管理好这些资产，或直接进行维修保养，或及时督促、协助有关部门进行维修，尽可能延长资产的保值期。

二、客房部的主要任务

简单地说，客房部的主要任务是“生产”干净、整洁的客房，为客人提供热情周到的服务。具体而言，有以下几点。

(一)保持房间干净、整洁、舒适

客房是客人休息的地方，也是客人在酒店停留时间最长的场所，因此，必须经常保持干净整洁的状态。这就要求客房服务员每天检查、清扫和整理客房，为客人创造良好的住宿环境。

由于客房员工具有清洁卫生的专业知识和技能，因此，客房部除了保持客房的清洁以外，通常还要负责酒店公共场所的清洁卫生工作。

(二)提供热情、周到而有礼貌的服务

除了保持客房及酒店公共区域的清洁卫生以外，客房部还要为客人提供洗衣、缝纫、房餐、接待来访客人、为客人端茶送水等热情周到的服务。在提供这些服务时，服务员必须要有礼貌，且做到迅速、情愿、真心诚意。

课外资料 7-1

客房部对客服务的主要项目

一、清洁客房服务

每天为住客的房间进行清洁并更换布草补充用品，一般酒店采取二进房制，即每天白班对客房进行总体清洁，中班对客房进行开夜床服务，对于 VIP 房，根据不同的情况，采取不同的服务，一般对 VIP 房进行多次的小清理。

二、公共区域卫生清洁服务

客房部每天 24 小时对公共区域的卫生进行清洁，为所有宾客提供洁净的整体环境。

三、迎宾服务

当客人进房和离房时，客房服务员都应向客人致意、问候或道别。让宾客感受到我们的面对面服务，会使宾客倍感亲切。对于 VIP 客人，将根据情况提供专门的迎宾服务。

四、看护婴儿服务

为了便于客人外出不影响客人自己的行程，客房部可以为客人提供有偿的婴儿托管服务，由指定的专人照料，照料中要确保小孩的安全，使客人满意。

五、擦皮鞋服务

客房部免费为客人提供擦皮鞋服务。当客人通告客房部办公室或直接按要求放置指定地点时，客房部服务员应及时将皮鞋收到工作间擦干净并及时送回房内，并放置在醒目的位置。

六、客人要求提供物品和借物服务

有时客人特别需要增加一些用品，客房部可按房间一天配用量内尽可能满足客人要求，有时客人因自身原因需要借用某些物品，这时客房部将尽可能地向客人提供，凡属借出的物品，客房部办公室要做好记录，以便回收。

七、留言服务

客人因外出担心有朋友来访找不到住客，这时一般都会在酒店留下留言，以便联系，此项工作主要由前厅部负责，但当客房接到留言时，应做好记录并通告前厅部，协助前厅部做好此项工作。

八、洗衣服务

酒店为住客提供有偿的洗衣服务，一般当天即可将衣服洗干净并送回客房内，对于特殊情况下的洗衣，将根据实际情况决定是否加收费用或延长时间。

九、酒吧服务

每一间客房内都配有一个小酒吧，为住客提供各种饮料和酒水，一般情况下，酒吧所配的饮料和酒水都是收费的，此项工作应做好记录，避免跑单。

十、送餐服务

主要是协助餐饮部做好此项工作，当客人将送餐服务卡挂在房门外的锁上时，应立即收走此卡，并通知餐饮部来收取，如是客人将电话打到办公室，应将其转至餐饮部，凡要求送餐的客房应做好记录，以便回收餐具。

(三)确保客房设施设备时刻处于良好的工作状态

为此，必须做好客房设施设备的日常保养工作，一旦设施设备出现故障，应立即通知酒店工程部维修，尽快恢复其使用价值，以便提高客房出租率，同时确保客人的权益。

(四)保障酒店及客人生命和财产的安全

安全需要是客人最基本的需求之一，也是客人投宿酒店的前提条件。酒店的不安全事故大都发生在客房。因此，客房员工必须具有强烈的安全意识，平常应保管好客房钥匙，做好钥匙的交接记录。一旦发现走廊或客房有可疑的人或事，或有异样的声音，应立即向上级报告，及时处理，消除隐患。

(五)负责酒店所有布草及员工制服的保管和洗涤工作

除了负责客房床单、各类毛巾等的洗涤工作以外，客房部通常还要负责客人的衣服以及餐厅台布、餐巾等的洗涤工作。此外，酒店所有员工制服的保管和洗涤工作也由客房部统一负责。

三、客房管理的基本要求

(一)宾至如归

要达到宾至如归，首先必须给客人创造一个安静的环境，使客人得到很好的休息。如果酒店噪声很大，客人休息不好，就会影响客人的情绪。一般来说，客房的噪声或对客人的干扰主要有以下四个方面：一是环境噪声，因酒店客房的隔音措施不佳所引起的干扰；二是服务工作不当所引起的干扰，如服务员进房时机不当等；三是客房设备不良所产生的噪声等；四是客人之间的互相干扰，如深夜电视机音量过大，在房间内大声说笑等。所以，要使客人有一个安静的休息环境，就必须注意有效的隔音措施，制定科学的客房服务规程，并加强对客人的有效控制，尽可能地减少噪声和各种干扰。

其次，必须给客人一种有“回家”的感觉。一个人离开了熟悉的环境，来到一个人地两生、举目无亲的地方，孤独感就会油然而生。此时，最能令客人满意的，莫过于热情的服务。尤其在客人身体不适和不顺心的时候，更是如此。所以，客房的服务项目必须齐全配套，各种服务必须迅速及时，服务人员的态度必须主动热情、亲切礼貌，从而给客人一种温馨的氛围。

再次，酒店客房的布局和装修要尽可能营造一种家庭的温馨情调。

(二)舒适典雅

作为舒适的客房，至少需要具备五个基本条件：一是空间充足，布局合理；二是设施完善，装饰精致；三是保养完好，运转正常；四是用品齐全，项目配套；五是清洁卫生，安全可靠。要达到这些要求，酒店客房管理就必须抓好以下几个环节。

1. 房间形体的控制

房间形体，这里主要是指客房的空间及布局的问题，客房是客人在酒店逗留期内的生活场所，因此客房必须具有足够的空间和合理的布局，以满足客人的需要。随着人民生活水平的提高和家庭条件的改善，客房空间有增大的趋势。

2. 客房设施质量的控制

客房设施质量是客房服务质量的物质基础。它主要体现在以下四个方面：一是客房的装修质量；二是客房设备的齐全程度；三是客房设备的等级；四是客房设备的完好程度。由此可见，客房设施的质量控制，必须抓好以下三个基本环节：一是客房设备设施必须与酒店的档次相适应，高档次的设备应显示名贵豪华；中档次的酒店设备则要求美观、舒适、方便和安全；经济类酒店则应力求实用、方便、经济和安全。作为客房的设备设施，必须具有定量要求和定性标准，同时还要注意美观、方便以及便于服务员清洁和工程人员的维修；二是客房装修必须精致、典雅，给人一种舒适宜人、高雅美观的感觉；三是必须加强客房设备的维修保养，保证各种设备处于完好状态。

3. 客房用品控制

为了给客人创造一个舒适、方便的生活环境，客房质量的控制还必须给客房配置合乎规格的客房用品。客房用品包括客房供应品和客房备用品两种。客房供应品，亦称客房消耗品，是指供客人一次性使用或用作馈赠客人的用品，如肥皂、牙具、明信片、针线包等。客房备用品是指可供多批客人使用、客人不能带走的用品，如布草、烟缸等。对客房用品的控制，主要是数量、质量和摆放规格的控制。

客房用品的数量一般视酒店的等级而定，应体现“物有所值”的原则。因此，应对标准间、普通套房、总统套房分别配置不同数量和品种的用品，客房用品的质量必须符合客房的档次。客房用品的选择，必须注重用品的质量、规格，做到既精致、美观，又适度、实用。客房用品的摆放必须根据美观、方便的原则，规定各类用品的摆放位置，既要有定性要求，也要有定量要求。

4. 客房清洁服务质量的控制

客房的清扫服务，是保持客房整洁、设施完好的重要环节。控制客房的清扫质量，关键是必须建立科学的客房清扫规程，制定严格的岗位规范，培养服务员良好的职业道德和职业规范，并落实客房的各级检查制度。

5. 周转迅速

客房作为一种特殊商品，具有不可储存的特点。比如手表、电视机的价值就凝结在物品上，只要这种物品存在，其价值一般是不会消失的。而客房的价值则不凝结在具体物品上，其价值地实现是在客人地使用过程中，若在规定的时间内不能出租，当天的价值就会消失。所以客房部必须及时了解住房信息，根据酒店的业务情况，科学制定维修计划，合理安排接待计划，确定科学的客房清扫程序，加快客房周转，避免客房价值的无谓损失，从而使客房利用率达到一个理想的水平。

6. 消耗合理

由于客房商品的特殊性，各种物质用品的花色品种多，需求量大，而物质用品和各项费用的开支的合理程度，则直接影响客房的经济效益。所以客房的管理必须在保证客房的规格和满足客人需要的前提下使各项费用地消耗达到最低限度。对于客房的消耗控制，应该主要从以下几个环节做起。

1) 加强费用开支的预算

要有效控制客房的成本，就必须制定控制的标准。酒店要根据自身业务量的多少，制定恰当的消耗定额，并以此为基础，做好费用支出的预算。

2) 完善各项制度

要控制支出，客房部应该建立和完善物品的领用、报损、支出的审批、核算等有关制度，从而达到减少各种不必要的开支的目的。从酒店的实际情况看，客房的消耗费用中，消耗用品的费用占较大的比重，但伸缩性很大。由于涉及的物品多，使用频率高，数量大，遗漏的环节多，所以要特别注意加强控制与管理。

3) 提倡勤俭节约

要加强对员工勤俭节约的教育，做好废物利用、旧物翻新工作，减少“长明灯”、“长流水”等不良行为，并且要树立全员维修的观念，及时做好小修、小补工作，尽量减少维修费用。

四、客房部的组织结构

随着我国经济的快速发展，我国酒店也得到高速发展。特别是客房部的组织结构也随着国外酒店的大量涌入而发生了一些变化，酒店客房部从以前的楼层服务台模式向宾客服务中心模式转换。但是楼层服务台的撤销又使一些酒店感到不便，所以又出现了一些将楼层服务与客房服务中心组合在一起的服务模式，从而客房部的组织结构也各有不同。但现在多数酒店采取楼层服务与客房服务中心组合的服务模式。

(一)客房服务中心(Guest Service Center)

客房服务中心是客房部的信息中心，负责统一调度对客服务工作。正确显示客房运转状况，负责发放客房用品，管理楼层钥匙并负责与其他部门联络等。

(二)客房楼层(Floor)

主要负责客房内的服务工作，为了便于服务员工作，每一层楼设有服务员工作间，楼层服务人员负责全部客房及楼层走廊值班台、楼层安全、房间卫生及用品的更换等工作。

(三)酒店公共区域(Public Area)

负责本酒店前后台公共场所及行政办公室、库房等区域的清洁保养，酒店的一些专业性和技术性较强的清洁保养工作。

(四)洗衣房(Laundry Room)

主要负责整个酒店布单、客衣、工衣的收洗，为住客和酒店提供洗熨服务。

(五)制服与布草房(Linen Room)

负责酒店所有工作人员的制服，以及餐厅和客房所有布草的收发、分类和保管。对有损坏的制服和布草及时进行修补，并储备足够的制服和布草以供周转使用。

知识拓展 7-1

酒店房间用中英文词汇

(1) 床

枕头 Pillow

枕套 Pillow case

靠垫 Cushion

长枕 Bolster Pillow

被子 Quilt

被罩 Quilt Cover

毛毯 Blanket

床垫 Mattress(厚的); Mattress Pad (薄的)

床单 Bed Sheet

床罩 Bed Cover

地毯 Carpet(铺房间、大的整块的那种); Rug(放在沙发等边上、小块的那种)

床头板 Headboard

床头柜 Bedside table

蚊帐 Mosquito Net

(2) 卫生间

抽水马桶 Toilet

冲水系统 Flushing System

冲水管 Flushing Pipe

马桶坐圈 Toilet Seat

马桶盖 Seat Cover

水箱 Water Tank

马桶刷 Toilet Brush

蹲式马桶 Squatting Pot

卫生纸 Toilet Paper/Tissue

(3) 浴室

浴缸 Bathtub

淋浴喷头 Shower Nozzle

水龙头 Tap

地漏 Floor Drain

浴帘 Shower Curtain

浴帽 Shower Cap

浴袍 Bathrobe

小方巾 Face Towel

手巾 Hand Towel

浴巾 Bath Towel

地巾 Bath Mat

橡胶防滑垫 Rubber Bath Mat

面盆 Wash Basin

毛巾架 Towel Rail/Shelf/Holder

毛巾环 Towel Ring

香皂碟 Soap Stand/Dish

梳子 Comb

吹风机 Hairdryer

洗发水 Shampoo

护发素 Hair Conditioner

沐浴液 Bath Foam

润肤露 Moisturizing Lotion

牙刷 Toothbrush

牙膏 Toothpaste

体重秤　Bathroom Scale
卫生袋　Sanitary Bag
面巾纸　Facial Tissue
刮胡刀　Razor/Shaver
刀片　Blade

(4) 起居

茶几　Tea Table
摇椅　Rocking Chair
吊椅　Hanging Seat
凳子　Footstool
躺椅　Chaise Longue
折叠椅　Folding Chair
行李架　Luggage Rack
行李标签　Luggage Sticker
梳妆台　Dresser

(5) 电器

延长线板　Extension Lead
床头灯　Bed Lamp
落地灯　Floor/Stand Lamp
台灯　Table Lamp
壁灯　Wall lamp
灯泡　Bulb
灯罩　Lamp Shade
插座　Outlet
插头　Plug
变压器/转换器　Adapter
开关　Switch

(6) 其他

欢迎卡　Welcome Card
房卡钥匙　Room Key
门锁　Locker
门把手　Door Knob
安全门钩　Safety Door Hook
安全链　Safety Chain
门镜猫眼　Peep hole
文件盒　Stationary Folder
抽屉　Drawer
剪刀　Scissors
洗衣单/袋　Laundry List/ Bag

针线包　Sewing Kit
指甲钳　Nail Cut
指甲挫　Nail Clipper
梳妆镜　Vanity Mirror
(开口)拖鞋　(Open Toe) Slippers

电子保险箱　Electronic Safe Box
衣柜　Wardrobe/Closet
衣柜内木架　Shelves
衣架　Hanger
挂衣服的栏杆　Cloth Rail
装在墙上放东西的架子　Wall Shelf
墙上突出之托架　Bracket
家具脚上的轮子　Braked Castor
食品柜　Larder

控制板　Switch Board
电视遥控器　TV Remote Control
空调　Air - conditioner
冰箱　Refrigerator
电热水壶　Electric Kettle
熨衣板　Ironing Board
取电器　Key Insert
烤面包机　Toaster
烤箱　Oven
烧烤架　Grill
咖啡机　Coffee Maker

烟灰缸　Ashtray
火柴　Matches
鞋拔　Shoes Horn
擦鞋器　Shoe Sponge
留言本　Message Pad
杯垫　Coaster
花瓶　Vase
垃圾桶　Waster/Garbage Bin
纱帘　Sheer Curtain
衣刷　Clothes Brush
蒸馏水　Distilled Water

矿泉水　Mineral Water
冰桶　Ice Bucket
冰夹　Ice Holder
餐巾纸　Napkin
价目表　Tariff
走廊　Corridor
阳台　Balcony
窗台　Sill
天花板　Ceiling
烟雾报警器　Smoke Detector
工作车　Trolley

评估练习

1. 客房部的主要任务有哪些？
2. 客房部下设哪些部门，每个部门的职责是什么？

第二节　客房产品与客房设施

教学目标

1．了解客房的类型。
2．掌握客房部装修的原则。

一、客房类型

(一)按照结构和床划分

1．单人间(Single room)

单人间是放一张单人床的客房。单人间又可叫单人房，适于单身客人住宿，是酒店中面积最小的客房。酒店单人房数量一般不多，且常常把位置偏僻的房间作为单人房。

但由于这种客房的隐私性强，价格低廉，近年来非常受单身旅游者的青睐，不少酒店就增加此类房间的数量，而且在面积和装饰布置的档次上也有所提高，为了使客人得到更好地享受，有的酒店在单人房中放置了一张小双人床，这种小双人床比单人床大。这样就摆脱了传统的单人间仅仅是经济房间的概念。

2．大床间(Double room)

在房内配备一张双人床，如图 7-2 所示。这种房间适宜夫妻旅游者居住。这种房间在一些酒店又称为“鸳鸯房”或“夫妻房”。新婚夫妇使用时，称“蜜月客房”。也有单身商务旅客选择这类客房住。

3．双人间(Twin room)

双人间也叫双床间。在房内放两张单人床，可住两位客人。同样，也可供一人居住。带卫生间的双人间，称为“标准间”(Standard room)，如图 7-3 所示，一般用来安排旅游团队或会议客人，这类客房在酒店占绝大多数。为了出租和方便客人，有的酒店配备了单双两便床(Holly wood bed)，在大床间供不应求时，可将两床合为大床，作为大床间出租。

图 7-2　某酒店大床房

图 7-3　某酒店标准间

4. 三人间(triple room)

三人间是指可以供 3 位客人同时住宿的房间。房内放 3 张单人床，属经济型房间。这类客房在星级酒店，特别是高档酒店很少见。当客人需要 3 人同住一个房间时，高档酒店往往采用在双人间中加 1 张折叠床的方式来解决。

此外，还有同时供 3 人以上居住的房间，房内放置多张单人床。此类房间多见于一般的旅馆或招待所，我国旅游涉外酒店不设置这类客房。

以上四种都是单间。

5. 标准套间(Standard Suite)

标准套间又称普通套间(Junior Suite)，一般为连通的两个房间：一间作卧室(Bed room)，另一间为起居室(Living Room)，即会客室。卧室中放一张大床或两张单人床，配有卫生间。起居室也可设盥洗室，内有便器与脸盆，可不设浴缸，一般供拜访住客的客人使用。

套间可用固定的分室隔墙隔离，也可用活动隔离墙隔离。起居室在下，卧室在上，两者用楼梯连续的套间称为双层楼间或立体套间(Duplex room)。而连接套房(Connecting room)，即连通房，是指两个独立的双人间，用中间的双扇门相通，一间布置成卧室，另一间布置成起居室，可作为套间出租。需要时，仍可作为两间独立的双人间出租。但这种连通房中间的双扇门上均需安装门锁，关上时应具有密闭的效果和良好的隔音性能。

6. 复式套房(Duplex)

复式套房是一种两层楼套房，由楼上、楼下两层组成。楼上一般为卧室，楼下为会客厅，图 7-4 所示为某酒店套房的卧室。

图 7-4　某酒店套房卧室

7. 豪华套间(Deluxe Suite)

豪华套间可以是双套间，也可以是三套间，分为卧室、起居室、餐室或会议室(亦可兼作)。卧室中配备大号双人床或特大号双人床。室内注重装饰布置和设备用品的华丽高雅。

此外，还有由二至五间或更多房间组成的多套间。有两个各带卫生间的卧室，以及会客室、餐厅、书房及厨房等，卧室内设特大号双人床。

8. 商务套间(Business Suite)

此类客房是专为从事公务、商务活动的客人而设计的。客房内设施设备的配备与布置都充分考虑到商务客人的办公需要，如增加一间小型洽谈室，配备传真机，专用的特别宽大的写字台，灯杆可伸缩的台灯，以及电脑的专用插孔和电源插座等。在四、五星级酒店中，随着商务客人的日渐增多，商务套间的比例在不断增加，甚至很多酒店专设商务楼层，为客人提供更有针对性的服务。

9. 总统套间(Presidential Suite)

总统套间简称总统房。总统房一般由 7～8 个房间组成。套间内总统与夫人的卧室分开；男女卫生间分用，拥有客厅、写字室、娱乐室、会议室、随员室、警卫室、餐室或酒吧间以及厨房等，有的还有室内花园。整个房间装饰布置极为讲究，设备用品富丽豪华，常有名贵的字画、古董、珍玩装点其间。如广州东方宾馆总统房的鎏金雕花的《清明上河图》价值 50 万美元，北京王府井酒店总统房的玉带桥玉雕价值 160 万美元。总统套间造价昂贵，但出租率较低。

总统房一般为三星级以上的酒店才有，它标志该酒店已具备了接待总统的条件和档次。但总统房并非总统才能住，一般来说，只要付房租，谁都可以住。事实上住总统房的客人，多数是大商人和大老板等。

位于阿联酋迪拜的 Burj Al-Arab 酒店(Burj 音译伯瓷，又称阿拉伯塔)，被誉为世界上唯一一家“七星级”酒店，其总统套房面积达 780 平方米，房价 18000 美元／晚，家具是镀金的，设有一个电影院，两间卧室，两间起居室，一个餐厅，出入有专用电梯。

以上五种都是套间。

知识拓展 7-2

伯 瓷 酒 店

知道全世界最贵的酒店在哪里吗？知道全世界曾经最高的酒店在哪里吗？这两个问题只有一个答案：在迪拜。迪拜的 Burj Al-Arab 酒店(Burj 音译伯瓷，又称阿拉伯塔)。

迪拜是阿拉伯联合酋长国的第二大城市。20 世纪 50 年代，它还是阿拉伯湾一个朴素的海滨小镇，到了 90 年代以后，迪拜发生了脱胎换骨的变化。鳞次栉比的摩天大楼在霍尔河畔奇迹般地崛起，让人以为自己仿佛到了纽约。

像其他中东城市一样，迪拜因石油而富庶。但对一个雄心勃勃想在新世纪大展身手的新兴城市来说，石油当然不是全部。它打开了大门，大力发展旅游业。由于拥有高素质的环境以及丰富多彩的文化(因为 80%的人口是外国人的缘故)，到迪拜的旅游者以模特、艺术家、商人等高收入阶层居多。在迪拜王储的提议之下，知名企业家 Al-Maktoum 投资兴建了美轮美奂的 Burj Al-Arab 酒店。

酒店的豪华程度令人叹为观止，评论家们都不知道该给它定为几星：是五星，六星，还是七星？酒店建在海滨的一个人工岛上，是一个帆船形的塔状建筑，一共有 56 层，321 米高，由英国设计师 W.S.Atkins 设计。它正对着 Jumeirah Beach 酒店(被认为是世界上最棒的酒店)，拥有 202 套复式客房，200 米高的高度可以俯瞰迪拜全城的餐厅以及世界上最高的中庭，成为后者最强劲的对手。

到过这里之后，你才能真正体会到什么叫做“金碧辉煌”。它的中庭是金灿灿的，它的最豪华的 780 平方米的总统套房也是金灿灿的。客房面积从 170 平方米到 780 平方米不等，最低房价也要 900 美元，最高的总统套房则要 18000 美元。总统套房在第 25 层，家具是镀金的，设有一个电影院，两间卧室，两间起居室，一个餐厅，出入有专用电梯。已故顶级时装设计师范思哲曾对它赞不绝口。

迪拜是阿拉伯联合酋长国的第二大城市，和上海在中国的地位类似。

关于迪拜这个城市，有人说它是一个用钱堆砌出来的城市，五十多年前还是一座穷渔村，1966 年发现石油，从此暴发起来，一眨眼建起一个大都会。

伯瓷是世界上唯一的建筑高度最高的七星级酒店(因为酒店设备实在太过高级，远远超过五星的标准，只好破例称它为七星级)，开业于 1999 年 12 月，共有高级客房 202 间，建立在离海岸线 280 米处的人工岛 Jumeirah Beach Resort 上。伯瓷糅合了最新的建筑及工程科技，迷人的景致及造型，使它看上去仿佛和天空融为一体。伯瓷的工程花了 5 年的时间，2 年半时间在阿拉伯海填出人造岛，2 年半时间用在建筑本身，使用了 9000 吨钢铁，并把 250 根基建桩柱打在 40 米深海下。酒店由英国设计师 W.S. Atkins 设计，外观如同一张鼓满了风的帆，一共有56层、321米高，是全球最高的酒店，比法国埃菲尔铁塔还高上一截。

伯瓷是阿拉伯人奢侈的象征，亦是迪拜的新标志。走进这个世界上最高的酒店就似走进了阿拉丁的洞穴，豪华的佐证非笔墨可言喻，从带你走进海鲜餐馆的小型潜艇，到每个房间的17个电话筒，再到用作机场巴士的8辆劳斯莱斯都可略见些许。你甚至可以要求直升机接送，在15分钟的航程里，率先从高空鸟瞰迪拜的市容，欣赏壮丽的景观后，才徐徐降落在28楼的直升机坪。

伯瓷酒店内部更是极尽奢华之能事，触目皆金，连门把、厕所的水管，甚至是一张便条纸，都“爬”满黄金。虽然是镀金，但要所有细节都优雅不俗地以金装饰，则是对设计师的品位与功力的考验。由于是以水上的帆为外观造型，酒店到处都是与水有关的主题(也许在沙漠国家，水比金更彰显财力)。像是一进酒店门的两大喷水池，不时有不同的喷水方式，每一种皆经过精心设计，约15～20分钟就换一种喷法，跟水舞没什么两样，搭着电梯还可以欣赏高达十几公尺的水族箱，很难相信外头就是炎热高温的阿拉伯沙漠。

而金碧辉煌的酒店套房，则让你感受到阿拉伯油王般的奢华。所有的202间房皆为两层楼的套房，最小面积的房间都有170平方米；而最大面积的皇家套房，更有780平方米之大。而且全部是落地玻璃窗，随时可以面对着一望无际的阿拉伯海。最令人吃惊的是一进房间，居然有一个管家等着跟你解释房内各项高科技设施如何使用，因为酒店豪华尊贵的服务宗旨就是务必让房客有阿拉伯油王的感觉，在让人感到吃惊之余，也让人感叹金钱的力量。以最普通的豪华套房为例，还包括窗帘和电灯的开关，办公桌上有东芝笔记型计算机，随时可以上网，墙上挂的画则全是真迹。

给大家感受最high的，应当是雄霸25楼及以上楼层的皇家套房，装饰典雅辉煌，顶级装修和搜罗自世界各地的摆设，如同皇宫一样气派，家具是镀金的，有私家电梯、私家电影院、旋转睡床、阿拉伯式会客室，甚至衣帽间的面积都比一般酒店的房间大。已故顶级时装设计师范思哲曾对此赞不绝口。最特别的是睡房的天花板上有一面与床齐大的镜子，和自己面对面睡觉的感觉会不会很奇怪？浴室里的所有卫浴用具都是爱马仕的牌子，包括肥皂、古龙香水等，当然淋浴设备也不同凡响，除上头的莲蓬头之外，还可选择上中下三段式喷水，旁边则是马赛克壁画陪衬下的按摩浴池，浴室门口还有皮质躺椅，让旅客休息。

房间的奢华还没来得及回味，餐厅更是让人觉得匪夷所思：酒店内的AI-Mahara海鲜餐厅仿佛是在深海里为顾客捕捉最新鲜的海鲜，在这里进膳的确是难忘的经历——要动用潜水艇接送。从酒店大堂出发直达AI-Mahara海鲜餐厅，虽然航程短短3分钟，可是已经进入一个神奇的海底世界，沿途有鲜艳夺目的热带鱼在潜水艇两旁游来游去，美不胜收。安坐在舒适的餐厅椅上，环顾四周的玻璃窗外，珊瑚、海鱼所构成的流动景象，伴随客人享受整顿写意的晚餐。

由于伯瓷这家超级豪华酒店实在是太特别了，很多外来访客只想来参观一下(对绝大多数人而言，也只能是这样饱饱眼福)，不过请注意，踏进这家酒店可是要付参观费的，平日100Dhs、假日200Dhs，(1Dhs约等于2.25元人民币)，不过可抵作餐厅消费就是。

在上面客房类型中，一般双人标准间数量占多数。

单人客房的设置数量与酒店性质直接相关。商务性质的城市酒店的单人客房需求量很大。在日本与美国的不少大城市中，商务酒店的单人间与双人标准间之比已达1∶1。而一般城市酒店的单人间约占客房总数的10%～15%。

套间也是需要的。等级越高的酒店其套间数量也越多。一星、二星级酒店的套间可以很少或者没有。三星、四星级酒店的套间约占客房总数的5%。五星级豪华酒店的套间可以有更高的比例。美国近年来出现的全套间酒店称为Hometel，每个套间均有起居室与卧室，由于经营有方，出租率超过了一般酒店。套间的数量和质量也与酒店的等级相关。五星级酒店的总统套间常常有数间，一般酒店则不必设置豪华套间，以免造成不必要的浪费。

另外，酒店的客房还可以按其是否带浴室或淋浴来划分。

课外资料 7-2

客房状态常用英语

(1) 住客房(Occuoied，OCC)，即客人正在使用的房间。

(2) 走客房(Check out，C/O)，表示客人已经结账并已离开客房。

(3) 空房(Vacant，V)，昨日暂时无人租用的房间。

(4) 未清扫房(Vacant dirty，VD)，表示该客房为没有经过打扫的空房。

(5) 外宿房(Sleep out，S/O)，表示该客房已被租用，但是住客在外过夜，总台人员应该在计算机上对该客房做外宿未归标记，将此信息通知大堂副理和客房部，大堂副理会双锁该客人的房间，并做记录，客人返回后，则由大堂副理为客人开启房门并做解释说明。

(6) 维修房(Out of order，OOO)，又称病房，表示该客房因设施设备发生故障，暂时不能出租。

(7) 已清扫房(Vacant clean，VC)，又称OK房，表示该客房已清扫完毕，可以重新出租。

(8) 请勿打扰房(Do not disturb，DND)，表示该客房的客人因睡眠或者其他的原因不愿服务员打扰。

(9) 贵宾房(Very important person，VIP)，表示该客房的客人是酒店的重要客人。

(10) 常住房(Long stay in guest，LSG)，又称长包房，即长期由客人包租的客房。

(11) 请即打扫房(Make up room，MUR)，表示该客房住客因会客或者其他的原因需要服务员立即打扫。

(12) 轻便行李房(Light baggage，L/B)，表示该客房的住客行李很少的房间，为了防止逃账，客房部应及时通知总台。

(13) 无行李房(No baggage，N/B)，表示该客房住客没有行李，避免逃账行为发生，应通知总台。

(14) 准备退房(Expected departure，E/D)，表示该客房的客人应在当天中午12点以前退房，但现在还未退房。

(15) 保留房(Blooked)，预留给将入住的团队、会议客人的一种内在掌握的客房，总台人员应在计算机上做好标志，防止将其出租给其他的客人而引起不必要的麻烦。

(16) 双锁房(Double locked)，住客在房间双锁客房，服务员用普通钥匙无法开启房门，对此应加以观察，可能是误操作，也可能是客人生病等。当酒店发现房间内的设备严重损害或者房内有暴露的贵重物品或发生刑事案件时，也应双锁客房，等待调查。

(17) 加床(Extra Bed，B)，表示该客房有加床。

(二)按客房档次划分

(1) 普通房 junior room。
(2) 行政房 executive room。
(3) 高级房 superior room。
(4) 豪华房 deluxe room。
(5) 豪华套房 deluxe suite。
(6) 普通套房 junior suite。
(7) 总统套房 presidential suite。

(三)按客房位置

可分为外景房、内景房和角房。

1. 外景房(Outside Room)

即窗户朝向大海、湖泊、公园或景区景点的客房。

2. 内景房(Inside Room)

窗户朝向酒店内的房间。

3. 角房(Corner Room)

位于走廊过道尽头的客房。角房因形状比较特殊，装饰无法循规蹈矩而比较不受喜欢。但因其打破了标准间的呆板，反而受到某些客人的青睐。

(四)特殊客房楼层的配置

旅游酒店客人的多元化需求使酒店除拥有各种基本房间类型以外，还必须配置各种特殊房间或楼层。而现代酒店各种特殊房型的出现，正是满足了客人的特殊要求，是酒店客房产品适应市场需求的体现。

1. 行政楼层

行政楼层又可称为商务楼层，简称 EFL(Executive Floor)，其特点是：以最优良的商务设施和最优质的服务为商务客人高效率地投入紧张的工作提供一切方便。

2. 女士客房

所谓女士客房是根据女士的心理和生理、审美观等专门为女士设计的客房。这有别于传统的客房，主要体现在使用者的性别限制上。女士客房产生的原因有很多，但最主要的是女士在现代社会中的地位越来越突出，而且经济地位也开始独立，导致价值观念的转变，甚至有的女性从家庭角色和社会角色中脱离出来，成了新新人类中的重要组成部分。

传统客房的设计是从大众化角度考虑的，尤其是作为酒店的主要住宿者男性考虑的。所以突破传统的思想，建设完全满足女性宾客要求的女士客房，就必须充分考虑女士的审美观、爱好等多方面因素。

3. 无烟楼层

专供非吸烟宾客入住，并为宾客提供严格的无烟环境的客房。在无烟楼层的客房不仅是指房间里没有烟灰缸，楼层有明显的无烟标志，而且还包括进入该楼层的工作人员和其他宾客均是非吸烟者；或者对于吸烟的房客而言，其在进入该楼层或房间时被礼貌地劝阻吸烟，因为非吸烟人士对烟味地敏感程度是非常高的。

4. 残疾人客房

残疾人旅游住宿问题已经不是目前酒店的亟待解决问题，在我国的《旅游涉外酒店星级评定及划分》规则中，对残疾人的设施要求也作了基本的规定。

1) 电梯

电梯的设置与安装应该考虑到更多的残疾人的方便使用。如宜安装横排按钮，高度不宜超过 1.5 米；在正对电梯进门的壁上安装大大的镜子；使用报声器等。

2) 客房

出入无障碍，门的宽度不宜小于 0.9 米；门上不同的高度分别安装窥视器；床的两侧应该有扶手，但不宜过长；窗帘安有电动装置或遥控装置。房内各电器按钮或插座不得高于 1.2 米；如果没有特殊残疾人楼层的酒店，对于残疾人客房位置的选择不宜离电梯出口太远。

3) 卫生间

卫生间门的要求和客房一样，出入一样无障碍；门与厕位间的距离不小于 1.05 米，云石台高度在 0.7 米左右且下面不宜有任何障碍物。坐便器和浴缸两侧装有扶手，且扶手能承受 100 公斤左右的拉力或压力，等等。

在酒店的发展过程中，酒店管理者越来越重视客人的需要，应该说市场上有多少客房类型的需求，酒店就该有多少类型的特殊客房。这是现代酒店在经营过程中走个性化服务的一个重要手段，也是市场发展的必然规律。

二、客房设计与装修

(一)客房设计与装修的原则

为了保障客人及酒店的利益，客房设计应遵循以下原则。

1. 安全性

安全性首先表现在对火灾的预防上。为此，客房设计时应考虑以下防火措施。

(1) 设置火灾报警系统。烟感报警、温感报警与自动喷洒报警是当前常用的早期报警系统。其中，烟感报警对烟雾反应最为灵敏，温感报警的误报率最低。自动喷洒报警除报警外还能发挥早期防止火灾蔓延的作用。

(2) 减少火荷载。火荷载是指酒店内可燃烧的建筑材料、家具、陈设、布草等的总和。客房设计时应尽量采用难燃或不燃的建筑装修材料。

除了对火灾的预防以外，酒店客房设计时还应注意保护客人的隐私。客房是客人休息的场所，要求安静、不受干扰。然而，有些酒店楼层走廊两侧，客房门对着门，容易引起互相干扰。因此，建筑设计时可考虑将走廊两侧客房门错开。

2．健康性

环境直接影响人的健康。噪声公害威胁人的听觉健康；光照度不足则影响人的视觉健康；生活在全空调环境内，如新风不足或温、湿度不当，就会损害人的身体健康。因此，在客房设计时，必须重视隔声、光照度和空调设计，控制视觉、听觉和热感觉等外界刺激对人的影响。

(1) 隔音。客房噪声的来源主要有以下几个方面。

① 窗外。城市环境噪声。

② 相邻客房。如来自隔壁房间的电视机、音响设备、空调机、电话、门铃、旅客的谈话、壁橱取物、床的嘎吱、门窗开与关及扯动窗帘等的声音。

③ 客房内部。上下水管流水、马桶盖碰撞、扯动浴帘、淋浴、空调器及冰箱的声响等。

④ 走廊外。如客房门的开关，走廊里客人及服务员谈话、服务小车的推动、吸尘器的声响等。

⑤ 其他。如空调机房、排风机房及其他公众活动用房的声响。

对于上述可能出现的噪声，在客房设计时都应考虑到并加以有效控制。

(2) 照明。室内照明的主要作用是为客人提供良好的光照条件，获得最佳的视觉效果，使室内环境具有某种气氛和意境，增强室内环境的美感与舒适感。现代酒店室内照明除了提供视觉所需要的光线外，还有以下几方面的作用：组织空间，改善空间感，渲染气氛，体现特色。

光是创造室内视觉效果的必要条件，为了创造良好的客房室内视觉效果，增加客人对客房室内环境的舒适感，必须对客房照明进行设计。

① 客房室内照明设计的基本原则有以下几种。

- 舒适性。室内照明应有利于客人在客房内进行活动、阅读、会客和从事其他活动，即在生理上能保护人的视觉，在心理上能鼓舞或安定人的情绪。
- 艺术性。即有助于丰富空间的深度和层次，有利于强调空间的特色，能与空间的大小、形状、用途和性质相一致。
- 安全性。电源的线路、开关、灯具的设置都要有可靠的安全措施。

② 照明设计的主要内容。

- 投光范围。按照投光范围，可分为整体照明和局部照明。
- 照明光源。现代照明光源几乎都是以电能作为能源。用于照明的光源按发光原理分为白炽灯和荧光灯两大类。

  白炽灯光色偏于红黄，属于暖色。

  荧光灯的光色分自然光色、白色、温白色三种。自然光色是直射阳光和蓝色光的混合，给人以寒冷的感觉。白色其光色接近于直射阳光。温白色的光色接近于白炽灯。
- 照明方式。依灯具的散光形式，照明可分为直接照明、间接照明、混合照明和散射照明等，如图 7-5 所示。

  直接照明无间隔，不靠反射，其特点是发光强烈，投影清楚，使物体产生鲜明的轮廓，对一些艺术品的光照可以产生特殊的效果，但作为生活照明，应避免直接对着人的眼睛。

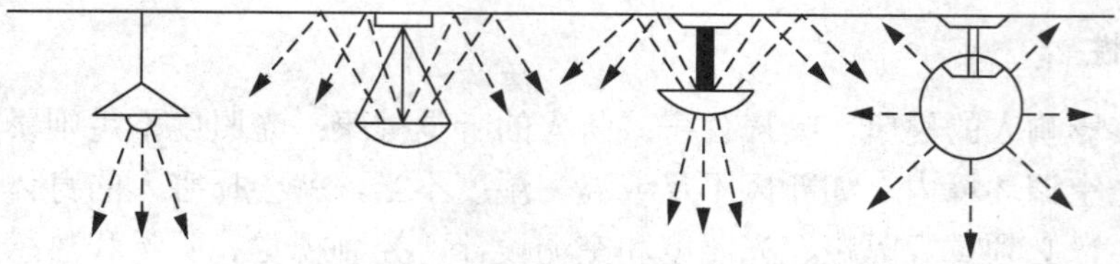

图 7-5 照明方式的分类

间接照明依靠反射发光，灯光一般照在天花板或墙角，然后反射到房间，很少有投射，这样会产生天花板与墙变高的感觉。

混合照明是直接与间接相结合的一种照明。

散射照明的灯光射到各个角度，光线亮度大体相等，感觉柔和。

- 灯具位置。应按照客人的活动范围和家具的位置来安排。
- 灯具的选择。灯具可分为吸顶灯、镶灯、吊灯、壁灯、立灯和活动灯等。每种灯具都用于特定的情况之下，灯具的选择，如造型、色彩是整体的一部分，必须与客房的色调相配，不能孤立对待。
- 灯具分类。灯具安装以位置状态分类，主要有以下几种。

天花板灯具。有吸顶灯、吊灯、柔光灯等。现代式吊灯简洁、别致；古典式吊灯繁复、精致。

墙壁灯具。有壁灯、镶灯、窗灯等。其中壁灯的形式繁多，有现代的，也有古典式的；有民族式的，也有西式的。

便携式灯具。有落地灯和台灯，通常由灯座、灯头和灯罩几个部分构成。

另外，现在科技的发展使灯具有了很大的发展，比如：遥控灯、电脑控制灯等。

- 照明选择。客房照明一般采用局部照明手法，即局限于某个部分的固定的或移动的照明，它只照亮一个有限的工作区域。对客房内的不同部位，照明的要求也不同。客房卧室一般选用低强度的普通光，作扩散照明。在床头、写字台、座椅旁、衣柜处、过道顶都设有局部照明的专用灯。客房浴室一般采用中强度的普通光，在穿衣镜和修面镜前设置能清楚照明的灯具。
- 照度的高低。照度是指被光照射的物体表面在单位面积上所受的光量。不同功能的室内环境有不同的照度要求。客房照度包括客房与卫生间的照度两方面，按国际照明学会标准，客房照度应为 100 勒克斯。近年来，有些国家已推荐客房照度为 50～100 勒克斯，以免房内过强的光刺激客人神经，影响客人休息。近年来，客房卫生间已发展成为旅客化妆的主要场所，所以卫生间的照度越来越高，为了便于旅客化妆，国际照明学会的标准是 70 勒克斯，但实际使用均大于 100 勒克斯，有时在人面部的照度达 200 勒克斯以上。

(3) 空调。空调的设计、选用和安装在保证一定的湿度和温度的前提下，应能使噪声降到最低，并能提供充足的新风，不会使客人在房内感到头痛，威胁客人的健康。

3. 舒适感

客房是客人休息的场所，也是客人在酒店停留时间最长的地方。因此，客房的设计一定要使客人有方便舒适感。提高客房的舒适度可以从以下几个方面考虑。

(1) 空间尺寸。一般来讲，客房的面积越大，舒适度就越高。对于一个双床间而言，国际上流行的开间为 3.6～4 米，进深为 7.6～10 米，如表 7-1 所示。酒店客房净高通常应为 2 米左右。剖面中，净高 2.5 米与开间 3.6～4.2 米所形成的比例接近黄金分割的矩形剖面比例，利于形成亲切、舒适的客房空间气氛。

表 7-1 不同国家不同等级客房双床间净面积指标　　单位：平方米

国家或地区	经济级	舒适级	豪华级
英国	10.5	18	26
日本	10～12	14～16	20～22
法国	10	14	20
罗马尼亚	10	13	20
中国香港	12	18～20	25
美国		20	
本书建议	<14	14～20	>20

(2) 家具的摆设。客房家具摆设是否得当，是否有利于客人行走和在房内的生活起居需要，也会影响客房的舒适感。21 世纪的酒店注重实用功能。客房的设计、家具的摆设一定要给客人以方便、舒适之感。美国里纳尔多国际室内装潢公司总裁里纳尔多指出："那种把电视机和传真机隐藏在大柜子里的设计是不妥当的，我们的客人并不希望讲究到要开了'门'才能看电视、发传真。"

在具体布置客房时，家具布置要基本遵循以下五个原则。

① 整体感。家具在颜色的选择上，首先应有一种主色调，房间中其他各种设备的色彩要靠近这一主色，使房间的家具从色彩到布置都呈现出一种整体感。按照当今较流行的方式，客房地毯、家具、床罩、厚窗帘等，颜色应基本相同或相近，在此基础上，考虑墙纸、墙饰、灯具等其他设备的颜色。

② 均衡感。在家具的布置摆放上，要尽量避免过于集中。室内某一区域而显得疏密不均、重心偏倾的现象，使整体布局有均衡感。

③ 舒适感。在家具的选择上，既注重美观，又要舒适实用；在客房的整体布局上，首先要立足于方便、舒适、安全，在此基础上，再突出暖、静、雅。

暖，即客房的家具色调，灯光应呈现出温暖的气氛，客人在这样的环境里感到温暖、舒适、轻松。

静，即客房环境要安静，室内家具布置要文静。如室内铺设地毯，可减少家具与地面摩擦而出现的噪声；瓷器或玻璃器皿下面垫上杯垫、套上消毒套，都可达到这一目的，使客人有一种静居而不受干扰的感觉。

雅，即室内家具的颜色要协调、雅致，家具布局要合理。

④ 家具和客房的协调。在进行客房室内布置时应注意，家具的大小与高矮。应与房间的实际面积和房间高度相协调，同时，家具之间的比例也要合适。

梳妆台与梳妆凳的高度，应以梳妆凳的高度是否合适为准，一般来说，一个中等身材的女人，坐在梳妆台前，以从镜中能看到自己胸部以上部位为标准。又如，床与床头柜的高度比例，应使客人睡在枕头上能看到床头柜台面上的东西为适宜。至于家具和房间的高低比例，由于随着酒店业的发展，客房内的高大家具已逐渐趋向于被淘汰，这里就不做专门介绍了。

⑤ 家具摆放的实用性。房间家具的摆放是否规格统一和科学合理，也是酒店管理水平高低的重要标志。

摆放实用。软床：一般摆在房间光线最暗处，并且尽量避免“进门见床”的摆法，因为这样容易引起宾客的尴尬。

沙发：两个单人沙发一般采取与床平行的摆法。如房间面积较小，可采取沙发(或咖啡桌椅)面向床外侧的方式。

落地灯：一般摆放于两沙发中间、茶几后面，也有摆在沙发另一侧的。

写字台：写字台一般放在光线较好的地方，与床和沙发相对。

搭配合理。在布置家具时，还要注意家具搭配合理，使用方便，如沙发与茶几，床与床头柜，写字台与写字椅(凳)，梳妆台与梳妆凳等必须摆放在一起，不能随意拆散。

(3) 窗户的设计。客房开窗是为了采光、日照，但与观景也有直接关系。“窗即景框”，宜“佳则收之，俗则屏之”。面对绚丽风光，窗越大越能感到环境之优美，舒适感越强，因而，有的高层酒店客房设计落地玻璃窗，使客房与环境融为一体。

窗离地不宜太高，通常不应高于 0.7 米，这样，客人坐在房内沙发或椅子上，就可较好地观赏到窗外景色。

窗户的大小还应考虑酒店所在地的气候条件。一般来讲，炎热地区的酒店宜大，以便使客人有视野开阔，心情舒畅的感觉。而位于寒冷地区的酒店则窗户宜小不宜大，以便客人在客房内有温暖、舒适、亲切之感，同时还可以在一定程度上为酒店节省能源。

此外，酒店客房窗户的“高宽比”以 1∶2 为好。这样能使客人产生人们所喜爱的“宽银幕画面”的效果。符合人们的审美心理。当然，窗户的设计也不能千篇一律。为了追求奇特的艺术效果，窗户还可以设计成圆形或锯齿形等。

(4) 装修风格。满足客人需求心理的客房装修风格，也能为客人提供舒适感。归纳旅游者的需求心理，可分为两大类：一类希望客房符合旅客本人的生活习惯与水平，走进客房如回到家中一样方便舒适；另一类则希望客房与旅游地一样具有鲜明的地方特色和异国情调，进入客房能够继续感受新鲜有趣的异族文化。因此，酒店在进行客房设计装修时，应充分考虑这两方面的要求。高档酒店有中餐厅与西餐厅之分，客房的装修也可考虑既有西式客房，又有具有民族特色的客房，以满足不同客人的不同心理需求。例如，建造于 20 世纪 30 年代的上海和平酒店，有九国套间客房，表现各国民族风格；驰名于世的东京帝国酒店既有豪华的西式套间，又有表现浓郁的乡土情调的“和式”套间。

4. 实用性

客房布置的好坏，不但会影响服务效率，还会直接影响客人的心理感觉，并最终影响客人感觉中的服务质量。因此，做好房间的布置工作具有重要意义。

客房设计与布置要注意实用性，要恰到好处地利用空间，既方便客人在室内的生活起居，又方便服务员的清洁操作。此外，镜子的高度、灯光的亮度等都要适宜。要选择价廉物美、便于清洁和保护室内用品和设备。

5. 美观性

客房的装饰布置是一门艺术，在注重实用的基础上，客房的设计和装饰布置还要强调和谐、美观，要使客房内的设施、设备、各种用品及其色彩成为一个和谐的整体。为此，一些大酒店甚至设有专职的室内装饰员，负责房间内部的装饰、家具的摆设、室内颜色的搭配以及窗帘、壁画、灯光之间的调节等。

(二)卫生间设计与装修的原则

卫生间的设计应注意宽敞、明亮、舒适、保健、方便、实用、安全、通风的特点。

卫生间是客房的重要组成部分。清晨，当旅客为一天的开始做准备时，最迫切需要的空间是卫生间；傍晚，结束了一天的旅游活动或忙碌的工作，浴室则提供了消除疲劳，松弛身心的最佳场所。随着社会的进步，人们生活质量的提高，卫生间的功能开始走向多样化，已不仅是传统的满足人们生理需求的地方，而且日益成为人们化妆、健身和享受生活，追求美的场所。因此，人们对卫生间的要求也越来越高。

卫生间设计与装修应遵循以下几个原则。

(1) 保健。随着社会的进步，人们的保健意识和保健需求越来越强烈。客房卫生间成了很多人的健身场所，因此，在设计卫生间时，就应考虑客人这方面的需求。如在卫生间内购置一磅秤；选用具有保健功能的按摩浴缸等。现在，已有越来越多的高档酒店在其客房卫生间内设置冲浪式按摩浴缸，其四周都卡有喷头，喷射水流冲击人体肌肉，可以起到按摩作用，以消除疲劳，恢复体力。

(2) 方便。卫生间内各种设施设备的配备和安装，一定要方便客人。电话、电源插座、毛巾架、香皂架、浴缸扶手架以及卫生纸盒等的安装位置一定要合理。要根据人身活动的规律作为卫生间设计的依据之一，如根据人身活动半径来确定诸如淋浴喷头的高度；淋浴肥皂盒、盆浴肥皂盒的高度；安全把手的位置以及以坐便器为轴心，手臂的长度为半径，确定电话分机、卫生纸盒等的位置。

此外，为了方便客人，卫生间还应选用镀层良好、平滑易干的优质镜面，使得水蒸气容易蒸发(当然，也可以采用在镜面后安装加热导线等其他方法，使镜面上的水蒸气能够尽快蒸发)。随着老龄化时代的到来，旅游者的年龄也趋向老化，为了满足老年客人的需要，一些酒店开始采用 300～400 毫米的低矮浴缸。

(3) 实用。卫生间设施设备的选择和安装，要贯彻实用的原则。例如，卫生间的地面材料应用大块贴面材料，以减少拉缝。另外，由于担心感染上各种皮肤病、妇科病和肝炎等传染性疾病，尤其是“艾滋病”等各种性病，客人(尤其是我国南方客人)已很少有人使用酒店卫生间的浴缸(有的甚至自带毛巾等个人卫生用品)，浴缸便失去了它的作用，因此，一些地区的新建酒店可以考虑在普通客房的卫生间内不安装浴缸，而以淋浴器代之(很多豪华酒店及套间已设立了采用玻璃或有机玻璃做箱体的独立的箱式淋浴间)，这样不但节省浴缸的购置费，还可以节约劳动力和清洁保养费用。

(4) 安全。卫生间的设计还应考虑客人的安全需要。国际上许多酒店在卫生间设有紧急呼救钮或紧急电话，也有供客人浴晕过去时用的紧急开门器。卫生间的电器开关均改为低压电器开关，电动剃须刀、吹风机等插座均标明电源种类，配漏电断路器。此外，要保证卫生间内通风状况良好；浴缸的底部及卫生间地面要有防滑措施；浴缸墙面要有扶手杠。

(5) 宽敞。卫生间要有宽敞的活动空间，使客人有舒适之感，避免由于空间狭小，使客人活动不便或感觉压抑。另外，还要有足够大的化妆台，供酒店放置各种卫生用品以及供客人搁置自带的化妆用品等，以满足客人(尤其是女性客人)追求美的需求。

按照我国酒店的星级评定标准，卫生间的面积通常应在4～6平方米之间，这与国际上三件套设施卫生间的面积基本一致，但对于豪华卫生间来讲，这样则远远不够。

(6) 明亮。卫生间要明亮，以免客人有压抑之感，尤其是梳妆台及镜面位置要保证足够的照度，以便客人梳妆打扮。

(7) 舒适。除了宽敞明亮的空间能够增加卫生间的舒适感以外，其他方面的因素也可能影响卫生间的舒适程度。如色彩问题。有些酒店客房与卫生间的色彩搭配欠协调，使客人在心理上产生不舒适的感觉。如某酒店客房的基调是杏黄，而卫生间的地面、墙壁、洁具采用的却是一律的淡蓝。这样的处理就不太恰当，从暖色调一下子跨到冷色调，会立即给人以冰冷的感觉，而这恰是大多数人淋浴时所忌讳的感觉。

知识拓展 7-3

客房室内设计

酒店客房室内设计的内容有色彩运用、照明设计等几个方面。酒店客房管理者要根据客人的文化修养、习惯和爱好，创造舒适的、符合客人生理心理要求的、能获得精神享受的室内环境。

在人们的视觉感知过程中，色彩是比形体更令人注重的现象，它能影响人的情绪，创造氛围、情调。因此，如何创造、利用酒店客房内的色彩效果，是酒店客房管理者必须研究的一个重要课题。

一、色彩的一些知识

(一)原色、间色和复色

色彩产生于光，光的波长决定不同的色彩感觉。自然界可以用肉眼辨别的颜色有许多种，但基本的只有三种——红色、黄色和蓝色，称三原色。三原色之间按一定比例可以调配出各种不同的色彩，而其他色彩无法调配出原色。

由两种原色调出的色彩，称为间色。如红加黄产生橙色，红加蓝产生紫色，黄加蓝产生绿色。用两种以上颜色调出的各种不同色彩，称为复色。

(二)色调

色调即色彩的名称，常称色彩有红、橙、黄、绿、青、蓝、紫七色。

色彩又可分为暖色与冷色两类。红、橙、黄之类称暖色，蓝、绿、紫之类称冷色。暖色能给人带来温暖、亲切、热烈、活跃的心理效果；冷色则能给人带来宁静、遥远、轻快的心理效果。因此，朝北的客房由于缺少阳光，一般需要用明快的颜色，而朝南的客房则需要较冷的颜色。

(三)色彩的三要素(色相、明度和彩度)

自然界的色彩千变万化，但仔细分析，不外乎三个基本属性，即色相、明度和彩度。

1. 色相(Hue，简称为H； 或译为色名)

色相是区分色彩的名称，也就是色彩的名子，就如同人的姓名一般，用来辨别不同的人。一般来说，能确切地表示某种颜色色别的名称，都代表着一种色相。

2. 明度(Value，简称V)

明度是指色彩的明亮程度，亦称亮度。不同色相有不同的明度，如光谱中黄色最亮，明度最强；紫色最暗，明度最低。在无彩色系中以白色最亮、黑色最暗。同一色相也有明度区别，如同样是红，深红比浅红明度低；同样是绿，深绿比浅绿明度低。在客房室内配色中，一般平顶明度最强，墙面次之，地面明度最低。浅色能使房间显得大，而深色则相反。

3. 彩度(Chroma，简称C)

彩度指色彩的饱和度，即纯净程度，因此也称纯度。一种色彩越接近于某个标准色，越醒目，彩度也越高。比如标准色加白色，彩度降低而明度提高：标准色加黑，彩度降低而明度也降低。而过高的彩度容易使人眼睛疲劳，所以室内使用色彩的彩度不超过4，只有当做标志物或点缀物使用时，才采用高彩度色彩。

(四)颜色对比

1. 色名对比

将相同的橙色，放在红色或黄色上，我们将会发现，在红色上的橙色会有偏黄的感觉，因为橙色是由红色和黄色调成的，当他和红色并列时，相同的成分被调和而相异部分被增强，所以看起来比单独时偏黄，以其他色彩比较也会有这种现象，我们称为色名对比。

2. 明度对比

将相同的色彩，放在黑色和白色上，比较色彩的感觉，会发现黑色上的色彩感觉比较亮，放在白色上的色彩感觉比较暗，明暗的对比效果非常强烈明显，对配色结果产生的影响，明度差异很大的对比，会让人有不安的感觉。

3. 彩度对比

色彩和另一彩度较高的色彩并列时，会觉得本身彩度变低，而和另一个彩度较低的色彩时，会觉得彩度变高，这种现象称为彩度对比。

4. 补色对比

两个互为补色的色彩在一起时，会产生明显的效果，使色彩彼此色感更强，我们称之为补色对比。

5. 面积对比

将两个色彩强弱不同的色彩放在一起，若要得到对比均衡的效果，必须以不同的面积大小来调整，弱色占大面积，强色占小面积，而色彩的强弱是以其明度和彩度来判断，这种现象称为面积对比。

二、色彩的协调

色彩的协调给人以舒适、愉快的感觉，反之则给人以不满、烦闷与失望。色彩的协调有调和色的协调与对比色的协调两种。习惯使用的是调和色的协调。

(一)调和色的协调

调和色是同种色调改变明度与彩度而得来的系列色。这些色彩用于同一室内很容易获得协调的效果。若干种低彩度的、不同色调的色彩同时用于室内往往也能获得调和色的协调效果。

(二)对比色的协调

对比色有红色与绿色，黄色与紫色等。大面积的红色与绿色配在一起会造成色彩的不协调。然而，“万绿丛中一点红”则是生活中对比色协调的优秀范例，其原因在于对比色的运用必须有一定的面积差。在客房室内设计中，往往采用大面积的背景色彩，然后在局部采用小面积的强烈的对比色，也可取得十分协调的效果。

色彩的协调意味着色彩三要素——色相、明度和彩度之间的接近，从而给人以统一感。

而过分的统一又会流于平淡、单调、沉闷、软弱。色彩的对比意味着色调、明度和彩度之疏远，过多的对比使人感到刺激、跳跃、不安、眼花缭乱。问题不在于采用何种色调，而在于如何配色，即如何掌握好协调和对比的分寸。

简单地说，和谐的色彩就是相配的颜色。一般说来，和谐的色彩具有共同的基本成分，这些色彩共同使用时，由于这种共同的成分而产生和谐的效果。例如一间客房，一切陈设以杏黄色为主色调，家具为赭色，地毯为深杏黄色，墙纸是杏黄色，床罩和窗帘均为杏黄色和棕色之相间的图案花，整个房间就会产生一种宁静柔和、温暖和谐的气氛。掌握色调和谐最可靠的原则，就是遵照从自然界找到的色调规律。

因此，深色适用于地板、中间色适用于墙壁，而较淡色适用于天花板。这是一个很好的通则，而且很切合实际。

三、人对色彩的感觉

客房室内环境舒适与否，在一定程度上取决于视觉的满足程度。在人的视觉对空间全景形象感知的心理和生理过程中，色彩起着重要作用。

通过对色彩生理学和色彩心理学的研究，色彩主要给人造成如下感觉。

1. 冷暖的感觉

即大家所熟知的冷暖色，暖色一般显得柔和，冷色显得沉着。

色彩的冷暖感起源于人们对色彩的联想作用。例如，从红、橙、黄色想到火焰、太阳，从白、蓝、蓝绿想到雪、海洋、绿阴。一般来说，把有温暖感的红、橙、黄等颜色称为暖色，把有冷凉感的蓝绿、蓝等颜色称为冷色，把感觉不冷不暖的灰色、金色、银色称为中性色。暖色能给人以温暖、兴奋、刺激的感觉，冷色则给人以清凉、沉静、安定的感觉。色彩冷暖感的应用要根据房间的实际情况而定。

2. 重量的感觉

色彩能在人的心理上产生“轻”与“重”的感觉。这是因为人对色彩有联想作用。例如，看到白色就会联想到“轻飘飘”的雪花，看到黑色就会联想到“沉甸甸”的铁块等。根据人的这种联想作用，我们不难推出：冷色和明度高的色彩看起来轻些，暖色和明度低的色彩看起来重些，人们称之为“重量原理”。色彩的这种特征在布置房间时极为有用，在两色相配时，较轻的颜色应摆在轻浅的颜色之下。例如，在装饰一间客房的墙面时，护墙板的颜色总是比上半部墙面颜色深些。

3. 空间的感觉

色彩的空间感包含两方面的内容：一是大小感。一般来说，明度高的着色体感觉上会显得大些，明度低的显得小些；二是远近感。即有些色彩让人感到突出、近些，而有些则让人感到远些、隐约些。一般暖色和明度高的颜色(如橙、黄、白)有近感，冷色和明度低的颜色(如蓝、紫、黑)有远感。色彩的空间感在布置房间时也是很有用的。

例如，为了突出布置重点，除了要注意位置和布置方式外，还要注意重点部位的色彩，对于需要强调的部位，一般可用近感色，如暖色、明色和纯色等；作为背景的部位可用冷色、灰色和暗色等。掌握色彩的空间感对于布置低矮、较小的房间是会有帮助的。如果房间低矮，要使室内显得高些，宜采用天蓝色，使人感觉到生活在海阔天空之中，消除心理上的压抑感。为了能让较小的房间在心理上产生宽大的感觉，可以选用远感色，如冷色、灰色和弱对比的色彩。

4. 色彩的情绪感

色彩的情绪感包括以下四个方面。

(1) 动与静的感觉。暖色为动感色，明度和纯度越高，动感越强；冷色为静感色，明度和纯度越低、色彩对比越弱，动感也就越弱。

(2) 兴奋与平静感。红色、橙色、紫红色等，能使人产生兴奋感；黄绿色、绿色、蓝色使人产生平静感；黄色和紫色既不使人产生兴奋，也不使人感到平静的中性色，它具有柔和、安定、平稳的感觉。根据色彩的这种心理效应，我们要针对不同用途的房间选用不同的色彩。

(3) 色彩的软硬感。通常，低明度色彩为硬感色，高明度色彩为软感色；高一纯度和低纯度色彩有硬感，中等纯度有软感。

(4) 明快与忧郁感。高明度和高纯度的色彩有明快感；深暗和深浊的色相呈忧郁感。房间布置不宜用大面积的深暗、深浊色调，但可小面积使用，以取得稳重、含蓄的布置效果。

5. 视觉的感觉

暖色调较冷色易引起人们的视觉疲劳，不同色彩会引起人们的兴奋和沉静，对视觉疲劳的影响也不同，其中蓝紫引起视觉疲劳最快，红色次之，绿色最慢。具体的色彩的象征如表 7-2 所示。

表 7-2 色彩的象征

色 彩	正面象征	反面象征	联 想
红	庄严、热烈、革命、热情、欢喜	恐怖、危险、焦急	血、火
黄	明朗、愉快、高贵、爱情、健康、希望	警告、郁闷、猜疑、野心、叛逆	信号、皇冠
橙	温情、活泼	疑惑、放浪	桔、柿
绿	希望、生命、青春、安全、和平	阴暗	森林、田野
蓝	清澄、深远、理智、意志、深奥	冷酷、威压、失意、寂寞、感伤	大海、天空
紫	优雅、高贵、庄严、神秘	不安、孤独、丧气	罗兰
白	光明、坦率、纯洁、尊严、朴素	叛逆、冷酷	雪
黑	庄严、绝对	恐怖、罪恶、神秘	死亡、夜晚

正因为色彩对人的生理和心理活动具有一定的影响，在人们长期使用色彩的实践活动中，不同的色彩便具有了不同的含义，给人不同的联想，色彩成了不出声的语言。

有经验的建筑师和室内设计师都十分重视色彩对人的物理的、生理的和心理的作用，十分重视色彩能引起人的联想和情感的效果，注意使用色彩这一杠杆营造室内气氛，调节和订正空间环境。

例如，在地面缺少阳光或其他阴暗的房间里采用暖色，可增添亲切温暖的感觉；在阳光充足的房间或炎热地区，则宜多采用冷色，降低室温感；在酒店大堂、电梯间和其他一些逗留时间短暂的公共场所，适当使用高明度、高彩度色，可以获得光彩夺目、热烈兴奋的气氛；在酒店客房、写字楼等房间，采用各种调和灰色可以获得安全、柔和、宁静的气氛；在空间低矮的房间，采用具有轻远感的色彩来冲淡压抑感，反之则采用具有收缩感的色彩避免使人感到空旷；在同一个房间中，从天花板、墙面到地面，色彩往往是从上到下，明亮渐轻、暗、重，以丰富色彩层次，扩展视觉空间，加强空间稳定感。

四、色彩与生活

首先在认识色彩前，我们要先建立一种观念，就是如果要了解色彩认识色彩，便要用心去感受生活，留意生活中的色彩，否则容易变成一个视而不见的色盲，就如人体的其他感官一样，色彩就活像是我们的味觉，一样的材料但因用了不同的调味料而有了不同的味道，成功的好吃，失败的往往叫人难以下咽 ，而色彩对生理与心理都有重大的影响。

色彩意象：当我们看到色彩时，除了会感觉其物理方面的影响，心理也会立即产生感觉，这种感觉我们一般难以用言语形容，我们称之为印象，也就是色彩意象。

1. 红色的色彩意象

由于红色容易引起注意，所以在各种媒体中也被广泛地利用，除了具有较佳的明视效果之外，更被用来传达有活力、积极、热诚、温暖、前进等含义的企业形象与精神，另外红色也常用来作为警告、危险、禁止、防火等标示用色，人们在一些场合或物品上，看到红色标示时，常不必仔细看内容，及能了解警告危险之意，在工业安全用色中，红色即是警告、危险、禁止、防火的指定色。

2. 橙色的色彩意象

橙色明视度高，在工业安全用色中，橙色即是警戒色，如火车头、登山服装、背包、救生衣等，由于橙色非常明亮刺眼，有时会使人有负面低俗的意象，这种状况尤其容易发生在服饰的运用上，所以在运用橙色时，要注意选择搭配的色彩和表现方式，才能把橙色明亮活泼具有口感的特性发挥出来。

3. 黄色的色彩意象

黄色明视度高，在工业安全用色中，黄色即是警告危险色，常用来警告危险或提醒注意，如交通标志上的黄灯，工程用的大型机器，学生用雨衣，雨鞋等，都使用黄色。

4. 绿色的色彩意象

绿色所传达的是清爽、理想、希望、生长的意象，符合服务业、卫生保健业的需求，在工厂中为了避免操作时眼睛疲劳，许多工作的机械也是采用绿色，一般的医疗机构场所，也常采用绿色来做空间色彩规划即标示医疗用品。

5. 蓝色的色彩意象

由于蓝色沉稳的特性，具有理智、准确的意象，在商业设计中，强调科技、效率的商品或企业形象，大多选用蓝色当标准色、企业色，如电脑、汽车、影印机、摄影器材等，另外蓝色也代表忧郁，这是受了西方文化的影响，这个意象也运用在文学作品或感性诉求的商业设计中。

6. 紫色的色彩意象

由于具有强烈的女性化性格，在商业设计用色中，紫色也受到相当的限制，除了和女性有关的商品或企业形象之外，其他类型的设计不常采用为主色。

7. 褐色的色彩意象

褐色通常用来表现原始材料的质感，如麻、木材、竹片、软木等，或用来传达某些饮品原料的色泽及味感，如咖啡、茶、麦类等，或强调格调古典优雅的企业或商品形象。

8. 灰色的色彩意象

灰色具有柔和、高雅的意象，由于属于中间色，男女皆能接受，所以灰色也是永远流行的主要颜色，在许多的高科技产品，尤其是和金属材料有关的，几乎都采用灰色来传达高级、科技的形象，使用灰色时，大多利用不同的层次变化组合或搭配其他色彩，才不会过于素、沉闷，给人呆板、僵硬的感觉。

9. 白色的色彩意象

白色具有高级、科技的意象，通常需和其他色彩搭配使用，纯白色会带给别人寒冷、严峻的感觉，所以在使用白色时，都会掺一些其他的色彩，如象牙白、米白、乳白、苹果白，在生活用品、服饰用色上，白色是永远流行的主要色，可以和任何颜色作搭配。

10. 黑色的色彩意象

黑色具有高贵、稳重、科技的意象，许多科技产品的用色，如电视、跑车、摄影机、音响、仪器的色彩，大多采用黑色，在其他方面，黑色的庄严的意象，也常用在一些特殊场合的空间设计、生活用品和服饰设计大多利用黑色来塑造高贵的形象，也是一种永远流行的主要颜色，适合和许多色彩作搭配。

五、客房色彩的选择与运用

客房是供宾客居住的场所，如何给宾客提供一个舒适的环境，选用色调非常重要。色调的选用、搭配要充分利用色彩的物理和美学性能，注意色彩造成的视觉对比，做到既不单调，又不复杂错乱；既要符合规范，又要灵活搭配，这样房间就会给人以舒适感、美感。

因为人进入一个房间的最初几秒钟内，得到的印象 75%是对色彩的感觉，而后才慢慢理解形体。所以我们在研究客房内装饰、布置的总体设想时，首先应该确定房间的主调。如果没有主调，随心所欲地选配色调，或是各种颜色配合得不适当，房间色彩的主调不是鲜明的、和谐的，而是混浊的、混乱的，那么这个房间就不会有美感。

所谓客房主调，泛指室内墙面、地面、天花板、家具颜色的总和。在确定房间的主调色彩时，一定要以家具的颜色为中心来选择墙面、地面、天花板及附属物的颜色。此外，还要兼顾房间的外在环境、光线明暗及材料的性能，通过这些条件衬托出家具的华丽、简朴、美观、流畅的特点，形成室内特有的色彩基调。一般来讲，室内应以宁静悦目的中性浅色调作为基调，使室内气氛明朗舒展，有时利用家具衬托，取得在统一协调中又有变化的艺术效果。

(一)客房墙面的色调

墙面的装饰除起到保护墙体的作用外，还为人们提供美观、整洁、舒适的环境。而装饰效果是由质感、色彩及线型三个要素组成，由于内墙装饰与人们的距离较近，因此，要考虑观赏及心理等多方面的因素，装饰质感要精细、线条要清晰，同时要选择适当的色彩。通常，墙面不宜选用纯度较高、较鲜艳的色调。如果阳光比较充足的房间，墙面可选用中性偏冷的色调；如果室内光线较暗，则可选择偏暖色调。墙面与外界环境的色彩，切不可对比强烈，如红光绿墙，绿光偏红墙等，否则易使人厌倦。如果窗外有红砖墙光的反射，室内就不宜用蓝色、绿色或紫色，而宜用葱灰色、浅黄偏绿色或抑黄浅褐色等。如窗外有树木或类似绿色的强烈反射光，地面色彩就不宜用绿色、红橙色。

由于色彩具有远近感。如鲜艳色、明亮色显得近些；灰淡色、暗色显得远些。小房间的墙面，就要利用这种色彩的远近感来扩伸空间，通常用黄色、灰色、浅绿色等为宜。

(二)客房地面的颜色

客房地面色调有衬托家具和墙面的作用，一般宜用较稳重、沉净的色调，如红棕色、黄棕色、砂绿色、草绿色等。地面色调切忌与家具色调太接近，否则看起来混作一团，影响家具的立体感和明快的线条感，造成房间拥挤不堪或空旷的感觉。一般来说，家具是红栗色的，地面宜用黄棕色；家具是浅黄色的，地面以红棕色为佳。

另外，作为客房总体一部分的天花板，通常选用柠檬黄和嫩绿色显得温柔、明快、恬静而富有朝气。室内色彩选择除墙面、地面、天花板、家具外，还有床罩、窗帘、沙发套等面料的色彩选择问题。它们的选择必须顾及客房内的基本色调，如黄色调、紫色调、灰绿色调、暖色调、中性色调、偏冷色调等，以求得整体色调的和谐统一，一般以温暖、柔和、恬静的偏暖色为宜。

除上面所说之外，在房间色调选择上还应注意光源的色调。色彩有冷暖之分，光源同样可分为暖色光源和冷色光源两大类。暖色光源主要是指能发出红、黄和倾向于红、黄色的光源。冷色光源是指能发出青、蓝和倾向于青蓝的光源。由于冷色光源能给人以心理上的降温作用，而暖色光源给人以温暖的感觉，所以应根据季节的变化来更换不同颜色的灯泡。但是忌在同一房间内同时采用冷暖色光源的两种灯具，以免产生不协调的感觉。

根据色彩的重量原理，即较深的颜色应该摆在较浅的颜色之下，否则会有头重脚轻之感，好像会塌下来。所以天花板、墙面、地面的颜色应该依次加深。一般来说，天花板通常用白色，以反射光线提高房间的光亮度，但当房间较低时，可用淡淡的蓝色来造成高敞感。地面用色应比较深，但也不能过于深。因为从整个房间用色来看，天花板是白色的，墙面是浅淡的，踢脚线是深色的，地面用色应介于墙面与踢脚线用色之间。这样，整个房间的色彩层次就比较分明，有浅、有深，既不重色，也不单调，富有立体感。这两点在布置客房时要特别引起注意。

以上所说的墙面和地面所选择的色调中，我们了解了不同的色调会给人以不同的感觉。为了把客房布置得更加舒适，还应考虑以下几个因素。

1. 因时制宜

根据季节来掌握冷暖色的运用，冬季多用暖色、夏季多用冷色。

暖色使人感到亲近。如果在寒冷时节或终年不见阳光的房间里，选用淡红色、黄色的主色调，会有温暖的感觉。

冷色使人产生疏远感。东西向的房间，夏季酷热，可选用淡淡的蓝色、绿色为主色调。这样会感到凉爽些。

根据季节调换冷暖色调，鉴于条件的限制是不可能做到的。如墙面不可能季节性地更换色调，只有选定一个比较适宜的冷色调，在冬季时将窗帘、地毯、沙发套、床罩等更换为暖色调。又如有些酒店在建筑时就具有暖色调或冷色调的倾向，冬季看上去很舒服，或是夏季看起来很舒服，这就需要调整其他不固定的家具、设备，使用冷、暖色调来缓冲。

2. 因地制宜

根据客房的南北方向、面积大小，利用暖色有前冲和膨胀的感觉，冷色给人以后退和收缩的感觉。对面积较小的房间使用冷色、对面积较大的房间使用暖色；朝北的房间宜多用暖色调、朝西的房间以冷色调为佳。

3. 因人制宜

酒店客房不宜选用千篇一律的色调装饰房间。因为客房类型较多，接待的客人也不尽相同。客房是供宾客休息、娱乐和进行其他活动的主要场所。从有利于宾客休息的角度考虑，应该选择淡雅、和谐、庄重的环境色调，过多、过激的颜色，必然会在一定程度上破坏宁静的气氛，但是，对于新婚“蜜月房”来说，房间布置要体现出“新”和“喜庆”的气氛。为此，应特别注意房间的用色，力求不用或少用冷色，多用暖色。

4. 因条件、环境制宜

冷暖色的运用，对于两间以上的套房应注意穿插变化。例如一组三间的套房，根据方向、面积、季节等要求，卧室、会客厅可采用暖色调，因为这种色调会给人温柔、镇定和心情舒畅的感觉。在客厅使用暖色调，还会产生明亮、清爽、宁静、舒畅的环境气氛，使客人来访，久谈无疲劳之感。如果有餐室，最好穿插为冷色调，这样可以增加客人的食欲。如果都采用一种色调，客人走到每一个房间都是一种感觉，就显得单调、平淡，缺乏变化。

知识拓展 7-4

中西式铺床的程序和要求

一、西式铺床

(一)将床拉离床头板

(1) 弯腰下蹲，双手将床架稍抬高，然后慢慢拉出。

(2) 将床拉离床头板约 50 厘米。

(3) 注意将床垫拉正对齐。

(二)垫单(第一张床单)

(1) 开单：用手抓住床单的一头，右手将床单的另一头抛向床面，并提住床单的边缘顺势向右甩开床单。

(2) 打单：将甩开的床单抛向床头位置，将床尾方向的床单打开使床单的正面朝上，中线居中。

(3) 手心向下，抓住床单的一边，两手相距约 80～100 厘米。

(4) 将床单提起，使空气进到床尾部位，并将床单鼓起。

(5) 在离床面约 70 厘米高度时，身体稍右前倾，用力拉下去。

(6) 当空气将床单尾部推开的时候，利用时机顺势调整，将床单尾方向拉正，使床单准确地降落在床垫的正确位置上。

(7) 床单必须一次性到位，两边所落长度需均等。

(三)铺衬单(第二张床单)

(1) 衬单与铺垫单的方法基本相同，不同的地方是铺好的衬单单沿须包角。

(2) 甩单必须一次性到位，两边所落长度需均等。

(四)铺毛毯

(1) 将毛毯甩开平铺在衬单上。

(2) 使毛毯上端与床垫保持 5 厘米的距离。

(3) 毛毯商标朝上，并落在床尾位置，床两边所落长度需均等。

(4) 毛毯同样一次性到位。

(五)包角边

(1) 将长出床垫部分的衬单翻起盖住毛毯(单折)60 厘米或是 30 厘米。

(2) 从床头做起，依次将衬单，毛毯一起塞进床垫和床架之间，床尾两角包成直角。

(3) 掖间包角动作幅度不能太大，勿将床垫移位。

(4) 边角要平紧，床面整齐，平坦，美观。

(六)放床罩

(1) 在床尾位置将折叠好的床罩放在床上，注意对齐两角。

(2) 将多余的床罩反折后在床头定位。

(3) 两手抓住袋口，边提边抖动，使枕芯全部进入枕袋里面。

(4) 将超出枕芯部分的枕袋掖进枕芯里，把袋口封好。

(5) 被压处朝上压倒的朝下，枕套口与床头柜是相反的方向。

(6) 套好的枕头必须四角饱满，平整挺括，且枕芯不外露。

(七)枕头

(1) 枕头放置居中。

(2) 下面的枕头应压住床罩的15厘米，并进行加工处理。

(3) 放好的床侧两边均匀。

(八)将床复位

二、中式铺床

(一)将床拉离床头板

(1) 弯腰下蹲，双手将床架稍抬高，然后慢慢拉出。

(2) 将床拉离床头板约50厘米。

(3) 注意将床垫拉正对齐。

(二)铺垫单(第一张床单)

(1) 开单：用手抓住床单的一头，右手将床单的另一头抛向床面，并提住床单的边缘顺势向右甩开床单。

(2) 打单：将甩开的床单抛向床头位置。将中高档尾方向的床单打开使床单的正面朝上，中线居中。手心向下抓住床单的一边，两手相距约80～100厘米。将床单提起，使空气进到床尾部位，并将床单鼓起。在离床面约70厘米高度时，身体稍向前倾，用力拉下去。当空气将床单尾部推开的时候，利用时机顺势调整，将床单往床尾方向拉正，使床单准确地降落在床垫的正确位置上。

(3) 包角：包角从床尾做起，先将床尾下垂部分的床单掖进床垫下面，包右角，左手将右手侧下垂的床单拉起折角，右手将右角部分单掖入床垫下面，然后左手将折角往下垂拉紧包成直角，同时右手将包角下垂的床单掖入床垫下面。包左角方法与右角相同，但左右手的动作相反。床尾两角与床头两角包法相同。

(三)装被套

(1) 把被褥两角塞进被套两角并系好固定。双手抖动使被褥均匀地装进被套中。再把外面两角系好固定。并系好被套口。

(2) 被套正面朝上，大部口向内并位于床尾。平铺于床上，床头部分开与床头齐，四周下垂的尺度相同，表面要平整。

(3) 把床头部分的被套翻至30厘米处。

(四)套枕套

(1) 将枕芯平放在床上。

(2) 两手撑开枕袋口中，并往枕芯里套。

(3) 两手抓住袋口，边提边抖动，使枕芯全部进入枕袋里面。

(4) 将超出枕芯部分的枕袋掖进枕芯里，把袋口封好。

(5) 被压处朝上，压倒的朝下，枕套口与床头柜是相反的方向。

(6) 套好的枕头必须四角饱满，平整挺括，且枕芯不外露。

(五)放枕头

(1) 枕头放置居中。

(2) 放好的枕头距床两侧距离均匀。

(六)将床复位

弯腰将做好的床慢慢推进床板下，但要注意勿用力过猛。

(七)外观

看一看床铺得是否整齐美观，对做得不够的地方进行最后整理，务必使整张床面挺括美。

(八)总体印象

操作要做到快、巧、准。

三、客房设备

从功能上看，客房一般具备睡眠、盥洗、储存、办公、起居五个功能，因此，在空间布局上，也就相应地划分为五个基本区域，即：睡眠区、盥洗区、储存区、办公区、起居区。

1．睡眠区

睡眠区是客房的最基础组成部分，从高档次房间到经济型客房都必须有这个区域的存在。这个区域的主要设备是床和床头柜。床的数量与规格不仅影响其他功能区域的大小与构成，还体现了客房的等级与规格。床的尺寸越大，客房等级越高，酒店等级也就越高；反之亦然。床的质量直接影响客人的睡眠质量。床头柜也称控制面板，柜上装有电视、音响、空调、顶灯和 DND 灯等设备的开关，下面隔板上摆放一次性拖鞋和擦鞋纸。

2．盥洗区

盥洗空间是指客房的卫生间。卫生间空间独立，风、水、电系统交错复杂，设备多，面积小。主要设备有浴缸、恭桶与洗脸台三件卫生设备。由于客人的要求不同，酒店的档次不同，所以浴缸的配备要视具体情况来定。一般经济酒店也有不设浴缸而采用淋浴的。但对于高档次酒店，浴缸的选择应该根据所面临的主要客源市场的要求来定。

恭桶是盥洗区另一重要设备，大小、空间摆放都要从卫生间的大小和使用人的生活习惯等方面进行综合考虑。云石台面与面盆是卫生间造型设计的重点，同时要注意面盆上方配的化妆镜和石英灯照明及镜面两侧或单侧的壁灯照明，因为现代的云石台是很多妇女化妆的区域，所以宽大的设计以及良好的照明是满足她们需要的最重要方面。

3．储存区

储存区的主要设备是柜子，包括衣柜(附小酒吧台)和行李柜。

衣柜一般设在客房走道侧面。柜门设计有拉门和移门两种，现代酒店为了增加客房面积，一般使用移门衣柜。柜内可垂直墙面挂放衣服，也设有折叠衣服安放区。为方便衣服的存放，柜内设有小型照明灯，由柜门的开合自动控制。柜底放有鞋盒，客人可将要擦的鞋放在鞋盒里面。

在衣柜靠近行李柜的方向，设有小酒吧台，吧台上有免费赠送的即时咖啡或茶叶包。吧台下有迷你冰箱，冰箱内放有饮料和小食品。按国家行业标准，三星级以上酒店客房必需配备小型冰箱，以满足客人对酒水饮料的需求。行李柜是搁放客人行李的地方，所以一般比较矮小，在柜面上固定有金属条，以防行李的滑落。

4．办公区

标准客房的办公区在床的对面，以写字台为主。写字台面比较长，一侧可放置电视机。写字台也可兼做化妆台，所以在写字台上方的墙面上安装有大镜子。写字台面上有文件夹，里面有一些简单的办公用品，如纸、笔、信封等，也有酒店服务设施的一些介绍。

5．起居区

酒店等级不同，客房等级不同的最大差别在于起居休息空间的不同。标准客房的起居区一般在窗前，由沙发(或扶手椅)、小餐桌(或茶几)组成。套房一般设有独立的起居空间，沙发的数量增加，方便客人会客之用。

知识拓展 7-5

清扫客房的服务程序

序　号	操作程序	工 作 步 骤
1	准备工作	检查工作车上客用品及工具是否齐全
2	确定清扫顺序	(1) 一般情况下："VIP"房，"请即清理"房，住客房，长住房，退房，(VD)空房 (2) 房间紧张时："VIP"房，"请即清理"房，退房，住客房，长住房，(VD)空房 VIP 房的卫生应在接到通知或客人离开后立即打扫
3	备车到客房门旁边	把工作车靠过道边放置，不可以离门太近
4	进入房间	(1) 按门铃、敲门： ① 首先检查一下房门是否挂着"请勿打扰"牌或上"双锁" ② 轻轻敲三下门，声音不要太大，使客人听到为标准，同时报身份"服务员"(Housekeeping)；同时观察是否挂有防盗链 ③ 在门外等候 5 秒钟，倾听房内动静，如无反应，可以重复以上程序两遍 (2) 开门 ① 在确认房内无动静后，使用钥匙将门轻轻打开，然后报明自己的身份，询问"可以进来吗？"后方可进入 ② 如果客人在房内，要等客人开门后或经客人同意后方可进入并向客人问候，询问客人"我是客房服务员，请问我能现在进来为您清洁房间吗？" ③ 如客人不同意退出，问明需要清理房间时间后把房号记在报表上

续表

序　号	操作程序	工 作 步 骤
5	放置工作车和吸尘器	把工作车推到客房门口，客人在房间时，工作车挡住门口 1/2，房内无客人，工作车挡住房门。把吸尘机斜靠在走廊靠心房一侧的墙上，吸管不能卧放在走廊地毯上
6	填写记录	在服务员工作报表上填写进房时间
7	开窗户	(1) 拉开窗帘窗纱 (2) 打开窗户。(也可把空调出风调至最大、温度调至最低，加快房间空气对流，使房间空气清新)
8	巡视检查	(1) 打开所有照明灯具，检查是否完好有效 (2) 检查和调节空调到适当温度；必要时可以开大空调加大空气流通 (3) 巡视门、窗、窗帘、墙面、天花板、地毯、电视、电话及各种家具是否完好，如有损伤，及时报告领班报修，并在客房清洁报表设备状况栏内做好记录 (4) 检查有否遗留物品，若有发现，应立即上报并做好记录。同时查看酒水饮料情况，是否有空罐并提防做假的现象
9	关(开)灯	白天光线充足时需把灯关闭，避免浪费，晚上开灯清理
10	收集垃圾	(1) 将房内的垃圾桶及烟缸内的垃圾拿出倒掉前，应检查一下垃圾桶内是否有文件或有价值的物品，烟缸内是否有未熄灭的烟头；检查时手需小心玻璃和刀片等锋利物品 (2) 清洁垃圾桶，确保垃圾桶干净无污迹
11	撤杯具及烟缸	检查杯具内是否有放着客人的假牙、隐形眼镜等物品，茶杯内茶水倒尽后茶叶才可以倒入工作车上的垃圾袋(检查有无破损)内
12	清理脏布草	(1) 将客人放在床、椅等处的衣服用衣架挂起，吊入衣橱内 (2) 把床上的毛毯、玩具用品等放在椅子或沙发上 (3) 换下床上的床单、被套，连同浴室内需要更换的四巾(浴巾、面巾、小方巾和足巾)一起，分类点清放入工作车的布草袋内，发现有破损的布草和毛巾，分开存放(若客人放置了环保卡则床单、被套、枕套等床上用品不必更换)；两张床的房间先撤靠近咖啡椅的床，换下的被芯及枕芯放在椅子上，另外一张床的被芯和枕芯放在靠椅子的床上。(做床先做后撤的床)如有特殊污迹的布草需要用袋子装起来另外放置 (4) 同时取出有客衣的洗衣袋 (5) 从工作车带进干净的布草

续表

序　号	操作程序	工　作　步　骤
13	做床	(1) 拖床：屈膝下蹲，用手将床向外拉出至 50 厘米位置 (2) 铺床单 ① 整理床褥床垫：检查床垫、褥垫是否有毛发并拉平放正，床裙必须把床架遮盖，床褥边角不得折叠，发现有污迹的要及时更换。(特别是有血迹的一定要及时撤出) ② 开(抛)单：将床单齐口对着自己，拉开床单，一只手抓单尾向床尾抛出。开单时如发现有床单有污迹或破损，应及时更换 ③ 甩单：站于床头中间位置，打开床单，两手分别扯住单头两侧压线外，正面朝上，轻举两手，向上提 30～60 度，用力向下甩单，使中线居中，两边均匀无褶皱，单头多出床头边缘 30cm。动作轻盈、敏捷 ④ 包角：包床头两角，把床单塞入床垫与床体之间，拉紧包严四角成 90 度，然后把余出的床单打入床垫下，到床尾包另外两角，打入余出床单，使床单包紧、包平、无褶皱、四角饱满，挺括。(床头处先包两边再包床头，床尾处先包两边再包尾部) (3) 套被套：将被套上部内两角翻出，两手反握住两角与被芯顶角，用力甩动套好，站于床尾处系好被套，被套带不外露。被套无污渍 (4) 铺被子：被子前端与床头齐，被面平整，两侧均匀下垂，床尾无外露 (5) 套枕套：将枕套抖开，开口面平铺于床面，左手指拎着开口处，右手抓住枕芯前端 1/3 处，须势从开口处送入，可上下抖动，直至与枕套两底角吻合，然后将枕芯另外两角塞好 (6) 放置枕头：离床头 2 厘米，标准间将两枕头整齐平放在床头正中，枕套口向下，四角对齐整平，拍松。枕套短开口一侧背向床头柜，大床间枕套短开口互对、背向床头柜，两对枕套交接处相距 5 厘米 (7) 站于床尾处将床缓缓推回原位，与床头板对齐 (8) 将床面拉平，两边下垂部分相等，床尾处不得接触地面，将被子床头部分翻折大约 30 厘米，并拉直，保持整体床型美观 (9) 铺床时不要用手梳理头发，防止头发掉入床单；发现有破损或有污迹的床单要及时更换

续表

序　号	操作程序	工　作　步　骤
14	擦尘	(1) 抹布折成手掌大小按顺序从内到外、先上后下，从门框开始，使用抹布对房间的家具、设备、地角线逐项擦拭，擦到窗台时至少应清洗一次抹布，达到清洁无异物；抹尘时应一手持干布，一手持湿布，要求有三湿一干抹布：一条湿布用来擦家具、脸盆、浴缸，一条湿布用来擦餐具、饮料罐口，一条湿布用来擦马桶、地板。抹布要折数层，使用中适时调换干净工作面，以保证家具清洁。电器灯罩及家具靠墙部位、床头板、画框、镜面及电镀制品部分用干抹布擦(也可用纸巾头)，湿抹布不可碰及墙面，以免留下污痕。(擦到窗台时至少清洗一次抹布。) (2) 使用消毒剂擦拭电话 (3) 擦拭灯具时，检查灯泡瓦数是否符合标准，有无损坏，如有应立即报更换；保证所有房内的家具、设备整洁 (4) 擦拭各种物件后，随手将用过的茶、酒具和客用物品放到工作车上 (5) 擦尘时检查及按规格摆放各种设施设备，记录所缺用品方便补充
15	核对电视频道	核对和检查电视频道，音量适中，调在 24 小时播放的统一频道
16	清洁浴室	详见清洁浴室的程序。做到无异味、无毛发、无水珠、清洁光亮
17	补足客用物品	按照规定的数量补齐客用物品，同时记下所缺物品待改变房态前及时补入(物品标志向外)
18	关窗户,整理窗帘(调节空调温度)	(1) 检查窗帘无污渍、无破损、无皱褶、滑动灵活，并整理好窗帘，拉合窗纱，防止阳光照入房间 (2) 空调温度保持在 25℃，开至低档或中档
19	吸尘及地毯起渍	(1) 用吸尘器从里往外，顺方向吸净地毯灰尘，无碎屑、无毛发；最后吸卫生间地板和门外走廊地毯 (2) 不要忽略床、桌、椅下、床头柜后、门后、行李柜后和四周边角，并注意不要碰伤墙面及房内设备 (3) 及时准确地用清洁剂清除地毯污渍
20	环视检查房间整体	检查整个房间是否打扫整洁、物品摆放是否到位、设施设备完好、安全；不要在房间遗留清洁物品
21	离开房间	(1) 将清洁用品放回车内 (2) 擦拭门把手、关灯，关门(卫生间门保持 30 度)并对大门做安全检查(可用手推一下确保锁上)，如客人在房间礼貌告辞；关门时勿将手指放在门缝
22	登记	登记做房完成时间，更换用品数量及房间状态，设备维修项目，交接事项等

清洁房间程序(按八字口诀：进、撤、铺、抹、洗、补、吸、检)。

清洁浴室的程序

序　号	操作程序	工　作　步　骤
1	准备工作	带好清洁用具：小垫毯一块、擦布四块、清洁筐
2	清除脏物	(1) 撤掉脏布巾 (2) 所有脏物放入垃圾桶的塑料袋中，将塑料袋放入工作车的垃圾袋中 (3) 可以利用的物品，如肥皂头等集中收集
3	洗杯子、皂碟、烟缸	内外刷洗，洗好后倒扣在洗脸台面上，让水自然流干，留意有否破裂。(一定要洗干净壶具后才洗烟灰缸，这是卫生管理的要求，尤其是接触过客人用过的烟灰缸时，更要注意洗手。)
4	清洁面盆和浴盆	(1) 使用浴盆清洁剂清洁，放水冲洗；勿用酸性清洁剂或粉状清洁剂清洗，否则会导致表层的损伤及堵塞下水道；冲洗浴缸及淋浴间时应使用喷淋头，开启冷热水，以便检查出水情况，然后将喷淋头水流调至密档。(擦洗浴缸时要同时擦洗浴缸上方三格内的瓷片，然后用清水冲干净。) (2) 用干净抹布将其擦干净，并擦净面盆台面
5	清洁镜面	(1) 将玻璃清洁剂喷在干净抹布上 (2) 用干净抹布从上至下擦净
6	清洁电镀制品	(1) 用干布将其表面擦净 (2) 必要时可用抛光剂进行擦拭
7	清洁水箱、马桶	(1) 使用规定的马桶清洁剂(酸性)，清洁剂可在进入卫生间冲洗马桶后倒入 (2) 用专用工具从上至下进行刷洗并擦干净 (3) 将马桶外部刷洗干净并擦干。注意盖内及底座的卫生
8	清洁墙面、排风口	(1) 开启排风口，擦净 (2) 用湿布蘸少量的清洁剂从上至下、从里至外清洁墙面并擦干
9	冲洗地面	用清水冲洗地面和地漏，做到干净、无水珠、无污迹、无毛发、地漏无异味。(冲地漏每次至少冲两次垃圾桶水)抹卫生间地板时包括房间通道地板
10	抹干杯子、皂碟、烟缸	干净，不留水渍，可把杯子提起对着灯光下检查是否清洁
11	抹尘	检查清洁设施设备有无损坏，对灯泡、吹风机、电话机、玻璃，镜子、马桶盖、台面及浴缸边进行擦尘
12	补足客用品	按规定补足客用品。(不要空手进出房间，根据清洁房间及抹尘时的记忆到工作车上取相关数量的物品进入房间，先补充房间之物品，再补充卫生间之物品；尽量减少拿物品的次数，尽可能一次性拿齐；撤去房间物品需将能回收的物品归类；拿进干净物品时需洗尽双手。)

备注：

(1) 向三缸喷清洁剂时，喷嘴离三缸面保持 20 厘米的距离较为适宜。清洁面盆浴缸和马桶要更换使用两双橡胶手套。

(2) 忌用带有“碧丽珠”或省钢油的布擦不锈钢、玻璃、镜面或显示器。

(3) 擦尘时不能打开电器开关。

(4) 先按水箱去马桶杂物，洗干净两条抹布。

(5) 吸尘路线是：阳台—阳台玻璃门轨道—落地灯附近—咖啡台附近—组合柜附近—床底—床头柜附近—衣柜内—走道—卫生间—房门口；操作姿势是：双手握住吸管，挺起腰背，身体与握吸管的手成60度角。

(6) 清洁不同的设备要使用相应的清洁工具和清洁剂。一般清洁抹布、毛巾需用四块，不可一块抹布用到底。

清洁工具要求有三湿一干抹布(一条湿布用来擦家具、脸盆、浴缸，一条湿布用来擦餐刀、餐叉、碟子、饮料罐口，一条湿布用来擦马桶、地板，干布用来擦不锈钢、镜子、电器)、两块百洁布(一块用来擦脸盆，一块用来擦水箱、马桶盖及坐板)、两双手套(一双用来清洗脸盆、浴缸，一双用来清洗马桶、地板)、浴缸扫(用来清洗浴缸及浴缸以上三格瓷砖)、马桶扫(用来清洗马桶内壁)。将工作车、吸尘机靠通道一侧墙壁放置。

(7) 工作中移动客人物品时动作要轻、稳，以免损坏。

(8) 不准使用客用毛巾清洁卫生间。

(9) 撤换毛巾时不要误将客人的自备毛巾撤出。

(10) 客房用品的摆放原则。

① 方便宾客使用。宾客每次拿取使用时，一目了然，随手可取。

② 店标店名(包括品名)正面向上。

③ 摆放要合理，比如，卫生纸靠近马桶，污物桶不要离宾客使用设备位置太远。

④ 美观、舒展，不能凌乱。

⑤ 要注意摆放物品的安全性，客房用品摆放位置要适当远离水淋，防止外包装淋湿，造成物品报废。

房间卫生检查标准

总要求：眼看到的地方无污渍，手触及的地方无灰尘，耳听不到异声，鼻闻不到异味。

一、卧室

(1) 房门：门口灯光照明正常，灯光光色及灯光瓦数大小统一；门牌无退色、无铜锈、无损；请勿打扰灯、请即清理灯的功能和亮度正常；门铃声音清楚；门锁钥匙、插匙盒插入自如，可以开启灵活无松动，能够反锁，指示灯(勿扰灯、打扫灯)功能和亮度正常；门窥镜、防盗链完好有效、干净光亮，门轴润滑，门框、门面干净无灰尘无开裂，油漆完好，隔音胶带无松弛现象；开门无噪声；门后有完整清楚的疏散图；闭门器正常；门后磁吸吸合正常，门后挂有完好的请勿打扰牌、请即清理牌和早餐牌；安全通道指示图是否清楚，所显示房间位置是否正确。

(2) 壁橱：衣柜门操作正常；衣架杆牢固、无浮灰；衣架按规定种类和数量挂放、整齐干净；门、橱底、橱壁和格架清洁完好，浴袍干净，挂放正确，备用毛毯折叠规范无毛发；橱内自动开关灯正常，抽屉拉合自如；鞋篮、鞋拔、衣刷干净，摆放到位；洗衣单、洗衣袋叠放标准，保险箱门开启状态，使用自如，说明卡摆放到位；上、下小橱内干净无杂物。

(3) 墙壁和天花板：无裂缝、无浮尘，漏水起泡或霉点，无蛛网，无油漆脱落墙纸起翘；挂图端正，画框清洁；烟感器清洁。

(4) 护墙板、踢脚线无鞋油印、无灰尘破裂现象。

(5) 小酒吧、冰箱：清洁、无异味，品种齐全；吧台玻璃干净明亮，食品、酒类、饮料无缺少、开盖、变形、挥发现象，均在保质期三个月以内，摆放整齐，数量齐全，商标清楚完整向外，填有酒店标签，可林杯、茶杯、酒杯、茶(糖)缸、茶包、牙签、杯垫干净齐全，无指印，无水渍、数量正确，摆放规范。(有吧单，一式三联，未用过)；热水壶内外清洁(带底座的一定要装水)，工作正常，水位在 "Max" 线上；冷水壶内外干净，壶底无水垢；冰桶、冰夹干净；转动正常，冰箱温度适宜，无霜。饮料摆放规范，保质期是否在 5 个月以上。

(6) 空调：温度适宜，风管完好，风口无噪声、无灰尘、无漏水现象，空气清新。出风口横向百叶是否向下，纵向百叶是否斜向房间中央。

(7) 梳妆桌、行李架：干净明亮、无刮伤痕迹，牢固不松动，摆放位置正确；抽屉干净无污迹，使用灵活自如，把手完好无损；文件夹完好清洁，文具用品配备齐全，摆放位置正确。绿色植物、艺术花卉是否完好；杂志、文具等物品是否齐全，布置是否规范。

(8) 电视机：清洁无污迹，频道齐全，图像清晰，音量适中，接收正常，位置正确，日常设在凤凰一台，遥控器电池充足，操作正常，放置正确，转盘及下面桌面干净；电视柜内清洁、无杂物。

(9) 镜子：穿衣镜、梳妆镜框架无灰尘、无污迹，镜面明亮，无指印、无布毛，固定完好。

(10) 灯具：廊灯、台灯、落地灯、顶灯、床头灯的灯泡、灯口、灯罩清洁无灰尘，罩接缝面墙，塑料装饰纸无破损；开关使用正常，功率正确；电源插座完好有效，光亮清洁。

(11) 垃圾桶：内外清洁无垃圾。

(12) 窗帘、纱帘：干净完好无破损、无污迹，颜色、花纹一致；拉开时两边窗帘对称，关闭时中间合拢，使用良好，操作自如，不打节，自然下垂，窗帘无漏光现象；窗帘导轨润滑而且伸缩自如；帘钩、环无脱落。

(13) 窗户：开关自如，清洁明亮、无破裂；窗台、窗框干净完好，无灰尘、无积水。

(14) 梳妆凳、咖啡椅、茶几：无灰尘、无污渍，牢固完好，表面清洁，布面无破损、无线头，缝隙内无杂物，茶几上物品摆放齐全；烟缸、火柴等清洁有序，火柴盒内应装满火柴并置于烟灰缸上沿，店标向上，一根火柴露在外面；服务夹完好清洁，所有印刷品用品如信封、信纸、传真纸、便函、价目表、洗衣单、服务指南、客房用餐牌、宾客意见表、安全指南、圆珠笔、针线包、购物袋、纸巾、擦鞋布、广告架、洗衣袋等齐全完好，按规定摆放，印刷品清洁挺括，无涂改渍印。

(15) 床、床头板：床体牢固、完好；床垫定期翻转定位，床上用品清洁，无破损，无毛发，铺床规范，整体美观，无折皱；床头板清洁，无灰尘，床脚/轮是否灵活稳固；床底无杂物或遗留物品。

(16) 床头柜：柜面、柜内和四周清洁无灰尘；控制板完好操作正常，时间准确无误，音响的音质正常，电器开关正常；电话机干净无异味，接打正常，电话线收拾整齐，铃声音量调到中档，电话贴纸是否干净；柜内物品齐全，晚安卡、电视节目单准确干净、无皱；环保卡和便条纸夹放置规范。

(17) 电源插座：无松动现象，能正常使用，各种电器插在规定位置。

(18) 垃圾桶：有套上塑料袋，垃圾倒尽，桶内外清洁无破损。

(19) 地毯：吸尘彻底、干净，无污迹，外观平整，边角无线头，不露毛边，无破损，无铁钉外露。

(20) 物品摆放：所有房间内客用品、低值易耗品数量、品种正确，无损坏，无污迹，摆放符合标准；房内摆放的植物要有生气。

(21) 房间：无异味，无蚊虫，整体美观。

二、卫生间

(1) 门：门锁正常，是否能够反锁；开门无噪声；门面干净，通风口清洁，状态完好；门后挂钩完好。

(2) 照明：日光灯及筒灯正常。

(3) 天花板：平整无污迹，有无脱胶、脱漆现象。

(4) 墙面：清洁完好，无松动破裂，挂画是否端正、无积尘；插头、插座无松动；挂式电话清洁卫生、音量适中；吹风机运转正常、调风量正常，风筒外壳及软管干净；卫生纸槽架清洁，纸架完好，卫生纸纸量充足(住客房不少于三分之一，空房不能少于三分之二)。

(5) 镜子：无水珠、无水渍、无破裂、镜子面明净、无污迹，无破裂或水银发花现象，镜框玻璃胶无发霉现象。化妆镜移动是否自如无噪声，不锈钢架是否光亮。

(6) 面盆及大理石台面：干净、无污垢、下水通畅、电镀件清洁明亮；水龙头开关正常、冷热水正常、标识正常；面盆塞闭合自如、化妆盒正反面清洁、单支花新鲜、花瓶干净、瓶内水无异味。

(7) 马桶：里外清洁、无污迹、盖板及坐垫掀合灵活方便；水箱扳手灵活、无漏水现象、无噪声，冲水流畅；水箱内无水锈，马桶无异味。

(8) 浴缸：内外清洁、浴盆塞闭合自如、无毛发；防滑垫摆放正确，正反面无污迹、无毛发；下水能畅，扶手牢固、电镀明亮清洁，边角的玻璃胶有无发霉现象；冷热正常、标识正常，淋浴喷头、水龙头等清洁完好，出水正常；冷热水供应正常，水质清洁，出水均匀，高度调整合适，方向是否朝内避免直接喷射；浴帘干净完好，无毛发，浴帘及浴帘钩整洁完好，干净清洁，无污渍，霉点及脱钩现象；浴帘杆、浴缸扶手牢固；晾衣绳使用自如，呈拉开状态；蒸气浴室内外无水迹、无毛发、无污迹、设备完好、拉门灵活。

淋浴间开关是否自如，玻璃是否光亮，墙砖及地板是否干净，排水道是否畅通，喷淋头出水是否正常。

(9) 排气扇：运转正常、无噪声、清洁。

(10) 地面：清洁光亮、无水迹、无毛发、无污迹；接缝、地砖完好，无松动；地漏干净、通畅、无异味。

(11) 垃圾桶：有套上垃圾袋，里外清洁，无破损。

(12) 巾类：数量齐全、无破损、干净柔软、店标向外、无色差。

(13) 口杯：清洁、无污渍、完好无损。

(14) 体重秤：准确、摆放到位、无污迹。

(15) 物品摆放：厕纸、面纸、沐浴用品、浴帽、牙具、指甲锉、棉签、梳子、洗衣粉、剃须刀、卫生袋、香皂、漱口杯(无缺口)、毛巾等各种用品完好齐全，摆放位置和数量符合规格要求。

专项卫生操作方法

序　号	专项卫生事项	操作方法
1	电话消毒	(1) 工具：牙刷、抹布、酒精、电话消毒灵 (2) 方法： ① 把酒精或电话消毒灵喷在抹布上，擦听筒和话筒； ② 用湿布擦电话机座，并起渍； ③ 电话机上缝隙用湿牙刷从左至右刷 (3) 注意： ① 工具不能过湿，以免电话不通； ② 不要误拨通电话
2	垃圾桶内清洁	(1) 工具：牙刷、抹布、清洁水 (2) 方法：垃圾内桶用水冲洗，较脏的用牙刷和清洁水刷洗，然后擦干；木质垃圾外桶用湿布擦，较脏的刷洗，然后擦干；藤质垃圾篮和桶盖表面先清除杂物，然后起迹 (3) 注意： ① 刷洗时如用到浴缸，需小心轻放，并擦干浴缸； ② 垃圾内外桶均需彻底晾干，以免发霉
3	墙脚线清洁	(1) 工具：牙刷、抹布、牙膏 (2) 方法：在平日墙脚线卫生基础上，把床后、办公桌后、音响柜后、行李柜后、电视柜后的墙脚线擦干净。先用牙刷、牙膏起迹，然后用湿布擦去污迹 (3) 注意：避免用湿布擦到墙纸，以防墙纸变色
4	卫生间墙砖清洁	(1) 工具：牙刷、抹布、百洁布、清洁剂 (2) 方法： ① 先用清洁剂、牙刷把墙砖缝隙刷干净； ② 再用清洁剂、百洁布把墙砖表面擦干净； ③ 过水，用抹布擦干 (3) 注意： ① 不要漏掉云石台下、马桶后、布草架上、门框顶部的墙砖； ② 在整理卫生间前清洁墙砖，空房要把物品先移开
5	马桶、水箱内外清洁	(1) 工具：抹布、百洁布、草酸、清洁水 (2) 方法： ① 先用百洁布把水箱底沉淀物扫去，倒入 1/2 瓶盖草酸浸泡 15 分钟，再用百洁布擦水箱内壁，把水放掉； ② 用百洁布蘸草酸将马桶内壁擦干净，冲水； ③ 用百洁布蘸清水将马桶座、马桶脚、水箱外围擦干净，过水，擦干 (3) 注意： ① 水箱盖移开时小心轻放； ② 水箱浸泡可在搞其他卫生前进行

续表

序　号	专项卫生事项	操作方法
6	地漏灌洗消毒	(1) 工具：牙刷、抹布、清洁水、杀虫剂、开水 (2) 方法： ① 将地漏盖用清洁水、牙刷刷干净； ② 将一壶开水对准地漏冲下去，用抹布擦干积水； ③ 将杀虫剂喷进地漏 (3) 注意： ① 开水一定要烫，才能消毒除异味； ② 如客人在房内，喷杀虫剂要适量
7	吹风机(软管)清洁	(1) 工具：牙刷、抹布、清洁剂 (2) 方法： ① 吹风机座用抹布擦干净，脏的地方起迹； ② 将风量调小，用干布卷在手指上伸到出风口内擦； ③ 吹风机管拉开用清洁剂、牙刷刷洗，用湿布擦去污迹 (3) 注意：吹风机管小心清洁，避免拉断
8	床底地毯吸尘	(1) 工具：吸尘机 (2) 方法： ① 将床拉出，把床头地毯吸干净； ② 将床复原后把床抬起，垫办公椅撑高，把床底吸干净 (3) 注意： ① 操作安全； ② 吸完尘整理床铺
9	空调进出风口百叶及过滤网清洁	(1) 工具：牙刷、抹布、螺丝刀 (2) 方法： ① 用湿布擦干净进风口百叶内外；用温水刷洗过滤网双面，甩去水珠晾干；用抹布将过滤网铝片擦干净，然后安装好； ② 用螺丝刀将出风口百叶拆下刷洗干净，擦干后安装好 (3) 注意： ① 拆、装要小心，以免松脱砸到客人； ② 如使用浴缸清洗，要小心轻放并把浴缸擦干； ③ 出风口百叶要一片片摆正，以便通风
10	电视机、锁孔、窥视镜清洁	(1) 工具：牙刷、抹布、棉花棒、玻璃水、吸尘机 (2) 方法： ① 电视机荧屏用玻璃水擦干净，电视机外壳用半湿布擦，缝隙用干牙刷刷，小孔位用棉花棒伸进去擦干净； ② 窥视镜用半湿布卷起来伸进去转圈擦，然后用棉花棒伸进去把镜片擦干净； ③ 用吸尘机对准锁孔吸去灰尘，再用半湿布伸进去擦 (3) 注意： ① 电视机后要检查天线及插头有无松脱； ② 擦窥视镜时要扶稳房门，以防夹伤手

续表

序　号	专项卫生事项	操作方法
11	电源线、电话线清洁	(1) 工具：抹布、玻璃水 (2) 方法：用湿布将电源线、电话线一边拉直一边擦干净，脏的地方使用玻璃水起迹 (3) 注意： ① 擦完电源线、电话线后要将家具复原，电线收好； ② 检查电线有无破损，小心触电
12	灯头、灯泡、灯罩、窗帘、窗纱吸尘	(1) 工具：牙刷、手刷、抹布、吸尘机及专用耙头 (2) 方法： ① 将灯泡转出用干布擦，将灯罩固定圈转出湿布擦，灯头螺旋位用牙刷及抹布擦干净； ② 灯罩用专用耙头吸尘或用手刷刷去灰尘，灯罩内塑料层用湿布擦； ③ 窗帘、窗纱拉合后用专用耙头从上到下吸尘 (3) 注意： ① 擦灯头、灯泡时小心触电； ② 窗帘、窗纱吸完尘要把挂钩整理好； ③ 灯罩、窗帘、窗纱较脏地方起迹
13	天花板扫蛛丝、灰尘，墙纸清洁	(1) 工具：牙刷、抹布、鸡毛掸、清洁剂 (2) 方法： ① 将天花板灰尘、蛛丝用鸡毛掸扫干净； ② 墙纸整体用鸡毛掸扫去浮尘，脏的地方用牙刷、清洁剂起迹 (3) 注意：如房间有食物、饮料用一半时，要先盖好再做此专项
14	家具上蜡保养	(1) 工具：抹布、家具蜡 (2) 方法：把家具蜡喷在抹布上，将房门、通道天花板、家具、墙脚线等凡是木制品的地方细擦一遍。注意：脏的地方先抹尘或起迹，再上蜡
15	不锈钢、铜具保养	(1) 工具：牙刷、抹布、牙膏、清洁剂、不锈钢油、铜油、家具蜡 (2) 方法： ① 用牙膏、清洁剂先把不锈钢器具上的污迹去除，过水，擦干，然后用不锈钢油擦亮； ② 用桐油、牙刷把铜具涂抹均匀后用干布擦亮； ③ 低楼层床头灯架及所有客房门锁用家具蜡擦亮 (3) 注意： ① 擦落地灯铜饰件、茶几脚铜饰件时要垫报纸，以免弄脏地毯； ② 毛巾架上的不锈钢油要彻底擦干净
16	天花板(气孔)清洁	(1) 工具：抹布、清洁剂 (2) 方法：把清洁剂喷在抹布上，擦干净天花板 (3) 注意：不要站在马桶盖上或浴缸边缘操作，以防滑倒

续表

序　号	专项卫生事项	操作方法
17	云石台下扫灰尘、蛛网	(1) 工具：抹布、鸡毛掸、杀虫剂 (2) 方法： ① 用鸡毛掸扫去云石台下蛛网，检查有无虫害； ② 用湿布将云石台下水管上灰尘擦去，四周喷杀虫剂
18	抽风机外壳清洁	(1) 工具：牙刷、抹布、清洁水 (2) 方法：尽量将抽风机外壳拆下来，用牙刷、清洁水刷去油污，用抹布擦干再挂回去，安装牢固 (3) 注意：取、挂抽风机外壳时要擦干双手，不要站在马桶盖上或浴缸边缘
19	喷淋头去除水垢	(1) 工具：牙刷、抹布、清洁水 (2) 方法：用牙刷、清洁水将喷淋头缝隙的水垢刷干净，过水并擦干 (3) 注意：在洗浴缸前做此专项，空房则注意擦干浴缸
20	拆洗马桶盖螺丝位	(1) 工具：牙刷、抹布、螺丝刀、清洁剂 (2) 方法：将马桶盖拆下来，用牙刷、清洁剂把两颗螺丝、马桶盖螺丝孔、马桶盖螺丝孔刷洗干净，过水，擦干，复原 (3) 注意：马桶盖螺丝一定要上紧，以防客人坐时倾斜、摔倒
21	电视机转盘卫生	(1) 工具：抹布 (2) 方法： ① 将电视机抱开，把转盘擦干净； ② 转盘移开，把转盘下桌面擦干净。如果电视柜则需将转盘尽量拉出，把柜内擦干净 (3) 注意：轻拿轻放，以防损坏设备
22	内窗玻璃及各镜面、玻璃	(1) 工具：抹布、玻璃水 (2) 方法：把玻璃水喷在化妆镜、卫生间镜、试衣镜、吧柜镜、办公桌镜、吧台玻璃、茶几玻璃、内窗玻璃上，用干布擦，注意边角位
23	清洗浴缸塞	(1) 工具：牙刷、抹布、清洁水 (2) 方法：将浴缸塞拔出，彻底清除毛发，用牙刷、清洁水将浴缸塞及杆刷干净，过水，复原，然后擦干浴缸 (3) 注意：浴缸塞取出及放回时应小心操作，放对位置，以免影响使用
24	冰箱内外清洁	(1) 工具：牙刷、抹布、清洁水 (2) 方法： ① 将饮料取出，把冰箱抱出柜子； ② 用湿布将冰箱内部、顶部、侧面、电线擦干净，有污迹的地方用牙刷和清洁水去除； ③ 用干布将冰箱后面电机部位抹尘； ④ 用湿布将冰箱柜内擦干净； ⑤ 清洗滴水盘、制冰格、酒启，检查除味剂； ⑥ 把冰箱抱回柜子，将饮料罐底擦干净，逐一摆回原位 (3) 注意： ① 搬动冰箱时倾斜度不能过大，插头拔出后要重新插好，以免影响使用； ② 此专项适合与检查酒水期限一并进行

续表

序　号	专项卫生事项	操作方法
25	工作车清洁	(1) 工具：抹布、百洁布、不锈钢油、洗洁精 (2) 方法：撤出工作车上所有物品，清理轮轴上的毛发，用加水洗洁精和百洁布先擦洗车上的污垢和垃圾箱内壁，过水后用抹布擦干，再擦拭不锈钢油。更换车上的垫杯毛巾和布草袋，等车体干了以后再将物品放回车上 (3) 注意：不能用康洁清洗工作车，以防钢铁部件氧化生锈
26	刷洗防滑垫	(1) 工具：牙刷、抹布、珠滴粉、清洁剂 (2) 方法： ① 将防滑垫弄湿，用清洁剂和牙刷将正、反面特别是小吸盘和有纹路的地方刷干净； ② 时间久且难以去除的污迹，应用珠滴粉水浸泡半小时以上，再用牙刷刷洗； ③ 将刷干净的防滑垫过水并擦干
27	刷洗布草藤篮	(1) 工具：牙刷、抹布、清洁剂 (2) 方法： ① 用牙刷、清洁剂刷去布草藤篮底部污迹； ② 用湿布将整个布草藤篮擦一遍，清除夹缝中的毛发
28	吊灯饰片清洁	(1) 工具：抹布鞋 (2) 方法： ① 把茶几上的物品移开，将办公椅放在茶几上，人站在办公椅上； ② 将灯泡转下来，把吊灯饰片螺丝拧松，取下吊灯饰片； ③ 把吊灯饰片放在脸盆内冲洗干净，擦干； ④ 吊灯支架抹尘； ⑤ 复原 (3) 注意：先关灯再清洁，攀高要注意安全
29	房号牌、通道指示牌、花架脚擦铜	(1) 工具：毛巾抹布、铜油 (2) 方法：把桐油倒在抹布上，均匀涂抹在房号牌等上面停留 15 分钟后，用另外一条抹布将之擦至光亮 (3) 注意：避免桐油残存于房号数字中，如不慎弄脏房门，可用干净抹布蘸铜油去除黑迹
30	客梯间门板、门框	(1) 工具：餐巾抹布、液体不锈钢油 (2) 方法：用抹布、液体不锈钢油将门板、门框污迹去除，再用另一条抹布擦至光亮
31	防火门起迹	(1) 工具：牙刷、抹布、清洁剂 (2) 方法：用牙刷和清洁剂将防火门污迹一一去除，再用湿布将防火门整体擦拭一遍

续表

序　号	专项卫生事项	操作方法
32	壁灯、廊灯内外壁清洁	(1) 工具：餐巾抹布 (2) 方法：先关掉灯，将壁灯、廊灯内外壁和灯泡用微湿抹布擦干净 (3) 注意：小心灯泡烫手，能摘掉的壁灯罩要摘下来清洁
33	消防器材抹尘	(1) 工具：抹布 (2) 方法：用抹布将消防器材擦干净，除去消防栓内边角位及水龙管口的蜘蛛网，将各安全出口指示灯箱擦干净 (3) 注意：检查是否有人动过消防器材或在消防栓内藏物品
34	刷地板	(1) 工具：拖把、拖地桶、硬毛刷、康洁、热水 (2) 方法：将地板先扫净拖湿，用硬毛刷蘸康洁刷去地板污垢，停留10分钟后用热水拖两遍 (3) 注意：康洁如直接倒在地板上，要立即刷均匀，保证地板颜色深浅一致
35	垃圾槽内壁清洁	(1) 工具：抹布、专用马桶扫、热水 (2) 方法：先把垃圾倒掉，用小桶盛热水倒入垃圾槽，用马桶扫扫干净内壁，过水两遍，用抹布擦干
36	空调进出风口清洁	(1) 工具：毛巾抹布、吸尘机 (2) 方法：将过滤网拆下用吸尘机吸去网上灰尘，用半湿抹布擦去过滤网铝铁边沿的灰尘，再用湿布擦去进出风口百叶及周围灰尘 (3) 注意：拆、装要小心操作，以免损坏，如过滤网较脏需用温水刷洗
37	热水器清洁	(1) 工具：抹布、新的百洁布/刷子、玻璃水 (2) 方法： ① 关闭电源及进水阀，把热水器水龙头打开排尽水； ② 打开水阀及热水器顶盖，用百洁布/刷子刷洗热水器内壁； ③ 用自来水冲去刷下的污垢，从热水器水龙头排走； ④ 关闭水龙头，让自来水灌满热水器； ⑤ 用抹布和玻璃水把热水器表面擦干净 (3) 注意：待热水器冷却后方可操作，灌满水后方可接通电源
38	扫公共区域蜘蛛网	(1) 工具：抹布、鸡毛掸、杀虫剂 (2) 方法：用鸡毛掸扫去各角落及客梯间窗外蜘蛛网、灰尘，并喷杀虫剂消灭蜘蛛
39	消毒碗柜全面清洁	(1) 工具：新抹布、玻璃水 (2) 方法：断掉电源，将杯具取出，用抹布将消毒碗柜内壁及杯架擦干净，用玻璃水将消毒碗柜表面擦至光亮
40	擦鞋机垫清洁	(1) 工具：牙刷、康洁、热水； (2) 方法：将擦鞋机垫放入拖地桶，用康洁、热水浸泡半小时，捞出后用牙刷逐个圆圈刷干净，过水，晾干

评估练习

1. 客房的主要类型有哪些？
2. 客房装修的原则是什么？
3. 客房一般划分哪几个区域，各区域的主要设备包括哪些？

第八章 酒店餐饮部

引导案例

是谁带错了厅房

事情经过

一天晚上，酒店中餐厅的客人络绎不绝，餐厅咨客忙着迎来送往，累得满头大汗。这时 6 位香港客人在一位小姐的引导下来到了二楼中餐厅。咨客马上迎了过去，满面笑容地说“欢迎光临，请问小姐贵姓？”这位小姐边走边说：“我姓王。”“王小姐，请问您有没有预订？”“当然了，我们上午就电话预订好了‘牡丹厅’。”咨客马上查看宾客预订单，发现确实有一位王的小姐在上午预订了“牡丹厅”，于是咨客就迅速把这批客人带进了“牡丹厅”。

过了半个小时，餐厅门口又来了一批人，共有 12 位客人，当领队的王小姐报出自己昨天已经预订了“牡丹厅”时，餐厅咨客发现出了问题，马上查阅预订记录，才发现原来今晚有两位王姓小姐都预订了厅房，而咨客在忙乱中将两组客人安排进了同一间厅房。餐厅咨客为了补错，立即就把客人带到了“紫荆厅”，客人进房一看更加不满意了。王小姐满脸不高兴地说：“我们预订的是一张 12 人台，这是一张 10 人台的厅房，我们 12 个人怎么坐得下？”王小姐不耐烦地径直到“牡丹厅”一看，里面的客人已开席了，12 人台只坐了 7 个人，咨客看了看这么多的客人，为这不恰当的安排而再次赔礼道歉，但是这 12 位客人仍然怎么也不愿意坐进这间 10 人厅房。“你们这么大的酒店，居然连预订都会搞错，还开什么餐厅！同意了我的预订就要兑现，我就要去牡丹厅，其他的厅房我都不去！今天我的客户很重要，这样让我多没面子，把你们的经理找来！”王小姐突然生起气来。“十分抱歉，这是我们的工作失误，这几天预订厅房的客人特别多，我们弄乱了，请你们先进房间入座，我们马上给你们加位好吗？”餐厅经理急忙过来好言好语地解释。“我们这么多人坐得如此拥挤，让我多么没有面子！好像我宴请朋友非常小气一样。”“对不起，这是我们的错误，今天客人太多，请多多原谅。”看着这群客人进了紫荆厅房，经理和咨客才松了一口气，但看到这群客人坐得那么拥挤，咨客心里又过意不去，这正是因为自己工作失误导致的结果。

分析

(1) 咨客应该在为客人预订的时候把客人的中文全名和联系电话记下来，在客人到达时咨客要先核对客人的全名和电话，再把客人带到预订好的厅房就餐。

(2) 即使带错厅房也应尽量安排客人到座位数与人数相应的房间。

处理结果

(1) 咨客与经理均对客人诚恳道歉。餐厅咨客为了补错，立即把客人带到了 10 人台的厅房“紫荆厅”。

(2) 为客人提供额外的优惠，如送果盘、甜品、打折等，以此表达餐厅因为本身工作失误给客人造成麻烦的歉疚之意。

(3) 再次当众向王小姐一行客人表示歉意，使她在朋友们面前挽回面子，也充分让客人感觉到他们是餐厅重要的客人。

(4) 以此事件作为经验教训，培训全体员工，规范服务流程，务求所有员工明确顾客第一的意识。

辩证性思考

如何成为一名优秀的餐厅服务员？

酒店是人们住宿、用餐、进行会展活动及休闲娱乐的地方。因此，酒店是销售住宿产品、会展产品和餐饮产品等的综合性企业。现代餐饮管理要求管理人员必须掌握菜点相关知识，具有菜肴和酒水开发、经营能力。通过本章学习可以了解餐饮业和酒店餐饮部的相关知识，掌握中西式菜品知识。

第一节 餐饮部概述

教学目标

1. 了解酒店餐饮部的地位以及作用。
2. 掌握酒店餐饮部组织结构。
3. 了解我国餐饮业发展现状。

餐饮部(Food and Beverage Department)是酒店的重要组成部分，承担着对客人提供餐饮服务、满足餐饮需要的任务。餐饮部作为集采购、生产加工、销售、服务于一身的酒店内唯一生产实物产品的部门，有经营管理环节多、管理范围广、分工细、员工数量多(一般约占酒店总人数的1/3)、管理运作难度大等特点。要将这样一个部门管理好，必须明确餐饮部在酒店中的地位和任务，熟悉餐饮部的经营特点，建立合理有效的组织结构，科学分工、合理用人、注重员工的培训，以保证餐饮部的正常运转，达到餐饮部的运营目标。

随着社会生产力的发展，国际间交往的日益频繁，以及我国旅游业的快速发展，人们生活水平的不断提高与消费观念的不断变化，势必使我国的餐饮业进一步走向繁荣与发展。酒店的餐饮部也必将会有广阔的发展空间。

一、餐饮部的地位

(一)影响酒店声誉

美国现代酒店业的先驱斯塔特勒先生(Ellsworth M. Statler)曾说过："酒店从根本上说，只销售一样东西，那就是服务。"提供低档服务的酒店是失败的酒店，而提供优质服务的酒店则是成功的酒店。酒店的经营目标是向宾客提供最佳服务，酒店的根本经营宗旨是使宾客得到舒适和便利。

餐饮部工作人员，特别是餐厅服务员为宾客提供面对面的服务，一举一动、一言一行都会在宾客的心目中产生深刻的印象，宾客可以根据餐饮部为他提供的餐饮产品的种类、质量，以及服务态度等来判断酒店服务质量的优劣及管理水平的高低，因此，餐饮服务的好坏不仅直接影响餐饮部的经济效益，更会直接影响酒店的形象和声誉。

(二)收入比重大

餐饮收入是酒店收入的重要组成部分。我国星级酒店的餐饮收入约占总收入的1/3，餐饮经营有特点的酒店，餐饮收入甚至会超过客房收入。餐饮部增加收入的主要手段是加大宣传力度，推出有特点的餐饮产品，增加服务项目，严格控制餐饮成本和费用。餐饮部增收节支的潜力非常大，可为酒店创造可观的经济效益。

(三)增加就业机会

增加就业机会，广泛吸纳劳动力是餐饮行业的主要特点之一。近年来随着我国社会经济的稳步发展和人民生活水平的不断提高，餐饮业也保持着持续快速发展的态势，行业规模、从业人员和经营领域日益扩大。目前，全国餐饮业的经营网点已达 350 多万家，从业人员超过 1800 万人。由于餐饮业对员工需求量大，并且对员工文化程度的需求并不高，使这一行业的可进入性相对较强，使一些没有受过专业技能培训的劳动力可以很快适应岗位的要求，增加了就业机会。

(四)建立新兴产业链条

餐饮企业可为社会建立新兴产业链条，促进相关产业互动。旅游活动包括吃、住、行、游、购、娱等几个方面，随着基础设施的完善，更多的社会资金被吸引到旅游业中，改善了旅游环境，同时直接带动了交通、通信、饮食、文化、娱乐等相关行业的消费和投资。酒店是旅游行业的支柱产业，其中餐饮部的作用尤为突出，对带动相关产业的发展，起到了决定性作用。古人云："民以食为天。"现代餐饮早已经超越了解决温饱和改善生活的低级阶段。因而，一些具有特色的餐饮业，在适应市场的发展过程中应运而生，并间接刺激了房地产、建筑、建材、旅游商品和设备制造、农牧业等产业的市场需求。

(五)弘扬民族饮食文化

世界各国的历史有长有短，民族构造、宗教信仰、政权性质和经济结构也有差异，故而各国的饮食文化是不一样的。中国饮食文化历史悠久，分为生食、熟食、自然烹饪、科学烹饪 4 个发展阶段，有 6 万多种传统菜点、2 万多种工业食品，以五光十色的筵席和流光溢彩的风味流派，获得了"烹饪王国"的美誉。作为餐饮经营者，继承和弘扬中华民族饮食文化成为很多餐饮企业义不容辞的责任和义务。现代餐饮业的不断发展和创新，将我国具有悠久历史的饮食特色淋漓尽致地表现了出来，通过不同的手法，使得饮食文化发扬光大，让更多的人了解中国的饮食。

二、餐饮部的任务

(一)向宾客提供以菜肴为主要代表的有形产品

餐饮部是酒店唯一提供实物产品的部门。向宾客提供菜肴、饮料等实物产品是酒店餐饮部的基本任务，也是首要任务。

(二)向宾客提供满足需要的、恰到好处的服务

菜肴、饮料等的提供是以餐饮服务为依托的。首先餐饮实物产品需要服务员传递到宾客就餐的地点，其次用餐前餐具的摆设、用餐中的分菜服务、用餐后的结账服务都是宾客用餐过程顺利且满足所必需的。没有必要的餐饮服务，菜肴等实物产品就无法更好的满足宾客的就餐需要。同时，恰到好处的餐饮服务还可以大幅度增加餐饮产品的附加值，提升酒店档次。因此餐饮服务是餐饮部的重要任务。

(三)增收节支、开源节流，提高酒店经济效益

获得经济利益是酒店企业的根本目标，作为酒店的最重要部门之一，为酒店赢得经济利益是餐饮部最根本的任务。客房和餐饮部是酒店两大基本部门，也是酒店收益的两大重要来源。由于客房数一定、房价在一定时期内不会有大的变动，因此客房部的创收能力有限。而餐饮部则灵活得多，同样的餐饮接待规模，在档次上的差异可以很大；同时餐饮部还可以通过提高工作效率、提高服务质量、提高菜肴质量等措施，使餐座的周转率和人均消费水平得到进一步提高。因此餐饮部的创收能力显著，在大多数星级酒店中是最大的创收部门。以我国为例，餐饮部的营业收入占酒店营业收入的 1/3 左右，在长三角和珠三角发达地区的酒店，餐饮收入已经大大超过客房部的收入，占酒店总收入的一半以上。

(四)为酒店树立良好的社会形象

餐饮部的客流量大，来源广泛。不但有旅游观光客、外地商务客人、公务出差人员，而且还有当地政要、本地大公司客户等尊贵客户，其消费能力和社会影响力都非常大。因此餐饮部的服务质量给这些客人留下的印象不但影响其对整个酒店的评价，而且还影响受顾客影响力覆盖的一大部分社会公众和潜在消费者对酒店的评价。因此餐饮部还有一重要的宣传任务，就是为酒店树立良好的社会形象。

三、餐饮部的组织结构及各部分的职责

在餐饮服务中，我们不仅要执行服务的标准和程序，还要体现出餐饮服务行业对客人的充分关注，一个有效的服务组织需要每个成员分工协作，为客人提供“一站式”服务。所以，每一个服务组织都应对组织里的每一个工作职责作出相应的规定，以保证服务能顺利而有节奏地进行，在满足客人基本需要的同时，能准确地为客人提供个性化的服务。酒店餐饮部作为一个服务组织，为了能更有效地提供令客人满意的餐饮服务，应当具备合理的组织结构，并且对各个岗位的工作职责作出明确规定。

(一)餐饮部组织结构

餐饮部的组织结构设置要符合现代餐饮企业对人员的需要，保证能激励每一位员工发挥工作的主动性，有利于为客人提过满意的服务，满足客人的需要。因此，在设计组织结构时，要考虑到酒店的类型、餐饮部的经营需要、餐厅的规模、档次、翻台率、员工的熟练程度等相关问题。在综合考虑各种情况之后，要先设计出餐饮部的组织结构图。

组织结构图能十分直观地反映出一个组织的职能设置。一方面它将动态的组织内部结构直观地反映出来，让员工一目了然，特别是对于刚加入企业，希望能了解企业的基本情况，从而确定自身和他人的位置及工作关系的员工有着积极的作用；另一方面，它便于管理者进行管理与指挥以及适时对组织结构进行变革。为了培养团队精神，一些企业将组织结构图绘制成一棵树或是一条船的形状以示众人齐心。

以下分别是小型、中型、大型酒店餐饮部的组织结构图。

小型酒店餐饮部的组织结构：比较简单，分工不宜过细，一人常兼多职，如图 8-1 所示。

相对于小型酒店，中型酒店分工更加细致，功能也比较全面。中型酒店餐饮部通常是

四级管理体制，分工明细。所谓四级管理体制，包括餐饮部经理、餐饮部下属的二级部门、现场管理人员、领班和普通职工(餐厅服务员、厨工等)，如图 8-2 所示。

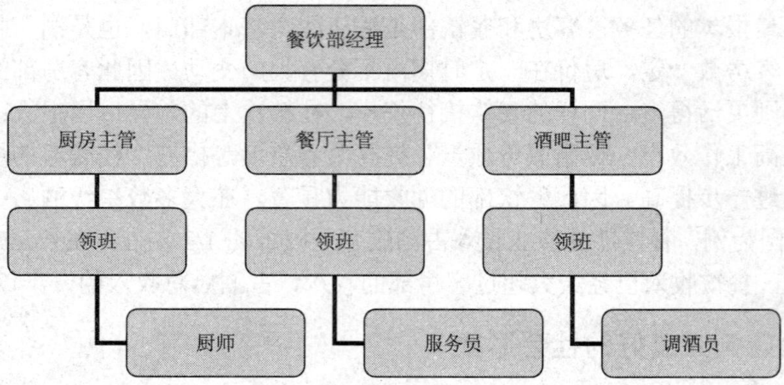

图 8-1　小型酒店餐饮部组织结构

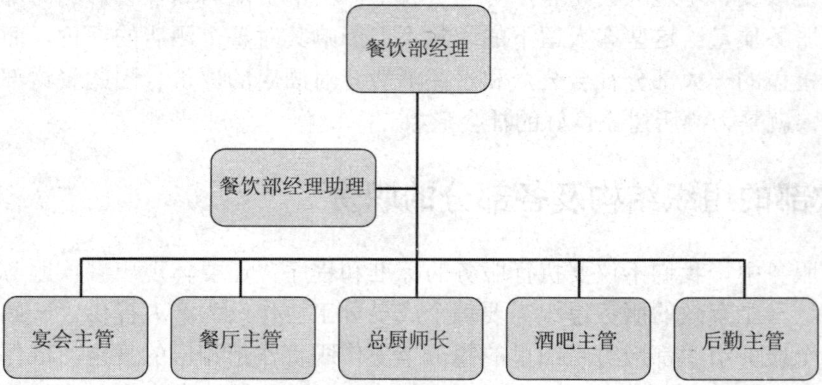

图 8-2　中型酒店餐饮部组织结构

大型酒店餐饮部组织结构层次分明，职务分工明确。在大型酒店中，由于餐饮部的工作量大，专业性强，餐饮部常设置中餐部、西餐部、宴会部、酒水部、厨房部、客房送餐部、管事部(管理餐饮后勤的部门)、餐饮营销部、餐饮成本控制和餐饮部办公室等二级部门，如图 8-3 所示。

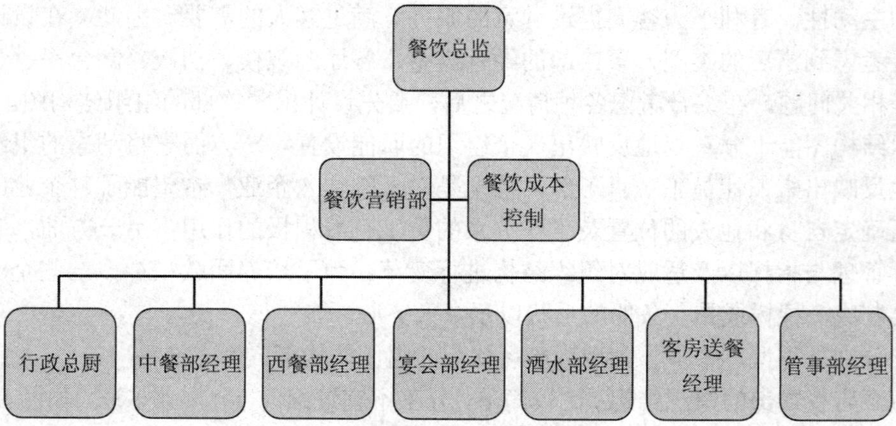

图 8-3　大型酒店餐饮部组织结构

总之，组织结构图明确的反应企业内部结构，对于明确责权和工作关系十分有益的；而且它还能反映出管理者的设计思想，因此是每家餐饮企业必须完成的一项工作。在设计组织结构图时，要根据企业自身实际情况，不能千篇一律，要大胆创新，关键是要适用于现代化的餐饮企业运营与管理。

(二)餐饮部各部门岗位职责

岗位职责又可称为工作描述，是一个组织正常运转的前提，准确而分工合理、协作有序的岗位职责划分，是餐饮部各部分协调一致地为客人提供专业化服务、针对性服务、一站式服务的有效保障。岗位责任的确定，有利于员工明确工作职能，并且能按照相应的规范进行操作，确保任务的顺利完成。下面以大型酒店的餐饮部为例，介绍各部门的岗位职责。

1. 餐饮总监

餐饮总监的直属领导是酒店副总经理或总经理；他负责管理餐饮部所有员工；负责联系酒店内及其他部门经理。

餐饮总监的主要职责如下。

(1) 负责整个餐饮部的正常运行，进行计划、组织、督导及控制等工作，通过最大限度地满足宾客需要，达到餐饮经营的社会效益和经济效益目标。

(2) 编制餐饮部预算，控制成本和营业费用，使之达到预期的指标。策划餐饮部的推广宣传活动，审阅营业报表，进行营业分析，作出经营决策。审阅和批示有关报告及各项申请。

(3) 知道制定各类人员操作程序和服务规范，建立和健全考勤、奖惩和分配等制度，并监督实施。

(4) 与行政总厨、采购部、宴会部一起研究制定长期和季节性菜单、酒水单。制定餐饮产品售价，不断开发新产品。

(5) 负责对大型团体就餐和重要宴会的巡视、督促，处理各种投诉及突发事件。

(6) 协助酒店人力资源部门做好定岗、定编、定员工作。负责员工的业务知识和业务技术培训。处理好聘用、奖励、调动等人事工作。

(7) 参加酒店例会及业务协调会，建立良好的公共关系。协调内部矛盾，听取员工建议，处理员工纠纷，建立良好的下属关系。

2. 餐厅经理

餐厅经理的直属领导是餐饮总监和副总监；他负责管理职权范围内的领班和服务人员；负责联系行政总厨、管事部和酒店内其他部门。

餐厅经理的主要职责如下。

(1) 负责餐厅的日常运作。

(2) 检查餐厅内的环境卫生、员工个人卫生、服务台卫生，以确保客人的饮食安全。

(3) 与宾客保持良好关系，协调营业推广，主动协调征询宾客的意见和要求，及时与厨房沟通，了解当日供应品种、缺货品种、推出的特色菜等，以更好地为客人提供服务。

(4) 主持召开餐前会，传达上级指示，做好餐前检查，参与现场指挥，保证每个服务员按照酒店规定的服务程序、标准去操作，为宾客提供高标准的服务。

(5) 审理有关行政文件，签署领货单及申请计划；填写工作日记。

(6) 及时检查餐厅设备的运行状况，做好维护保养工作及餐厅安全和防火工作。

(7) 做好员工的培训工作。

3. 客房送餐经理

客房送餐经理的直属领导是餐饮总监和副总监；他负责管理客房送餐领班、订餐员、送餐员等。

客房送餐经理的主要职责如下。

(1) 全面负责客房送餐部的运营，制定本部门有关服务程序、工作制度及安全卫生规范等，并组织实施，提高服务质量的经济效益。

(2) 参加餐饮部例会，主持班前会，传达酒店有关指令，负责部门内外的协调与沟通，保证各环节正常运行。

(3) 负责部门内各项业务培训，提高部门员工的业务水平和服务质量。

(4) 控制营业成本及各项费用。

4. 宴会部经理

宴会部经理的直属领导是餐饮总监和副总监；他负责管理领班、销售员、预订员、服务员等；负责联系厨房、管事部、酒水部等。

宴会部经理的主要职责如下。

(1) 制定宴会部的市场营销计划和经营预算，建立完善宴会部的工作程序和标准，制定宴会部各项规章制度并组织实施。

(2) 参加酒店管理人员会议和餐饮部例会，主持宴会部例会，完成上层领导下达的任务。

(3) 控制宴会部的市场销售、服务质量、成本费用，建立并完善宴会部客户档案，保证宴会部各环节正常运转。

(4) 与餐饮部总监和行政总厨沟通协调，共同议定宴会的菜单和价格，不断收集宾客信息，保证宴会部各环节正常运转。

(5) 与其他部门沟通、协调、密切配合，保证宴会部的工作质量和经济效益。计划、组织、督导和实施宴会部的培训工作，提高员工素质。定期对下属进行绩效评估，按奖惩制度实施奖惩。

(6) 完成餐饮部总监分派的其他工作。

5. 酒水部经理

酒水部经理的直属领导是餐饮总监和副总监；他负责管理酒吧领班、调酒员、服务员等。

酒水部经理的主要职责如下。

(1) 制定酒水部的安全卫生、酒水服务及成本控制等各项规章制度，并组织实施。

(2) 参加餐饮部例会，了解酒店餐饮营业部门的运营状况，召开本部门例会，安排员工班次，布置任务，督导酒水部日常工作。

(3) 随时掌握整个酒店的酒水库存情况，严格控制整个酒水部的成本。与采购部密切联系，及时为有特殊需要的宾客提供满意的服务。

(4) 建议并与酒水供应商一起组织酒水促销活动。设计佐餐的酒单和饮料单。制定各种鸡尾酒的配方及调制方法。

(5) 与餐厅经理密切配合，处理宾客对饮品的投诉，并主动了解宾客的意见和建议。

(6) 督导实施培训，确保本部门员工的素质和工作态度达到岗位要求。进行绩效评估，按奖惩制度实施奖惩。

(7) 负责本部门所有硬件设施及工具的维护的更新。保证服务质量和酒水质量。

6. 管事部经理

管事部经理的直属领导是餐饮总监或副总监；他负责管理管事部领班、洗碗工、杂役、报关员。

管事部经理的主要职责如下。

(1) 直接向餐饮部总监汇报工作，全权负责整个管事部的运转，包括定制与实施工作计划，培训管事部的员工，合理控制餐具损耗。

(2) 负责监督管辖范围内的清洁卫生工作，确保餐具及服务用品卫生达到国家卫生消毒标准，负责各种餐具物品的保管。

(3) 负责每日、每月、每季及每年的盘点工作，统计和记录各餐厅及厨房的餐具使用情况，控制各点的保存量。

(4) 督导属下每日按正确的工作程序完成本职工作，进行绩效评估并按奖惩制度实施奖惩。

(5) 维护保养有关设施设备，控制各项成本费用，按规定处理垃圾。

7. 行政总厨

行政总厨的直属领导是餐饮总监和副总监；他负责管理主厨、各点厨师长以及各点厨师；负责联系餐厅经理、采购主管、管事部经理、宴会厅经理等。

行政总厨的主要职责如下。

(1) 负责厨房正常运转，建立标准菜谱，制定菜单，适时推出时令菜、特选菜。

(2) 负责菜肴的质量管理及成本控制；亲自为重要客人主厨。

(3) 根据客人情况及库存情况提出食品原材料的采购计划，验收食品原材料，把好原材料质量关。

(4) 出席餐饮部例会，协调厨房与餐厅的关系；协助处理宾客对菜肴的投诉。

(5) 负责对各点厨师长的考评和厨师的技术培训工作；合理调配员工。

8. 采购主管或采购部经理

采购主管的直属领导是餐饮总监。有些酒店的采购主管还要接受行政总厨的领导。采购主管负责管理采购员、质量员、报关员等；负责联系供应商、财务部、厨房、餐厅等。

采购主管的主要职责如下。

(1) 制定本部门各级人员岗位职责和购货验收标准、仓库管理程序及条例等。

(2) 掌握各种货源信息和价格行情，在分析比较的基础上确定合理的采购方案，努力节约成本；根据餐饮部的消耗及市场供应情况，调整部门的采购计划。

(3) 掌握次日就餐客人情况和宴会情况，根据部门的计划申请来组织货源，经餐饮总监确认后实施。

(4) 加强食品仓库管理，防止原料变质、积压，掌握库存情况，坚持存货先出原则，开源节流。加强仓库防火、防盗、防腐、防水工作，做好物品盘点。督促保管员做好进出货物记账工作和领取物品登记工作。

(5) 协调与厨房、仓库和验收等各方面的关系。

四、我国餐饮业的发展历程及现状

(一)餐饮业的发展历程

我国的餐饮业自改革开放以来，大致经历了四个发展阶段：改革开放起步阶段、数量型扩张阶段、规模连锁发展阶段和品牌提升战略阶段，如图 8-4 所示。

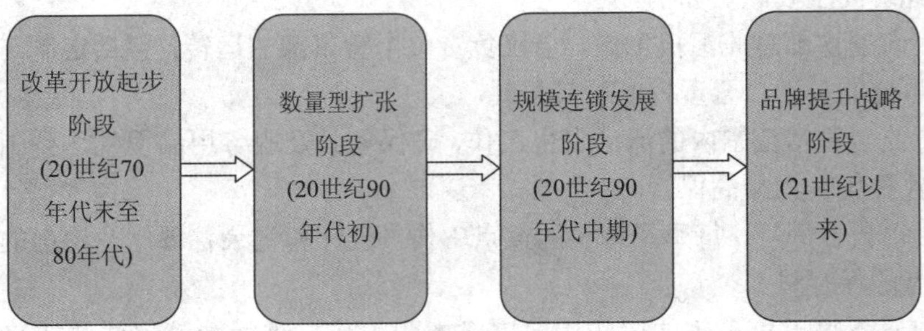

图 8-4　我国餐饮业自改革开放以来经历四个阶段

(1) 改革开放起步阶段，20 世纪 70 年代末至 80 年代，我国餐饮业在政策上率先放开，各种经济成分共同投入，使餐饮行业发展取得了新的突破和发展。传统的计划经济模式受到冲击，社会网点迅速增加，这一时期的餐饮业经营模式主要以单店作坊式餐饮店为主。

(2) 数量型扩张阶段，20 世纪 90 年代初，社会投资餐饮业资本大幅增加，餐饮网点快速涌现，行业蓬勃发展。

(3) 规模连锁发展阶段，20 世纪 90 年代中期，餐饮企业连锁经营推进步伐和速度明显加快，在全国范围内，很多品牌企业跨地区经营，并抢占了当地餐饮业的制高点，企业逐步走向连锁规模化成为这一时期的显著特点。这一时期，外资餐饮公司凭借先进的经营管理制度、高效的物流配送体系，在中国大力发展连锁餐饮店。百胜餐饮集团、麦当劳餐饮集团在中国成功地开设了肯德基、必胜客、麦当劳等著名餐饮品牌连锁店，同时为国内餐饮同行带来了全新的经营理念。

(4) 品牌提升战略阶段，进入 21 世纪，我国餐饮业发展更加成熟，增长势头不减，整体水平提升，一批知名的餐饮企业在外延发展的同时，更加注重内涵文化建设，培养提升企业品牌，综合水平和发展质量不断提高，并开始输出品牌与经营管理，品牌创新和连锁经营力度增强，现代餐饮发展步伐加快。

(二)餐饮行业发展现状

经过改革开放后 30 多年的行业发展与市场竞争，截至目前，我国餐饮业基本形成了投资主体多元化、经营业态多样化、经营方式连锁化和行业发展产业化的局面，市场化程度较高。2009 年我国餐饮消费持续快速增长，全年累计实现零售额 17 998 亿元，同比增长 16.8%，占社会消费品零售总额比重为 14.4%，餐饮行业实现连续 19 年保持两位数高速增长。30 年来，中国餐饮业零售额从 1978 年的 54.8 亿元增长到 2009 年的 17 998 亿元，零售额增长 327 倍，人均餐饮消费额也从 1978 年的 5.69 元增长到 2007 年的 1200 元，增长了 209 倍。

我国餐饮零售额增速远远高于同期 GDP 增速，我国人均餐饮支出一直保持两位数增长，如图 8-5 所示。

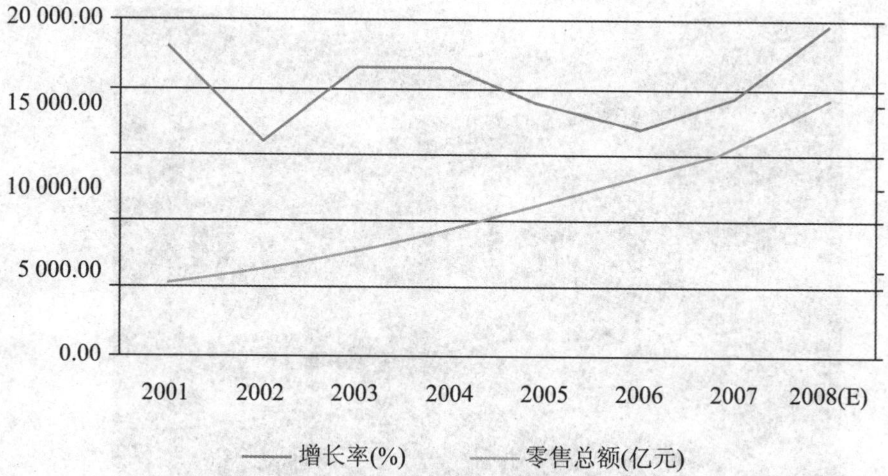

图 8-5　全国餐饮行业零售总额及增长情况

评估练习

1. 餐饮部的任务是什么？
2. 餐饮部下设哪些部门？
3. 我国餐饮业发展经历了哪几个阶段？

第二节　酒店餐厅种类及餐饮特征

教学目标

1. 了解酒店餐厅的种类。
2. 掌握扒房的特点。

餐厅是人们就餐的场所。餐饮行业中，餐厅的形式是很重要的，因为餐厅的形式不仅体现餐厅的规模、格调，而且还体现餐厅经营特色和服务特色。我国是一个幅员辽阔，民族众多的国家。由于各地的物产、气候、风俗习惯及历史情况不同，长期以来逐渐形成了许多不同类型的餐厅，以下是酒店常见的餐厅。

一、宴会厅

酒店一般都设有宴会厅，为客人提供宴席的场所。宴会厅通常设计成多功能餐厅，它可以用活动门间隔成许多小厅。整个大厅开宴会时可容纳 500 人以上，开酒会可容纳千人以上。在这里可以举行大、中型宴会，茶话会，冷餐会等；也可以举办时装表演、商品展览、音乐舞会等。这种餐厅高雅、华丽、设备齐全。

由于宴会需要协调的工作比较多，所以准备工作比较复杂、准备时间比较长。通常需要从其他部门暂时借调服务员过来帮助宴会员工完成宴会接待任务。图 8-6 所示为广州富力丽思卡尔顿酒店宴会厅。

图 8-6 广州富力丽思卡尔顿酒店宴会厅

二、零点餐厅

零点的特征主要体现在服务方式上。除了旺季，在这种餐厅用餐不用事先预订座位，客人通常是随到随吃，服务也是按先到者先服务的原则进行。零点餐厅的装潢都比较简洁明快，各种设备、器皿配置都比较实用，环境舒适，并具有时代的特点。在这类餐厅用餐，气氛比较轻松随便，更具有家庭式气氛，一般不会因环境压力而造成拘谨。图 8-7 所示为某酒店零点餐厅。

图 8-7 某酒店零点餐厅

三、自助式餐厅

这是一种方便餐厅，主要是方便希望迅速、简单就餐的客人。它的特点是客人可以自我服务，如菜肴不用服务员传递和分配，饮料也是自斟自饮。自助餐有西式、中式，现在许多地方还出现了一种叫做海鲜火锅自助餐的餐厅。

四、特色餐厅

(1) 风味餐厅。这是一种专门制作一些富有地方特色菜式的食品餐厅。这些餐厅在取名上也颇具地方特色。

(2) 海鲜餐厅。这是以鲜活海、河鲜产品为主要原料烹制食品的餐厅。

(3) 野味餐厅。顾名思义，这是以山珍、野生动物为原料的餐厅，特别是春、秋、冬季很受欢迎。

(4) 古典餐厅。这类餐厅无论从装饰风格，服务人员服饰风格，服务人员服饰、服务方式，直到所供应的菜点均为古典风格。而且它的古典风格往往还具有某一时代的典型特点，如唐代、宋代及明代、清代。图 8-8 所示为某酒店古典餐厅。

图 8-8　某酒店古典餐厅

(5) 食街。这是供应家常小吃的餐厅。有南北风味食品，以营业时间长、品种多、有特色、供应快捷，而受客人普遍欢迎。这种餐厅虽消费低，但营业额高。在广州中国大酒店等大型宾馆里均有食街。

(6) 火锅厅。专门供应各式火锅。此类餐厅的设备很讲究，安排有排烟管道，条件好的地方备有空调，一年四季都能不受天气影响品尝火锅。火锅厅内一般火锅品种式样较多，供客人挑选。服务也有一套专门的程式，比如上料添火等有专门的讲究。图 8-9 所示为某酒店火锅厅。

(7) 烧烤厅。专门供应各式烧烤。这类餐厅内也都设有排烟设备，在每个烤炉上方即有一个吸风罩，保证烧烤时的油烟焦糊味不散播开来。烧烤炉是根据不同的烧烤品种而设，有的是专门的炉，有的是组合于桌内的桌炉。服务也有其自身的特点。

图 8-9　某酒店火锅厅

(8) 旋转餐厅：这是一种建在高层酒店顶楼一层的观景餐厅。一般提供自助餐，但也有点菜的或只喝饮料吃点心的。旋转餐厅一般 1 个小时至 1 小时 20 分左右旋转一周，客人进餐时还可以欣赏窗外的景色。

五、西餐厅

西餐厅是向客人提供西式菜式、饮料及服务的餐厅。这里重点介绍法式餐厅(Grill Room)。

法式餐厅也称“扒房”，是酒店里最正式的高级西餐厅，也是体现酒店西餐水平的部门。它的位置、设计、设备、装饰、食品、服务等都很讲究。扒房主要供应牛扒、羊扒、猪扒、西式大餐、特餐和举办西餐宴会等。扒房与普通的西餐厅不同，主要表现在以下方面。

第一，在装潢布置上，扒房要求高雅、华丽、浪漫、神秘又很独特，一般以欧洲文化艺术为背景设计布置主题；灯光亮度均可调节，要求灯光暗淡，餐桌以蜡烛照明为主；家具设计豪华高档，色彩温暖。

第二，在特色与主题设计上，扒房较为注重档次水准。扒房往往还播放世界古典名曲，安排钢琴师或小提琴手现场演奏，营造温馨、典雅、浪漫的餐厅气氛。

第三，在服务设施和餐具上，扒房均显示其高档、典雅和专业，如设施齐全的烹饪小推车、酒车、镀银或银质餐具等。

第四，在提供的餐饮产品上，扒房往往提供风味地道的西餐和专业的服务方式。扒房的酒水品种齐全且特别注重酒水的品牌。扒房的菜单、酒单均精美考究。

第五，扒房的服务高档、专业性强。服务员主要是男性，佩戴领结，穿紧身西服或燕尾服；领位员多由女性担任，着西式拖地长裙。服务员能熟练地用英语或法语服务。扒房的服务节奏较慢，讲究礼仪，宾客用餐往往需要预订。

第六，扒房的价格比一般的西餐厅高。图 8-10 所示为某酒店扒房。

图 8-10　某酒店扒房

六、咖啡厅

较典型的大众化西餐厅的代名词，国际化的西餐厅。一般 24 小时营业，大都承担含早餐住店客人的早餐接待任务。菜单灵活，通常是自助餐厅和西餐厅的结合。

咖啡厅的布置多种多样，可以根据不同的节日来安排。例如，圣诞节和复活节时用深蓝色或深红色台布能衬托宗教气氛；麻布能给自助餐以一种农村的乡土气息；红白格子的台布则给人以不拘礼节的融洽气氛。餐具和陈列菜肴的容器也可以别出心裁，除瓷器、玻璃器皿和银器外，木器、竹器、瓜壳盅、大贝壳等，都是能起点缀的作用。在灯光使用上，采用现代声、光系统更可以使自助餐厅有声有色、栩栩如生。一般以聚光灯和强烈的灯光使食品能够清楚地显示出来，自助餐台是餐厅内众人瞩目的地方之一，应明亮显眼。图 8-11 所示为某酒店咖啡厅。

图 8-11　某酒店咖啡厅

七、酒吧

酒吧(Bar)是专供客人饮酒水的场所。酒吧主要销售各种酒类和饮料，以及各种下酒小吃，它往往是宾客聊天、消遣与休闲的场所。酒店内往往设有多种类型的酒吧，在餐厅、大堂、舞厅、娱乐场所甚至客房等都设有不同种类的酒吧。此类酒吧设计占地少，酒吧装修、家具设施讲究，色调明快。酒店主要酒吧则占用面积较大，它是酒店最常见最普通的酒吧，以提供有名的、标准的饮料为主。许多酒吧设有柜台坐席，也配置相当数量的餐桌。主酒吧色调含蓄，光线暗淡，独具风格。图 8-12 所示为某酒店酒吧。

图 8-12　某酒店酒吧

八、鸡尾酒廊

鸡尾酒廊通常设于大型酒店门厅附近，与酒吧不同的是酒座柜台较狭小，且柜台坐席很少，而餐桌很宽敞，给人以舒适自如的感觉。

课外资料 8-1

餐饮服务基本六大技能

餐厅的服务工作，是一门技艺性较高的专业技术，它要求餐厅服务员掌握多种操作技能，如托盘、斟酒、摆台、餐巾折花、上菜、分菜等。熟练掌握并巧妙运用这些基本功，就能把餐饮服务工作做得灵活自如。

一、托盘

托盘是每一个餐厅服务员必须掌握的一门服务技术。服务员走菜，为客人递送物品，斟倒酒水，更换烟灰缸等都应使用托盘。

(一)托盘的类别及用途

托盘有木制，金属(如银铝，不锈钢等)以及胶木制品，根据用途又分为大、中、小三种规格的圆形与长方形托盘。

大托盘，一般用于运送菜点、酒水和盘碟等较重物品；中、小托盘一般用于斟酒，展示饮品、送菜、分菜等，尤以小托盘最为常用；而一种小托盘(直径 20 厘米左右)则用于递送账单，收款，递送信件，礼物等。

(二)整理装盘

根据用途合理选择托盘并擦拭干净盘底与盘面，最好使用胶垫或垫上专用的盘布，以防盘内物品滑动。根据物品的形状，体积大小和作用的先后，进行合理装盘。一般是重物，高物在里档；轻物，低物在外档。先上桌的物品在上，在前；后上桌的物品在下，在后。重量分布要均匀，做到安全稳妥和方便易于递送。

(三)托姿

托盘的方式，按其重量差别分为轻托与重托。轻托又叫胸前托，左手臂弯成 90 度角，掌心向上，五指分开；手掌自然形成凹形，掌心不与盘底接触，用手指和手掌底托住盘底，平托于胸前，略低于胸部。重托又叫肩上托，右手扶住托盘的边，伸开五指，用全掌托住盘底，左手协助将托盘托到胸前，向上转动手腕，将托盘稳托于肩上。

(四)注意事项

第一，端托时注意卫生。轻托不贴腹，手腕要灵活，切忌身体僵直，行走时步履轻快；重托盘底不搁肩，前不近嘴，后不靠发，右手自然摆动或扶住前内角。

第二，托盘不越过宾客头顶，随时注意数量、重量、重心的变化，手指做出相应的移动。

第三，行走时，头要正，肩要平，上身要直，眼视前方，脚步轻盈，行走平稳，表情自然。

二、斟酒

在餐厅里，无论中、西餐的便饭，中餐一般酒席，还是较高级的中餐酒席，宴会以及西餐宴会，常常由服务员斟酒。因此，服务员掌握一般的斟酒方法和有关知识，对做好服务工作是十分必要的。

(一)酒水的准备和示酒

各种酒席，宴会预订的酒品，应事先备齐，在高级的宴会场合，宴会的规格、标准应同接待单位协商而定。

服务员要了解各种酒品的最佳奉客温度，并采取升温或降温的方法使酒品温度适合饮用。

1. 冰镇(降温)

许多酒的最佳饮用温度要求低于室温。啤酒最佳饮用温度为 4℃～8℃，白葡萄酒饮用温度为 8℃～12℃，香槟酒和有汽葡萄酒饮用温度为 4℃～8℃，所以要求对酒进行冰镇处理。最佳的饮用温度是向客人提供优质服务的一个重要内容。

2. 温酒(升温)

某些酒品(如黄酒中的加饭酒)在饮用前将酒温升高至 60℃左右喝起来则更有种独特味道，这也是一种习惯做法。有些外国酒也有经升温后饮用的。

3. 示酒的方法

服务员站在点酒客人的右侧，左手托瓶底，右手托瓶颈，酒杯朝向客人，让客人辨认。示酒是斟酒服务的第一道程序，它标志着服务操作的开始。

在上台斟酒前，要在工作台上拭净瓶口，瓶身，检查酒水质量，如发现瓶子破裂或酒水变质，要及时调换。

(二)斟倒位置和顺序

服务员应站于宾客的右后侧，当宾客入座后，用托盘显示酒种，以供选择。应从主宾开始倒，接着是主人，再按照副主宾的顺序顺时针方向依次进行。若两位服务员同时服务，则一位从主宾开始，另一位从副主宾开始，按顺时针方向进行。中餐宴会顺序一般在宴会开始前 10 分钟左右将烈性酒和葡萄酒斟好，斟酒前先斟主宾，后斟主人，然后顺时针方向依次绕桌进行。

在宾主祝酒讲话时服务员应停止一切活动，端正静立在僻静位置上，不可抓耳挠腮，或交头接耳，并要注意宾客杯中的酒水，当杯中酒水少于 1/3 时，就应及时斟添，使其经常保持八分满。要特别照顾好主宾和主人，宾主讲话结束时，服务员要及时送上他们的酒杯，供其祝酒。宾主离位给来宾祝酒时，服务员应托着烈性酒和甜酒两种酒，跟随主人身后，以便及时给主人或来宾续斟。

(三)斟倒姿势和方法

身体微前倾，右脚伸入两椅之间，左脚微微踮起，将右腿伸出进行斟倒，左手托盘略向外出，身体不要贴靠宾客。斟酒完毕，应顺势转动酒瓶的 1/4 圈，以免瓶口的酒滴在台布上，手握酒瓶时尽量不要挡住商标，以便使客人看清他所饮用的佳酿是什么牌子。

斟酒的方法有两种：一种叫桌斟，服务员站在宾客的右边，侧身用右手握酒瓶向杯中倾倒酒水；另一种叫捧斟，方法是一手握瓶，一手将酒杯捧在手上，站在宾客的右侧，再向杯内斟酒，然后将斟满的酒杯放在宾客的右手处。捧斟适用于非冰镇处理的酒。

(四)注意事项

(1) 右手握酒瓶下半部，商标朝外显示给客人，瓶口不搭酒杯，以相距 2 厘米为宜。

(2) 中餐斟酒一律以八分满为宜，表示尊重。当斟至适度酒量时万不可突地抬起瓶身，而应稍停一下，并旋转瓶身，抬起瓶口，使最后一滴酒随着瓶身的转动均匀地分布在瓶口沿上。避免酒水滴洒在台布或宾客身上。

(3) 控制斟倒速度。瓶内酒量越少，流速则越快，容易溢出，尤其是啤酒，当啤酒与汽水混喝时要先斟汽水，再斟啤酒。

(4) 酒杯或酒满溢出时，要迅速铺上干净的餐巾并重新斟酒。

三、摆台

(一)铺台布

服务员站在副主人处，用双手将台布抖开铺上台面。铺台布的标准：台布正面向上(台布折缝朝上)，中心线对准主人位置，十字中心点居桌中，舒展平整，四角均匀对称与桌角垂直。铺台布的方法有两种，一种是推拉法；另一种是渔撒网法。

(二)中餐零点摆台

操作时要左手找盘，右手摆餐具。站在椅子右边按顺时针方向进行。首先摆餐碟(或称骨碟)，距桌边约 15 厘米(或一个食指位)，10 个骨碟距离相等。筷子架放在骨碟右侧约 45 度处。筷子位于骨碟右侧 5 厘米，底边与台边相距 15 厘米，筷子的 2/5 伸出筷架。茶碟摆在骨碟右侧，距桌约 15 厘米，茶杯扣放于茶碟之上，杯耳向右汤碗摆在骨碟的左上方 3 厘米处。汤匙放在汤碗内，柄把在左。口布可折成杯花放在水杯中，也可折成盘花放在骨碟上。水杯摆在骨碟正前方 3 厘米处。牙签袋放在筷子右侧，与筷子平行，距筷子 1 厘米。

(三)中餐宴会摆台

首先摆餐碟(或称骨碟)，距桌边 15 厘米(或一个食指位)，十个骨碟距离相等。勺筷架放在骨碟右侧约 45 度处，筷子装套后与长柄汤勺一起放于勺筷架，底边与台边相距 15 厘米。茶杯扣放于茶碟之上，杯耳向右。白、红酒杯和水杯位于骨碟的上方，红酒杯摆在骨碟正前方，红酒杯底距骨碟 3 厘米，白酒杯位于红酒杯的右侧，杯底间距离为 1 厘米，水杯位于骨碟左侧，杯底间距 15 厘米，三杯在一条直线上。汤碗摆在骨碟的左上方 3 厘米处。汤匙放在汤碗内，柄把在左。口布可折成杯花放在水杯中，也可折成盘花放在骨碟上。牙签袋放在筷子与长柄勺的中间，与筷子平行。其他物品摆放：转盘多用于大圆台上，盘底以压在台布“十字”折边正中为宜。烟灰缸分别摆在正副主人左右 45 度处，一般十人台摆四个烟灰缸。主人席右方 90 度处放置盐，胡椒瓶，左方 90 度处放置酱油，醋壶标志朝向客人。菜单两份，分别平放主人席或副主人席的右边，公筷，匙每桌两副，放于主人席和副主人席酒具的正前方。台中放花瓶一个。

注意事项：摆台前要洗手消毒，搞好个人卫生。摆台时用托盘盛放要用的餐具，边摆边检查酒杯，餐具是否干净，光亮，发现不洁或破损的要更换，保证安全，保持美观。手拿餐具时，要拿其柄部，拿餐盘时手不应该接触盘面。拿杯具时手指不能接触盛酒部位。摆好台后要全面检查是否摆放端正。

(四)西餐摆台

1. 早餐摆台

西餐早餐一般是在咖啡厅内提供。有美式早餐、欧陆式早餐及零点早餐，摆台方面略有差异。摆台时，首先在桌子上铺一块台垫(一块毛毡或泡沫)，台垫下垂 10 厘米，台垫的作用是避免餐具和台面碰撞。台垫也可以固定在桌上，台垫的角可以系住和订牢。在铺好台垫后再把清洁的台布放在台垫上。台布的中线折缝应落在桌子的中线上，使四周下垂部分的长度一致。在铺台布前，一定要认真检查，绝不能把有破损和有污点的台布铺上去。台布铺好后开始摆放餐具，餐具可以从宾客的左手边开始，摆面包盘，盘上摆黄油刀，盘边与桌边距离为 1 厘米，叉柄端与桌边的距离也是 1 厘米。服务盘摆在餐叉的右边，餐布折好摆在服务盘上，服务盘的右侧摆餐刀，刀口朝向服务盘，餐刀的前方摆水杯，餐刀的右侧摆咖啡碟，咖啡碟上摆咖啡和咖啡勺。咖啡壶，糖缸摆在咖啡杯的上方。盐和胡椒瓶及烟灰缸放在餐台靠中心的位置上。

2. 西餐午、晚餐摆台

午、晚餐一般是用小圆台或小方台。摆放餐具的方法是：服务盘放在正中，对准椅中线(圆桌则按顺时针方向按人数等距离定位摆盘)，餐巾叠放在服务盘内，餐叉放在服务盘的左边，叉尖朝上，餐刀和汤匙放在服务盘的右边，匙口朝上，甜点心餐具横放在服务盘的上方。面包盘放在餐叉的左上方，酒杯靠水杯右侧，烟灰缸放在服务盘的正上方，胡椒瓶、盐瓶放在烟缸的上方。午、晚餐中各有一餐为正餐，由于世界各国情况不同，因此，西餐摆台方法也有差别，分国际式正餐摆台和法式正餐摆台。

以 8 人标准为一台的宴会(长方形台)，倒水及斟酒顺序为水，葡萄酒。量的控制为水斟 4/5，白葡萄酒为 2/3，红葡萄酒为 3/4。西餐宴会程序摆台略为复杂。

四、餐巾折花

(一)餐巾折花的作用

餐巾又名口布，是餐厅中常备的一种卫生用品，又是一种装饰美化餐台的艺术品，给就餐者带来美的享受。其作用主要有以下几种。

第一，口布花是一种卫生用品。宾客在进餐时，既可用其衬在胸前或铺在腿膝上，以防汤汁酒水玷污衣服，还可用其上后擦嘴揩手以保持自身整洁。折餐巾花形的基本要求：简单美观，折用方便；选形生动，形象逼真；各具特点，刻意求新；主次分明，变化多样。

第二，突出主题。口布花的不同花形及摆设，可以点化宴会主题和标志主宾席位。宾客一步入餐厅就可以从不同的花形中识别出自己的位置。

第三，美化席面。餐巾花不仅是宴会摆台的组成部分，而且是一种不可缺少的装饰品。可以起到渲染宴会气氛，培养艺术感染力的作用，若口布花形与美味佳肴相互呼应，协调一致，美观统一，则会收到美食美器的良好效果。

(二)餐巾折花的基本技法和种类

餐巾折花的种类很多，凡能叠成一定的实物形状，具有一定的欣赏价值，又适用于酒席宴会场合的花形都可采用。现在已有二百多种，常用的也有二三十种。大致上可以分为花草类、飞禽类、蔬花类、走兽类、鱼虾类和实物造型类。将口布花插入水杯的称为“杯花”，平放在服务盘上的称为“盘花”。通常中餐用杯花，本餐用盘花。常用盘花有五款：扇面送爽、水仙盆景、领带折巾、扬帆远航、王公冠冕；常用杯花有十款：双荷花、单荷花、扁豆花、冰玉水仙、鸡冠花、芭蕉叶、比翼双飞、白鹤、大鹏展翅、马蹄开花。一般主位常用盘花有：主教帽、雨后春笋、企鹅；杯花有：芭蕉叶、白鹤、马蹄开花。

口布折花的新趋势：美观大方，造型简单，叠法快捷。

五、上菜

(一)上菜的位置，顺序和原则

从副主人位右边第一位与第二位之间的空隙处(或译陪人员之间)侧身上菜。上菜顺序一般是先上冷菜，再上热菜，最后上汤菜、点心和水果。但粤菜则习惯于先汤后菜。中餐宴会的上菜顺序，原则上是根据宴会的种类和各地传统习惯来决定，但安排是否合理、科学，对宾客的就餐情绪、生理要求乃至对整个宴会效果的影响是很大的。中餐宴会上菜的一般原则是：

(1) 先上冷菜，后上热菜。

(2) 热菜中，应先上重点菜。

(3) 先上本地、本店名菜、时令菜和季节菜，后上其他品种菜。

(4) 先上酒菜，后上饭菜。

(5) 先上咸味菜，后上甜味菜。

(6) 先上浓味菜，后上甜味菜。

(7) 汤菜及汤汁多的菜肴排列要适宜。

(二)上菜要求

(1) 上菜报菜名，有作料先上作料。

(2) 遵循“右上右撤”原则。

(3) 高档菜应先摆在主宾位置上，一般菜肴要面向主人。

(4) 上粒状菜肴加汤匙，上煲窝类一般加垫碟上席。

(5) 上带壳食品要跟毛巾与洗手水。

(三)上菜注意事项

1. 上菜要核对

服务员一定要事先了解宾客用餐的菜单，上菜时要仔细核对，特别是多桌多档的中餐更要仔细，切不可送错对象。

2. 认真把关

一种菜肴或点心，要经过多道加工，最后由服务员送至宾客面前，所以，服务员要认真把关。如色、形、卫生、数量是否符合标准，原料是否新鲜，盛器是否合适等。如发现问题，应立即采取措施，切不可马虎从事，不负责任。

3. 注意菜肴台面摆放格局

摆菜是将上台的菜按一定的格局摆放好，其基本要求是：讲究造型艺术，注意礼貌。尊敬主宾，方便食用。摆菜的位置要适中。零点餐摆菜要摆在小件餐具前面，间距要适当。宴席摆菜，一般从中间向四周摆放。菜肴的观赏面要对正主位。各种菜肴要对称摆放，讲究造型艺术。可以考虑鸭对鸡，鱼对虾及色彩，形状的对称，尽量避免雷同的菜并列摆放。

4. 注意速度和节奏

上菜既不能太快也不能太慢，注意把握好上菜速度和节奏。

六、分菜

分菜是宴会服务中技术性很强的工作，要想熟练地掌握它，就必须对各种菜肴的烹制方法，菜肴成型后的质地特点有很好的了解，才能在实际工作中运用自如。

(一)分菜用具

包括分菜叉(服务叉)、分菜勺(服务勺)、公用勺、公用筷、长把汤勺。

(二)分菜方法

1. 桌上分让式

服务员右手持服务叉勺站于宾客右侧进行分派，并从主宾位开始顺时针方向进行。或二人合作式：一个服务员站于翻译与陪同之间分菜，另一个服务员从主宾开始顺时针方向走动，带出宾客的骨碟，盛完菜肴后再放回原位，接着下一位。

2. 旁桌式分菜

由服务员将菜端上台，介绍菜式，供宾客观赏后，端回服务台待服务员将菜分到骨碟内，然后用托盘派送，依次从宾客右侧将菜肴送到每位宾客面前。

(三)分菜顺序

(1) 先主宾后主人，然后按顺时针方向依次分派。

(2) 先主宾后副主宾，然后按顺时针方向依次分派，最后分派给主人。

(四)注意事项

(1) 在分菜时，对每盘的菜肴数量，心中有数并分均匀。

(2) 头尾不分宾客，叉勺不要在盘上发出声响，分菜一般不要全部分光，要留出菜的1/3，以示菜的丰盛和准备给宾客添加。

评估练习

1. 餐厅的种类一般分为哪些？
2. 扒房与普通西餐厅的区别主要体现在哪些方面？

第三节　中餐厅的经营特点和中国各大菜系介绍

教学目标

1. 掌握中餐服务程序。
2. 了解中国各大菜系。

一、中餐厅的经营特点

(1) 营业时间长、客流量大。

(2) 菜单实际体现着餐厅经营水准和风格。菜单是反映餐厅全貌的一个窗口，中餐厅的菜单既要有自己的特色菜，具有一定的选择性，又不可品种过多到让人无所适从。它的设计要建立在对本酒店目标进行市场调查的基础上并作出适时的调整。

(3) 服务员需具备较全面的知识与技能，尤其应具有推销意识和灵活处理问题的能力。中餐厅的客人来自四面八方，需要提供极具针对性的服务，使客人产生积极的消费欲望。

二、中餐服务流程

中餐服务流程如表 8-1 所示。

表 8-1　中餐服务流程

步　骤	服务细节	服务用语
1. 迎客	1. 有无问候 2. 有无询问客人预订 3. 有无询问多少位客人 4. 有无询问客人所需要的区域	早上/下午/晚上好 请问几位 请问您有预订吗 请问您/你们需要吸烟区还是非吸烟区 这边请
2. 引客入座	为客人拉椅，女士优先	请坐
3. 铺设餐巾	1. 侧身轻轻摊开口布，对折成三角形 2. 将口布摆置于客人之大腿上，右手先进入 3. 动作不宜过大	对不起，打搅了
4. 服务热毛巾	站在客人的左手边服务毛巾	请用毛巾
5. 询问所需要茶水	1. 客人右手边，顺时针，女士优先 2. 女士优先	谢谢

续表

步　骤	服务细节	服务用语
6. 为客人斟倒茶水	1. 客人的右边服务，顺时针方向 2. 女士优先	
7. 服务菜单，酒单，并给客人介绍	1. 客人的左边服务，逆时针方向 2. 女士优先，翻开菜单	
8. 为客人点单	1. 客人的右手边，顺时针方向 2. 单据的内容：日期，台号，服务员姓名，所点菜的内容，烹调方法，客人座号，下单的时间	请问现在可以点单了吗
9. 为客人点酒水	1. 单据的内容：日期，台号，服务员姓名，所点酒水的内容，客人座号，下单的时间 2. 客人的右手边点单	您需要喝点什么吗
10. 开单，并交给厨房和酒吧		
11. 依据客人所点的单，准备相应的餐具和杯子	1. 与所点菜式所需的餐具是否相符 2. 换餐具时，是否用干净的托盘，一次性把所需餐具更换到位	
12. 根据客人点单为客人服务酒	客人右手边服务，顺时针方向，女士优先，先宾后主	
13. 为客人服务餐前小菜		请用餐前小菜
14. 清理客人用后的餐前小菜碟	客人右手边服务，顺时针方向，女士优先	请问可以收了吗
15. 更换小毛巾		请用毛巾
16. 为客人服务上菜	1. 位上的菜式在客人右手边服务，顺时针方向，女士优先 2. 盘上的菜式应在副主人的右手边服务上菜	对不起
17. 清理客人用后的菜碟	客人右手边服务，顺时针方向	请问可以收了吗
18. 清理客人的桌面		
19. 更换毛巾	为客人第三次更换毛巾	请用毛巾
20. 放置好相应的甜点餐具	根据需要更换适当的餐具	

续表

步　骤	服务细节	服务用语
21. 服务甜点	客人右手边服务，顺时针方向，女士优先	请用甜品
22. 为客服务茶水	1. 更换茶水 2. 站客人右边，为每位客人服务茶水	请喝茶
23. 清理客人用过的甜品碟	客人右手边服务，顺时针方向	
24. 服务水果	1. 位上的菜式在客人右手边服务，顺时针方向，女士优先 2. 盘上的菜式应在副主人的右手边服务上菜	
25. 为客人结账	双手奉上账单簿，并请客人签名确认	
26. 护送客人到门口，并谢谢客人的光临	护送客人到门口，并谢谢客人的光临	谢谢光临，请慢走

知识拓展

点菜技巧

酒店餐饮部点菜技巧，点菜是客人购买酒店餐饮产品的初始阶段，它关系到整个服务过程的成败。如果点菜的服务不周到，客人很可能会拂袖而去，甚至可能对餐厅的整个服务不满。因此，服务员需要掌握点菜的基本程序、基本要求和服务方法。

一、基本程序

点菜的基本程序从形式上来看比较简单，包括：递送茶水 → 递送手巾 → 等候点菜 → 引领客人到指定地点 → 递送菜单 → 点菜 → 推荐菜品 → 记录菜名 → 点菜完毕 → 重复菜单 → 特殊要求 → 落单。

然而，要将这些程序有机地结合起来，达到客人满意的效果，却不是一件简单的事情。客人对菜品的喜好程度不同，饮食习惯、方法不同，对餐厅供应产品的熟悉程度不同，对产品风味和产品价格的要求不同，这些都需要在点菜的过程中予以注意，并得到妥善解决。

二、基本要求

从客人的要求和酒店餐饮服务的特点来看，点菜服务需要注意如下几点。

1. 时机与节奏

在客人就座后几分钟内要及时进入厅房点菜。

2. 客人的表情与心理

开始点菜时，要细心观察，要掌握："一看二听三问"的技巧。

(1)"看"，看客人的年龄，举止情绪，是外地还是本地，是吃便饭还是洽谈生意，宴请朋友还是聚餐。调剂口味是炫耀型还是茫然型，还要观察到谁是主人，谁是客人。

(2)"听"，听口音，判断地区或从顾客的交谈中了解其与同行之间的关系。

(3) “问”，征询顾客饮食需要，作出适当的菜点介绍。

3. 认真与耐心

详细介绍，推介，耐心倾听客人的意见。

4. 语言与表情

具有良好的语言表达能力，所谓良好的语言达能力就是灵活、巧妙地运用，能使客人满意的语言。

5. 知识与技能

(1) 对菜品、点菜等产品知识要有充分的认识。

(2) 根据观察来判断宾客的要求。

(3) 掌握业务知识与技能。

三、服务方法

在客人点菜时，服务人员除了按基本程序和基本要求为客人服务之外，还应具备灵活处理特殊问题的能力。这种能力是素质和修养的体现，是经验、技能和技巧的反映，是灵感和智慧的结晶。一般来讲，我们可以把点菜服务的方法归纳为以下几点。

1. 程序点菜法

熟记菜名，快、准报出各种菜的名称。

2. 推荐点菜法

酒店特色菜、急推菜。

3. 推销点菜法

按顾客的消费动机来推销。

(1) 便饭，来餐厅吃便饭的顾客有各种情况，有的是外地顾客，出差、旅游、学习、居住在本酒店，就近解决吃饭问题，有的居住在附近的因某种情况而来餐厅用餐等。这些消费者的要求，特点是经济实惠快吃早走，品种不要太多，但要求快，应主动介绍价廉物美，有汤有菜，制作时间短的菜品。

(2) 调剂口味，来餐厅调剂口味的顾客，大部分是慕名而来想尝酒店的风味特色、名菜、名点或者专门是为某一道菜肴而来。在服务过程中要注意多介绍一些反映特色的菜肴，数量上要少而精。

(3) 宴请，除结婚、庆寿等宴请以外，还有各种原因的宴请如商务等宴请。这类宾客却要求讲究一些排场，菜肴品种要求丰盛，有的注意菜肴的精美，充足且在一定的价格范围之内。

(4) 聚餐，如同事、朋友等聚在一起。他们的要求是热闹，边吃边谈，菜肴一般，品种丰富而不多，精细而不贵，有时每人点一个自己喜欢吃的菜，有的也喜欢配菜等，要注意上菜，速度不宜太快，应主动帮助加热。

4. 心理点菜法

按客人的特性来推销。

(1) 炫耀型，他的情感丰富，一般易感情用事，重友情，好面子，以炫耀富有和慷慨邀请朋友，如“打肿脸充胖子”，有时一餐就用掉三月工资，即便一个人也要点两三道菜，这类客人，不求快只求好。

(2) 茫然型，这种客人多数是初次出门，还不习惯在外就餐，不知到哪个餐厅好，不知吃什么好，对就餐知识和经验比较缺乏，随便找个地方就吃一顿。

(3) 习惯型，这些顾客吃惯了食物并不一定有独特的风格，但由于长期食用，在决定就餐时就形成一种心理惯性，习惯型的顾客行为表现偏好一种小吃，喜好于某一饭菜的风味，或信奉某一餐厅，某一厨师的声誉。 在为这类顾客服务时，应注意与客人打招呼(最好是加姓)并可试问，某某先生还是和上次一样吗？还是另外点或介绍，我们今天推出了什么是您以前没有用过的。

四、点菜注意事项

(1) 根据客人的心理需求尽力向客人介绍时令菜、特色菜、招牌菜、畅销菜。

(2) 客人点菜过多或在原料、口味上重复时，记得及时提醒客人。

(3) 客人已点菜肴估清时，及时告诉客人换菜，并推荐与估清菜肴相似的菜肴。

(4) 客人未到齐时，菜单上应注明(叫齐)，赶时间的客人应注明(加急)，有特殊要求的客人，也应注明如：不吃大蒜、不吃糖、不吃辣、不吃猪肉等。

(5) 海鲜写明做法、斤两，并且问询是否需要确认。

(6) 台号、桌数写清楚，名字也一并写上。

(7) 分单部门单据分清楚。

(8) 点完菜以后应向客人复述一遍。

(9) 鱼的做法应写明。

(10) 急推菜肴的推销(最大限度减少酒店的损失)。

(11) 用餐过程中征询客人意见。

(12) 上错菜、上不去菜的处理方法。

(13) 退菜的处理方法，退海鲜的处理方法。

(14) 菜肴的搭配方法。

(15) 各种海鲜的食法。

(16) 多出来的菜肴或做错的菜肴，应相互通知，尽量设法推出去。

(17) 注意酒水的推销。酒水的利润较高，在点完菜后，不要忘记询问客人是否需酒水，并根据情况适当介绍。

(18) 绝对禁止恶意推销。

三、中国各大菜系介绍

菜系是指在一定区域内，因独特的物产、气候、历史文化和饮食习俗等原因，自成体系的烹饪技术及地方特色菜肴的总和。所谓的中国各大菜系，主要是指地方风味而言的。关于中国菜系的种类，专家学者们尚未有一致的划分。有人认为，一省可算一个菜系。有人将一省分为几个菜系，如安徽有沿江、沿滩之别；广东有潮汕、东江之分；山东有济南、烟台之异；江苏又有扬苏两系。一些人又将中国菜系分为八个：川、鲁、苏、粤、湘、闽、浙、徽。还有人认为有十大菜系，即八大系外加京、沪。然而，还有人认为影响最大的当属鲁、川、苏、粤四系，其余风味都可看做是这四大菜系的支源。因我们的兴趣并不在于对菜系进行严格的划分，而是通过菜系的形成及特征来反映饮食文化面貌，故主要介绍川菜、鲁菜、苏菜、粤菜、湘菜、闽菜、浙菜、徽菜等八大菜系。

(一)川菜

四川自然条件得天独厚，江河纵横，水源充沛，沃野纵横，气候温湿，号称天府之国，故发展烹饪的物质基础十分雄厚。川菜的发祥地是巴(重庆)、蜀(成都)。巴蜀曾与殷、周、楚、秦有过密切的经济文化关系，后为秦所并，故与秦之关系更为密切。咸阳出土的川式泡菜坛可作为巴蜀与秦饮食文化交流的物证之一。阳德出土的庖厨画像砖表明，早在东汉时期，成都一带的烹饪技艺已具相当水平。唐宋以来，“蜀味”、“蜀蔬”屡见于各家诗文之中。成都早是我国北南菜系的中心之所在，其影响所及北至中州，东及仁和。到宋代，川菜已发展为在全国影响颇大的一个菜系。到清代，川菜的烹制水平得以进一步提高。宣统年间，成都的饮食业很发达，所谓的七十二行中，约有三分之一为饮食行，当时市上席面菜点多达三百余种。此间，扬州菜(卤子面)也传入四川。川菜的特点和代表菜如下。

(1) 重油重味、嗜麻辣。川菜的调味非常丰富，有“百菜百味”之誉。麻辣、三椒、怪味、萸香、红油等，都是外地所不及的。其中麻辣是最为典型的风味特色，如“毛肚”(以牛肚、羊杂为主的麻辣火锅)、“麻婆豆腐”(具麻、辣、油、烫、咸、嫩、滑七个特点)。代表菜除上述两种外，还有怪味鸡、干烧明虾、樟茶鸭子、香酥鸡等。图 8-13 和图 8-14 所示分别为川菜代表宫爆鸡丁和麻婆豆腐。

图 8-13　宫爆鸡丁

图 8-14　麻婆豆腐

(2) 善于用料。四川厨师善用普遍材料制成多种佳肴。如以一块猪肉可做出回锅肉、盐煎肉、萸(鱼)香肉(以泡菜、泡辣椒等为配料做成的香辣菜)、酱爆肉丁、锅巴肉片、甜烧白(豆沙、薯片夹扣肉)、咸烧白(香芋、芽菜夹扣肉)、粉蒸肉、咕噜肉等，这些菜虽主料相同，而风格各异。

(3) 小吃丰富。川人善做各种小吃，如抄手、汤圆、八宝糯米饭、担担面、麻辣牛头肉、怪味鸡、樟茶鸭子、酱兔肉等。

(二)鲁菜

鲁菜素有“北方代表菜”之称，有着悠久的历史。鲁菜的发祥地是临淄与曲阜，即齐、鲁之故乡。山东开化很早，齐鲁之邦是中华民族传统文化的发祥地之一。作为周代宗室之一的鲁国，保存了周代典式。孔丘于东周问礼，修订《周礼》，使商周庙堂保存了一整套饮食礼仪。孔府菜可谓周代宫廷菜的发展，并吸收了齐菜、苏菜和粤菜做海味的技艺。齐国位于山东半岛东部，濒黄海和渤海。春秋时期，齐国因管仲、晏婴的正确措施，国力强盛，号称五霸之首。“临淄三百闾，张袂成阴，挥汗成雨，比肩继踵”，当时的繁荣景色所由此一斑而窥见。临淄衰落后，青岛与烟台继承和发展了齐都善做海菜的传统。元明清三代，鲁菜入就，备受达官贵人、文豪名流的喜爱。王渔洋在《历下银丝鲊》一诗中高度称赞了济宁、济南一带厨师的技艺："金盘错落雪花飞，细缕银丝妙入微。欲析朝酲香满席，虞家鲭鲊尚方稀。"此期，有许多南方菜及川菜传入山东，纳入鲁系。鲁菜的特点和代表菜如下。

(1) 用料考究。鲁菜大多选用高档名贵材料，如鹿肉、银耳、蘑菇、蛤士蟆油、燕窝、海参、干贝、鱼翅、鱼肚、鲍鱼等。

(2) 高热量、高蛋白。鲁菜善用烤、炸、蒸、扒等方法，做出高热量高蛋白的菜肴，如炸蛎黄、红烧海螺、干蒸加吉鱼、德州扒鸡、焅肉、盐爆肚丝、脆皮烤鸭、九转肥肠、脱骨烧鸡、锅烧黄河鲤鱼等。代表菜除上述外，还有烤大虾、锅烧肘子、清汤燕窝、奶汤银肺等。图 8-15 和图 8-16 所示分别为鲁菜代表九转肥肠、奶汤蒲菜。

图 8-15　九转肥肠

图 8-16　奶汤蒲菜

(3) 善于以汤调味。厨师们往往在炒锅旁备有一锅以猪蹄、母鸡为汤料的味汤，无论是炒、溜、扒、烧，都以味汤溅锅提味。这种味汤替代了味精的作用。另外，还善做奶汤，如奶汤蒲菜就是突出了奶汤的作用而著称。

(三)苏菜

苏系由苏州、扬州、杭州三个地方菜发展而成。苏州为吴国都城，春秋时，吴、楚二国具有密切的经济交流关系。吴菜与楚菜的交流可从古代文献中反映出来，如《楚辞·招魂》中记有楚国聘请吴厨师做酸辣羹一事。再如《淮南子·本经训》云："煎熬焚炙，调齐和之适，以穷荆、吴甘酸之变。"春秋战国之交，越灭吴，楚灭越，使吴、越、楚经济文化再次交融。汉武帝统一闽越，四万多闽越人迁徙至江淮，使苏菜融入闽菜成分。东吴、东晋及南朝时，东华地区得以开发，随之金陵、镇江、无锡、常州、温州等城相继崛起，为苏菜开辟了广阔的领地。隋朝时，隋炀帝开凿京杭大运河，使扬州和杭州日益繁荣起来，从而也丰富了苏菜。

扬州地处江淮湖海之间，物产丰富。在古代，一直是南北经济文化交流的重要枢纽，因而，荟萃四方佳味于一处，兼容并蓄，逐渐形成了独特的地方风味。关于扬州的地域，较为复杂，在夏商周时代，扬州占有苏、浙、皖、赣的广大地域，秦汉之后，郡治或在寿春、或在会稽、或在建业、或在广陵。隋唐以来，方定指今日的扬州。因而有人认为苏菜、金陵菜、浙菜都应归属于扬菜，而称扬菜系。可见，苏菜与杭州菜和扬州菜的关系是十分密切的，甚至是难解难分的。苏菜的特点和代表菜如下。

(1) 味兼南北。苏菜的区域适应性强，厨师们既可做出清炒、清溜的南味爽口菜，又可做出如火腿炖肘子、狮子头、炒膳糊等高蛋白、高热量的北方美肴，还可烹制非南非北的中性菜。代表性菜肴有鸡汤煮干丝、清炖蟹粉狮子头、双皮刀鱼、拆烩大鱼头、野鸭菜饭、水晶肴蹄、百花酒焖肉、清蒸鲥鱼、银芽鸡丝等。图 8-17 和图 8-18 所示分别为苏菜代表狮子头和西湖糖醋鱼。

图 8-17　狮子头

图 8-18　西湖糖醋鱼

(2) 河鲜丰富。由于苏菜地域盛产各种河鲜，故河鲜菜特别丰富。著名的河鲜菜肴有蟹黄燕窝、虾羹鱼翅、莲子鸭羹等。

另外，苏系的特点还有选料严谨、制作精致、注重配色、讲究造型、四季有别等。

(四)粤菜

粤菜由广州菜、潮州菜和东江菜组成，其发祥地是广州。南粤闽海，地处海隅，在古代因交通不便而与内地很少交流。自秦代之后，这种状况有所改变。秦始皇南定百越，建立“驰道”，加强政府与地方间的联系，从而便于文化的交流。从秦五清，一批又一批中原人落籍岭南，使岭南与岭北的饮食文化得到了不断的交流与融合。汉代，粤食已为内地人所知。《淮南子・精神篇》：“越人得蚺蛇，以为上肴。”晋葛洪《抱朴子》：“越人之大战，由乎分蚺蛇之不均。”可见，粤人非常喜食蛇肉，且有两千多年的历史。唐代，粤闽与内地间的饮食交流频繁。韩愈贬潮州，曾作《南食》一诗，云：“我来洁魑魅，自宜味南烹。惟蛇旧所识，实惮口眼宁。”其中“南烹”意指粤菜。宋末，皇室南遁，将中原一带的一些食俗带到广东。广东潮州，多有闽越移民，善做海菜，客家人也带来了中国的饮食习惯与烹饪技术，这两个支系逐渐成为粤菜的组成部分。广东菜至今仍留有许多中原古代食法。今日广州有鱼生、虾生、蠔生等，实源于商周的鱼脍及隋唐的“五生盘”。粤食中，至今仍存古代菜肴者有明代的“蜗牛脍”、“蚁子酱”等，并有蜗牛(周代宫廷饮食见之)、蜜唧(唐代见之)等古代食料。广州为中国最为古老的海港与海外通商地，许多朝代都有不少外国人定居广州，特别是晚清以来，五口通商，使广州饮食吸取了外国(东南亚及西欧为主)菜肴及饮食习俗。粤菜的特点和主要代表菜如下。

(1) 取料广、用料严。该系取料非常广泛，包括海鲜、禽类和野味。海鲜中最推崇鲳鱼、鲜带子、石斑、明虾、鳗鱼、膏蟹、海龟等。禽类有鸡、鸭、鹅、鸽、鹧鸪、鹌鹑、禾花雀等。野味中，娃娃鱼、甲鱼、穿山甲、山瑞、山斑鱼、龟、蛇、果子狸等为上乘。上三类食物，以野味及海鲜为上馔。粤菜选料非常严格，如石斑鱼以老鼠斑为上乘；鲳鱼以白鲳为上乘；虾以近海明虾及基围虾为上乘；龟以金钱龟为上乘；鸡以清远鸡及文昌鸡为上乘；鹅以黑鬃鹅为上乘。名菜肴有红焖白鳝、龙虎斗、大良炒鲜奶、煲狗肉、蚝油牛肉、竹丝鸡、烩五蛇等。

(2) 口味清、鲜、爽、滑。粤菜调味具有浓重的地方色彩，多用蠔油、虾酱、红醋、鱼露、沙茶、梅膏等。烹法多为炒、烩、烤、蒸、溜。

(3) 配菜丰富。粤北盛产冬菇、珠江三角洲四季产鲜草菇，还有白木耳、石耳、石花菜、竹笋等，这些都是做羹的良好作料。再者，按时令，作为作料还有菠萝、荔枝、梅子、椰子、香蕉、风栗、夜香花、剑花等。丰足的作料，使粤系的配菜十分丰富。

(4) 点心、粥品丰富。粤式点心吸取了中外许多点心制法，各大茶楼酒店均有数百款点心底单，每星期推出数十种，并时有创新。粤系的粥品也特别丰富，许多大酒店都有粥品。粥店往往以干贝、腐竹、老母鸡、猪骨等熬成大锅底粥(称为味粥)，之后将味粥舀入小锅，再以鱼、虾、蟹、田鸡、肉丸、虾丸、猪杂、鸡、牛肉、鸭、皮蛋等预先备好的粥料，配以葱、姜、胡椒粉等调味品，制出多种粥品。图 8-19 和图 8-20 所示分别为粤菜代表烤乳猪和蚝油牛肉。

图 8-19　烤乳猪

图 8-20　蚝油牛肉

(五)湘菜

湘菜是以湘江流域、洞庭湖地区和湘西山区等地方菜发展而成。湘江流域的菜以长沙、衡阳、湘潭为中心，是湖南菜的主要代表。其制作精细，用料广泛，品种繁多，其特色是油多、色浓，讲究实惠。在品味上注重香酥、酸辣、软嫩。湘西菜擅长香酸辣，具有浓郁的山乡风味。湘菜历史悠久，早在汉朝就已经形成菜系，烹调技艺已有相当高的水平。在长沙市郊马王堆出土的西汉墓中，不仅发现有鱼、猪、牛等遗骨，而且还有酱、醋以及腌制的果菜遗物。唐宋以后，由于长沙曾是封建王朝政治、经济、文化的重要城市，因而湘菜系发展很快，形成了一套以炖、焖、煨、烧、炒、熘、煎、熏、腊等烹饪技术，成为我国著名的地方风味之一。改革开放以来，湘菜特色技术有了更进一步的发展。湘菜的主要名菜有东安子鸡、红煨鱼翅、面包全鸭、油辣冬笋尖、板栗烧菜心、五元神仙鸡、吉首酸肉等。图 8-21 和图 8-22 所示分别为湘菜代表东安子鸡和腊味合蒸。

图 8-21　东安子鸡

图 8-22　腊味合蒸

(六)闽菜

福建地方风味菜简称闽菜，素以选料精细、刀工严谨、口味清鲜、重汤重味著称，并以烹制海鲜见长。其淡雅、鲜嫩、荤香不腻的风味特色，在中国众多的南方菜系中独树一帜。

闽菜由福州、闽南、闽西三种地方菜发展而成，其中福州菜是闽菜的主要代表，其菜肴特点是清爽、淡雅、鲜嫩、偏酸甜、注重调汤，有“百汤百味”之誉，并善于用红糟为作料；闽南菜具有鲜醇、香嫩、清淡的特色，以讲究调料、善用香辣著称，在使用沙茶酱、芥末酱、橘汁、辣椒酱等方面，有独到之处；闽西菜则有鲜润、浓香、醇厚的特点，并以烹制山珍野味闻名，口味偏咸辣，尤其擅长使用香辣调料，富有浓郁的山乡气息。闽菜虽然分为三种地方风味，但其菜肴的总体风格还是基本一致的，主要表现在以下四个方面。一是刀工精巧。闽菜向以刀工细腻严谨出名，讲究细致入微的片、切、剞等刀法，并使原料大小相等、厚薄均匀、长短一致。如闽菜名肴荔枝肉、鸡茸金丝笋、淡糟香螺片等，都是刀工精细而给人以剞花如荔、切丝如发、片薄至极的美感。二是汤菜居多。福建人喜鲜纯，认为汤菜最能体现原料的本质原味。因此，闽菜具有“重汤”、“无汤不行”的特点，它是区别于其他菜系的明显标志之一。有的汤清似水，色鲜味纯；有的白如乳汁，甜润爽口；有的金黄澄澈，芳香浓郁；有的汤稠色淡，香浓味厚。著名的汤菜有：鸡汤氽海蚌、茸汤广肚、高汤鱼唇、灵芝恋玉蝉等。三是调味奇特。善于调味是闽菜特色之一。闽菜调味偏于甜、酸、淡，这是由烹调原料多山珍海味所决定的。甜能去腥膻，故多用糖；酸则爽口开胃，故善用醋；淡可突出原料本味鲜纯，故少用盐；并以甜而不腻、酸而不峻、淡而有味为人称道。闽菜中以调味独特著称的名肴有：酸甜竹节肉、醉糟鸡、橘汁咖喱鱼、白炒竹、沙茶鸡块等。四是烹调细腻。闽菜在烹调技术上擅长熘、爆、炸、氽、炒、蒸、煨、糟等方法，尤以炒、蒸、熘、糟等见长。其细腻的风格表现在选料精细、制汤讲究、调味精当、火候适宜。著名的代表佳肴有：佛跳墙、炒西施舌、清蒸咖喱鱼等。

闽菜中的素菜也风味独特，品种繁多，而以厦门南普陀寺、福州鼓山涌泉寺和泉州开元寺的素菜为代表。福建素菜多用面筋、豆腐为主料，以香菇、冬笋、木耳为辅料，以传统的烹调技艺，做出清雅鲜美的特色。其中南普陀寺的两道名菜——“半月沉江”和“丝路菇云”中外闻名。

(七)浙菜

浙菜以杭州、宁波、绍兴、温州等地的菜肴为代表发展而成。其特点是清、香、脆、嫩、爽、鲜。烹调技法擅长于炒、炸、烩、溜、蒸、烧。久负盛名的菜肴有西湖醋鱼、生爆鳝片、东坡肉、龙井虾仁、干炸响铃、叫化童鸡、清汤鱼圆、干菜焖肉、大汤黄鱼、爆墨鱼、锦绣鱼丝等。

(八)徽菜

徽菜系又称“徽帮”、“安徽风味”，是中国著名的八大菜系之一。安徽地处华东腹地，气候温和、雨量适中、四季分明、物产丰盈，皖南山区和大别山区盛产茶叶、竹笋、香菇、木耳、板栗、山药和石鸡、石鱼、石耳、甲鱼、鹰龟、果子狸等山珍野味，著名的“祁红”、“屯绿”是驰名于世的安徽特产；长江、淮河、巢湖是中国淡水鱼的重要产区，为徽菜提供了鱼、虾、蟹、鳖、菱、藕、莲、芡等丰富的水产资源。其中长江鲥鱼、淮河肥王鱼、巢湖银鱼、大闸蟹等都是久负盛名的席上珍品；辽阔的淮北平原、肥沃的江淮、江南圩区盛产各种粮、油、蔬果、禽畜、蛋品，例如，砀山酥梨、萧县葡萄、涡阳苔干、大和椿芽、宣城蜜枣、安庆豆酱等都是早已蜚声中外，给徽菜的形成和发展提供了良好的物质基础。

徽菜的传统品种多达千种以上，其风味包含皖南、沿江、沿淮三种地方菜肴的特色。皖南以徽州地区的菜肴为代表，是徽菜的主流与渊源。其主要特点是喜用火腿佐味，以冰糖提鲜，善于保持原料的本味、真味，口感以咸、鲜、香为主，放糖不觉其甜。沿江风味盛行于芜湖、安庆及巢湖地区，以烹调河鲜、家禽见长，讲究刀功，注重形色，善于以糖调味，擅长烧、炖、蒸和烟熏技艺，其菜肴具有清爽、酥嫩、鲜醇的特色。沿淮菜是以黄河流域的蚌埠、宿县、阜阳的地方菜为代表，擅长烧、炸、熘等烹调技法，爱以芫荽、辣椒调味配色，其风味特点是咸、鲜、酥脆、微辣、爽口，极少以糖调味。

其总体风格是：清雅纯朴、原汁原味、酥嫩香鲜、浓淡适宜，并具有选料严谨、火工独到、讲究食补、注重本味、菜式多样、南北咸宜的共同特征。

徽菜的烹饪技法，包括刀工、火候和操作技术，徽菜之重火工是历来的优良传统，其独到之处集中体现在擅长烧、炖、熏、蒸类的功夫菜上，不同菜肴使用不同的控火技术是徽帮厨师造诣深浅的重要标志，也是徽菜能形成酥、嫩、香、鲜独特风格的基本手段，徽菜常用的烹饪技法约有 20 大类 50 余种，其中最能体现徽式特色的是滑烧、清炖和生熏法。

著名的菜肴有：符离集烧鸡、火腿炖甲鱼、腌鲜桂鱼、火腿炖鞭笋、雪冬烧山鸡、红烧果子狸、奶汁肥王鱼、毛峰熏鲥鱼、生仔鸡。图 8-23 和图 8-24 所示分别为徽菜代表符离集烧鸡与毛峰熏鲥鱼。

图 8-23　符离集烧鸡

图 8-24　毛峰熏鲥鱼

评估练习

1. 中餐服务流程包括哪些？
2. 中国八大菜系是哪些？

第四节　西餐厅的经营特点和西餐服务方式

教学目标

1. 掌握西餐厅经营特点。
2. 掌握西餐服务的方式。
3. 掌握西餐正餐上菜顺序。

一、西餐厅经营的特点

(一)选料精细

西餐的选料特别精细，在原料质量和规格上都有严格要求，如牛肉要用黄牛、仔牛、乳牛除皮去骨无脂肪的瘦肉；鸡要选用雏鸡，且应去头爪；鱼选用剔净头尾和骨刺的净肉等。

(二)调料讲究

西餐所用的调料十分讲究，除常用的盐、胡椒、酱油、番茄酱、芥末、咖啡等调味品外，还在菜肴中添加香料，以增加菜肴香味，如桂皮、丁香、薄荷叶等。另外，烹饪所用的酒类也是丰富多彩的，如葡萄酒、白兰地、朗姆酒等，且不同的菜肴使用不同的调味酒。

(三)沙司单独制作

沙司(Sauce)是西式菜肴的调味汁。沙司与菜肴主料分开烹饪是西餐的一大特点。沙司是西式菜肴的主要组成部分，将单独制作的沙司淋在单独制作的菜肴上面，可起到调味、增色、保温的作用。

(四)注重菜肴生熟程度

西餐中的一些牛肉、羊肉、鸡、鸭和海鲜一般烹制得较为鲜嫩以保持其营养成分，烹制牛、羊肉时的生熟程度一般分为下述几种。

(1) 一成熟(Rare，简写为 R)。肉表面微焦黄，中间为红色生肉，装盘后无血水渗出，但切开血水流出来。

(2) 三成熟(Medium Rare，简写为 MR)。肉表面焦黄，中间为红色生肉，装盘后无血水渗出，但切开血水流出来。

(3) 五成熟(Medium，简写为 M)。肉表面色成褐色，中间为粉红色，切开时无血水流出。

(4) 七成熟(Medium Well，简写为 MW)。肉表面成深褐色，中间呈茶色(略有粉红色)。

(5) 全熟(Well Done，简写为 W)。肉表面焦煳，中间全部为茶色。

(五)搭配丰富、营养全面

西式热菜在主料烹制好装盘后，还要在盘子边上或在另一盘子内配上少量加工成熟的蔬菜、米饭或面食，才能组成一道完整的菜肴。这样的搭配使菜肴美观，富有风味特色，营养搭配合理。

二、酒店西餐服务

(一)西餐常见的服务方式

1. 法式服务

法式服务(French Service)在西餐服务中是最高级别的服务，主要用于法国餐厅扒房(Grill)的零点服务。法式服务因需使用课前烹饪制车(Guerdon)而又被称为“车式服务”(Guerdon Service)。传统的法式服务需要两名服务员同时服务，一名服务员，一名助手。服务员在接受点菜后将点菜单交给助手送至账台和厨房，然后将一辆小推车(客前烹饪车)推至客人餐桌旁。准备好制作菜肴的相应设备和材料。助手从厨房将菜肴(有的已制作好，有的仅是半成品)和热餐盘端至小推车上，由服务员为客人现场完成菜肴的最后制作或切制菜肴，然后放入热菜盘中，再由助手依次从客人右侧递给每位客人。

法式餐厅装饰豪华高雅，以欧洲宫殿式为特色，餐具常采用高质量的瓷器和银器，酒具常采用水晶杯。服务员用手推车或在桌旁现场为顾客加热或调味菜肴及切割菜肴。在法式服务中，服务台的准备工作也很重要，通常在营业前要做好服务台的一切准备。高雅的就餐环境与高档的设备餐具，再配合现场优美的烹饪服务技巧，使得法式服务成为西餐服务中最豪华、最精致、最周到的服务。

2. 英式服务

英式服务(British Service)因与欧美家庭用餐方式类似，故又称“家庭式服务”(Family Style Service)。菜肴在厨房制作好并装入大餐盘端至餐厅，放在主人面前，如是大块烤肉，则应由服务员按人数切割好。先将热餐盘从左侧为每位客人放好，再端起来菜盘(上放服务叉、匙)按先女后男、先宾后主的原则依次由客人从菜盘中用服务叉、匙自取食物。蔬菜和调料放在餐桌上由客人传递自取。

3. 俄式服务

俄式服务(Russian Service)因需使用大量的银质餐具而被称为“银式服务”(Silver Service)。因其服务周到但又相对简单，而成为世界各国高级西餐厅的流行服务方式，所以俄式服务又被称为“国际式服务”。其具体服务方式为：菜肴在厨房制作、装饰好后装在银质餐盘中，由服务员用大托盘将菜肴和加过温的热餐盘托入餐厅，放在工作台上。服务员先为客人依次送上热餐盘(从客人左侧，遵循先女后男、先宾后主的原则，按顺时针方向进行)，然后左手托起大菜盘，右手持握服务叉、匙，从客人左侧，按顺时针方向依次(先女后男，先宾后主)为每位客人分派菜肴。在分派前，一般应将菜肴请客人欣赏，分派的同时报菜名，分派完毕后将剩菜送回厨房。

4. 美式服务

美式服务(American Service)因所点菜肴均在厨房分别装盘称为“盘子服务”(Plate Service)。美式服务是简单和快捷的西餐服务方式，一名服务员可以为多名顾客服务。美式服务简单、迅速，餐具和人工费用都比较低，空间利用率和餐位周转率都比较高。美式服务是西餐零点和宴会服务理想的服务方式，广泛用于咖啡厅和西餐宴会厅。其服务方式为：所有菜肴在厨房烹饪后分别装盘并加以装饰，装盘应事先烤热，主菜应加盖保温，有服务员端至餐厅从客人左侧用左手依次端送给每位客人，菜肴上桌后再把保温盖端走。一桌的客人如点了不同的菜肴，应按进餐程度先后分别端出送上。菜肴从左侧上，酒类饮料则从客人右侧斟倒。美式服务因其简单方便而常为咖啡厅所用。

5. 大陆式服务

大陆式服务(Continental Service)综合了英式、法式、俄式、美式服务方式，常用于西餐宴会服务。在服务过程中，根据菜肴特点选择相应的服务方式，如主菜用俄式服务、甜点用法式服务等，但应符合方便客人就餐、员工操作、餐厅管理的原则。另外，自助餐服务(Buffet Service)也是西餐的一种比较流行的服务方式。

(二)西餐早餐的分类和服务程序

1. 西餐早餐的分类

西式早餐分为英式早餐、美式早餐和欧陆式早餐。但一般酒店都只供应美式早餐和欧陆式早餐，如图 8-25 和图 8-26 所示。

图 8-25 美式早餐

图 8-26 简单的欧陆式早餐

1) 美式早餐

美式早餐(American Breakfast)内容丰富，有蛋有肉，一般还会有水果或果汁、麦片、土司、面包、茶或咖啡。

2) 欧陆式早餐

欧陆式早餐(Continental Breakfast)又称大陆式早餐，内容简单，只有咖啡、果汁、面包类，无蛋无肉。当今欧美国家许多酒店把欧陆式早餐包括在房价之中，住店客人住宿一夜，可免费享受用一顿简单的“标准早餐”。

2. 早餐服务程序和方法

(1) 做好开餐前的准备工作，如咖啡、鲜奶、水果等。根据客人的人数增减餐具。

(2) 接受点菜。递上餐牌请客人点餐，介绍当日新鲜水果，并做好记录。客人点菜时，要听清客人的要求，然后请客人稍后。立刻传送菜单。

(3) 摆上与客人菜单相匹配的餐茶具。

(4) 按顺序上菜，并在客人用餐时提供随时服务，如添加热饮、清理桌面、换烟缸等。

(5) 收款结账。待客人打招呼要求结账时递上菜单，并告别客人。客人离开清理台面，重新摆台，以备迎接新的客人。

(三)西餐正餐服务

西餐正餐主要指午、晚餐，因为欧美人很重视午、晚餐，因此，其用餐时间比较长、服务技术要求比较高。一般要求服务员需要经过严格培训后才能上岗，除了掌握各种服务技能外，还应掌握简单的烹饪技能，了解客人心理，具有高超的服务技巧和熟练的外语会话能力。

1. 正餐的服务程序

西餐正餐服务分为迎宾领位、开单点菜、值台服务、收款服务和送别客人 5 个阶段。其中迎宾领位、收款服务和送别客人的操作方法与中餐基本相同，这里着重介绍西餐开单点菜、值台服务的操作方法。

(1) 开单点菜。西餐厅一般都有冰水供应，宾客入座后，即应斟满水杯。与此同时，另一名服务员应开始端送面包黄油，面包黄油碟放在宾客左手边，因此面包应从左边送上，用一把叉、一把匙夹送。接着询问客人用什么鸡尾酒，再询问客人点哪些菜。点菜后要向客人介绍酒水，并注意酒水必须与菜品相匹配。酒单无须每人一份，但应先将酒单向全桌宾客展示，然后递送给准备点酒的宾客。如有必要，应及时向宾客推荐各种酒类，因此，要求服务员懂得酒菜搭配知识。接受点酒以后应询问宾客上酒时间。一般要求是：吃海鲜类食物配白葡萄酒，肉类野味配红葡萄酒，甜食配餐后甜酒。因此，服务员要有针对性地推销酒水。

鸡尾酒应从宾客右边送上，可放在餐具右边，或放在服务餐盘上，如无服务餐盘，则直接放在宾客面前。

(2) 开票以后，应将取菜及时送入厨房，一联交餐厅账台，以做宾客账单收款只用，一联留在服务员手头，作为上菜时的参考。

(3) 送上餐前鸡尾酒，然后按西餐菜式要求依次上菜。在上菜过程中，应注意每上一道菜前，都要撤去客人用过的菜碟刀叉，并根据菜点要求摆上跟菜点相匹配的餐盘刀叉。另外，还需为客人分菜，斟酒，餐厅档次越高，这项服务工作越细致。

2. 正餐的上菜顺序

西餐的午餐、晚餐不论是宴会还是便餐，都有一定的上菜顺序，而且是客人用完一道菜并撤下后，再接着上下面一道。西餐上菜大致按头盘、汤类、副盆、主菜、甜点的顺序进行。

(1) 头盘(Appetizer)。头盘就是开餐的第一道菜，旨在开胃，所以又称开胃品或开胃菜，一般数量较少。头盘常用中、小型盘子或鸡尾酒杯盛装，色彩鲜艳、装饰美观，以增进宾客食欲为目的。头盘又分为冷头盘和热头盘。冷头盘由冷制食品制成，如熏三文鱼、黑鱼子酱、生蚝和鹅肝酱、虾仁鸡尾杯。热头盘由热制食品制成，如法式焗田螺、串烧海虾、奶油鸡酥盒。

(2) 汤类(Soup)。西餐中的汤类花色品种很多，大致可分为冷汤类和热汤类，也可分为浓汤和热汤，一般要求原汤、原色、原味。热汤中有清汤和浓汤，如牛尾清汤、鸡清汤、奶油汤、法式洋葱汤等。冷汤较少，比较有名的有西班牙浓汤、德式杏仁汤、格瓦斯冷汤。待客人用完汤后，撤走汤碟、汤匙等用品。

(3) 沙拉(Salad)。“沙拉”英文意思为凉拌食品，具有开胃、帮助消化和增进食欲的作用。沙拉可分为水果沙拉、素菜沙拉和荤菜沙拉三大类。前两种味淡、爽口，适用于中、晚餐伴随主菜一起食用；后一种多用于冷盘，可单独作为一道菜食用。常见的沙拉有什锦沙拉、海鲜沙拉、水果沙拉。

(4) 主菜(Main Course)。主菜又名主盘，是全套菜的灵魂。制作主菜时相当考究，既考虑色、香、味、形，又考虑菜肴的营养价值。西餐一般是牛扒、烤肉、焖鸡等，主要多用海鲜、禽畜做主要原料，采用炸、焗、烘、烤、煮、蒸、烧等方法制作而成，如大虾吉列、法式烧鸡、古巴式剪猪肉、法式烤羊腿等。

(5) 奶酪(Cheese)、甜点(Dessert)。主菜用完后即为甜点。零点餐厅还需问清宾客是否要奶酪。一般先吃奶酪，后吃甜点。吃奶酪还要跟配黄油、面包、克力架、芹菜条、小萝卜等，调味品用胡椒、盐。吃奶酪时常配喝葡萄酒。甜点有冷热之分，是宾客的最后一道餐食。常有冰淇淋、布丁、梳乎厘(Souffle)、水果、蛋糕等。

(四)自助餐服务

1. 菜肴的陈列

自助餐台的食品陈列根据西餐菜单上的顺序以及客人取食习惯来排列。将餐具、面包、黄油、甜点和饮料安放在自助餐台上，客人的餐盘整齐地摆在自助餐台的最前端，色拉、开胃品、熏鱼和其他各种冷菜依次摆放，热蔬菜、烤炙肉以及其他热的主菜，通常用暖锅保温，摆放整齐。与上述菜肴搭配的汤汁、调料和装饰物应与这些菜肴摆放在一起，如色拉与色拉油等。甜点和水果可以单独设台，也可用大盘盛装。

2. 服务要求

(1) 整理餐台，保持其美观。

(2) 及时更换和添加餐盘，保持有足够数量的冷热菜盘以及其他各种服务用具、餐具和餐巾等。

(3) 检查设备，保持食品的热和冷。要使食物保冷必须备有冰块，盛冰块的碗要时常更换；对需保热的食品的暖锅和电热炉要留意照顾，经常检查燃料。

(4) 回答客人问题。如果客人把食物溅出及时提供帮助。

(5) 管理人员应时常检查现场的服务运转情况，协调厨房与餐厅的服务工作的配合，及时处理各种突发事故，使自助餐顺利进行。

(五)鸡尾酒会

鸡尾酒会和冷餐酒会是两种轻松自由、气氛活跃、强调自助的宴会形式。顾名思义，鸡尾酒会的主要内容在于鸡尾酒和饮料。鸡尾酒会通常在大型宴会之前举行，实践一般不超过一个小时，目的是等待宴会开始，同时使宾客相互认识和交流信息。单独举行的鸡尾酒会则常见于工程竣工仪式、开幕典礼、新闻发布会等活动。

鸡尾酒会食品简单，如火腿片、红肠、炸大虾、炸鸡腿、酸黄瓜、土豆片、花生米、蛋糕、饼干等，一般没有热菜。食物摆放在拼搭成一定形状的餐台上，备有小餐碟、餐巾纸、食签，由宾客自由取用，服务员仅作补充食物和收取餐具服务。

鸡尾酒会的酒类、饮料，一般多由活动酒吧供应，可由宾客自取，也可由服务员托盘端送。由于宾客集中，服务时间较短，供应品种一般不宜太多，鸡尾酒一般应调制好。事实上，鸡尾酒会供应得更多的是其他酒类的饮料，如香槟酒、葡萄酒和软饮料等。

课外资料 8-2

酒 水 知 识

酒

一、什么是酒

酒是一种用水果、谷物、花瓣、淀粉或其他含有糖分或淀粉的植物经过蒸馏、陈酿等方法生产出的含食用酒精的饮料。

酒是一种有机化合物，是可以自然生成的，糖在酶的作用下变为酒精，再加上其他酯类物质便可制成酒。

二、什么是酒度

酒精在饮料中的含量称为酒度，也称酒精的度数。

三、什么叫标准酒度

是指在20℃条件下，每100毫升酒中含有的纯酒精的毫升数。

四、酒的分类

(1) 按生产工艺分(这是目前国际上流行的分类方法)：酿制酒、蒸馏酒、混配酒。

(2) 按生产原料分：果类酒、谷类酒、其他类酒等。

(3) 按服务性能分：餐前酒、佐餐酒、餐后酒。

(4) 按我国的商业习惯分：白酒、黄酒、啤酒、葡萄酒。

五、酒品颜色的生成

(1) 来自酿造原料，如红葡萄酒的颜色来自酿酒原料红葡萄。

(2) 在生产过程中自然生色，如在蒸馏过程中将酿酒原料的颜色改变。

(3) 人工或非人工增色，人工增色主要是通过增加色素或调色剂，非人工增色主要是在陈酿过程中产生的。如白兰地的颜色来自陈酿的橡木桶。

六、中国白酒的香型

(1) 酱香型：以茅台酒为代表，是勾兑酒，具有香而不艳，低而不淡，醇、香、幽、回味悠长的酒香特点。

(2) 浓香型：以沪洲老窖为代表，其特点是香气突出。

(3) 清香型：以汾酒为代表，其特点是清爽醇净，代表了我国老白干酒类的基本香型特征。

(4) 米香型：以桂林三花酒为代表，其特点是蜜香清柔，幽雅纯净，入口柔绵，回味怡畅，给人以朴实纯正的美感。

(5) 兼香型：以董酒为代表，亦称复香型或混合型白酒，具有一酒多香的风格。

七、酿造酒

(一)定义

酿造酒又称原汁酒，是在含有糖分的液体中加上酵母进行发酵而产生的含酒精饮料。

其主要原料是谷物和水果，含酒精量低，保持原汁，经过糖化、发酵、过滤、杀菌等生产过程，一般酒精含量为3%～8%，果类葡萄酒的酒精含量为8%～14%。

(二)分类(按生产原料)

按生产原料可分以下几种。

(1) 谷类酒：啤酒、黄酒。

(2) 果类酒：葡萄酒。

(3) 其他类：奶油酒和蜂蜜酒等。

啤　酒

一、定义

啤酒是指用谷类发酵并经过酒花调香的饮料。其原料主要包括大麦、小麦、燕麦、稻谷、玉米等谷物，其中以大麦为主。

啤酒中的酒标上常有“7”、“11”含量，是酒液中含有的原麦汁浓度百分率。

二、种类

按生产工艺分：上发酵啤酒和下发酵啤酒。

按是否杀菌分：生啤和熟啤。

按颜色分：淡色和浓色(黑色)啤酒。

三、生产工艺流程(过程)

选麦——制浆——冷却——发酵——陈酿——过滤——杀菌——包装——销售。

四、上发酵啤酒

上发酵啤酒是指在啤酒发酵过程中酵母上浮，发酵温度高，同时因发酵过程中掺进了烧焦的麦芽，所以其色泽较深，酒精含量也较高。

五、下发酵啤酒

下发酵啤酒是指在啤酒发酵过程中温度较低，发酵后期酵母深沉淀，因而生产出的啤酒呈金黄色，口味较重，富有蛇麻花香味，其方法具有普遍性，“Lager” (拉戈)是所有下发酵啤酒的总称。

六、生啤

生啤又称鲜啤酒，在生产过程中未经巴氏杀菌，啤酒中有残留的活酵母，其口感清新爽口，但不宜久藏，保鲜期较短。

七、啤酒的储藏要求

(1) 酒库清洁卫生，保持干净，无其他杂物。

(2) 酒库阴凉，无阳光直接照射啤酒。

(3) 保持一定的储藏温度，生啤保存温度控制在10℃以下，其他瓶装、听装啤酒控制在16℃左右。

(4) 按先进先出的原则储藏、发货。

八、保质期

生啤在10℃条件下保质期为5～7天；常温下，瓶装啤酒的保质期为60～90天，听装啤酒的保质期为12～18个月。

九、啤酒服务注意的问题

(1) 啤酒杯要求清洁卫生，不洁杯具会使啤酒平淡寡味，气泡贴杯。

(2) 啤酒杯使用前最好进行冰冻上霜处理。

(3) 啤酒宜低温饮用，冷藏温度为3℃～5℃，饮用温度为4℃～7℃，不宜超过10℃。

(4) 斟啤酒时必须带有一定的泡沫，大约1.5～2厘米即可。

十、如何鉴别啤酒质量

(1) 颜色：淡色啤酒浅黄而透明，不混浊；深色啤酒呈棕黄色，无任何沉淀物。

(2) 香味：啤酒的香味主要是麦芽的清香和陈化后的香醇味，若气味带酸或异味，则表明该啤酒已变质，不能饮用。

(3) 口味：优质啤酒入口香滑，可口，清爽且略带有苦味。

(4) 泡沫：高品质的啤酒泡沫洁白细腻，挂杯持久。

葡 萄 酒

一、定义

葡萄酒是用新采摘下来的葡萄按当地传统方法压榨而获得的含食用酒精的饮料。

二、分类

(一)按颜色分

红葡萄酒：生产过程中果皮与果汁、果肉一起发酵。

白葡萄酒：生产过程中只用葡萄汁、过滤掉果皮果肉。

玫瑰红：葡萄压榨后果汁与果皮一起发酵，取得足够色彩后过滤掉果皮、果核。

(二)按含糖量分

干型葡萄酒：含酸量高，含糖量较低，一般含糖量在0.5%以下，酸而不甜。

半干葡萄酒：含糖量 0.5%～1.2%，微弱的甜味。

半甜型葡萄酒：含糖量 1.2%～5%，口感较甜。

甜型葡萄酒：含糖量 5%以上，口感甜腻。

(三)按含气状况分

静态葡萄酒：不含二氧化碳气体。

起泡葡萄酒：含二氧化碳气体。

三、葡萄酒的品尝

葡萄酒的品尝是通过眼、鼻、口、舌等感觉器官来综合感觉葡萄酒的色、香、味等特色。

一般红葡萄酒要在室温条件下饮用，并且需提前将红酒打开，与空气接触一下，换为“呼吸”，这样，味道会更佳。

白葡萄酒需冰冻饮用，10℃～12℃。

玫瑰红需冷冻饮用，12℃～14℃。

四、葡萄酒服务的注意事项

(1) 永远用右手拿瓶给客人斟酒，拿瓶时手要牢牢握住酒瓶下部。

(2) 斟酒时要注意斟好后转一下酒瓶，让瓶口最后一滴酒滴在杯中。

(3) 给客人添酒时应先征询一下客人意见。

(4) 按标准斟酒，不要斟得太满。

五、香槟

香槟是将未发酵完的白葡萄酒装入瓶中进行第二次发酵，使其在瓶中自然生成气体，香槟酒呈黄绿色，清亮透明，口味酵美，可以佐餐任何食物。

香槟盛产于法国，只有香槟区生产的汽酒才能冠以“香槟”称号，其他地区或国家生产的只能称为葡萄汽酒。

开香槟时要特别注意，必须左手大拇指压住瓶塞，右手先拧开铁丝罩，然后左手轻轻晃动酒瓶，利用瓶内压力把瓶塞推出。

六、葡萄酒的储藏

(1) 葡萄酒的储藏温度为 7℃～18℃，最佳温度 10℃，且尽量保持恒温。

(2) 酒窖或酒库不宜使用强烈灯光，以免影响酒的质量。

(3) 相对湿度保持在 75℃左右。

(4) 尽量避免震动，震动会使酒变混浊。

(5) 与有异味的物品分开储藏，以免串味。

(6) 酒必须平躺或瓶口朝下储藏，以免瓶塞干裂。

蒸　馏　酒

一、定义

蒸馏酒又称烈性酒，它是通过对含酒精液体进行蒸馏而获得的可以饮用的酒精饮料。

二、五大蒸馏酒

世界五大著名蒸馏酒：威士忌、白兰地、金酒、伏特加、朗姆酒。

三、威士忌(Whisky)

(1) 定义：是以大麦等谷物为原料，经发酵、二次蒸馏而成的含酒精饮料。

(2) 世界著名的威士忌按产地分四类：即美国、爱尔兰、苏格兰和加拿大威士忌。

① 苏格兰威士忌：其具有独特风格，色泽棕黄带红，酒液清澈透明，气味焦香，略有烟熏味，苏格兰乡土气息浓厚，是威士忌的上品。

按生产原料酿造方法分为纯麦芽威士忌、谷物威士忌和勾兑威士忌。其中市场销售的苏格兰威士忌绝大多数是勾兑威士忌。

其饮用方法：可以单独饮用或兑水饮用，最好使用苏格兰水，如果加冰或加水则会失去其典型的风格。

② 爱尔兰威士忌：以大麦、燕麦、小麦和黑麦为主要生产原料，经过三次蒸馏，陈酿8～15年后装瓶上市，其生产方法与苏格兰威士忌基本相同。

特点：酒液浓厚、细腻、有辣味，无泥炭的烟熏味，酒度40℃左右，适合做混合酒和其他饮料饮用。

四、白兰地(Brandy)

(1) 定义：是果汁经发酵后蒸馏而成的烈性酒。通常是指用葡萄蒸馏的烈性酒，而用其他果汁原料蒸馏而成的烈性酒则称为“烧酒”。

其生产过程主要在把原料发酵、蒸馏成无色透明的酒后，利用橡木桶陈酿，在此过程中吸收其橡木桶质的颜色，同时，使酒酿出了迷人的香味，再进行勾兑。

E——表示特别好

F——表示好

O——表示老的、陈年的

C——表示法国康涅克地区产的，大约25～40年

(2) Cognae 称为干邑，是世界著名优质白兰地的代名词，干邑著名的酒品有以下几种。

马爹利(Martell)，味清淡，稍带辣味，入口后葡萄香味绵长难忘。

轩尼诗(Hennessy)，具独特风格，口味美妙，轩尼诗XO则是经过酒桶成熟后，酒的浓芳充分表现出来的豪华品。

人头马(Remy Martin)，灵活利用了木桶带来的影响，“路易十三”则是以20年以上的原酒来调配，堪称酒中珍品。

其他干邑还有拿破仑(Courvoisier)、长颈(Fov)、金花等(Camus)。

五、金酒(Gin)

(1) 定义：金酒又称杜松子酒，是以谷物为原料，经过糖化、发酵后，加入杜松子蒸馏而成。

(2) 金酒的饮用分以下几种。

① 净饮：先将1盎司金酒加少量冰块搅匀，滤入鸡尾杯，加一片柠檬。

② 加冰：在老式杯中加冰块和1盎司金酒，放一片柠檬。

③ 混合饮用：用金酒兑入苏打水、汤力水等混合饮用。

六、伏特加(Vodka)

伏特加是将麦芽放入大麦、小麦、玉米或马铃薯中，使其糖化，连续蒸馏成酒度在75%以上的蒸馏酒，并让其经过木炭过滤脱色、去异味，成为无色、无异味的酒品。

饮用方法：与金酒基本相同，此外还可以与果汁、碳酸饮料勾兑成混合饮料，更多的是用于调配鸡尾酒。

七、朗姆酒(Rum)

朗姆酒是以甘蔗汁或糖浆经发酵、蒸馏而成，可净饮或加冰饮用，也可勾兑成混合饮料，但其主要用作基酒，调制各种鸡尾酒。

鸡　尾　酒

一、定义

鸡尾酒是一种香味俱全的艺术酒品，它是以一种或一种以上的酒为基酒，加上其他辅助调料而成。

基酒：是鸡尾酒的主体，在鸡尾酒中起主导作用。

辅料：是鸡尾酒的缓冲剂，起冲淡、调和作用，能充分展示鸡尾酒的特色。

装饰物：起到美化和画龙点睛的作用。

二、调制方法

(1) 摇和法：又称摇晃法，是把酒水与冰块按配方放进摇酒壶摇晃混合，摇匀后过滤冰块，将酒倒入杯中。

(2) 调和法：又称调法，在调酒杯中加入冰块，加进酒料，用吧匙轻轻搅动数秒，然后将酒滤入杯中。

(3) 兑和法：是将配方中的酒水按分量直接倒入杯中，不需搅动(或作轻微的搅动)即可。

(4) 搅和法：是把酒水与碎冰按配方分量放进电动搅拌机中，启动搅拌机运转10秒，连冰块带入酒水倒入杯中。

三、鸡尾酒调制的相关知识

(一)摇晃调酒壶的方法

第一种：右手食指卡住壶盖，其他四指握住壶身，依靠手腕的力量用力摇晃，同时小臂轻松地在胸前斜向上下摇动，使酒充分混合。

第二种：左手中指托住壶底，食指、无名指及小指夹住壶身，拇指压住滤水器；右手拇指压住壶盖，其他手指扶住壶身，双手协调用力将酒壶抱起在胸前呈45°用力摇晃。

(二)摇酒时注意事项

(1) 普通鸡尾酒摇酒时间5秒左右，以手感很凉为限。

(2) 加奶或加蛋摇晃时间要长些，使其与酒液充分混合。

(3) 摇酒时要用新鲜冰块，不宜碎冰。

(4) 含气泡的配料如可乐、七喜等不能放入摇酒壶摇晃，以防造成意外和浪费。

(三)调酒放料的顺序

在调制鸡尾酒或混合饮料时必须先放冰块，再放辅料，最后放基酒，以免造成浪费。

(四)如何进行度量换算

1 量杯(Jigger)=28 毫升(ml)≈1 盎司(OZ)

1 夸脱(Quart)=32 盎司(OZ)

1 品脱(Qint)=16 盎司(OZ)

1 加仑(Gallon)=128 盎司(OZ)

(五)鸡尾酒调制的步骤

(1) 先把按配方调制所需的酒水找出来，放在工作台上调酒制作的专用位置。

(2) 把调酒用的工具、酒杯、香料、装饰品准备好。

(3) 调酒、制作、出品。

(4) 清理工作台，将用完的酒水放回原处。

(六)鸡尾酒的调制注意事项

(1) 严格按照配方分量调制。

(2) 酒杯要擦干净，手只能拿酒杯下部。

(3) 倒酒水要使用量杯。

(4) 使用调和法搅拌时间不宜太长，5～10 秒即可。

(5) 使用摇和法，动作要快，用力摇晃，至摇酒器表面起霜即可。

(6) 使用新鲜的冰块，用摇和法一定要放碎冰。

(7) 摇酒器和电动搅拌机使用一次，清洗一次。

(8) 量杯、酒匙要浸泡在水中，浸泡的水要勤换。

(9) 使用合格的酒水，令客人满意。

(10) 调制好的鸡尾酒要立即倒入杯中。

(11) 水果装饰品用新鲜水果切好放入冰箱保鲜备用。

(12) 尽量不要用手去接触酒水、冰块、杯边或装饰品。

(七)用酒量

是指调酒中使用的分量，通常有单份(Single)和双份(Double)之分，单份为 30 毫升，双份为 60 毫升。

(八)如何制作糖浆

把糖与水按 3∶1 的重量比例调匀，加热至糖分融化即可，然后最好放几片柠檬，能使糖浆金黄透亮，保持糖浆质量。

常见酒水的饮用方法

白兰地：支装，用冰桶盛满冰，跟冰水，白兰地杯。

白兰地：杯出，容量为 1 盎司，白兰地杯。

威士忌：支装，用冰桶盛满冰，跟冰夹，洛杯。

威士忌：杯出，容量为 1 盎司，洛杯出，另用一支洛杯装冰块。

伏特加：支装，杯出同威士忌。

伏特加：净饮，跟柠檬片和冰块。

伏特加：混合饮，跟七喜，柠檬片。

墨西哥烈酒：净饮，洛杯，跟冰块、柠檬。

墨西哥烈酒：混合饮，洛杯，跟七喜、冰块、食盐、柠檬片。

红葡萄酒：红葡萄杯，容量 1/2，用冰桶盛满冰，跟冰夹，常配七喜、柠檬片，跟扎壶，搅拌。

白葡萄酒：白葡萄杯，容量 3/4，用香槟桶盛冰水出，餐巾铺盖。

力乔酒：力乔酒杯盛满即可。

些厘酒：些厘酒杯盛满即可。

香槟酒：香槟酒杯，用香槟桶盛冰水出，餐巾铺盖。

啤酒：啤酒杯，容量 4/5。

评估练习

1. 西餐厅经营特点是什么？
2. 西餐常见的服务方式有哪些？
3. 西餐正餐的上菜顺序是什么？

第九章 酒店人力资源管理

引导案例

星级酒店人才为何频频跳槽

许多酒店的中高层管理人员都有跳槽经历，尤其是有经验的中层管理人员和熟练的一线服务人员，成了“抢手货”。一酒店公关经理称，每当一家新星级酒店开业时，各酒店的中层管理人员都会收到新酒店的邀请，这往往会导致酒店业的人员“动荡”。

据了解，酒店业的职员不少都较“花心”，一些人在酒店待一两年就换个东家，有的甚至只待了几个月，待上三五年或更长时间的人比较少。据不完全统计，酒店员工流动率平均达到30%左右。

酒店中层管理人员为何频频跳槽？一业内人士告诉记者，近几年新酒店越来越多，需要大量的人才，而为节省培训带来的高人力资源成本，新酒店喜欢到处“挖人”，导致酒店人才频繁流动。据了解，目前我国酒店工作人员培训存在着很大的断层，相较而言，“挖人”比培养新人才要省事得多，只需开出较丰厚的条件即可。

此外，在星级酒店的从业经历也成为一些员工跳槽的砝码，不少人通过跳槽来达到晋升的目的。据了解，中层管理人员跳槽到新酒店后担任的职位一般都要高于原来的职位。某酒店负责人称，跳槽能帮其积累资本。

研究生应聘前台无人接收

杜某是重庆市一所重点大学的硕士研究生，学习法学专业的她今年即将毕业，在日前的双选会上，她首先选择了一家五星级酒店的前台招聘。但招聘代表一看学历是“硕士研究生”，马上把表格还给了她，“不好意思，我们的前台不招研究生。”这让杜某觉得十分尴尬，换了一家酒店企业，仍因学历太高被婉拒。

“就是怕他们跑了。”说起拒绝硕士生的原因，一家酒店的招聘代表认为，一些低端职位更适合本科或专科的同学，“他们的期望值低一些，培养起来对企业忠诚度高。”而硕士生因为学历高的原因，就算临时屈就在低端职位，也很可能在半年内就跳槽、改行，“为什么要请硕士来？我们也不愿意当培训学校！”

点评：毕业生调整就业心态是好事，但最好能量体裁衣，在自己的专业和学历范围内求职，可行性更大。社会舆论给大学生这样的压力，就是大学生或高学历的人不能低就。但是，如果屈从于这样的压力，而盲目的低就，也是不合适的。

辩证性思考

1. 酒店人力资源管理的问题有哪些？
2. 酒店人力资源管理的内容包括哪些？

教学内容

1. 掌握人力资源开发的概念。
2. 了解酒店人力资源管理的主要问题。
3. 掌握酒店人力资源管理的内容。

第一节　酒店人力资源开发与管理概述

人力资源基本上包括以下几点。

一是如何招人：人力资源规划、员工的招聘与录用。

二是如何用人：人员的配置、薪酬计划、员工激励。

三是如何管理人：合同管理、员工关系管理。

四是如何发展人：人员培训与学习、职业生涯规划。

现代酒店管理者认为，一切管理工作均应以调动人的积极性，做好人的工作为根本，即进行人力资源的管理。

人力资源管理的概念是建立在传统的人事管理基础上的，但其范畴比传统的人事管理更深更广，它不只是“劳动人事部门的工作”，也是酒店所有管理者的重要职责。把人力资源看作有效资源进行管理，发挥其潜能，是酒店正常运转并为宾客提供高质量的服务，以获得满意的社会效益和经济效益的保证。

一、酒店人力资源管理概念

人力资源是一个酒店的第一要素。这种资源的限定性决定了在整体开发过程中首先要对人力资源进行优化配置，人尽其才，各得其所，从而实现员工个体、群体效益最大化。

(一)酒店人力资源基本概念

(1) 酒店人力资源是指一切能为酒店创造财富，提供服务与管理等的人及其具有的能力。它包括人的体质、人的智力、人的特定范畴内的才干和人的意识观念与道德准则。人力资源基本上可以分为一般人力资源和人才两类。

(2) 酒店人力资源管理(Human Resource Management，HRM)是恰当地运用现代管理学中的计划、组织、指挥、协调、控制等科学管理方法，根据酒店的特殊需要，对酒店的人力资源进行有效的开发、利用和激励，使其得到最优化的组合和积极性的最大限度发挥的一种全面管理活动的总称，包括人力资源的规划、开发和其他管理。

(3) 酒店人力资源规划是指酒店的经营管理者根据酒店的整体经营规划，结合人力资源供需以及发展情况而制定的人力资源工作目标与计划，是一项长期的动态规划项目。

(4) 酒店人力资源开发是指运用科学管理的方法，根据酒店的需要，发掘、提高、强化人力资源，并充分利用人力资源的各个方面，为酒店创造更多财富的过程与方法。

(二)当前酒店人力资源管理的主要问题

1. 缺乏对人才管理制度的创新

我国人力资源管理制度大多数直接照搬国外，没有联系我国国情的实际情况。另外，我国酒店业与国外酒店业面临的环境、人员构成、竞争对手等都不相同，同时我国对人力资源管理还缺乏系统的、科学的认识，还不具备真正意义上的人力资源管理的水准，难免会出现一些问题。

2. 人才队伍缺乏稳定

由于国内酒店业待遇的偏低，随着国内各种行业的兴起，就业机会的增加和员工追求个人发展的强烈愿望，促使一些素质较高的人才流向更有发展前途的其他行业，放弃在酒店业发展的机会。从而导致酒店业人才大量外流，同时由于我国经济发展水平的地区差异，大量员工从内地流向沿海经济发达地区。另外，激励机制不合理，管理制度不完善，论资排辈的分配，用人、用工制度使一些劳动力强度大、工作任务繁重、质量要求高的一线员工的积极性受挫。从而导致相当一部分员工跳槽，人才流失严重，人才较难稳定，给酒店业的正常经营带来严重影响。

3. 激励机制不尽合理

酒店在运用激励机制的过程中，重视企业利益，轻视员工的个人利益。由于酒店业的高层管理人员往往全神贯注于如何提高营业收入，完成上级给予的任务，完全忽视了下属员工的个人培养；重视组织的发展，轻视下属员工个人的发展；重视对下属员工的管理，轻视对下属员工的开发；重视员工对组织的贡献，轻视对员工个人的需求等。这样，员工看不到个人发展的空间，缺乏成就感和归属感，就无法调动员工的积极性，更谈不上发挥其创造性。

4. 员工薪资待遇较低

中国的酒店业市场已步入微利时代，这不仅对酒店业的管理水平提出了更高的要求，它也造成了酒店业的利润大幅度下降，再加上酒店业的硬件设施投入成本较高，同时，酒店业也属于典型的劳动密集型行业，从而使投入成本很高，员工的薪酬待遇却普遍偏低。因此，大量员工在服务工作上逐渐丧失了学习和进取的动力，导致服务意志淡薄，服务水平得不到应有的体现，无法使客人满意，这直接影响到酒店业的经济效益和发展潜力。

5. 用人观念非常陈旧

由于缺乏用人的战略眼光，我国大多数酒店业的学历结构普遍呈现出低学历、低素质的特点。伴随着经济的迅速发展，我国高等院校对人力资源的供给是充足的，但是大专生、本科生留不住，不能把用人和育人紧密结合。不重视员工培训，认为培训是一种成本，应该尽量降低，所以对员工只使用，不培训或很少培训。很多酒店对员工培训是赶形式、走过场，多以应付为主，缺乏连贯性、系统性、计划性。大多数企业对人力资源的培训开发，只是停留在员工的短期培训层面，没有长期的发展目标。

(三)酒店人力资源管理的特点

应该说，凡是涉及人的问题，都是酒店人力资源管理研究的对象。酒店人力资源管理既包括传统的人事行政管理，又包括运用各种管理方法对员工潜能的开发与利用。酒店人力资源管理有以下几个特点。

1. 酒店人力资源管理是对人的管理

酒店是一个劳动密集型的产业，酒店人力资源管理所直接面对的是个性、习惯、爱好、兴趣等方面各不相同的一个个员工，而员工所直接面对的又是形形色色的具有不同个性的客人。只有当员工能够为客人提供令其满意的服务时，酒店才能够赢得并留住客人，达到酒店管理的目标。而只有对工作满意的员工才能自觉地为客人提供满意的服务。因此，进行人力资源管理首先必须树立以人为本的意识，正确认识员工。

管理者只有客观地分析、正确地认识酒店中的员工，进而树立“宾客至上，员工第一”的管理观念，针对人的特点，通过培训和教育，使员工认识到酒店服务是对人的服务，进而在工作中能够用善意来理解客人，用诚意来感动客人，用细致周到、彬彬有礼的服务来赢得客人，认识到酒店的员工应成为“为绅士和淑女服务的绅士和淑女”，从而具有职业自豪感。

2. 酒店人力资源管理是科学化的管理

现代酒店人力资源管理是一项复杂的和综合性的系统工程，所以，酒店人力资源管理必须建立起一整套标准化、程序化、制度化和定量化的管理系统作为保证，进行科学化的管理。

标准化是指对酒店所有工作制定的有关数量、质量、时间、态度等的详细、具体、统一的要求。如录用员工要有素质条件标准，岗位培训要有合格标准，服务工作要有质量标准，各部门要有定员标准等。程序化是对管理或工作的过程进行科学的分段，并规定各阶段的先后顺序和每个阶段的工作内容、要达到的标准、责任者及完成时间。程序化管理可以使工作井然有序地进行，各环节协调配合、紧密衔接，并保证酒店正常运转和酒店目标的实现。制度化是指人力资源管理工作要有严密的规章制度做保障，使录用、招聘、考核、选拔等各项工作顺利进行。“没有规矩，不成方圆”，酒店的规矩就是规章制度。科学的规章制度，可以使酒店员工做到统一行动，保证酒店的经营管理活动顺利进行。酒店规模越大，设施设备越先进，功能越齐全，分工协作关系就越复杂，规章制度也就越重要。定量化是指管理者要经常进行测试和统计，进行定量分析，以制定或修改定额，进行合理定员；酒店考核系统还应有科学的数量依据等。

3. 酒店人力资源管理是全员性管理

酒店人力资源管理是全员性管理，即其不仅包括酒店人力资源部或人事部对全体员工的培训与考核，而且包括酒店全体管理人员对下属的督导与管理。也就是说，人力资源管理是酒店全体管理人员的职责之一。因此，酒店的每位管理人员都应了解和掌握人力资源管理的理论、方法以及人力资源管理的职能，选用、培训、激励员工，给员工创造展示才能的机会和条件，调动员工工作积极性。

4. 酒店人力资源管理是动态管理

酒店人力资源管理是动态管理，特点是指管理者不仅要根据酒店的整体目标选拔合适人才，对酒店员工的录用、培训、奖惩、晋升和退职等全过程进行管理，而且更注重在员工工作的动态过程中进行管理。既重视员工的心理需求，了解员工的情绪变动和思想动态，并采取相应措施调动员工工作积极性，使全体员工发挥出潜在的各项能力。所以，这是一种在动态中进行的全面的管理活动。

5. 酒店人力资源管理综合性强

酒店人力资源管理涉及招聘、人员配置、人事安排与晋升、考核、劳动报酬、福利、劳动保护、培训与学习、员工关系等方方面面。

6. 酒店人力资源管理政策性强

虽然现代酒店拥有相当的人事劳动管理自主权，但是酒店必须遵守人事劳动管理的有关法律、法规、政策，例如劳动休假制度、工资制度、劳动保护制度、福利制度、合同制度等。

7. 酒店人力资源管理感情色彩较重

人本化的管理强调，对待员工不能仅仅运用各种规章制度、劳动纪律等进行管理，更需要进行感情投入，尊重、关心和爱护员工，坚持以人为本；注重思想工作和人本化管理，重视员工广泛的心理和社会需求，了解员工的思想感情；在保证酒店产品和服务标准化和质量的前提下，更加科学、人性化地安排各种劳动与服务等。

二、酒店人力资源管理的内容

(一)酒店人力资源计划(规划)的制订

人才储备计划与临时用工计划包括交叉培训，轮岗培训，外派学习，校企联合培训人才方案等。临时用工需求必要性的评估，临时用工人数及素质要求，临时用工费用，临时用工管理等。

1) 规划的制定：编制定员

根据酒店的经营方向、规模、档次、业务情况、组织机构、员工政治思想和业务素质等，本着节约用人、提高效率的宗旨，在建立岗位责任制的基础上，确定必须配备的各类人员的数量。

2) 编制定员的依据

一般来说，编制定员应既要符合精简、高效、节约的原则，又要保障酒店的正常运转和员工的身心健康。通常主要包括以下几个方面。

一是酒店等级，星级越高，用人的比例就越高。

二是酒店的规模。

三是酒店的布局设计。

四是酒店的组织机构与岗位设置。

五是酒店实体设备配备状况。

六是酒店劳动效率，劳动定额高，用人少，反之，则用人多。

七是酒店经营状况，如客源流量会因季节、气候、交通、经济、政治等因素的影响而变动。

3) 规划制订的方法

(1) 岗位定员法

① 含义：根据酒店的组织机构、岗位设置以及岗位职责的要求，结合酒店岗位的工作

量、工作班次、劳动效率和员工出勤情况等因素，确定不同岗位所需人员数量的编制定员方法。通常用于前厅部、采购部、工程部等部门员工和管理人员的编制定员。

② 岗位配置。岗位是工作分工的单元，各个岗位有机结合就构成了一个有效的组织。酒店岗位设置随着酒店经营环境和经营方式的变化而变化。当前酒店组织结构扁平化就是酒店经营模式变迁的结果。根据酒店实际情况，科学合理地设置岗位是人力资源开发的一个重要环节。

在这个过程中重点是从工作分析出发(只有工作内容分析得透彻，岗位的设置才有可能合理)，制定明确的岗位规范，规定每个岗位的职责、任职资格和任职条件，只有做到这一点，员工的录用、考核、培训、晋升才有据可循。知识经济时代，酒店有些原有岗位职能被弱化或被取消，并涌现出一些新的岗位，例如：许多酒店原来没有服务中心这个岗位，而现在为了有效地连接前台与楼层，他们开始设置了客房服务中心这个岗位。

这就要求在设置、调整岗位时要“因事设岗，因才设岗”，切不可因人设岗，造成机构臃肿，人浮于事，也不可将员工随便安排在某一岗位上，造成“大材小用”或“小材大用”，这两种情况都会使员工丧失积极性和创造力。

(2) 设备定员法。

根据酒店设备数量和员工工作量，结合设备的运行次数和员工的出勤情况等因素确定所需人员数量的编制定员方法。这种方法常用于工程部、洗衣部。

(3) 比例定员法。

根据实际工作量、劳动定额、劳动效率等因素，按一定的配备比例计算所需人员数量的方法。即按照员工总数或某一类人员数量的比例，来计算另一类人员数量的方法。这是依据酒店内部客观存在的一定比例关系提出的。如厨房与切配人员(粗加工厨师与细加工厨师)的比例。

(4) 效率定员法。

根据劳动效率，结合实际工作量、工作班次、出勤情况等因素来确定所需人员数量的方法。凡是实行工作定额管理并以手工操作为主的工种，都可以用这种方法进行编制定员。工作定额主要有工时定额和工作量定额两种。

(二)招聘与录用

招聘与录用涉及岗位设置的必要性评估，岗位需求人数及人员素质要求，招聘的方式、方法，各招聘媒介的广告等。

招聘与录用涉及如下原则。

第一，用人所长原则。

案例 9-1

用人之道——弥勒佛与韦陀

去过庙宇的人都知道，一进庙门，首先是弥勒佛，笑脸迎客，而在他的北面，则是黑口黑脸的韦陀。但相传在很久以前，他们并不在同一个庙里，而是分别掌管不同的庙。弥勒佛热情快乐，所以来的人非常多，但他什么都不在乎，丢三落四，没有好好地管理账务，所以依然入不敷出。而韦陀虽然管账是一把好手，但成天阴着个脸，太过严肃，搞得人越来越少，最后香火断绝。

佛祖在查香火的时候发现了这个问题，就将他们俩放在同一个庙里，由弥勒佛负责公关，笑迎八方客，于是香火大旺。而韦陀铁面无私，锱铢必较，则让他负责财务，严格把关。在两人的分工合作下，庙里呈现出一派欣欣向荣景象。其实在用人大师的眼里，没有废人，正如武功高手，不需名贵宝剑，摘花飞叶即可伤人，关键看如何运用。

第二，按能授职原则。各得其所、各司其职、各尽所能。

案例 9-2

所 长 无 用

有个鲁国人擅长编草鞋，他妻子擅长织白绢。他想迁到越国去。友人对他说："你到越国去，一定会贫穷的。""为什么？""草鞋，是用来穿着走路的，但越国人习惯于赤足走路；白绢，是用来做帽子的，但越国人习惯于披头散发。凭着你的长处，到用不到你的地方去，这样，要使自己不贫穷，难道可能吗？"

这个故事告诉人们：一个人要发挥其专长，就必须适合社会环境需要。如果脱离社会环境的需要，其专长也就失去了价值。因此，我们要根据社会的需要，决定自己的行动，更好地发挥自己的专长。

第三，公平竞争原则。

案例 9-3

老鹰喂食的故事

老鹰是所有鸟类中最强壮的种族，根据动物学家所做的研究，这可能与老鹰的喂食习惯有关。

老鹰一次生下四五只小鹰，由于它们的巢穴很高，所以猎捕回来的食物一次只能喂食一只小鹰，而老鹰的喂食方式并不是依平等的原则，而是哪一只小鹰抢得凶就给谁吃，在此情况下，瘦弱的小鹰吃不到食物都死了，最凶狠的存活下来，代代相传，老鹰一族愈来愈强壮。这个故事告诉我们，"公平"不能成为组织中的公认原则，组织若无适当的淘汰制度，常会因小仁小义而耽误了进化，在竞争的环境中将会遭到自然淘汰。

第四，不拘一格原则。不唯学历、不唯资历、不重关系。

第五，结构优化原则。学历结构、技术结构、年龄结构、性别结构、不同层次的人才结构。

(三)教育、培训与学习

教育与培训涉及培训项目与目标，培训费用，培训收益预测，培训时间、地点、对象，培训内容与方式，培训评估等；创造学习型酒店，造就学习型人才。

案例 9-4

学历和实力

台湾有一个著名的企业家叫陈茂榜，他的讲演经常折服所有的听众。尤其是他记数字的本事超人一等，凡举中国和世界各国的面积、人口、国民所得贸易额等，他都如数家珍。

事实上，陈茂榜的学历只有小学毕业，但他却荣获了美国圣诺望大学颁发的名誉商学博士学位。一个只有小学文化学历的人，能够荣获名誉博士学位，主要凭借他的实力，这个实力就是一辈子坚持每天晚上不间断地自修。

陈茂榜十五岁辍学到一家书店当店员，他每天从早到晚工作十二个小时。但是下班以后，读书就成了他的享受，书店变成了他的书房，或坐或卧，任他遨游。

日子一久，他养成了每晚至少读两小时书的习惯。他在书店工作八年，就读了八年书。陈茂榜说："学历固然是有用的，但更有用的是真才实学。"

记住这样一句话吧：一个人的命运，决定于晚上八点到十点之间。

(四)建立考核奖惩体系

考核奖惩体系涉及评估与激励费用，评估方法与执行者，员工满意度调查及改善，激励方法与目标，工资与福利政策，员工提升方案，工作环境改善，员工集体活动方案等。

(五)建立薪酬福利制度及人力资源费用预算

薪酬福利制度与人力资源费用是指员工工资费用，员工福利费用，招聘费用，培训费用，易耗品费用等。

(六)培养高素质管理者

案例 9-5

故事——毅力是成功的保证

开学的第一天，苏格拉底对他的学生们说："今天我们只做一件事，每个人尽量把胳膊前伸，然后再往后伸，并且从现在开始，每天做 300 下，大家都能做到吗？"说着自己做了一遍示范，学生们都笑了，"这么简单的事情谁做不到呀？"一年之后，当苏格拉底再问这件事情时，全班只有一个学生坚持下来了，这个人就是后来的大哲学家柏拉图。

(七)员工合同管理计划

员工合同管理计划是指法律咨询及诉讼费用，合同管理及延续费用，劳动法规宣传教育方案等。

如图 9-1 所示，前两个步骤属于酒店人力资源形成和开发的范畴，旨在甄选真正的人才；其余步骤属于酒店人力资源利用和养护的范畴，意在留住人才，并使人才发挥其最大潜能，为酒店的业务拓展打下坚实的基础。

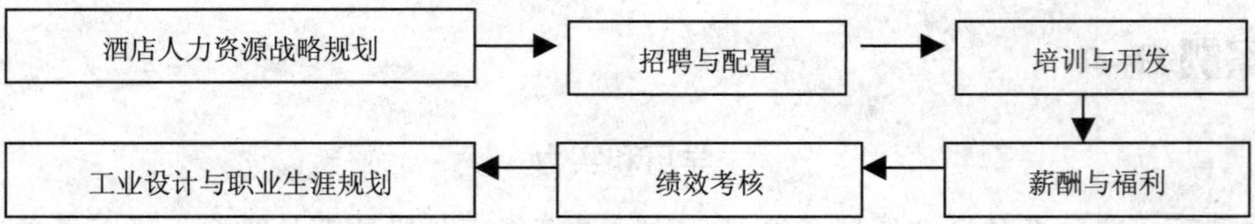

图 9-1　酒店人力资源管理过程图

三、酒店人力资源规划的程序

(一)酒店外部环境和内部环境分析

酒店的内外部环境是制定人力资源规划时必须考虑的硬性约束条件，必须加以统筹分析。外部环境如工资水平、竞争对手状况、国家法律政策等；内部环境如酒店的人力资源现状、酒店的发展目标等。

(二)人力资源需求预测

在考虑酒店内外环境条件和企业发展目标之后，必须运用科学的预测方法，对酒店运营过程中所需人力资源的数量、质量和结构进行预测。

(三)人力资源供给预测

在现有员工基础上，根据酒店的经营环境、市场环境对各个预测时间点，酒店内部和酒店外部可以提供需要员工的数量预测。

(四)人力资源供需矛盾的解决

在人力资源需求和供给预测基础上，对酒店发展过程中人力资源供需情况对比，确定人员的数量、质量、结构和分布的均衡状况，测算出人力资源的净需求量或剩余量。根据对比结果，制定平衡酒店人力资源供求关系的总计划和业务计划，并提出解决供需矛盾的具体措施。

四、酒店人力资源规划调整

酒店的人力资源规划要适时调整，要有足够的弹性，适应高速发展变化的内外环境，重点关注如下四方面工作。

(一)评估

对酒店现有人力资源的质和量进行整体评估，如：目前酒店基础人力资源、优势人力资源和核心人力资源的比例为多少，可否进行必要的调整；各层级人员转换的可能性和难度如何；现有人员对调整的接受与应变能力如何。

(二)确保核心人力资源

酒店核心人力资源与酒店核心竞争力紧密相关，拥有这类人力资源，酒店就可以获得持续的竞争优势，酒店的核心人力资源凝聚了酒店文化，了解本酒店的软环境、工作气氛，是本酒店所独有的，市场无法提供同类人力资源，酒店正是凭借这种人力资源确立自己的竞争优势，而且这种优势是不可模仿的，因而是可持续的。人力资源规划必须保证核心人力资源量的扩充及质的提高。

(三)预备性人力资源计划

根据核心人力资源的规模，制定预备性的人力资源计划，并做出相应的培训计划。其目标是酒店在扩张时，尽可能地为核心人力资源配备中层支援人员，提高酒店的反应能力。

(四)临时人员储备计划

临时人员的需求，往往与市场的突然变化紧密相关，虽然属于基础人力资源，但必须具备必要的操作技能，酒店人力资源部门与行业相关职业培训机构保持密切联系。在人力资源许可的条件下，可以考虑联合培训并建立临时人才库，以确保需求突然放大时，可以配置足够的基础人力资源。

评估练习

1. 什么是酒店人力资源开发？
2. 酒店人力资源管理存在的主要问题有哪些？
3. 酒店人力资源管理的内容包括哪些？

第二节　酒店人力资源的开发

教学目标

1. 了解招聘的流程。
2. 了解培训的意义。
3. 掌握激励的方法。

一、酒店员工招聘

(一)含义

员工招聘是指根据酒店的经营目标、人员编制计划和酒店业务需要，由人力资源部门主持进行的招聘、考核、挑选合格员工的管理过程。

(二)招聘管理流程

招聘管理流程如表 9-1 所示。

表 9-1 招聘管理流程表

工作目标	知识准备	关键点控制	细化执行	流程图
1. 满足酒店对人力资源的需求 2. 优化内部人力资源配置 3. 提高人员招聘的成功率	1. 掌握各种招聘渠道的优势和不足 2. 了解劳动力市场的供需状况	1. 人员需求分析		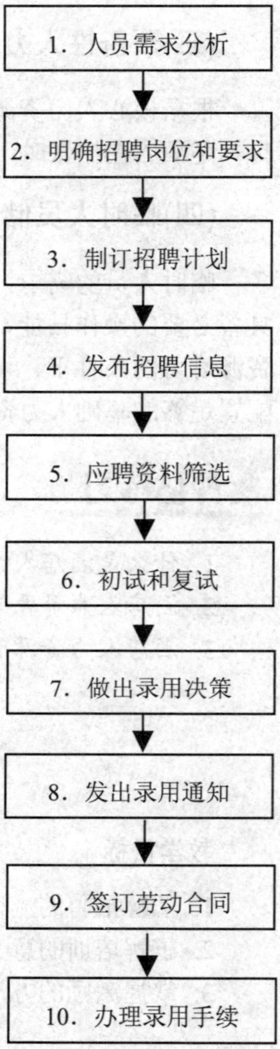
		1.1 人力资源部根据人力资源规划对酒店现有人力资源状况进行分析		
		1.2 各职能部门向人力资源部提出人员需求信息，人力资源部进行汇总	人力资源需求汇总表	
		2. 明确招聘岗位和要求 在进行分析的基础上，明确酒店本年度的招聘岗位和招聘的具体要求	岗位分析所需的文件、表单	
		3. 制订招聘计划 人力资源部制订招聘计划，招聘计划的内容包括招聘时间、招聘渠道、招聘经费等	酒店年度招聘计划书	
		4. 发布招聘信息 人力资源部选择合适的招聘渠道，发布招聘信息	酒店招聘广告信息	
		5. 应聘资料筛选 人力资源部对所收到的应聘资料包括简历、证件复印件以及职务作品等进行审核	应聘人员简历及相关证件、资料	
		6. 初试和面试		
		6.1 人力资源部对所有应聘人员进行初试，从人力资源管理的角度进行初步筛选	应聘人员登记表	
		6.2 各用人部门对经过人力资源部初步筛选的应聘人员进行复试，重点考查应聘人员的专业知识和能力		
		7. 做出录用决策		
		7.1 人力资源部对初试和复试的结果进行综合评价，形成拟录用人员名单	拟录用人员名单	
		7.2 人力资源部将拟录用人员名单交人力资源部经理审核，经总经理审批签字后确定最终录用人员名单	录用人员名单	

续表

工作目标	知识准备	关键点控制	细化执行	流程图
1. 满足酒店对人力资源的需求 2. 优化内部人力资源配置 3. 提高人员招聘的成功率	1. 掌握各种招聘渠道的优势和不足 2. 了解劳动力市场的供需状况	8. 发出录用通知 人力资源部向被录用者发出录用通知，告知其录用后所要准备的资料和注意事项	录用通知书	
		9. 签订劳动合同 人力资源部代表酒店同被录用者签订劳动合同	劳动合同	
		10. 办理录用手续 人力资源部为被录用人员办理各类录用手续，如户口、档案、保险关系转移等	录用手续	

二、酒店员工的培训

培训是人力资源开发核心内容，这是众所周知的。在酒店，当新员工入店，工作表现未能达到酒店要求时，投诉增加，对顾客服务质量出现问题，浪费增加。引进新设备，员工提升都要进行各种各样的培训。

(一)意义

1. 培训有利于提高服务质量

酒店业的生命往往是由员工服务质量的高低决定的。酒店进行员工培训既可使员工的职业道德和使命感意识有所提高，增强酒店的凝聚力和向心力，又可充分发挥员工的积极性和创造性，将热情、规范、优质、高效率、高质量的服务视为自己的责任和义务。同时酒店还可以根据客人对酒店产品不断变化的需求对员工进行培训，促使员工掌握更多更高的服务技能和手段，提高服务质量。

2. 培训有利于降低经营成本

目前酒店业的竞争异常激烈，致使酒店的增收难度越来越大，酒店迫切需要通过节支以弥补减少的收入，许多酒店都提出了“减员增效”的口号，但其前提是必须所有员工的工作效率的提高。对酒店行业的一些研究中还发现，未受过培训的员工所造成的事故数量是受过培训员工的事故数量的 3 倍。通过培训可使员工掌握最优的工作方法和技能，从而大幅度提高工作效率。如果员工工作不熟练，酒店的劳力成本将大幅度上涨，更由于没有达到质量标准使宾客不满意，导致他们不再光临。通过对员工的培训，提高员工的工作效率、降低员工的差错率，就能减少酒店的“纠错”成本，稳定并吸引酒店客人增加营业收入，这在一定程度上降低了酒店的经营成本。

3. 培训有利于员工自身的发展

在现代酒店业的发展中，对员工各方面的要求越来越高。每个员工也有一种追求自身发展的欲望，这种欲望如不满足，员工会觉得工作没劲、生活乏味，最终导致员工流失，尤其是优秀员工，其自身发展的需要更加强烈。通过培训，新员工可立即进行工作，老员工则可以扩大视野，且都能学到许多新知识和较为先进的工作方法以及操作技能、技巧、增长本领，提高服务效率，进而增加个人收入。另外，培训能使员工在学会做好本职工作的基础上，开始学习上一层次的工作，有助于扩大知识面和扩展工作领域，并接受新的管理理论的熏陶，为晋升发展创造必要的条件。

4. 培训能够促进酒店员工之间的团队合作

酒店的服务或管理工作不是某一个人或几个人就能做好的，需要酒店全体员工的协作配合才能实现其预定目标。通过对员工的培训，尤其是各部门间的交叉培训可以让员工增进相互之间的了解和理解，并能够设身处地为其他部门或员工着想，做好配合工作，且能在出现问题时及时弥补其他部门工作的不足，体现出良好的服务意识和团队精神。

5. 培训有利于酒店的发展

酒店大部分工作都要同客人发生直接或间接的接触，其服务大部分都是面对面的，员工只要有一点失误或不称职都有可能永远失去顾客。酒店应从思想上、知识上、技能上对员工进行培训以提高人气，提高酒店的竞争力。酒店业是一个人员流动性非常大的行业，要想达到预期经营目标，留住员工，就必须要进行强化性的培训。一些研究证实，在酒店业中，受过培训的员工只是未受过培训员工流动率的一半。因为培训使人充实而不感到工作乏味，使人胜任工作，使人进步，使人有做好工作的良好愿望；使酒店运作更加协调，气氛更美好，从而降低流动率。

(二)培训类型

1. 总体上分为职业培训和发展培训两类

(1) 职业培训，主要针对操作人员。有岗前、岗位、持续培训。

(2) 发展培训主要针对高级和一般管理人员。

2. 按照实施培训的不同阶段分类

(1) 职前培训，即将开业的经营者、总经理、部门经理和有前途的雇员等在就任新岗位前的培训。

(2) 在职培训。

(3) 职外或脱产培训。

3. 按培训的地点分类

(1) 店内专门培训。

(2) 在岗培训。

(3) 店外培训，包括自办的酒店大学、培训中心和著名高校相关院系的培训。

(三)员工的培训方法

(1) 讲授法：属于传统的培训方式，包括酒店的管理、营销、预订政策、实业保险、餐饮、礼仪等现代酒店管理所需的各种课程。优点是运用起来方便，便于培训者控制整个过程。缺点是单向性传递，反馈效果差。常被用于一些理念性知识的培训。

(2) 讨论法：按照费用与操作的复杂程序又可分成一般小组讨论与研讨会两种方式。研讨会多以专题演讲为主，中途或会后允许学员与演讲者进行交流沟通。优点是信息可以多向传递，与讲授法相比反馈效果较好，但费用较高。而小组讨论法的特点是信息交流时方式为多向传递，学员的参与性高，费用较低。多用于巩固知识，训练学员分析、解决问题的能力与人际交往的能力，但运用时对培训教师的要求较高。

(3) 案例分析法：通过向培训对象提供相关的背景资料，让其寻找合适的解决方法。这一方式使用费用低，反馈效果好，可以有效训练学员分析解决问题的能力。另外，近年的培训研究表明，案例、讨论的方式也可用于知识类的培训，且效果更佳。

(4) 角色扮演：受训者在培训教师设计的工作情况中扮演其中角色，其他学员与培训教师在学员表演后作适当的点评。由于信息传递多向化，反馈效果好、实践性强、费用低，因而多用于人际关系能力的训练。

(5) 操作示范法是部门专业技能训练的通用方法，一般由部门经理或管理员主持，由技术能手担任培训员，在现场向受训人员简单地讲授操作理论与技术规范，然后进行标准化的操作示范表演。利用演示方法把所要学的技术、程序、技巧、事实、概念或规则等呈现给学员。学员则反复模仿实习，经过一段时间的训练，使操作逐渐熟练直至符合规范的程序与要求，达到运用自如的程度。培训员在现场作指导，随时纠正操作中的错误表现。这种方法有时显得单调而枯燥，因此培训员可以结合其他培训方法与之交替进行，以增强培训效果。操作示范法是职前实务训练中被广泛采用的一种方法，适用于较机械性的工种。

(6) 管理游戏法又称互动小组法：也称敏感训练法。此法主要适用于管理人员的人际关系与沟通训练。让学员在培训活动中的亲身体验来提高他们处理人际关系的能力。其优点是可明显提高人际关系与沟通的能力，但其效果在很大程度上依赖于培训教师的水平。

(7) 视听技术法：通过现代视听技术(如投影仪、 DVD 、录像机等工具)，对员工进行培训。优点是运用视觉与听觉的感知方式，直观鲜明。但学员的反馈与实践较差，且制作和购买的成本高，内容易过时。它多用于企业概况、传授技能等培训内容，也可用于概念性知识的培训。

(8) 自学指导法：这一方式较适合于一般理念性知识的学习，由于成人学习具有偏重经验与理解的特性，让具有一定学习能力与自觉的学员自学是既经济又实用的方法，但此方法也存在监督性差的缺陷。

三、酒店员工激励

(一)激励的概念

激励是指激发人的动机，使人产生内在的动力，并朝着一定的目标行动的心理活动过程，也就是调动人的积极性的过程。

(二)激励的理论依据

管理者应通过对需求层次理论、双因素理论、强化理论、公平理论、期望理论、目标理论等各种激励理论的灵活运用，并采取各种有针对性的激励方式对员工进行管理并激发其工作热忱，使人人竭尽全力，自觉自愿地完成各项工作。

人的潜能是非常巨大的，人之所以被称之为资源就是因为他有着不可估量的潜在能力，而如何把人的这种潜力挖掘出来则是人力资源开发的热点问题。通常企业会运用激励这一手段，把员工的内在能力不断地开发出来。有句谚语说得好，“赞美能使傻瓜变天才”。美国哈佛大学教授 William James 研究发现，在缺乏激励的环境中，按时计酬时，人的潜力只能发挥 20%～30%，仅能保住饭碗即行，但在良好的激励环境中，同样的人却可发挥出潜能的 80%以上。这表明了激励的重要作用。前苏联心理学家曾对人的大脑潜能进行过研究，结果表明：一般人只使用了它思维能力的很小一部分。如果一个人能使大脑发挥一半的能力，他就能迅速学会 40 种语言，熟记《苏联大百科全书》的所有条目内容，并学完 10 所大学的课程。在体力方面，研究表明：人体器官和结构能够经受 10 倍于日常生活中的负荷。因此员工的潜能是酒店的一笔巨大财富，而这笔财富就掌握在酒店管理者手中。酒店管理者如果能充分调动员工的积极性，发挥员工的潜能，将极大地提高酒店的服务质量和劳动生产率，改善酒店的形象，提高酒店的竞争力，为酒店创造更大的利润。

(三)激励方法

1．目标激励(通过确立工作目标来激励员工)

没有目标就没有管理，管理就是朝着目标步步逼近的过程。在目标激励的过程中，要引导员工个人目标与酒店目标相一致，使员工把个人的切身利益融入酒店的集体利益。我们知道目标的激励作用=目标价值×期望概率，但不是随便一个目标都可成为激励对象，这个目标不能求高、求大，要让员工觉得通过一定努力就可以实现，否则就只是一句空话，还可能起消极作用，使员工丧失信心。同时这个目标还应该是多层次、多方面的。如果只有总目标会使人觉得遥不可及，多层次的目标会使员工感到切实感，并将该目标转化为工作压力和动力。

2．角色激励(又称责任激励)

角色激励是让个人认识角色并担负起应负的责任，激发其为扮演的角色的献身精神，满足其成就感。

在马斯洛的人类行为动机理论基础上进行的心理调查表明，不论是哪一类组织，追求成就、自我实现是多数人的愿望。多数人对成就抱有很大的期望。这是人的一种普遍的要求，不仅仅是精英人物的特有品质。抓住了这种需求，作为酒店管理人员的责任是要帮助员工认识和重视自己的责任，同样也要注意交给下属以能力相当或稍大于其能力的责任，这样既能使员工感到被重视也会使其体会到工作的意义。除此之外，还要给员工一定的自主权，现在很多酒店给前台接待员一定的优惠权，使其能够根据实际情况决定是否给予客人优惠，既增加了销售又激发了员工责任心，这一举措无疑是角色激励的最好引证。

案例 9-6

工程师与青蛙

小王走在路上，看到一只青蛙，忽然青蛙开口说：先生，请吻我，我会变成公主，我会给你一个热吻。小王停下来，把青蛙捡起来放入口袋，然后继续走。

青蛙又说：请快吻我，我愿意跟你在一起一天，随便你要我做什么都可以。小王把青蛙由口袋拿出来，看了一下，笑一笑，又放回口袋继续走。

过一会儿，青蛙又说：好了，好了，我愿意跟你在一起一个礼拜，请快吻我。小王又把青蛙由口袋拿出来，看了一下，笑一笑，又放回口袋继续走。

青蛙又说：怎么回事，一个礼拜还不够吗？你要多久？小王把青蛙拿出来，说：我是一个工程师，没有时间跟女人一起，但是有一只会说话的青蛙，好酷！

启示

每个人的需求都不一样，一般人认为有美女相陪哪有男人会拒绝，偏偏这位变成青蛙的公主倒霉，碰上一位不解风情的工程师。

激励员工时，如果不能掌握他们的需求，径自用自己的认知给予刺激，不一定能够产生期待的结果，搞不好还会有反作用。因此，管理者必须懂得如何了解员工需求，根据需求给予相对应的激励方式，才能产生事半功倍的效果。

3. 物质激励

马克思说过："人们奋斗所争取的一切，都同他们的利益有关"。在一定条件下，尤其是在市场经济条件下和在物质生活并不十分充裕的社会主义初级阶段，物质激励能起到相当大的作用，它也是上级对下属的认可和赞赏。

4. 竞争激励

竞争激励实际上是荣誉激励。酒店服务人员中主要是年轻人，他们上进心强，酒店可以经常举行一些竞赛活动，不仅可以调动员工积极性，也提高了员工的素质。

案例 9-7

钓螃蟹的故事

组织中也应该留意与去除所谓的"螃蟹文化"。

钓过螃蟹的人或许都知道，篓子中放了一群螃蟹，不必盖上盖子，螃蟹是爬不出去的，因为只要有一只想往上爬，其他螃蟹便会纷纷攀附在它的身上，结果是把它拉下来，最后没有一只出得去。

企业里常有一些人，不喜欢看别人的成就与杰出表现，天天想尽办法破坏与打压，如果不予去除，久而久之，组织里只剩下一群互相牵制、毫无生产力的螃蟹。

5. 信息激励

这种激励在现今还不很盛行，但它所带来的激励作用并不亚于其他激励方式。酒店管理者可以组织员工去其他酒店参观学习，这也不失为一种好方法。

6. 奖惩激励

在管理工作中奖励是肯定，惩罚就是否定。恰如其分的惩罚不仅能消除消极因素，还能变消极为积极，两者相结合的激励方式其效果更佳。但运用这一方式时要注意以下问题：及时性。"雨后送伞"的事情不要做。对成绩及时肯定，对错误及时惩罚、批评，否则事过境迁效果会大打折扣。准确性是指不论是奖还是惩，都要实事求是、恰如其分、力求准确，否则只能招致反感和不良后果。激励没起作用却带来问题似乎就有些不值了。奖惩激励还要讲究艺术性。很多事情都要因人而异，奖惩激励也不例外，要根据不同对象的心理特点采用不同方式。有的人爱面子，口头表扬带来的作用有时比奖金还有用。而对只认钱的员工，金钱奖励就是最适合的。

7．参与激励

每一个人都希望参与管理，酒店的员工也不例外，他们总想拥有参与酒店管理的发言权。因此酒店管理者和人力资源工作者要善于给予员工参与管理、参与决策和发表意见的机会。要倾听下属的心声，因为决策的最终执行者还是下属员工。现今几乎全部酒店都拥有自己的报纸，酒店办报不仅是酒店企业文化的组成部分，同时也是一种非常有效地与员工沟通、激励和管理方式。其实还有一种方式很有效，但很多酒店都没有应用。据统计在美国、德国一些国家该种方式应用率为39.7%，这种方式就是GM接待日(总经理接待日)。它使每位员工都有机会和总经理面对面说说自己的心里话，谈心中的“疙瘩”，提合理化建议。对于酒店整体人力资源开发中这一激励方式应得到广泛重视和应用。

8．情感激励

它是对员工工作上严格要求的同时在生活上给予的关心、尊重员工，以“情”动人。所谓尊重员工，就是尊重员工在酒店的主人翁地位；理解员工，就是理解员工的精神追求和物质追求；关心员工，就是要心系员工，尽可能解决员工的实际困难。高昂的士气必须要有必要的物质保障，在酒店就意味着要为员工创造良好的工作环境和生活条件。只有员工真正意识到自己受到了尊重，真正是酒店的主人，他们才会以主人翁的精神积极工作。采取这种方式并不意味着无时无刻都充满感情，有时 “雪中送炭”所带来的情感震撼是不可估量的。

9．晋升与调职激励

利用人们的上进心理，给予员工职位上的晋升，无疑是一种极为有效的方法。在酒店中及时给表现优秀且可塑的人才晋升机会会让员工眼前看到一片光明，会让他感受到工作的价值。可如果一个人一直没得到重视，一直无法得到肯定，只会让人心灰意冷，寻找其他自我发展的机会，人才流失就在所难免了。除了对工作表现好的员工晋升外，还可通过酒店内部调换员工的岗位来激励员工。有时个别管理者与员工之间有了矛盾，协调无济于事时将员工调入其他岗位不失为一种好办法。因为员工不一定有错，如果坐视不管只会影响员工的工作动力，而起不到为企业带来效益的作用。通过调换岗位不仅可以充分利用人力资源，还可以激励员工，给企业带来更大收益。

案例9-8

跳　槽

A对B说：“我要离开这个公司。我恨这个公司！”

B建议道：“我举双手赞成你报复!! 破公司一定要给它点颜色看看。不过你现在离开，还不是最好的时机。”

A问：为什么？

B说：“如果你现在走，公司的损失并不大。你应该趁着在公司的机会，拼命去为自己拉一些客户，成为公司独当一面的人物，然后带着这些客户突然离开公司，公司才会受到重大损失，非常被动。”

A觉得B说得非常在理。于是努力工作，事遂所愿，半年多的努力工作后，他有了许多忠实的客户。

再见面时B问A：现在是时机了，要跳槽就赶快行动哦！

A淡然笑道：老总跟我长谈过，准备升我做总经理助理，我暂时没有离开的打算了。

其实这也正是B的初衷。一个人的工作，只有付出大于得到，让老板真正看到你的能力大于位置，才会给你更多的机会替他创造更多利润。

10. 示范或榜样激励

“有什么样的管理者就有什么样的员工”，这是人们常说的一句话，可见模范作用的重要性。很多时候，领导的工作很繁忙，若能主动参与工作，协助员工的领导给员工带来的不只是感动，更多的是激励。如果只一味指挥、挑毛病只能引起员工的反感，使员工失去工作兴趣。管理人员要以身作则，从各方面严格要求和提高自己，以自己的工作热情去影响和激励下属员工。

11. 信任激励

信任激励是一种基本的激励方式。上下级之间的相互理解和信任是一种强大的精神力量，它有助于单位里人与人之间的和谐共振，有助于单位中团队精神和凝聚力的形成，对员工的信任主要体现在平等待人，尊重下属的劳动，职权和意见上，这种信任体现在“用人不疑，疑人不用”上，表现在对下属地放手使用上。授权是充分信任员工的一种好方法。人人都想实现自身价值，充分授权对员工来说一种信赖和尊重，信任还可以缩短员工与管理者之间的距离，使员工充分发挥主观能动性，使企业发展获得强大的原动力。

(四)激励时应注意的问题

激励看似容易，落实起来却有一定困难，如果方式不对、尺度不当都会带来反作用。在激励过程中最重要的有以下两点。

一是激励只有产生于员工的内心、满足员工内部需求才有较好的效果，否则只能是“对牛弹琴”。各个员工的需求都不同，一本好书、一张音乐会票、一张球票、一次讲座、一张证书、一天假期、一次出游等，只要给对了人就能取得理想的效果。

二是激励要以正强化为主，当然也不排除恰当的批评和处罚。在正强化的激励过程中，要公平、公正、公开、注意具体化，不要以“做的好，工作出色”等笼统、模糊的概念奖赏。要及时化、可及化。提到奖励就不能不提惩罚，慎用惩罚是至关重要的。虽说惩罚是一种激励手段，在一定条件下能够起到一定的积极作用，但管理者要记住：惩罚只是一种手段而非目的，不能滥用。否则不仅起不到激励作用，反而会引起对抗情绪，不利于团队精神的形成。至于开除员工更应慎重。很多国内酒店管理者误认为外国酒店管理好的原因就是“严”，可随便开除员工，其实并非如此。曾经被美国《酒店》杂志评为最杰出酒店经理的里茨·卡尔顿集团总经理舒尔茨先生就坚决反对对员工动辄炒鱿鱼的做法。他认为“反复培训新手是最大的浪费”，而且“老主顾不喜欢新面孔”，而这种想法正是现今国内酒店管理者应借鉴的。人才不是用来浪费而是用来保留和开发的。最后要讲究语言艺术。酒店管理者要能用简洁明确的甚至是十分动听的评语进行商讨、动员，劝导同事或员工，使他们感情上发生共鸣。如果一个管理人员只单调重复上级指示，再加上令人厌烦的口头语，必然引起同事的反感和员工的逆反心理，甚至最后把事情办糟。管理者要善于利用幽默和幽默感来激励员工，增进与员工的关系。幽默感是人际关系的润滑剂，它以善意的微笑代替抱怨，避免争吵；幽默会使员工更喜欢你、信任你。员工希望与幽默的人一起工作，乐于为这种人做事。因为与这种人共事是一种如沐春风的感觉。总而言之，酒店管理者应该善于利用“激励”这一杠杆，调动员工的工作积极性，提高服务质量和工作效率，实现酒店管理目标。

课外资料

做一名合格的职业经理人

在当今竞争激烈的酒店业，怎样做一名合格的甚至是优秀的职业经理人，的确不是一件容易的事。个人认为至少应该做到以下几个方面。

一、炼就八种能力，组建好管理班子

要想做一名合格的酒店职业经理人，首先要炼就以下八种能力，并在实际工作中得以充分展示。

(1) 组织计划能力；(2) 语言公关能力；

(3) 沟通协调能力；(4) 专业技术能力；

(5) 培训督导能力；(6) 危机处理能力；

(7) 市场开拓能力；(8) 创新思维能力。

同时还要精心组建优秀的管理班子，根据所管酒店的规模档次，对部门经理班子要进行严格的资格审定：不仅要有一定的理论水平，丰富的实践经验，还要有较强的计划、组织、控制、协调、激励和决策能力，操作示范和培训下属能力，以及对自身的严格要求和勤奋的工作精神。班子组成要公众齐全，搭配合理，人员精干，其班子成员之间还要树立精诚合作的团队精神。

二、树立十种职业意识，成就职业经理人

(1) 市场意识。职业经理人只有树立高度的市场意识，才能敏锐地了解市场、熟悉市场、把握市场，并在酒店管理的岗位上捕捉市场客源的良机、先机，做好酒店的市场客源开发、宣传促销、营销管理等工作。作为职业经理人，你不但要关注本行业、本地区市场情况的变化，还应具备了解掌握国内市场、国际市场变化与发展的眼光。能够带领你所管理的酒店企业，使得人人树立市场意识、促销意识、品牌意识，使自己的企业在激烈的市场竞争中立于不败之地。

(2) 竞争意识。“物竞天择，适者生存”。作为酒店职业经理人，我们必须清醒地认识到入职竞争、岗位竞争、管理竞争、客源竞争、效益竞争、生存竞争是无处不在的，“市场不相信眼泪，竞争不同情弱者”。只有树立高度竞争意识、进取意识，树立竞争感、危机感、紧迫感、压力感，才能不断提升、不断进步，才不会招致激烈而残酷市场竞争的淘汰。

(3) 效益意识。作为一名职业经理人，必须使你管理的部门、领导的企业，实现经济效益的最大化、社会声誉的优良化、品牌价值的提升化。只有高度树立追求良好经济效益的思想意识、工作目标意识，并且运用你所掌握的专业知识、管理才能、领导艺术，调动一切能调动的人、财、物、营销、信息等力量，为实现企业最佳化、最优化而努力。

(4) 敬业意识。忠于职守、勤奋敬业是酒店职业经理人应具备的基础素质。勤奋敬业、坦诚公正、严明自律是职业经理人的人格魅力。在酒店管理纷繁复杂的工作中，才华、专业、能力往往不是第一位的，忠诚、敬业才是第一位的。要想成为一名真正的酒店职业经理人，就必须树立高度敬业意识，唯忠心向着企业、唯爱心向着宾客、唯关心向着员工、唯痴心献给你所从事的酒店职业。

(5) 国际意识。中国酒店职业经理人，必须具有四海为家、了解世界、熟悉国际酒店业的管理与发展趋势，懂经营、善管理的综合能力。同时具有政治家的深谋远虑，有战略家的雄才大略，有企业家的策划、领导、管理才能，有塑造中国自己的“希尔顿”、“喜来登”、“雅高”、“万豪”品牌与集团的国际眼光和决心。同时要在全球经济一体化、知识经济综合化、网络经济迅捷化的今天，高度树立国际意识、全球战略，才能成为一名具有国际水准的职业经理人，才能走出国门、融入世界。

(6) 学习意识。作为一名与时代潮流俱进的职业经理人，你的知识结构、心理素质、艺术修养、公关能力、协调能力、专业技能、思想观念、领导才能等，都必须适应社会的发展、竞争的需要。唯有向书本学、向社会学、向国内外同行学、向先进发达国家和企业学，才是职业经理人生存的基础、发展的本钱、创新的源泉、成功的风帆。唯有不断学习与提高，才能提升自身文化素质的含金量，才能使你所领导的部门和企业，由经营型组织发展成学习型组织，并形成强有力的知识资本竞争力、企业文化凝聚力，使你最终由经营型管理者成为学习型、开拓型、创新型的职业经理人。

(7) 法律意识。新世纪的酒店职业经理人，必须具有较强的法律意识，必须做到知法、懂法、守法，使你在对酒店的经营管理、合同管理、财务管理、工程管理、员工管理和对外交流中，不出现法律漏洞，使自己和企业受到不必要的损失。用法律来维护企业良好的内外部经营环境，用法律来处理酒店发生的重大投诉，用法律来处理国家间的贸易及合同纠纷，用法律来维护国家、企业、消费者、自己四者之间的利益。依法办事、依法管理、守法经营是酒店职业经理人必须懂得和掌握的一把“钥匙”。

(8) 团队意识。二线为一线服务，一线为宾客服务，现代酒店就像一部庞大而复杂的机器，而职业经理人又是身处不同重要岗位的传送机、发动机。酒店职业经理人只有树立高度团队意识，才能在内部协调、沟通，外部协作、公关上达到“天人合一，万事通达”的境界。优秀的职业经理人都是智商(IQ)、情商(EQ)都成熟的经理人。

(9) 创新意识。作为一名优秀的职业经理人，你必须具有创新意识和创新能力，除了要不断学习，勇于超越传统的管理模式、思想观念外，还要在市场开发、营销手段、经营策略、企业文化建设上，大胆创新、勇于开拓。中外优秀的酒店管理模式，都贵在服务创新、管理创新、销售创新、思维创新、行为创新。创新是酒店职业经理人做好本职工作、突破传统思维定式的根本，新时代的酒店职业经理人，必须是有知识、有主见、有锐气、有创新意识、不惧怕失败的人。唯有创新才能焕发生命的活力、才能不断超越自我，才是酒店企业立于不败的根本。

(10) 职业道德意识。职业经理人应具有专业素质、职业管理素质和职业道德素质。作为一名职业经理人必须具备以下几点职业道德意识：

① 要忠于你所服务的企业，忠于你的领导和员工，忠于顾客。

② 在工作中要勤奋敬业，无私奉献，尽职尽责、大公无私。

③ 应严守企业商业秘密，不做有损酒店形象和利益的事。

④ 严格履行你与酒店企业签订的合同条款，严于律己，忠于职守，乐业奉献。

忠实坦诚、有人格魅力、领导能力、凝聚力是酒店职业经理人职业道德意识中不可或缺的。中外优秀的职业经理人，都是职业技能高超、思想品德高尚、忠诚于事业、忠诚于企业、忠诚于社会，以职业与道德水准来严格要求和衡量自己言行与工作的优秀经理人。

三、用一整套管理模式贯穿始终

管理模式——是将酒店的生产、经营、服务和管理活动加以标准化、制度化、定式化、个性化，从而形成本酒店特有的、稳定的管理方式和体系。其内容包括：管理哲学、经营风格、服务特色、运转机制、总体功能、行政构架、管理制度、政策宗旨、任职要求、岗位职责、工作程序、操作规范、质量标准、部门协作、运转表格。运转体系的形成，是以现代酒店管理理论为指导，以健全的制度为保障，应该责任分明，联络渠道通畅，上下左右关系清晰。确保运行中处理发生的一切问题有章可依、有据可行、有人负责。不仅要抓住酒店的关键要害部门，对其他相关系统也要全盘加以考虑运作，从而使整个酒店各部门、各方面均协调运转。

四、要充分尊重业主意愿

职业经理人的服务对象是业主，业主是法人又是委托方，是你的老板，职业经理人要摆正自己的位置，是打工的，始终要分清雇佣关系。首先要深刻领会业主意图，进行深入地调查研究，对业主酒店的地理位置、当地市场、硬件设施、软件基础、人员素质加以初步评估后，把拟定的工作目标、实施策略和具体措施，主动向业主汇报、征求意见，争取得到业主的肯定和支持。征得认可后方可实施，并要定期向业主书面汇报，且不能目无业主、我行我素。同时也要以专家的身份出现，提出有价值的意见，使业主从心里认为，你才是真心为他的企业着想，是一位实干的专业人才。

五、制订周密的工作计划

工作计划要针对酒店实际存在的问题和追求的目标而制订，做到目标准确、概念清楚、主次分明、容易领会、便于实施。酒店开业千头万绪，涉及功能布局、定员编制、劳动工资、用品采购、服装制作、菜单拟定、技能培训、工作程序、确定经营方针、后勤生活保障等，工作计划必须周密细致。内容要有一定的整体性和连续性，虽然时间安排上会出现同步和交叉，但主次和因果关系不能变。比如定员编制、劳资方案未定就匆忙招工或市场调研尚无结论就急于制定经营方针，都会给工作带来被动、反复和失误。

六、必须亲自为管理干部和员工上培训课

首先，在培训方法上要循序渐进，由浅入深，形式多样，生动活泼，使学员自觉参与。其次，模拟现场教学是理论联系实际的最有效方法，能启发员工揣摩客人心理，善于察言观色，见“景”生“勤”。再次，总经理要亲自给员工上课培训，注重强化“服务意识”的培训，将全体员工的服务态度、服务效率、服务方式培训到一个较高水平，使之自觉地对客人进行规范服务、个性服务和感情服务，从而达到“让客人完全满意”的服务。最后，

也是极为重要的一环，就是将自己的管理风格和管理技巧传授给委托方的中高层管理人员，使他们在学习管理酒店的同时接受你的管理模式与特色，从而形成独特的管理风格，在使酒店受益的同时，也有利于你个人品牌的树立与发扬。

七、职业经理人要注重职业道德规范

有些职业经理人只对合同内责任负责，不顾后果和业主利益，其实，合同中不可能包容所有应承担的责任和义务，在这种情况下，应设身处地为业主的利益考虑，尽量从远处、大处着眼，合同内的事要办，合同外的事也要认真办，这样才能为自己带来更好的信誉，得到业主的信任。

八、理念上要一直保持领先

要想成为一名优秀的职业经理人，首先要在经营理念上一直保持领先，才会不断激励自己学习新思想、新经验和新成果，才会有激情不断地创新，去开拓更大的经营管理领域。因为目前的酒店已进入了战略管理年代，职业经理人的战略思想和观念始终都要站在时代的前沿，只有单项本领已经远不够用了。要集“兵”本领和“将”本领于一身，要“硬本领”和“软本领”一起上，要比别人掌握和付出得更多，才能获得成功。

评估练习

1. 招聘的流程分为哪些？
2. 什么是激励？
3. 激励的方法有哪些？

第十章
酒店销售部

引导案例

削价竞争还是服务竞争

我国南方某省一城市，近年来旅游业发展迅速。2000 年，这里规划重点发展旅游业时，只有几家普通旅馆和招待所，仅有的两家宾馆也够不上星级。到 2010 年情况已大不一样，由于航线畅通，景点建设有吸引力，国内外游客每年超过 300 万人次，以接待国外和国内较高层次的游客为主。无奈宾馆、酒店发展速度更快，不仅房间数超过 1 万，床位数超过 2. 5 万，1～3 星级宾馆、酒店也达 9 家。在开房率下降、竞争激烈的情况下，刚投入运营的三星级南翔大酒店面临着严峻的选择：是卷入新一轮的价格战，还是办出特色。

南翔大酒店的张经理曾经在省城管理过两家星级酒店，有丰富的实战经验。他的主张是：削价竞争绝非良策，要良性发展，必须突出自身的特色，以分外整洁的环境，周到的服务，让中外游客都承认，这家三星级酒店是名副其实的。

张经理在办公会议上强调，当地酒店业竞争过度，平均开房率不到 40%，靠削价竞争是难以消除这种环境威胁的。但是，在全部客源中，国外游客约占 15%，年达 30 万人次；国内游客要求住三星级饭店者(包括会议)，也不低于此数。这样，星级饭店经营得好，客源不向低档店分流，开房率可达 50%左右。而且三星级酒店全城仅有三家，威胁与机会并存，关键在于如何把握住机会。

在张经理的主持下，办公会议批准了营销部的计划书，要点如下。

(1) 优化客源结构。重点是发展团队市场，争取新签一批订房协议。

(2) 加强横向联合。主要是密切与省内外声誉好的旅行社和省内两个客源量大的城市的主要宾馆、饭店的协作。

(3) 加强内部管理。在激励员工、提高士气的基础上，彻底整治所有服务场所和客房的清洁卫生，并建立健全各项规章制度，要求格外整洁并经常化，全体服务人员必须热情周到地为顾客提供各项服务。

(4) 严控价格折扣。在批准的客房定价基础上，除每年有 4 个月的淡季折扣和大型会议适当折扣外，严格控制任意降价的做法。

案例分析

南翔大酒店的服务竞争策略是正确的，主要体现在以下几个方面：第一，从服务市场营销的角度来分析，该酒店采取服务竞争明显优于削价竞争方式。因为，该城市国内外游客每年虽然超过 200 万人次，但已有的宾馆和酒店的接待能力已超过 700 万人次/年，当地酒店业竞争过度，平均开房率不到 40%，靠削价已难以提高开房率，必须转入服务竞争，靠优质服务才有可能进入良性发展的轨道。第二，是对当地酒店服务业市场进行细分，在全部客源中国内外要求住三星级饭店的游客超过 60 万人次/年，而全城仅有三家三星级的酒店，即三星级酒店明显不足，并已迫使客源向低档店分流，在这种市场背景条件下，作为刚投入运营的三星级南翔大酒店以中高层次游客为营销对象，采用服务取胜的策略，而不与低档酒店开展新一轮的价格战则是明智之举。同时，服务竞争也体现了以目标顾客服务为中心，服务就是效益的原则。

辩证性思考

酒店应对市场竞争的策略有哪些？

第一节　酒店销售部概述

教学目标

1．了解酒店销售部的地位以及作用。
2．了解酒店销售部组织结构。

一、酒店销售部的地位与作用

(一)酒店销售部起到桥梁和窗口作用

销售人员代表酒店独立作业，在外推销和进行必要的市场营销工作；是酒店连接外面世界的主要渠道之一，市场营销的目的就是在酒店与社会间架起一座桥梁；销售人员也是社会和市场认识酒店的重要窗口；销售人员是酒店员工整体素质、管理水平和酒店档次的集中体现，是客户对酒店产品产生信心的前提。

(二)酒店销售部是酒店的信息中心

销售部的主要职能之一，就是了解市场的需求、掌握竞争对手的经营状况，反映客人对酒店产品的反馈，并将所获信息及时有效地传递到管理层和有关部门，以随时调整自身的政策和经营方式，从而获取最大的市场占有率和最高的利润率。

(三)酒店销售部是酒店营业收入的主要来源

通常，一个城市酒店一半以上的客房收入来自销售人员的推销。可以说，任何一种产品，只有通过人为地促销，才会增加其价值。让客户或消费者认识到酒店产品的不同特色和使用该产品的益处，本身就是该产品的差异和优势。

(四)酒店销售部在酒店的服务质量起到监督检查作用

销售人员无论在店内或店外，总会习惯性地将自己的酒店与同档次的酒店进行比较，尤其是软件上的差异，来促进取长补短，因而，销售人员对酒店的服务质量，比店内任何其他部门的员工更为敏感和关注，酒店的服务标准、工作流程以及员工行为举止和仪表态度的好坏，直接影响到销售人员销售指标的完成以及与客户的关系。

总之，酒店的社会声誉、市场形象、经济效益、竞争能力、发展前途等，可以说无不与市场营销部的工作特点和质量密切相关。作为市场营销部门的每位员工，必须具有高度的使命感和责任感，充分意识到本职工作的重任与意义，充分挖掘并发挥个人的潜力，敏锐地观察市场，灵活制定策略，积极拓展市场，全心为客服务，为酒店的长期有效经营做出贡献。

二、销售部的工作特点

(一)贯彻总经理的营销意图

在总经理的领导下，销售部全面负责酒店销售工作，这就需要认真领会和贯彻总经理的营销意图，使销售策略符合酒店总体的长期的经营策略。

(二)与各部门的合作性

作为酒店中的一个专门招徕顾客的部门，销售部的工作需要依靠酒店各部门的合作，因此酒店销售部必须与酒店各部门保持良好的合作。

(三)对各部门工作的指导性

由于销售活动需要关注顾客从入住登记到结账离店全过程的服务和顾客反映，并借此来获取最全面、最详尽的信息，这决定了销售公关部对其他部门的工作具有指导性，围绕顾客满意这一最终目标，可帮助其他部门随时改进和完善服务。此外，酒店销售部也是酒店内信息来源最为广泛的部门，通过收集从各种渠道传来的信息对酒店的经营策略的调整和正确的决策也起到重要作用，从而影响各部门的工作调整和改善等。

三、销售部的工作任务

(1) 开展市场调研工作，重点收集酒店市场及客源动态信息，了解竞争对手销售活动和价格情况，预测和分析客源市场的规模和特征，并定期编制酒店销售趋势报告和市场分析报告。

(2) 制订市场营销战略和计划，确定酒店的目标市场，并计划组织整个销售推广活动。其中包括：①有计划、有组织地对潜在客户和重点客户进行销售访问，向客户介绍和推销酒店产品，征询客户对酒店的意见和建议，争取达成交易，签订销售合同。②制订酒店的广告促销计划，包括酒店各类对内对外宣传品和促销活动宣传资料，选择媒体，设计广告宣传平面。③与酒店其他相关部门一起策划特别促销活动，如美食节、情人节、圣诞节、春节、客房包价以及其他主题促销活动，并组织实施。④制定酒店客房的标准价格、组合产品价格、长包房价格、特殊活动的促销价格、折扣政策、价格的调整、预订金和协议价格的支付方式等政策性事项。⑤根据市场状况和宾客意见，指导餐饮改进、调整、开发新产品和提升服务质量水平。

(3) 开展对外公共关系活动，负责与新闻界、地方政府、职能部门的联系，组织和安排各种店内外大型活动，与酒店高层一起处理各种突发性事件，并收集有关酒店形象方面的信息，为管理者提供决策，以树立和维护酒店良好的形象，为酒店创造和保持“人和”的经营环境。

(4) 负责日常性的销售工作处理业务往来函件、传真、电话和来访，回答客人关于酒店产品、价格、优惠等相关事宜。

(5) 负责各类会议/宴会/旅行团队的接洽工作，这项工作拓展得是否有力，直接关系到酒店营收水平的高低。

(6) 酒店营销管理工作。负责酒店所制定的营销政策的分析、计划、执行和落实工作以及各部门促销活动的政策性、可行性的监督工作。

(7) 参与对住客的服务工作。

四、销售部组织结构

销售部门的组织模式是销售战略规划的重要内容。任何企业，都喜欢自己的产品能迅速有效地被消费者认知，并能够及时了解市场以及消费者的动向，同时保证公司政策能够及时传达及实施，要做到以上几点，组织模式的选择至关重要。

销售组织模式的选择受到酒店产品特点、人力资源、财务状况、市场状况、渠道策略方式、消费者以及竞争对手等因素的影响，所以每个酒店销售部组织结构都不相同，同样设置的岗位也不相同。

(一)组织结构设置的注意事项

有些酒店将宴会销售也划归销售部，而有一些则划归餐饮部，这并无固定模式。在实际工作过程中，如将宴会销售划归销售部，则对一些既订客房、又订餐饮的顾客考虑包价更为简便易行，在完成客房、餐饮两类指标上更易协调，因为这属于内部协调，而划归餐饮部则涉及部门之间的协商。宴会销售划归餐饮部的优点是在菜肴等方面更易满足客人的要求，因为通过与厨房内部协调即可。

(二)岗位设置的注意事项

根据酒店规模以及市场情况，一人可兼多职。根据酒店全年的营业计划，制订酒店全年的销售计划，其中包括各个阶段具体的促销任务和战术，以保证全年销售计划的落实。根据酒店的具体情况，还有可以设置其他岗位。

如图 10-1 所示为某酒店销售部组织结构图。

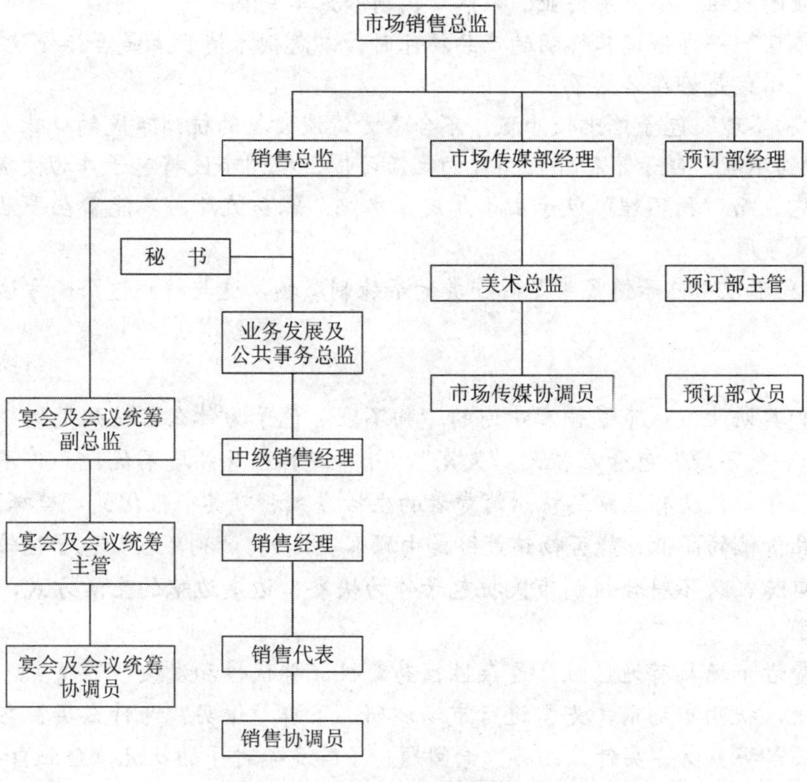

图 10-1 某酒店销售部组织结构

评估练习

1. 销售部的地位与作用是什么？
2. 销售部的工作任务包括哪些？

第二节　现代酒店产品营销分析

教学目标

1. 掌握现代酒店产品营销特点分析。
2. 掌握现代酒店产品的营销策略。

案例

杭州“狗不理”包子店为何无人理?

杭州“狗不理”包子店是天津狗不理集团在杭州开设的分店，地处商业黄金地段。正宗的“狗不理”以其鲜明的特色(薄皮、水馅、滋味鲜美、咬一口汁水横流)而享誉神州。但正当杭州南方大酒店创下日销包子万余只的纪录时，杭州的“狗不理”包子店却将楼下三分之一的营业面积租让给服装企业，依然“门前冷落车马稀”。

当“狗不理”一再强调其鲜明的产品特色时，却忽视了消费者是否接受这一“特色”。那么受挫于杭州也是势在必然了。

首先，“狗不理”包子馅比较油腻，不合喜爱清淡食物的杭州市民的口味。

其次，“狗不理”包子不符合杭州人的生活习惯。杭州市民将包子作为便捷快餐对待，往往边走边吃。而“狗不理”包子由于薄皮、水馅、容易流汁，不能拿在手里吃，只有坐下用筷子慢慢享用。

再次，“狗不理”包子馅多半是蒜一类的辛辣刺激物，这与杭州这个南方城市的传统口味也相悖。

评析

在天津和其他北方城市受顾客欢迎的“狗不理”包子为什么在杭州受到冷落，这个问题值得深思。“狗不理”包子在杭州“失宠”，并非因其自身品质不优、品牌不名，而是从整个营销过程开始就没有注意到杭州消费者的生活方式和颇具个性化的“口味”。

一个产品价值的高低、能否畅销最终是由顾客决定的。“狗不理”包子馅较油腻、不合杭州市民的口味，又不符合杭州市民把包子作为快餐、边走边吃的生活方式，在杭州失宠就在所难免了。

由于消费者市场具有地区性、复杂性、易变性、替代性和发展性等特点，天津“狗不理”包子在进入杭州市场前，先需进行市场调研，了解“谁买？为什么买？在何处买？如何买？何时买？买多少？买什么品牌”等问题，了解竞争对手的状况，企业自身的优缺点，外部的威胁和机会等问题。只有这样，才能“有的放矢”，采取相应的营销战略和策略。

尤为重要的是，产品要有市场，主要还不是看产品是否有特色，消费者不接受，再有特色也枉然，消费者接受才有市场，才是真正的“特色”。

总之，天津“狗不理”包子集团只有深刻认识到消费者市场的特点，准确地把握消费者行为，才能找准目标市场，针对性地实施市场营销战略和策略，使“狗不理”包子不但能打入杭州市场，而且能打入其他地区或城市的市场。

一、现代酒店经营管理战略的转变

市场经济的发展对酒店经营环境产生重大影响，现代的管理理论对酒店经营管理的理念、经营思路产生的支配作用，使酒店从传统的经营管理模式转向适应新时代的模式。

(一)从制度型经营管理模式向人本型模式转变

经营管理模式的转变。传统的制度型酒店经营管理模式是一个层次分明的管理体系，是一个“以工作为中心”、“以岗位为中心”的管理模式。酒店的管理者有很强的权威性和管理性，管理体系能较好地实行上一层组织分配的任务，有利于制定组织的制度和长期的发展规划，对预期的管理目标可以做长期预见。而新的市场经济时代已经向传统的管理模式提起了挑战，“人”已经越来越受到人们的关注，人本型管理模式正是“以人为中心”，通过员工自主管理、民主决策、确立团队精神、协作精神、主人翁意识等观念，充分发挥员工的主动性和潜能，管理者主要起宏观调控和监督作用的一种经营管理模式。

(二)从“以财务为核心”的经营管理模式向“以现代营销为核心”的经营管理模式转变

当今酒店要生存和发展就必须在经营观念、经营方式等方面来一个革新，必须把过去的“以理财”为重点的管理模式转到“以生财”为重点的经营管理模式上；必须要以现代营销学的理论与实践去开发客源，真正做到时时处处方便客人，处处时时为客人提供优质服务；必须了解市场、细分市场、选择目标市场，及时调整酒店产品与服务的组合，向公众不断沟通本酒店的服务特色、价格，以及做好即时的跟踪服务和各种信息反馈等，使来自四面八方的客人都十分满意，起到良性循环的经营效果。

二、现代酒店产品营销特点分析

(一)酒店产品营销 SWOT 分析

市场经济是一个信息开放的时代，信息成为市场竞争的主导者。随着我国第三产业的快速发展，给旅游业和酒店业也带来了发展的春天。在过去的一年里，我国的酒店业创造了可观的收入。但是，高档酒店在国内的数量也是在逐年增多的，在信息开放程度如此敞开的时代，越来越多竞争者的加入，代表着相关的信息越发达，市场的缝隙也就越来越小。酒店产品有别于其他的实物产品，酒店产品有着其特殊的属性。针对其自身产品的特点，就必须利用强大的信息网络来实现其自身产品的销售。信息化的销售有其优势，但是威胁也同时存在。

(1) 优势(Superiority)——信息的开放，可以增加购买酒店产品的潜在的消费者，扩大消费群体，同时也可以利用网络宣传的营销来扩大在本行业中的知名度和竞争力。

(2) 弱点(Weakness)——酒店的服务产品很容易被复制和效仿，服务是由人来提供的，不能申请专利，它有别于制造业。所以，信息的开放会使一些本属于“自己”的产品被竞争对手所效仿。

(3) 机遇(Opportunity)——市场经济的迅速发展，人们生活水平的提高、消费结构的变革，使服务行业得到了很大的收益，在这种经济条件下，对酒店来说是一个非常难得的机遇。酒店的组织要利用这样的机遇，充分地发挥组织的能动性，为产品制作合身的营销策略，积极地开拓潜在的消费群体，占领市场。

(4) 威胁(Threat)——市场的不断开放，酒店行业所接触的消费群体也在逐渐地转变，向国际化方向靠拢。这就对酒店自身的组织运营、服务人员的服务质量提出了一个更高的要求，面对瞬息万变的市场，要做出及时的、准确的反映，才能使企业在市场竞争中保持自身的地位。

(二)营销机会分析

酒店产品的营销是一个长期的活动过程，要根据市场的需求做出持续的营销计划并不断地进行更新。

(1) 营销环境分析。酒店市场营销的环境分为三个层次，第一个就是内部环境(酒店业的市场营销系统)，它是可以由组织控制的；第二个是行业环境，这个环境可以被影响，但是却是不可控制的；而市场营销的宏观环境是第三个层次上的，它既不能被影响，也不能被控制。

(2) 潜在市场分析。每个酒店都有相当大的潜在的客户需求，要通过适当的宣传才能使潜在的客户成为酒店的准客户。在潜在客户的分析中，必须对主要的竞争对手的能力和整个市场需求做出推测，使组织可以对未来的市场需求做出现有的判断和调控。

(三)市场细分和定位

(1) 市场细分。酒店的市场细分主要根据客户的性质来进行。一般来说，酒店的顾客大致地可以分为：商务旅客、休闲旅游旅客和其他性质的旅客，而主要是以前两种的客户居多。这样，就要根据不同的消费群体提供不同的服务。对市场细分的好处是可以针对不同的消费者提供不同的服务类型，在稳固准消费群体的同时吸引更多的潜在消费者。

(2) 市场变化。市场是在发展和变化的，所以酒店行业当中的需求和供给也是随之变化的。人们的消费需求是根据变化的消费结构、生活方式，使消费群体向着个性化、多层次的需求方向发展，服务行业的市场需求在逐步地增大，但是供给也在增大。酒店组织一定要认识属于本组织的消费群体，掌握详细的市场发展态势，才能使本企业在市场竞争中占据有利的位置。

(3) 市场定位。市场定位就是发展一种服务和市场营销组合，以在目标市场的客户头脑中占据一个特定的位置。也就是说，市场营销者通过提供一种恰当的服务，并以某种方式传达给潜在客户，来创造一个确定的形象。而不同的时间里，企业可以对自身进行不同的定位。定位的另外一个作用就是能区别其他的竞争对手，从个性化的服务上加以区别，利用企业自身的定位区分企业的竞争类别等。

(四)酒店产品的营销特点

由于酒店产品(服务)是无形的，顾客很难感知和判断其质量和效果，他们将更多的根据服务设施和环境等有形线索来判断。利用网络进行营销就更加大了酒店产品的无形性，因此 CI 系统的导入成为酒店产品营销的一个重要工具。顾客直接参与酒店产品的生产过程及其在这一过程同酒店服务人员的沟通和互动行为更是向传统的营销及管理提出了挑战。利用网络进行酒店产品的营销是一个崭新的运作模式，它的管理需要建立以 CRM(Customer Relationship Management，客户关系管理) 为基础的操作平台，与传统的直接面对客户的形式有很大的区别。

三、现代酒店产品的营销策略

在今天的市场经济时期，营销已成为企业经营管理的龙头，它是企业众多决策的基础，也是企业在同行竞争中抢占市场，争取效益的重要途径和措施。营销的根本任务就是以变应变，在复杂的市场变化中，以企业自身可控制的因素的调整去适应企业之外的不可控制因素的变化，从而不断提高自身在市场中所占的份额。

(一)促销组合的选择与公共关系宣传

要通过促销的最后目标来沟通和改变客户的消费行为，只有帮助客户完成不同的购买程序阶段，他们才能最终购买或者再购买服务。所以，在营销过程中，选择正确的促销组合是十分必要的。通常企业都是通过广告、人员推销、促进促销、交易展示的形式来完成促销活动。但是，在选择促销组合的时候，一定要注意各个促销方式的优点和缺点，只有明确地认识了各种方式，才能顺利地完成最终的营销目标。

(二)酒店 CI 系统导入

现代酒店业新的经营力的拓展急需一种能全面综合企业现代经营理念、企业资源、人力资源的有力的整体形象战略工具，这就是 CI(Corporate Identity，企业整体形象识别)战略。在工业化社会中，消费者强调产品的功能性、物的价值，如产品或服务的实用性、舒适性，而在当今信息化时代的进程中，消费者则趋向于重视消费过程中的社会形象感受即产品或服务对自身及社会存在意义的信息价值，故信息化时代又称“感性时代”。现代消费者具有自己的审美尺度，并以此作为决定其消费行为的判断准则。因此现代酒店业的经营必须发掘和确定自身的社会形象和存在价值，并以恰当的表达和沟通与消费者达成良好的认同，最终促使其自发的消费。CI 战略的核心就是通过“突出 VI、强化 MI、规范 BI”的整体传播手段，塑造企业在市场竞争中个性鲜明的整体形象，与企业的关系者(员工、社会大众和政府机关团体)建立良好的沟通和信赖，最终推动企业产品销售和良好的经营业绩。酒店业一向被称为“好客产业”(Hospitality Industry)，其所提供的服务主要是一种无形产品，服务质量的评价及酒店产品销售的兴衰与顾客个人意志密切相关，因此酒店业更直接地依赖于自身在顾客心中的综合形象感受和消费取舍，所以酒店业的生存与发展首先务必致力于树立自身良好的企业形象。

市场经济的发展要求酒店业必须对市场做出积极的反应，同时要运用现代的管理理念和科学的营销方式，运用合理的促销组合来迎合市场的发展。现代酒店营销必须掌握足够的市场信息，进行准确的市场定位，并对不同的定位区间进行不同的营销手法，最终完成面对客户的产品销售过程。

课外资料

如何做好酒店销售的系统化建设？

销售部虽然是酒店重要的龙头部门，直接关系到酒店的经营成效，但酒店普遍认为销售又是酒店的难点所在，要搞好销售工作，谈何容易。

那么销售工作到底难在哪里呢？普遍认为有以下一些难点。

难点一：市场难以把握

酒店业市场非常脆弱，极易受到来自各方面的影响，如政治、法律、经济、自然(天灾)、事件(人祸)、环境等诸多方面稍有问题都将直接影响到酒店的客源市场，特别是遇到一些人力不可抗拒的因素，酒店经营就难免陷入被动的局面。

难点二：客源忠诚度低

酒店业是典型的买方市场，供大于求，产品过剩，消费者选择余地大，自然对酒店的忠诚度普遍偏低，所以，赢得消费者的满意口碑和回头，成了酒店销售追求的共同目标。

难点三：销售人才难觅

专业的、有经验的销售人才供不应求，许多酒店老总因为找不到人品好、能力强的理想的销售人才而发愁，真是人才难觅啊。

难点四：销售人员跳槽率高

正因为销售人才奇缺，自己内部培养又成长缓慢，所以行业中自然形成销售人才争夺战，互相挖墙脚，造成销售人员跳槽率很高，这给一些酒店带来了不小的损失，除了人才损失以外，还有连带的酒店市场信息与资源的损失，以及酒店内部商业情报和数据资讯的损失。

难点五：销售系统难建立

许多酒店的销售部运作还是单兵作战的方式，没有形成有效的系统，没有团队协作的平台，销售体系没有真正建立起来，销售工作往往事倍功半。更多酒店还缺乏销售系统的概念，认为只要招聘几个有经验的销售人员就行了，观念意识的落后，必然导致酒店销售系统建立的滞后。

为了降低以上难度，酒店销售必须走系统化建设的道路，那么，销售系统该如何建立呢？我们不妨借鉴国外酒店管理集团的销售系统化管理方法，并将国内的酒店和跨国集团管理的酒店在销售管理方面的差异进行对比，不难看出，主要存在以下两方面的不同之处。

不同之一：依靠重点不同

我国酒店大都是以销售人员为中心，依靠“人”来做销售，只对销售人员实行目标管理和业绩考核，销售人员开发的客源市场完全掌握在销售人员手中，他人难以插手。其弊端是过分依赖个人的能力，企业的掌控力削弱；而跨国集团管理的酒店却是依靠“系统”来销售，注重建立一套严密的销售系统来进行销售。销售人员被经理安排和分配负责某个客源市场，客源信息和资源全部汇总部门，建立客户详细档案，销售人员换了，别人马上可以接替工作。其优势是依赖于管理系统，个人的能力必须在系统中才能充分发挥，加强了企业对销售工作的掌控。当然，在整个销售过程中，不能没有个人的作用，但个人的作用是不能替代系统、网络和品牌的。因为客户对系统、网络的依赖，对品牌的信任，并不是个人可以替代的。跨国集团管理的酒店销售工作是一项系统工程，它依靠严密的系统来进行销售，实行对过程的规范化管理及考核，确保销售业务的稳定性与连续性。

不同之二：薪酬结构不同

跨国集团管理的酒店的销售人员大多是高底薪、低奖金、低提成或无提成，其优势是，销售团队相对稳定，凝聚力比较强。而国内的销售人员正好相反，是低底薪、高奖金或高提成。其最大的弊端在于酒店生意越是不好，销售人员的要价就越高，销售人员的感觉就越好。对那些销售成绩突出的销售人员，销售部经理最怕他被别的酒店挖走。由于没有科学严密的销售体系和管理考核方法，销售人员之间经常发生客户冲撞、内部利益矛盾、越级行为等现象。到了月底结算，酒店整体销售目标没有完成的情况下，部分销售人员却拿到了很高的奖金或提成，这是绝对不合理的。

我国酒店要借鉴跨国集团的销售系统的建立与具体操作，就必须掌握其有效方法，具体有以下几个方法。

方法一：减少个人主观性

跨国集团的销售系统是由全球品牌宣传、全球预订网络、全球各主要城市的销售中心和各酒店的销售部所组成。广告宣传、特价推广等都是集团、系统、销售中心和酒店的共同行为，销售人员的工作很少有主观意识，只是作为系统工程的一个组成部分。这整个过程是有规范的，管理是科学的，销售目标是和各酒店的市场计划、经营计划相匹配的。正因为如此，这项系统工程确保了各酒店销售业务的稳定性和连续性，在整个过程中，各个组成部分之间的沟通和配合是至关重要的，而销售人员的个人作用就无关大局了。在这种体系下，销售人员的薪酬结构就根据职务高低，责任大小来区别，提成基本没有，奖金视酒店全年经营业绩而定。

方法二：建立层级式销售网络

跨国集团的层级式销售网络是经过多年形成的。比如某酒店管理集团，在美国、亚洲、欧洲都有预订中心，在不同地区如“亚太区”也有销售中心，而在“区”内又分“北区、东区”等，在其下又有分支销售中心。该集团还在北京、上海、中国香港、日本、印尼、马来西亚等地设有这样的销售中心。这种层级式网络不是短时间能够建立起来的。

方法三：依靠“整体”而不是“个体”

我国酒店的销售必须要完成从“个体”到“整体”的转变，酒店管理者应该清晰地认识到，“以个体为中心”的销售是一种不得已而为之的做法，因为当个体发生变化时，销售业务的稳定性和连续性就将无法保证，这也是目前国内酒店管理者最担忧的问题。它并不是依靠制定一套特殊的薪酬政策所能解决的，根本的解决办法是尽快推行和国际接轨的销售体系，建立规范的操作过程，把销售目标和整体经营目标结合起来，让销售人员的工作成为整个系统过程中的一个步骤，只有朝这个方向努力，我国酒店的销售工作才会有根本性的改变。

方法四：投入与产出

要建立与推行和国际接轨的销售体系，一定要经过一个投入产出的过程。这个过程包括建立品牌、宣传品牌、管理品牌，挂靠全球性的、有影响力的预订网络，到有目标市场客源地的城市设立销售中心，培养一支有专业水平的销售队伍。同时花大力气，通过对全员的不间断的培训，把酒店内部的服务质量、管理水平都上台阶，争取顾客对酒店有一个认同感，这对于酒店在网络和销售中心能否销售成功至关重要。由集团管理的酒店，可以由各酒店出资，由集团统一来进行这项工作。经过一两年的投入与努力，就会取得实质性的产出成效了。

要改善目前大多数国内酒店仍然依靠个人销售的现状，酒店高管和销售部经理应该从关键问题入手，尽快实施销售系统化团队建设，其关键如下：

关键一：强化专业培训

首先要加强对销售人员的专业化培训。在顾客眼里，销售人员代表酒店的专业水准和形象。销售人员的专业化程度越高，对酒店的销售工作会越有利。

关键二：推行全员销售

要在酒店内推行全员销售意识，要让全体员工明白，酒店的销售并不是靠几个销售人员就能完成的，每一个员工，无论在什么部门、什么岗位，不能把本职工作做好，就会直接、间接地妨碍酒店的整体销售。相反，只要每个员工都努力做好了本职工作，就会直接、间接地推动酒店的整体销售。所以，优质服务就是最好的促销。

关键三：销售战略管理

酒店管理决策者一定要把握酒店的发展趋势，制订相应的销售战略，加强销售战略管理，健全销售管理系统，培养市场的应变能力，使酒店在激烈竞争中立于不败之地。

评估练习

1. 现代酒店产品营销特点分析内容包括哪些？
2. 现代酒店产品的营销策略有哪些？

参考文献

[1] 罗春燕. 现代饭店管理实务[M]. 北京：中国物资出版社，2011.
[2] 孙丽钦. 酒店基础知识[M]. 青岛：青岛出版社，2008.
[3] 马永. 饭店管理理论[M]. 北京：清华大学出版社，2006.
[4] 廖卫华. 现代饭店管理原理[M]. 北京：经济科学出版社，2007.
[5] 徐文苑，贺湘辉. 饭店管理概论[M]. 北京：北京师范大学出版社，2007.
[6] 何旭东. 现代饭店管理[M]. 北京：人民邮电出版社，2006.
[7] 陆慧. 现代饭店管理概论[M]. 北京：科学出版社，2005.
[8] 周丽洁. 饭店管理概论[M]. 长沙：中南大学出版社，2005.
[9] 范运铭. 现代饭店管理[M]. 武汉：武汉大学出版社，2006.
[10] 邹益民. 现代饭店管理[M]. 杭州：浙江大学出版社，2006.
[11] 朱承强. 现代饭店管理[M]. 北京：高等教育出版社，2003.
[12] 戴斌等. 饭店品牌建设[M]. 北京：旅游教育出版社，2005.
[13] 乔春洋. 品牌论[M]. 广州：中山大学出版社，2005.
[14] 宋永高. 品牌战略和管理[M]. 杭州：浙江大学出版社，2003.
[15] 黄江松. 品牌战略和管理[M]. 北京：中国金融出版社，2004.
[16] 后东升. 36 家跨国公司的品牌管理[M]. 北京：中国水利水电出版社，2005.
[17] 国家旅游局人教司. 饭店管理概论[M]. 北京：旅游教育出版社，1994.
[18] 张永安. 现代饭店管理原理[M]. 广州：暨南大学出版社，2004.
[19] 黄玉. 饭店前厅与客房部管理[M]. 上海：上海交通大学出版社，2004.
[20] 刘伟. 前台与客房管理[M]. 北京：高等教育出版社，2007.
[21] 陈乃法，吴梅. 饭店前厅客房服务管理[M]. 北京：高等教育出版社，2003.
[22] 严伟. 饭店前厅客房管理[M]. 上海：上海交通大学出版社，2004.
[23] 胡剑虹. 饭店前厅客房服务管理[M]. 北京：科学出版社，2006.
[24] 李勇平. 现代饭店餐饮管理[M]. 上海：上海人民出版社，1998.
[25] 施涵蕴. 餐饮管理[M]. 天津：南开大学出版社，1993.
[26] 王天佑. 饭店餐饮管理[M]. 北京：清华大学出版社，2007.
[27] 李国茹，杨春梅. 餐饮服务与管理[M]. 北京：中国人民大学出版社，2007.
[28] 宋振春，聂晓红. 旅游饭店餐饮管理[M]. 济南：山东大学出版社，2005.
[29] 奚晏平. 世界著名酒店集团比较[M]. 北京：中国旅游出版社，2003.
[30] 胡平，俞萌. 经济型酒店管理[M]. 上海：立信会计出版社，2005.
[31] 蔡万坤，刘胜玉. 饭店旅馆管理常识读本[M]. 北京：北京新华出版社，1987.
[32] 杜建华. 饭店管理概论[M]. 北京：高等教育出版社，2003.
[33] 黄震方. 饭店管理概论[M]. 北京：高等教育出版社，2001.
[34] 蒋丁新. 饭店管理[M]. 北京：高等教育出版社，2004.